经管核心课程系列

审计学原理

Auditing Principles

第七版

主　编　李凤鸣
副主编　李　华

审计署审定教材
教育部推荐使用教材
国家级优秀教材

复旦大学出版社

前言（第七版）

跨世纪之作《审计学原理》于1993年被中华人民共和国审计署全国审计专业教材编审委员会立项为全国统编教材后，通过黄山、白山和天津三次专家会议审定，历经四年于1997年初版问世。此后二十多年，根据国内外审计理论和实践的发展以及我国审计、会计法规与准则的变化，修订了五次，于2000年、2005年、2008年、2010年及2014年分别出版了第二版、第三版、第四版、第五版和第六版，总发行量超过15万册。

作为重点建设的"审计学原理"课程，本书于2000年被评为江苏省一类优秀课程教材，该课程教材第二版于2001年由中国教育部向全国普通高校推荐使用；2002年获得江苏省优秀教学成果二等奖，同年，又获得教育部评选的国家级优秀教材二等奖；2006年被江苏省评为高等学校一类精品课程；2007年被江苏省评为高等学校精品教材；2007年，本教材与本人主编的《会计制度设计》一书同时被教育部评选为普通高等教育"十一五"国家级规划教材。《审计学原理》一书所获得的殊荣足以说明它在中国审计教育乃至中国审计事业发展中所占据的地位，其广泛而深远的影响不言而喻。2012年，本书又被遴选为"十二五"普通高等教育本科国家级规划教材，即第六版。

第七版修订的主要依据是中央审计委员会建立后，审计领导体制及审计机构的变化，以及审计准则、规范和理论与实践的最新发展。本次修订主要由李华副教授主持。

南京审计大学　李凤鸣
2019年10月30日于石头城莫愁湖

目　　录

第一章　总论 …… 1
【内容提示】/ 1
第一节　审计的定义与本质 / 1
第二节　审计的产生与发展 / 6
第三节　审计的职能与作用 / 19
第四节　审计基本假设 / 22
【思考与练习】/ 30

第二章　审计组织与审计人员 …… 31
【内容提示】/ 31
第一节　国家审计机关 / 31
第二节　内部审计机构 / 42
第三节　社会审计机构 / 46
第四节　审计人员的职业要求 / 53
【思考与练习】/ 64

第三章　审计职业道德与法律责任 …… 66
【内容提示】/ 66
第一节　审计职业道德概述 / 66
第二节　政府审计人员的职业道德 / 71
第三节　内部审计人员的职业道德 / 75
第四节　社会审计人员的职业道德 / 78
第五节　审计法律关系与法律责任 / 84
【思考与练习】/ 91

第四章　审计准则 …… 93
【内容提示】/ 93
第一节　审计准则的含义和作用 / 93

第二节 政府审计准则 / 96
第三节 内部审计准则 / 104
第四节 社会审计准则 / 109
【思考与练习】/ 115

第五章 审计的对象、目标和分类 …………………………………… 116
【内容提示】/ 116
第一节 审计的对象 / 116
第二节 审计的目标 / 125
第三节 审计的分类 / 131
【思考与练习】/ 139

第六章 审计依据、审计证据和审计工作底稿 …………………… 140
【内容提示】/ 140
第一节 审计依据 / 140
第二节 审计证据的特征与种类 / 144
第三节 审计证据的收集与整理 / 153
第四节 审计工作底稿的种类和内容 / 159
第五节 审计工作底稿的编制与审核 / 167
【思考与练习】/ 174

第七章 审计方式和基本审计方法 ………………………………… 176
【内容提示】/ 176
第一节 审计的主要方式 / 176
第二节 审计方法概述 / 180
第三节 审计的一般方法 / 185
第四节 基本审计技术 / 191
第五节 辅助审计技术 / 199
【思考与练习】/ 206

第八章 审计抽样方法 ……………………………………………… 207
【内容提示】/ 207
第一节 审计抽样概述 / 207
第二节 属性抽样 / 216
第三节 变量抽样 / 224
第四节 金额单位抽样 / 229
【思考与练习】/ 231

第九章　制度基础审计 …… 233

【内容提示】/ 233
第一节　内部控制与制度基础审计 / 233
第二节　制度基础审计的内容与要点 / 241
第三节　内部环境控制活动审计的要点 / 248
第四节　业务经营控制活动审计的要点 / 254
第五节　业务管理控制活动审计的要点 / 271
第六节　制度基础审计的程序与方法 / 277
【思考与练习】/ 288

第十章　风险基础审计 …… 290

【内容提示】/ 290
第一节　风险与风险管理 / 290
第二节　风险基础审计的含义与特征 / 298
第三节　风险基础审计的程序与方法 / 301
【思考与练习】/ 309

第十一章　电算化系统审计 …… 311

【内容提示】/ 311
第一节　电算化系统概述 / 311
第二节　电算化系统审计的基本特征 / 315
第三节　电算化系统的内部控制及其评审 / 317
第四节　电算化系统审计的基本方法 / 320
【思考与练习】/ 323

第十二章　审计程序 …… 325

【内容提示】/ 325
第一节　审计程序概述 / 325
第二节　国家审计的程序 / 327
第三节　社会审计的程序 / 341
第四节　内部审计的程序 / 344
【思考与练习】/ 348

第十三章　审计报告 …… 349

【内容提示】/ 349
第一节　审计报告及其种类 / 349
第二节　审计报告的内容和格式 / 351
第三节　审计报告的编写 / 358

第四节 审计报告的审定 / 363
【思考与练习】/ 365

第十四章 审计管理 ………………………………………………… 367
【内容提示】/ 367
第一节 审计管理概述 / 367
第二节 审计计划管理 / 370
第三节 审计质量管理 / 374
第四节 审计信息、统计及档案管理 / 380
【思考与练习】/ 383

参考文献 ………………………………………………………………… 384

第一章 总　论

> **【内容提示】**
>
> 什么是审计？审计的本质是什么？什么是审计产生的基础？国内外的审计是怎样发展的？这是总论中首先要阐明的问题。审计具有哪些功能？其基本职能是什么？审计有哪些方面的作用？我国三种不同类型的审计在国民经济中究竟能发挥哪些方面的作用？这些是本章主要阐述的内容。

第一节　审计的定义与本质

一、审计的定义

我国的"审计"一词最早见于宋代的《宋史》。从词义上解释，"审"为审查，"计"为会计账目，审计就是审查会计账目。"审计"一词的英文单词为"Audit"，被注释为"查账"，兼有"旁听"的含义。由此可见，早期的审计就是审查会计账目，与会计账目密切相关。

审计发展至今，早已超越了查账的范畴，涉及对各项工作的经济性、效率性和效果性的查核。1972年美国会计学会的《基础审计概念的说明》中对审计的定义是："审计是为了查明经济活动和经济现象的表现在所定标准之间的一致程度而客观地收集和评价有关证据，并将其结果传达给有利害关系的使用者的有组织的过程。"同年，美国审计总局对审计下的定义是："'审计'一词，包括审查会计记录、财务事项和财务报表，但就审计总局的全部工作来说，还包括如下内容：① 查核各项工作是否遵守有关的法律和规章制度；② 查核各项工作是否经济和有效率；③ 查核各项工作的结果，以便评价其是否已有效地达到了预期的结果（包括立法机构规定的目标）。"

如果说早期审计是以检查会计中有无差错及财务上有无弊端为根本目的，现代审计则不仅要查明财务会计中的差错与弊端，还要查明会计账目中反映的财务事项或经济活动是否真实存在和准确可靠，是否遵守有关法律和规章制度，是否经济有效和达到预期效果。值得说明的是，现代审计的基本目的必须确定被审查对象与所建立的标准之间的一致程度或不一致的地方，否则，审计就变得毫无意义。要实现上述审计目的，审计范围势必要扩展到经济活动、经济现象以及社会责任等方面。

《中华人民共和国审计法实施条例》第2条对审计所下的定义是："审计是审计机关依法独立检查被审计单位的会计凭证、会计账簿、财务会计报表以及其他与财政收支、财务收支有关的资料和资产，监督财政收支、财务收支真实、合法和效益的行为。"显然，这个定义是在总结我国审计经验的基础上提出来的，也较为符合我国政府审计的现状。

二、审计的本质

有人认为审计是从会计中派生出来的,其本质还是与会计有关。事实上,审计与会计是两种既有联系又有区别的社会活动。审计与会计的联系主要表现在:审计的主要对象是会计资料及其所反映的财政、财务收支活动。会计资料是审计的前提和基础。会计活动是经济管理活动的重要组成部分,会计活动本身就是审计监督的主要对象。我国古代的"听其会计"和西方国家的"听审"都含有审查会计之意,检查会计资料只是审计的一种手段和方法。随着审计的发展,审计和会计的区别越来越突出,主要表现在五个方面。一是两者产生的前提不同。会计是为了加强经济管理、适应对劳动耗费和劳动成果进行核算和分析的需要而产生的;审计是因经济监督的需要,也即是为了确定经营者或其他受托管理者的经济责任的需要而产生的。二是两者的性质不同。会计是经营管理的重要组成部分,主要是对生产经营或管理过程进行反映和监督;审计则处于具体的经营管理之外,是经济监督的重要组成部分,主要对财政、财务收支及其他经济活动的真实、合法和效益进行审查,具有外在性和独立性。三是两者的对象不同。会计的对象主要是资金运动过程,也即是经济活动价值方面;审计的对象主要是会计资料和其他经济信息所反映的经济活动。四是两者的方法程序不同。会计方法体系由会计核算、会计分析、会计检查三部分组成,包括记账、算账、报账、用账、查账等内容,其中,会计核算方法包括设置账户、复式记账、填制凭证、登记账簿、成本计算、财产清查、会计报表等记账、算账和报账方法,其目的是为管理和决策提供必需的资料和信息;审计方法体系由规划方法、实施方法、管理方法等组成,而实施方法主要是为了确定审计事项、收集审计证据、对照标准评价,提出审计报告与决定,使用资料检查法、实物检查法、审计调查法、审计分析法、审计评价法等,其目的是为了完成审计任务。五是两者的职能不同。会计的基本职能是对经济活动过程的记录、计算、反映和监督;审计的基本职能是监督,此外还包括评价和公证。会计虽说也具有监督职能,但这种监督是一种自我监督行为,主要通过会计检查来实现,会计检查或查账只是检查账目的意思,主要针对会计业务活动本身;而审计既包含检查会计账目,又包括对计算行为及所有的经济活动进行实地考察、调查、分析、检验,即含有审核稽查计算之意。会计检查只是各个单位财会部门的附带职能,而审计是独立于财会部门之外的专职监督检查。会计检查的目的主要是为了保证会计资料的真实性和准确性,其检查范围、深度、方式均受到限制;而审计的目的在于证实财政、财务收支的真实、合法、效益,审计检查会计资料只是实现审计目的的手段之一,但不是唯一手段。

任何审计都具有三个基本要素,即审计主体、审计客体和审计授权或委托人。审计主体是指审计行为的执行者,即审计机构和审计人员,为审计第一关系人;审计客体是指审计行为的接受者,即被审计的资产代管或经营者为审计第二关系人;审计授权或委托人是指依法授权或委托审计主体行使审计职责的单位或人员,为审计第三关系人。在一般情况下,第三关系人是财产的所有者,而第二关系人是资产代管或经营者,他们之间有一种经济责任关系。第一关系人(审计组织或人员)在财产所有者和受托管理或经营者之间,处于中间人的地位,要对两方面关系人负责,既要接受授权或委托对被审计单位进行认真审查,又要向授权或委托审计人(财产所有者)提出审计报告,客观、公正地评价受托代管或经营者的责任和业绩。为此,审计组织或审计人员进行审计活动必须具有一定的独立性,不受其他方面的干扰或干涉,这是审计区别于其他管理的一个根本属性。

审计的本质具有两方面含义：其一，审计是一种经济监督活动，经济监督是审计的基本职能；其二，审计具有独立性，独立性是审计监督的最本质的特征，是区别于其他经济监督的关键所在。审计与经济管理活动、非经济监督活动以及其他专业性经济监督活动相比较，主要具有以下几方面的基本特征。

(一) 独立性特征

独立性是审计的本质特征，也是保证审计工作顺利进行的必要条件。

国内外审计的实践经验表明，审计在组织上、人事上、财政上、工作上均具有独立性。为确保审计机构独立地行使审计监督权，审计机构必须是独立的专职机构，应单独设置，与被审计单位没有组织上的隶属关系。为确保审计人员能够实事求是地检查和客观、公正地评价与报告，审计人员与被审计单位应当不存在任何经济利益关系，不参与被审计单位的经营管理活动；如果审计人员与被审计单位或者审计事项有利害关系，应当回避。审计人员依法行使审计职权应当受到国家法律保护。审计机构和审计人员应依法独立行使审计监督权，必须按照规定的审计目标、审计内容、审计程序进行审计，并严格遵循审计准则，审计机构和审计人员应保持执业中精神上的独立性，不受其他行政机关、社会团体或个人的干涉。审计机构应有自己专门的经费来源或一定的经济收入，以保证有足够的经费独立自主地进行审计工作，不受被审计单位的牵制。

作为指导世界各国财政监督的方针，《利马宣言》的第二部分专门讲述了国家最高审计机关的独立性问题。第5条——最高审计机关的独立性，作了以下阐述：① 只有在独立于被审单位和不受外来影响的情况下，最高审计机关才能客观而有效地完成自己的任务。② 虽然最高审计机关由于是国家整体的一部分，不可能有绝对的独立性，但是必须赋予它为完成其任务所必需的在职能上和组织上的独立性。③ 最高审计机关的存在及其独立性的必要程度应该在宪法中加以确定；其细则可以通过简单的法律规定。尤其必须通过最高法院提供充分的法律保护，确保最高审计机关的独立性和审计权限不受各种形式的侵犯。第6条——最高审计机关审计委员和官员的独立性，作了如下阐述：① 最高审计机关的独立性与审计委员的独立性是不可分割地联系在一起的。所谓审计委员，是指那些为最高审计机关作决策并且对外自负其责的人员，也就是说，他们是拥有决策权限的会议机构的成员或者按集权原则组织的最高审计机构的领导人。② 审计委员的独立性也应由宪法予以保障。罢免审计委员的方式尤其同样应该在宪法中加以规定，以免损害其独立性。任用和罢免审计委员视各国的宪法结构而定。③ 最高审计机关审计官员职务的升迁不应受被审计单位的影响，不得依附被审单位。第7条——最高审计机关的财政独立性，作了如下阐述：① 国家应向最高审计机关提供财政资金，使其能完成所赋予的任务。② 最高审计机关应有权自负其责地支配在预算中为其提供的财政资金。

国家最高审计机构的独立性是任何客观和有效财政监督的基本前提。由于最高审计机构要对所有国家机构的财政管理及相关政策进行审计，所以要从法律上保证足够的独立性。这一点不仅针对作为国家机构的审计机关，同时也针对审计机构所有成员的地位和其本身。为有效地和持久地保证最高审计机构对财政监督的独立性，有些国家在宪法和一般法律中作出了明确规定，大多数国家只是体现在审计法规中。

由于财政经费独立性是最高审计机构开展工作的根本前提，所以绝大多数国家在审计法规中都明确规定对最高审计机构实物和人员需求的资金配备,只是额度不同。例如,韩国审计院法中规定,在制定预算时,要最大限度地尊重审计院的独立性,以此来限制其他部门的影响力。为强调最高审计机构对被审计行政管理部门的独立性,绝大多数国家的审计法规都规定了最高审计机构负责人,并由立法组织机构选举产生。典型的做法是把任命审计长(或审计院长)的建议权归给各自的政府。为了不影响审计人员工作中的独立性,有些国家法律中明确规定了撤免审计人员的方式和方法。有些国家规定,只能是出于健康原因或纪律法规原因才能撤免职;有些国家规定审计院成员同法官地位同等,从而适用法官的罢免程序;有些国家规定了所有结束公职的原因。对于审计人员的独立性,绝大多数国家都通过有关审计工作的执行规则加以保证,并执行回避制度。为了保证最高审计机构对行政和立法的独立性,在审计计划的选择和执行上也要有一定的独立性。制定审计计划必须由审计机构自己来完成,不受其他国家部门的干涉。最高审计机构不应按指令来执行、改变或放弃某一审计工作。保证最高审计机构的独立性并不排除行政和立法提出审计建议,但最高审计机构具有法律赋予的权限,可以合理地拒绝某些建议,使审计计划范围内的审计任务决定权限最终保留在最高审计机构。

独立性是审计的本质特征,不仅国家审计具有其独立性,作为社会中介机构的审计同样具有其独立性。一些主要国家社会审计的独立性如表1-1所示。

表1-1 主要国家社会审计独立性

国家	独立的概念	一般不被允许的职能
法国	表面上的独立和实际上的独立并重,两者关系已在法律上细分。	不允许从客户那里获得特殊利益,不允许担任董事会成员、参加部分管理工作或成为客户公司雇员等。
德国	表面上的独立和实际上的独立并重,两者关系已在法律上细分。	不能成为雇员而行使管理职能。当经济审计师审查财务报表时,在其客户处有经济利益,或成为监事会或管理委员会成员,或是客户公司雇员时,其独立性则受到削弱。
英国	职业道德原则强调独立。	不能是某一客户的合作伙伴或其董事会成员,也不允许在政府部门供职,不能是股东或其大部分收入来自某一客户,不能提供有关的财务咨询服务。
加拿大	特许会计师协会和公司法对职业行为有规定。	不得行使任何影响独立的职能,不得从事起决策作用的管理咨询工作,不得对自己持有股份的客户进行审计。
美国	实际上的独立必须和表面上的独立一致。职业道德准则对此有规定。	不能成为客户公司的雇员,不能作为客户公司的高级职员,不能向客户公司贷款或借款而直接或间接拥有巨大经济利益。如从事管理咨询或执行影响独立的不道德的其他业务时,则不能有决策权。
日本	审计准则中确定了公正和公平态度的独立的概念,公认会计士法有专门规定。	公认会计士或其配偶在公司担任高级职务或财务负责人,1年内不能出具审计报告;审计报告不满1年,审计师不得受聘于该公司;不得在公司内拥有相当的经济利益;目前(或曾经)不应通过在政府任职以与公司关系密切。

(二) 权威性特征

审计的权威性是保证有效行使审计权的必要条件。审计的权威性总是与独立性相关,它离不开审计组织的独立地位与审计人员的独立执业。

各国法律对实行审计制度、建立审计机关以及审计机构的地位和权力都作了明确规定,这样使审计组织具有法律的权威性。我国实行审计监督制度在宪法中作了明文规定,审计法中又进一步规定:国家实行审计监督制度;国务院和县级以上人民政府设立审计机关;审计机关依照法律规定的职权和程序进行审计监督。

审计人员依法执行职务时受法律保护,任何组织和个人不得拒绝、阻碍审计人员依法执行职务,不得打击和报复审计人员。审计机关负责人在没有违法失职或者其他不符合任职条件的情况下,不得随意撤换。审计机关有要求报送资料权、检查权、调查取证权、采取强制措施权、建议主管部门纠正其有关规定权、通报、公布审计结果权、对被审计单位拒绝、阻碍审计工作的处理、处罚权、对被审计单位违反预算或者其他违反国家规定的财政收支行为的处理权、对被审计单位违反国家规定的财务收支行为的处理、处罚权、给予被审计单位有关责任人员行政处分的建议权等。我国审计人员依法行使独立审计权时受法律保护,如被审计单位拒绝、阻碍审计时,或有违反国家规定的财政财务收支行为时,审计机关有权作出处理、处罚的决定或建议,这更加体现了我国审计的权威性。

审计人员应当具备与其从事的审计工作适应的专业知识和业务能力。审计人员应当执行回避制度和负有保密的义务,审计人员办理审计事项应当客观公正、实事求是、廉洁奉公、保守秘密。审计人员滥用职权、徇私舞弊、玩忽职守或者泄漏所知悉的国家秘密、商业秘密,构成犯罪的,依法追究刑事责任;不构成犯罪的,给予行政处分。这不仅有利于保证审计执业的独立性、准确性和科学性,而且有利于提高审计报告与结论的权威性。

对被审计单位违反国家规定的财务收支行为,审计机关、人民政府或者有关主管部门在法定职权范围内,依照法律、行政法规的规定,区别情况采取规定的处理措施,并可以依法给予处罚。审计机关在法定职权范围内作出的审计决定,被审计单位应当执行。审计机关依法责令被审计单位上缴应当上缴的款项,被审计单位拒不执行的,审计机关应当通报有关主管部门,有关主管部门应当依照有关法律、行政法规的规定予以扣缴或者采取其他处理措施,并将结果书面通知审计机关。由此可见我国政府审计机关的审计决定具有法律效力,可以强制执行,这也充分显示了我国审计的权威性。

我国的社会中介审计组织是经过有关部门批准、登记注册的法人组织,依照法律规定独立承办审计查账验证和咨询服务业务,其审计报告对外具有法律效力,这也充分体现了它们同样具有法定地位和权威性。我国的内部审计机构是根据法律规定设置的,在单位内部具有较高的地位和相对的独立性,因此也具有一定的权威性。各国为了保障审计的权威性,分别通过《公司法》《证券交易法》《商法》《破产法》等从法律上赋予审计超脱的地位及监督、评价、鉴证职能。一些国际性组织为了提高审计的权威性,也通过协调各国的审计制度、准则以及制定统一的标准,使审计成为一项世界性的权威的专业服务。

(三) 公正性特征

与权威性密切相关的是审计的公正性。从某种意义上说,没有公正性也就不存在权威性。审计的公正性反映了审计工作的基本要求。审计人员理应在第三者的立场上进行实事求是的检查,作出不带任何偏见的、符合客观实际的判断,并作出公正的评价和进行公正的处理,以正确地确定或解除被审计人的经济责任。审计人员只有同时保持独立性和公正性,才能取信于审计授权者或委托者以及社会公众,才能真正树立审计权威的形象。

第二节 审计的产生与发展

一、审计产生的基础

作为一种经济监督活动,自从有了社会经济管理活动,审计就必然在一定意义上存在了。所不同的是,在社会发展的各个时期,由于生产力发展水平不同和社会经济管理方式不同,审计的广度、深度和形式也自然各不相同。会计中需要审核稽查的因素并非是导致审计产生的根本原因。审计是因授权管理经济活动的需要而产生,受托经济责任关系才是审计产生的真正基础。

在生产力低下的原始社会,不需要审计;在经济不发达的时候,对于小规模的经营,生产资料的占有者可以亲临管理,生产资料的所有者也是生产资料的经营者和监督者,当然也不需要第三者去审计。随着社会生产力的提高和社会经济的发展,社会财富日益增多,剩余的生产产品逐渐集中在少数人手中。当生产资料的所有者不能直接管理和经营其所拥有的财富时,就有必要授权或委托他人代为管理和经营,这就导致了生产资料所有权与经营管理权的分离,从而也就产生了委托和受托代理之间的经济责任关系,这就为以监督检查为职责的审计诞生奠定了基础。因为财产物资的所有者为了保护其财产的安全、完整并有所增值,需要定期或不定期地了解其授权或委托的代理人员是否忠于职守、尽职尽责地从事管理和经营,有无徇私舞弊及提供虚假财务报告等行为,这就有必要授权或委托熟悉会计业务的人员去审查代理人员所提供的会计资料及其他管理资料,以有助于在辨明真伪、确认优劣的基础上确定赏罚,由此就产生了审计关系。所谓审计关系,就是构成审计三要素之间的经济责任关系。作为审计主体的第一关系人在审计活动中起主导作用,他既要接受第三关系人的委托或授权,又要对第二关系人所履行的经济责任进行审查和评价,但他独立于两者之间,与第二关系人及第三关系人不存在任何经济利益上的联系。作为审计授权或委托人的第三关系人,在审计活动中起决定作用,他如果不委托第二关系人对其财产进行管理或经营,就不存在第三关系人和第二关系人之间的经济责任关系,自然也就不必要委托或授权第一关系人去进行审查和评价。因此,受托经济责任关系才是审计产生的真正基础。

当社会生产力发展到一定的水平时,奴隶主国家疆土的扩大与财富的增多导致统治者分封王族、功臣和贵族到各地做诸侯,这些诸侯受命于国王,管理国王的土地,并向国王交纳一定的贡赋。这种土地国有制与经营权的分离也即是国家授权管理的开始,它使国王与各路诸侯之间不仅存在政治依附关系,也出现了经济责任关系,官厅审计工作正是基于这种经济关系而产生的。

社会审计最早产生于合伙制企业出现后。那是因为企业合伙人授权或委托部分合资者经营管理企业,并需要监督检查经营管理者履行合伙契约的情况,同时,要得到参加经营管理的合伙人的认可。正因为企业的所有权与管理权有了一定程度的分离而需要委托第三者审查,所以就导致了中介组织审计的诞生。当企业生产规模进一步发展以后,股份有限公司的企业组织开始出现,生产资料的所有者和经营者得到了进一步分离,企业授权管理的范围更加扩大,股东与债权人为了维护自身的经济利益,公司经营者为了维护自己的信誉,均需要委托第三者对企业的财务状况及有关经济活动进行审计,这更加促进了中介组织审计的飞速发展。

科学技术的进步不仅使企业、事业单位及行政管理机关的规模有了扩大,使它们的业务范围更加广泛,也导致了授权管理方法的普遍使用、授权层次的增加和授权范围的扩大。这样,部门和单位的最高管理当局就有必要对其下属各层次管理者履行职责的情况进行监督和检查,部门和单位的内部审计也就因此而产生。

二、我国审计的发展

(一) 我国国家审计的发展

我国的审计历史源远流长,从国家审计发展过程看,大体经历了古代审计、近代审计和现代审计三个阶段。

公元前 11 世纪至 1840 年为我国古代审计阶段。我国国家审计产生于西周时代,其主要标志是"宰夫"一职的出现。在周朝官制天官系统中,大宰、小宰和司会等官职均与审计职责有关。大宰为天官之长,其中有"以八法治官府"之审计职掌,即就会计之中得失考断之;大宰还受计岁会,每三年还要对各级官吏进行一次全面考核,并根据功过进行奖惩。小宰为大宰属员,协助大宰受计。小宰的属员宰夫是周代官厅审计的主持者,是主管"治朝之法"的官员,他不掌管任何财物收支,只负责对各官府的财政收支进行全面审查,就地稽查财物收支情况,监视群吏执行朝法,以维护国王的利益,如发现违法乱纪之事,可越级向天官乃至国王报告,加以惩处,对用财得当者,给予奖励。

秦汉时期是审计与会计由合一而渐次分离,审计走向独立的阶段。秦代实行御史制度,国家设御史大夫,直接辅佐皇帝行使对国家政治和财政的监督工作。在全国三十六郡设监御史,负责郡、县的政治和财政监察工作,全国上下形成了完整的网络。汉承秦制,仍由御史大夫兼上计之职,行使监察大权,并制定了有关上计实行办法的"上计律",更加完善了自春秋战国时期所形成的上计制度,从而使我国审计与法相联系,成为我国审计立法的开端。

隋、唐两代,在刑部下设比部,进行审计。比部是独立的审计组织,独立于财政部门之外,行使司法审计监察权,专管"勾稽天下财赋"。

宋时,除在刑部之下设有比部外,北宋初还在太府寺内设审计司,并在宋太宗淳化三年(公元 992 年)设诸军诸司专勾司,专门审查军政开支。后于南宋改诸军诸司专勾司为审计院,从此,"审计"一词不仅成为我国审计机构的命名,而且成了我国财政财务监督的专用名词。

元朝取消了比部,户部行使审核会计报告权。明、清时,比部职权虚有其名,另设六科、十三道监察御史,构成独立的监察系统,即所谓的科道制度。事实上,元、明、清三代基本上未设专门的审计机构,审计处于衰落时期。

1840 年至 1949 年为我国近代审计阶段。1912 年,北洋军阀控制下的北京政府在国务院下设中央审计处,并公布《审计处暂行规定》、《暂行审计规则》、《执行规则》、《收支凭证的证明条例》等审计法规。1914 年,改审计处为审计院,颁布《审计法》和《审计法实施规则》。1928 年,国民政府公布《审计院组织法》,仍设审计院。1931 年,改审计院为审计部,隶属监察院。民国时期审计的一个重要特点是审计法规的完备达到空前的程度。一方面,它突破了历代将审计内容附于其他刑事法规之内的习惯做法,公布了大量的专门的审计法规;另一方面,所颁布的审计法规涉及审计的各个方面,形成了审计法规的体系。

中华人民共和国成立以前,在中国共产党领导下的革命组织和根据地工农政权中也实行了审计制度,既有一定的审计组织,也颁布了一些审计法规。第一次国内革命战争时期,1925年7月建立的省港罢工委员会中就设有审计局。第二次国内革命战争时期,革命根据地于1934年公布了《苏维埃共和国中央苏维埃组织法》,规定设立中央审计委员会,并在省和直属市分设审计委员会,重点是审查开支是否节约和有无损失浪费问题。抗日战争和解放战争时期,在边区行署、专区、县均设有审计委员会。

中华人民共和国成立后,我国审计步入现代阶段。中华人民共和国成立初期,全国学习苏联的经验,以会计检查取代了审计,国家未设立独立的审计机构。一方面赋予会计人员以监督财政、财务收支的职权;另一方面实行由主管部门对所属单位进行不定期的会计检查,对财政、税务、银行进行业务监督。但是,这些检查监督既不能自行监督,也不能互相监督,更不能适应经济发展的需要。在实行经济体制改革的过程中,人们开始认识到建立社会主义的审计制度和完善社会主义的经济监督体系的必要性。这种必要性主要出于健全民主与法制、为宏观调控服务、维护经济秩序、保障所有者权益、促进廉政建设、提高经济效益的需要。1982年12月,第五届全国人民代表大会第五次会议通过了《中华人民共和国宪法》,规定了在我国建立审计机构,实行审计监督制度。1983年9月,国务院设立了审计署,县以上的各级人民政府也相继成立了审计局,独立行使审计监督权。1984年12月17日,中国审计学会成立。1985年8月,公布了《国务院关于审计工作的暂行规定》;同年10月,又公布了《审计工作试行程序》。1994年8月31日,国务院通过了《中华人民共和国审计法》,对审计监督的基本原则、审计机关和审计人员、审计机关职责、审计机关权限、审计程序、法律责任等作了全面规定。1997年,国务院又发布了《中华人民共和国审计法实施条例》。2005年9月30日,国务院常务会议讨论通过了《中华人民共和国审计法修正案(草案)》;2006年2月28日,正式通过并颁布实施。此次修订涉及30余项条款,在健全审计监督机制、完善审计监督职责、加强审计监督手段和规范审计行为等方面做了进一步的明确。新的《审计法》以宪法为依据,与我国现有的市场经济法律体系衔接一致,充分体现了国家审计依法审计、与时俱进的行业发展特点,促进审计工作全面纳入法制化轨道,为审计工作的开展提供了良好的审计环境;进一步规范了审计执法行为,强化审计质量,确保审计结果客观公正、实事求是,不断提高审计工作的质量和水平,推动我国审计事业的长远发展。为了进一步推动审计法的贯彻落实,完善我国审计监督制度,加强和规范审计工作,2010年2月21日,国务院公布了修订后的《中华人民共和国审计法实施条例》,并于2010年5月1日起正式实施。新的《审计法实施条例》在审计机关的监督范围、监督权限、对审计机关的监督等方面进行了明确的规范。2010年9月1日,审计长签发了审计署8号令,废止了原有的国家审计准则,发布了《中华人民共和国国家审计准则》,并于2011年1月1日起施行。

二十多年来,我国审计工作取得了巨大成就,积累了宝贵经验。特别是1998年以来,国家审计机关紧紧围绕政府工作中心,坚持"依法审计、服务大局、围绕中心、突出重点、求真务实"的方针,坚持全面审计和突出重点,抓住了对重点领域、重点部门、重点资金的审计监督,加大了对重大违法、违规问题和经济案件的查处力度,全面监督财政、财务收支的真实、合法、效益,在促进改革和社会经济发展等方面发挥了重要的作用。例如,不断深化了预算执行审计,加大了对中央补助地方支出的审计力度,加大了对中央二、三级预算的延伸审计,充分揭露了预算分配和管理中的问题,对财政部门审计从单纯合法性审计向管理规范审计;围绕防范金融风险,加强了对金融机构资产负债审计,不断揭示了骗贷和超能力借贷现象,揭露了市场管理混乱及国外贷援款项目管理不善的现象;配合国企改革,加大了对国有及国有控股企业的审计力度,充分揭露了企业损益不实、潜亏较大、国有资产流失严重、主业与三产产权不清、收益向三产产业流失以及违法经济案件等。为促进和加强改善宏观调控,审计署深入开展了专项审计和调查,如对全国土地市场秩序治理整顿问题、"大学城"的土地使用和建设资金来源问题、水利建设资金和部分水利项目问题、粮食风险资金问题、政府外债项目问题等社会普遍关注的一些热点问题深入开展了专项审计和审计调查;加强了对关系人民群众切身利益的专项资金的审计,如对国债资金、土地出让金、教育医疗资金、支农资金、救灾资金、各种保险金进行了审计,揭露出管理不规范、损失浪费大、挪用严重、投资效果差以及乱收乱支、隐瞒截留等问题。认真贯彻中共中央办公厅、国务院办公厅两个暂行规定,积极探索和开展了经济责任审计,各级审计机关按照"积极稳妥、量力而行、提高质量、防范风险"的原则,全面推进国有及国有控股企业领导人员和县级以下党政领导干部经济责任审计,积极开展县级以上党政领导干部经济责任审计的试点。从2005年起,我国将党政领导干部经济责任审计范围从县级以下党政领导干部扩大到地厅级;2010年12月8日,中共中央办公厅、国务院办公厅印发了《党政主要领导干部和国有企业领导人员经济责任审计规定》,将中央和地方各级党政工作部门主持工作的领导干部纳入经济责任审计对象,进一步扩大了经济责任审计监督的范畴。在查明事实、保证质量的基础上,我国国家审计积极推行审计结果公告制度,逐步把审计监督和群众监督、舆论监督结合起来,促进审计发现问题的整改和提高审计监督的效果。仅2004年审计署对外公告了11个部门单位和3项专项资金的审计结果,全国地方审计机关11个月向社会公布了452篇审计结果,在社会上产生了强烈的反响,形成了所谓的"审计风暴",赢得了社会大众的充分肯定、支持和高度评价,同时也促进了有问题的政府部门和单位的整改。

在《国务院关于2017年度中央预算执行和其他财政收支审计查出问题整改情况的报告》中我们看到,2017年度审计机关加强跟踪检查。按照国务院要求,审计署向有关部门、单位和地方印发了整改通知和详细问题清单,并按照"谁审计谁负责跟踪检查"的原则,组织各级审计机关对照问题清单,按项逐条跟踪检查整改情况,涉及80多个中央部门、31个省和2 300多家单位,重点检查整改措施的真实性和效果,督促对整改进展慢的问题制定针对性措施。截至2018年10月底,有关部门、单位和地方通过上缴国库、补征税款、收回贷款、归还原资金渠道、统筹盘活、调账等,整改问题金额2 955.58亿元,制定完善相关规章制度2 944项,问责处理3 299人次。2018年审计署继续将政策落实跟踪审计、地方性隐性债务审计、扶贫审计方面、资源环境审计、经济责任审计方面和其他专项审计作为工作重点。

党的十九大立足于新时代国家发展新的历史方位,作出了健全党和国家监督体系,改革审计管理体制,构建党统一指挥、全面覆盖、权威高效的监督体系的战略部署。2018年3月,党的十九届三中全会通过的《深化党和国家机构改革方案》(以下简称《方案》),提出组建中央审计委员会,优化审计署职责。这不仅是开启新时代国家审计发展新征程的纲领性文件,也是进一步发展和完善中国特色社会主义审计制度的重要成果,对于推进国家治理体系和治理能力现代化有着十分重要的意义。组建中央审计委员会,是加强党中央对审计工作的领导的客观需要,是构建集中统一、全面覆盖、权威高效审计监督体系的必然安排,有助于更好发挥审计监督作用。从某种程度上说,组建中央审计委员会是我国现代审计史上具有划时代意义的大事,完全符合中国特色社会主义制度的现实,必将推动全国审计工作迈上新台阶。

二十多年来,国家审计机关在认真抓好各项审计业务工作的同时,也加强了审计机关的基础建设工作。为了全面落实《审计法》,推进依法治国和促进依法行政,实现审计行为,提高审计质量和明确审计责任,在20世纪50个规范的基础上又进行了重新修订和完善。从2000年1月至今,审计长共签发了11项《中华人民共和国审计署令》,及时颁布、修订、废止了部分审计规章(见表1-2)。

表1-2 中华人民共和国审计署令目录

序 号	内 容	颁布时间
1号令	《中华人民共和国国家审计基本准则》等五个准则	2000年1月28日
2号令	《审计机关审计方案准则》等五个准则	2000年8月7日
3号令	《审计机关专项审计调查准则》等五个准则	2001年8月1日
4号令	《审计署关于内部审计工作的规定》	2003年2月10日
5号令	《审计机关审计重要性与审计风险评价准则》等五个准则	2003年12月15日
6号令	《审计机关审计项目质量控制办法(试行)》	2004年2月10日
7号令	《审计署关于废止部分审计规章的决定》	2008年2月25日
8号令	《中华人民共和国国家审计准则》	2010年9月1日
9号令	《审计机关封存资料资产规定》	2010年12月28日
10号令	《审计机关审计档案管理规定》	2012年11月28日
11号令	《审计署关于内部审计工作的规定》	2018年1月12日

为全面贯彻落实党的十八大和十八届三中、四中、五中全会精神,深入贯彻习近平总书记系列重要讲话精神,根据《国民经济和社会发展第十三个五年规划纲要》,审计署结合全国审计工作实际,制定了《"十三五"国家审计工作发展规划》(以下简称《规划》)。规划中明确了"十三五"期间审计工作的指导思想、审计工作的目标要求和基本原则、主要任务以及在政策落实跟踪审计、财政审计、金融审计、企业审计、民生审计、资源环境审计、经济责任审计、涉外审计方面的主要工作内容,同时指出要加强和改进审计管理、加强审计队伍建设、落实全面从严治党和党风廉政建设主体责任、推进审计法治化建设、加快审计信息化建设、加强和改进审计理论研究、加强审计国际合作与交流、切实抓好规划实施等具体管理重点。

五年发展规划起点高、立意高,有新思路、新举措,体现了与时俱进、开拓创新的精神,同时又能坚持实事求是,突出重点、抓住关键,对推动今后五年国家审计工作的发展具有重要的指导作用。

(二)我国社会审计的发展

进入20世纪以来,随着民族工商业的发展,我国社会审计应运而生。北洋政府于1918

年颁布了《会计师章程》，1921年，在上海开始设立会计师事务所，接受委托执行审计工作。以后又颁布了《会计师注册章程》《会计师复验章程》《会计师章程》等，规范了社会审计的业务范围和要求。

中华人民共和国成立以后的很长一段时间取消了社会中介审计。党的十一届三中全会以后，为了适应发展商品经济的客观要求和贯彻"对内搞活、对外开放"总方针的需要，于1979年开始陆续设立会计顾问处。1980年，我国财政部颁布了《关于成立会计顾问处的暂行规定》，同年5月，开始筹备上海公证会计师事务所，于次年正式开业，接受国内外企事业单位的委托，承办会计和审计的有关业务。1985年公布的《中华人民共和国会计法》第20条规定："经国务院财政部门或者省、自治区、直辖市人民政府的财政部门批准的注册会计师组成的会计师事务所，可以按照国家有关规定承办查账业务"，这是新中国成立以来第一次通过法律形式对注册会计师的地位和任务所作的规定，它有力地推动了社会审计的发展。根据《会计法》的规定，国务院于1986年发布了《中华人民共和国会计师条例》，1993年10月31日，全国人大常委会通过了《中华人民共和国注册会计师法》，1995年，财政部批准发布了《中国注册会计师独立审计基本准则》《独立审计具体准则》第1号至第7号、《独立审计实务公告》第1号。这些法规与准则的公布，有力地推动了我国注册会计师工作的发展及其规范化。

从1983年起，审计部门领导下的审计师事务所在全国陆续组建。1987年1月，审计署颁布了《关于进一步开展社会审计工作若干问题的通知》，具体明确了开展审计工作的一些重要问题，然后在审计条例中又进一步规定了社会审计组织的性质和业务范围。

根据《中华人民共和国注册会计师法》《中华人民共和国审计法》的有关规定和国务院的有关指示，经财政部、审计署研究决定，中国注册会计师协会与中国注册审计师协会实行统一联合，从1995年起我国社会审计事业逐步走上了统一发展的道路。

近年来，中国注册会计师行业在"两会"联合、清理整顿、脱钩改制、自律监管、诚信建设、队伍建设、专业标准建设、自律体制建设以及对外交流与合作等方面做了大量的工作，并取得了卓著的成就。

在统一社会审计市场和整顿规范行业执业秩序与环境方面：1998年年底，全国各地"两会"联合工作全部完成，结束了社会审计市场分割管理的历史，实现了统一法律规范、统一执业标准和统一监督管理。1997年，遵照国务院领导关于"做好扎实工作，整顿会计师行业"的指示精神，中国注册会计师协会在全行业开展了以"清师、清所、清业务"为主要内容的清理整顿工作。2000年，中国注册会计师协会及地方协会积极参与国务院组织开展的经济鉴证类社会中介机构清理整顿工作，为注册会计师公平参与市场竞争创造了有利条件。

在积极推进行业脱钩改制和激发行业发展活力方面：1998年年初，注册会计师行业在中介行业中率先开展了会计师事务所体制改革工作，要求事务所必须与挂靠单位在"人事、财务、业务、名称"四个方面彻底脱钩，改制成为以注册会计师为主体发起设立的自我约束、自我发展、自我经营、自担风险的执业机构。2000年年初，启动了会计师事务所上规模、上水平工作，为适应大型及特大型企业的审计工作进行了必要的准备。脱钩改制改变了事务所的"官办"形象，增强了国内外投资者的信赖度，为注册会计师实现独立、客观、公正地执业奠定了体制基础。同时，也使从业人员的风险和责任意识明显提高，队伍结构趋向年轻化、专业化，事务所发展活力得到全面激发和释放。

在大力开展行业诚信建设和树立行业良好形象方面：2001年以来，国内外证券市场接连发生的一系列财务欺诈案件以及与之相关联的审计失败案件使注册会计师行业的诚信率受到严峻挑战。在困难与挑战面前，协会与全体同仁认真总结与反思，明确提出了"以诚信建设为主线"的行业建设思路。中国注册会计师协会积极加强行业诚信的理论研究和实践探索，发布行业诚信建设纲要，系统提出了行业诚信建设的指导思想、目标、任务和措施；完善职业道德规范，发布了职业道德规范的指导意见；加强对会员执业诚信行为的监督和管理，制定实施会员诚信档案制度；加强行业诚信的宣传教育，强化会员"诚信为本，操守为重"的职业理念。

在积极探索行业自律的实现途径和逐步建立与完善行业自律管理体系方面：一是发展和完善以会员为中心的完整的行业自律管理和服务职能，不断开拓管理与服务的新领域；二是建立和完善行业自律管理的决策组织体系；三是加强协会秘书处的建设，提高秘书处的执行能力。

在加强行业自律监管和提高行业执业质量方面：经过多年来的探索和实践，目前已基本形成了包括业务报备制度、谈话提醒制度、诚信档案制度、自律惩戒制度、执业质量检查制度在内的行业自律监管体系。一是把上市公司、证券公司、金融企业、国有企业等重点领域的审计业务列为监管重点；二是把变更事务所的审计业务作为监督突破口；三是重点建立行业执业质量检查制度。

在加强专业标准建设和建立与完善行业职业规范体系方面：自1995年中国注册会计师协会制定发布第一批独立审计准则以来，已先后组织制定发布了48个准则项目，独立审计准则框架体系基本形成。在准则制定过程中，既充分考虑了中国国情，又兼顾了与国际惯例接轨。为了规范注册会计师的执业行为，提高执业质量，维护社会公众利益，促进社会主义市场经济的健康发展，2006年2月15日，财政部在北京召开"中国会计审计准则体系发布会"，39项企业会计准则和48项注册会计师审计准则正式发布，这标志着适应我国市场经济发展要求、与国际惯例趋同的企业会计准则体系和注册会计师审计准则体系正式建立。在新的注册会计师审计准则体系中，拟订了22项新准则，修订了26项准则，从2007年1月1日起正式施行。近年，由于国际金融危机的影响，国际会计师联合会（IFAC）加紧了对国际审计准则的修订，以保证准则的高质量运行，为实现准则国际趋同奠定基础。与此同时，我国也不断吸收国际审计准则的最新成果，总结审计准则体系在我国贯彻实施的效果，为了进一步完善我国的审计准则体系，保持我国审计准则与国际审计准则的持续全面趋同，2010年11月1日，中国注册会计师协会发布了《中国注册会计师审计准则1101号——注册会计师的总体目标和审计工作的基本要求》等38项准则及与其配套的38项应用指南，并从2012年1月1日起同步施行。2013年6月中注协发布了6项问题解答主要解决职业怀疑、函证、存货监盘、收入确认、重大非常规交易、关联方等领域在实务中亟须答复的相关问题，2014年12月31日又发布了《中国注册会计师审计准则问题解答第7号——会计分录测试》等七项问题解答，2018年4月15日又发布《中国注册会计师审计准则问题解答第14号——关键审计事项》和《中国注册会计师审计准则问题解答第15号——其他信息》两项审计准则问题解答，至此我国一共发布了15号问题解答。为了提高注册会计师审计报告的信息含量，满足资本市场改革与发展对高质量会计信息的需求，保持我国审计准则与国际准则的持续全面趋同，中国注册会计师协会2016年12月23日发布了《中国注册会计师审计准则第1504

号——在审计报告中沟通关键审计事项》等12项准则,并于2017年2月28日发布了《〈中国注册会计师审计准则第1504号——在审计报告中沟通关键审计事项〉应用指南》等16项应用指南与对应的审计准则同步施行。

2019年2月20日,财政部发出《关于印发〈中国注册会计师审计准则第1101号——注册会计师的总体目标和审计工作的基本要求〉等18项准则的通知》(财会[2019]5号);3月29日,中注协针对上述修订的审计准则发布24项应用指南。该批准则和应用指南将于2019年7月1日起施行。本批发布的18项审计准则和24项应用指南均为修订,涉及利用内部审计人员的工作、应对违反法律法规行为、财务报表披露审计三方面。本次修订,旨在满足资本市场改革与发展对高质量会计信息的需求,规范和指导注册会计师应对审计环境变化和利用内部审计人员的工作、应对违反法律法规行为、财务报表披露审计三个方面审计实务的新发展,并保持中国审计准则与国际准则的持续全面趋同。

本次修订的主要内容如下:

(1)关于利用内部审计人员的工作相关准则及应用指南。一是增加了注册会计师利用内部审计人员提供直接协助的情形;二是就注册会计师能否利用内部审计人员的工作,以及在什么领域、以何种程度利用内部审计人员的工作作出具体规定,为注册会计师提供职业判断框架,防止对内部审计人员工作的过度利用或不当利用。

(2)关于应对违反法律法规行为相关准则及应用指南。主要是增加了注册会计师根据法律法规或相关职业道德守则,确定是否对外报告审计中发现的违反法律法规行为的要求,具体包括评价被审计单位应对违反法律法规行为的恰当性、注册会计师确定是否应采取进一步措施、与其他注册会计师沟通、对相关事项形成审计工作底稿等。

(3)关于财务报表披露审计相关准则及应用指南。主要是对财务报表披露的范围进行界定,指导注册会计师在审计工作的各个环节,如何对财务报表披露进行专门考虑,以促进财务报表信息披露质量的提升。

在加强注册会计师队伍建设和抓好考试与培训工作方面:自1991年我国开始实行注册会计师全国统一考试以来,中国注册会计师协会至今已成功举办了19次注册会计师全国统一考试。目前,注册会计师全国统一考试已经发展成为国内考试人数最多和权威性最强的执业资格考试之一。1991年开始实行的注册会计全国统一考试制度自1993年起每年举行一次,至今已成功举办了19次。至2009年已累计吸引700万人次参考,14万余人取得全科合格的成绩。为了加快行业人才培养,实现行业人才国际化,推动实现中国注册会计师行业发展战略目标,中国注册会计师协会于2009年印发了《注册会计师考试制度改革方案》,对注册会计师考试制度进行了重大改革,并从2010年开始正式实施新的考试制度。2005年,中国注册会计师协会发布了《中国注册会计师协会关于加强行业人才培养工作的指导意见》,明确提出了审计人才培养工作的总体思路和具体目标。为了不断提高队伍的执业水平和职业道德,中国注册会计师协会于2006年9月发布了《中国注册会计师继续教育制度》,自2007年1月1日起施行。在新的继续教育制度中,加强了对培训机构、考试考核制度、继续教育形式、考核周期等方面的管理,进一步规范了注册会计师继续教育工作。目前,以中国注册会计师协会为龙头、地方协会为骨干、事务所为基础的培训组织体系已基本建立。随着北京、上海、厦门三个国家会计学院的顺利建成,中国注册会计师协会依托三个国家会计学院开展了行业高层次人才的培训工作。

在加强国际交往和提升行业国际影响力方面：近年来,中国注册会计师协会积极加强国际交流与合作,参与会计市场开放有关工作,不断提升行业的世界贸易组织有关会计市场开发的谈判和亚太经合组织贸易开放的谈判工作,并发挥了应有的作用。目前,中国注册会计师协会已与29个国家和地区的40多个会计师职业组织建立了友好交往关系。中国注册会计师协会先后于1996年10月和1997年5月加入亚太会计师联合会和国际会计师联合会,并向国际会计师联合会下属的国际审计与鉴证准则理事会(I-AASB)和教育委员会派出了正式代表,参与国际审计准则和国际会计教育准则的研究和制定工作。中国注册会计师协会代表先后被推选担任亚太会计师联合会理事、副会长和会长职务;2018年11月,中国注册会计师协会代表唐建华当选为国际会计师联合会理事。

截至2019年6月30日,中注协有单位会员(会计师事务所)9 118家,其中,有40家证券期货资格会计师事务所,获准从事H股企业审计业务的内地大型会计师事务所11家。个人会员超过26万人,其中,注册会计师107 483人,非执业会员153 891人。中注协现有资深会员2 818人,名誉会员17人。目前,全国具有注册会计师资质的人员超过26万人,全行业从业人员近40万人。注册会计师行业服务于包括3 000余家上市公司在内的420万家以上企业、行政事业单位。

(三) 我国内部审计的发展

我国早期的皇室审计、寺院审计均属于内部审计的范畴。现代内部审计在民国时期就已诞生,在铁路和银行系统有了较为健全的内部稽核制度。中华人民共和国成立初期,我国一些大型专业公司和厂矿企业也曾设有内部审计部门,一些中型企业也设有专职的审计人员,只是到1953年全面学习苏联后才被撤销。

我国的社会主义内部审计是从1983年以后逐步建立起来的。1985年12月,公布了《审计署关于内部审计工作的若干规定》,进一步明确了在暂行规定中所阐述的内部审计问题;后来在《审计条例》中又原则规定了内部审计的机构设置、隶属关系及审计范围等;当内部审计工作开展后,各业务主管部门(部、厅、局)又针对本系统情况作出了系统内部审计的一些具体规定。上述的一些制度和规定促使了内部审计机构的迅速建立和内部审计工作广泛而又深入地开展。

1994年通过的《审计法》第二十九条规定：国务院各部门和地方人民政府各部门、国有金融机构和企业事业组织,应当按照国家有关规定建立健全内部审计制度。各部门、国有金融机构和企业事业组织的内部审计,应当接受审计机关的业务指导和监督。根据审计法的要求,审计署于1995年7月14日颁布了《审计署关于内部审计工作的规定》。随着我国经济体制改革的深入和内部审计的迅速发展,审计署于2003年3月4日又重新颁布了《审计署关于内部审计工作的规定》。审函[2004]32号《审计法修订征求意见稿》中第三十一条规定：国务院各部门和地方人民政府各部门、国有及国有资产占控股地位或者主导地位的金融机构和企业事业组织,应当按照国家有关规定进行行业管理。审计机关对内部审计工作进行业务指导和监督。根据审计法修改意见,国务院国有资产监督管理委员会于2004年8月公布了《中央企业内部审计管理暂行办法》,规范了中央企业的内部审计工作。

2018年3月1日,审计署颁布《中华人民共和国审计署11号令》正式执行新修订的《审计署关于内部审计工作的规定》(以下简称《规定》),对内部审计的内容进行了补充完善,对内审的职责、权限、程序的规定更加明确。审计署对于内部审计工作的指导更有利于全社会发挥内部审计的作用,甚至有利于内部审计职业的完善。这也是我国依法治国,不断完善审计相关法律法规的重要体现。这次修订的亮点主要表现在内部审计职责范围的拓展、明确了新时代下内部审计的工作方向、内部审计职能由监督评价向服务建议转变、增加了内部审计促进被审计单位完善治理的目标、国有企业应该建立总审计师制度等几个方面。

二十多年来,我国的内部审计工作走过了一段起伏不定的历程,随着人们对经济管理的重视和对内部审计作用的认识,到了21世纪,我国内部审计步入了稳定发展阶段,走上了行业管理的轨道。自2003年中国内部审计学会更名为中国内部审计协会以来,现在团体会员已达到882个。据不完全统计,全国内部审计机构有8万多个,内部审计人员有22万余人。近几年,我国内部审计工作在规范制定、学术研究、教育培训、资格认定、国际交流等方面均取得可喜的成绩。2013年,为了适应内部审计的最新发展,更好地发挥内部审计准则在规范内部审计行为、提升内部审计质量方面的作用,中国内部审计协会对2003年以来发布的内部审计准则进行了全面、系统的修订,发布了包括《内部审计基本准则》《内部审计人员职业道德规范》以及20个具体内部审计准则,之后又陆续发布了《第2205号内部审计具体准则——经济责任审计》《第2308号内部审计具体准则——审计档案工作》《第2309号内部审计具体准则——内部审计业务外包管理》等准则。中国内部审计协会学术委员会五年来组织了十多次全国性的学术研讨会和经验交流会,就内部审计工作中的热点问题(如内部控制问题、风险评价问题、经济责任审计问题、投资审计问题、内部审计质量管理问题、内部审计作用发挥问题等)组织全国内部审计人员进行研究与总结,不仅促进了全国内部审计人员科研水平的提高,也加快了先进经验在全国的推广。中国内部审计协会培训委员会为了帮助全国内部审计人员业务水平的提高,有层次地开展各种培训活动,每年都要组织近30个班、上千人的培训,这对促进全国内部审计人员业务水平的提高起到了重要作用。近几年来,中国内部审计协会积极开展对外交流工作,不仅提高了我国内部审计的国际地位,同时也学到了国外的一些先进经验和技术。从1998年开始,我国开展了国际内部审计师考试工作,现已成为参考人员最多的国家。到2018年5月,我国共有4.8万余人获得了国际注册内部审计师资格,这为我国内部审计国际化奠定了基础。

三、西方主要国家审计的发展

(一)西方国家审计的发展

西方一些国家的审计既具有悠久的历史,又具有各国的特色,更体现了现代商品经济发展的需要。据考证,早在奴隶制度下的古埃及、古罗马和古希腊时代,就有了官厅审计机构及政府审计的事实。审计人员以"听证"(Audit)的方式,对掌管国家财物和赋税的官吏进行考核,成为具有审计性质的经济监督工作。在西方的封建王朝中,也设有审计机构和人员,对国家的财政收支进行监督。例如,法国在资产阶级大革命前就设有审计厅,在资产阶级大革命后由拿破仑一世创建的审计法院至今仍是法国政府实施事后审计的最高法定机构。

在资本主义时期,随着社会的发展和资产阶级国家政权组织形式的完善,国家审计也有了进一步的发展。欧洲的许多国家于19世纪在宪法或特别法令中都规定了审计的法律地位,确立国家审计机关的职权、地位和审计范围,授权其独立地对财政、财务收支进行监督。现代资本主义国家大多实行立法、行政、司法三权分立的国家政权组织形式,议会为国家的最高立法机关,并对政府行使包括财政监督在内的监督权。为了监督政府财政收支、执行财政预算法案和维护统治阶级的利益,西方大多数国家在议会下设有专门的审计机构,由议会或国会授权,对政府及公营事业单位财政、财务收支进行审计监督。美国虽然只有200多年的历史,但由于重视经济管理,在经济管理理论和方法的研究方面颇有成就,这就促使了美国经济的迅速发展。以前,美国没有独立的财政监督机构,只在财政部设有审计官进行审查,直到1919年参、众两院建议组成预算特别委员会后,才把对政府账目的审计从财政部的业务中分离出来;1921年,美国公布了《预算和会计法》,并根据该法建立了美国最高审计机关——审计总局,受理政府账目审计,以寻求经济、有效的方式来管理美国政府的公共款项。除中央情报局和总统办公室不能审查外,凡与公共开支有关的事项,都有权审查。审计总局最重要的任务就是向国会提供信息和参考意见,以便有助于国会各委员会的工作。

英国的审计具有悠久的历史,是近代审计的发源地。英国的王室财政审计制度早在13世纪就正式建立起来了,至今有770多年的历史。在11世纪和12世纪,英国王室一直把持国家的财政大权,在威廉一世时代和亨利一世时代,封建统治者在财政部门内设置了审计监督部门,即上院(收支监督局)和下院(收支局)执行审计监督。1215年英国《大宪章》的颁布,制约了英国王室的权力,奠定了英国国家审计制度产生和发展的政治基础。1785年,根据《检查和审计国王公共账目的法案》,取消国库审计官,组建了五人审计委员会。1834年,颁布了修订审计制度的法案,特别审计院长负责国库公款的监督,院长系终身职务。1861年,开始在众议院设决算审查委员会,第一次真正建立了统一的、独立的审计机构。1983年1月1日,通过了《国家审计法案》,取消英国国库审计部,正式更名为英国国家审计署。英国国家审计署独立于行政部门,代表议会对政府进行监督,向议会报告工作。

西方国家除了立法型的审计体制以外,还有司法型审计体制和行政型审计体制等。例如,法国审计法院是独立于立法机构——议会与行政部门——内阁政府的一个司法机构,审计法院的院长由总统任命,为终身制;审计法院的裁决为终审判决,且有法律效力。国外的国家审计,不论是哪一种类型,都立足于保证国家审计机关拥有独立性和权威性,以便不受干扰,客观而公正地行使审计监督权。

第二次世界大战以后,西方国家不仅在审计体制上有了较大的发展,更重要的是在审计理论和实务上也有了较大的发展,即把经济监督和经济管理相互结合,从传统的财务审计向现代的"3E"审计和绩效审计方面发展。

(二) 西方社会审计的发展

西方国家的社会审计伴随着资本主义经济的兴起而形成并得到迅速发展。16世纪末期,地中海沿岸的商品贸易得到了发展,便出现了由许多合伙人筹资并委托给某些人去经营贸易的商业运行方式。这样,就导致了财产所有者与经营权的分离,对经营者进行监督就有了必要,当时便有部分财产所有者聘请会计工作者来承担该项监督检查工作,这便有了社会审计的萌芽。1720年,查尔斯·斯内尔受托对南海公司破产案进行审查,并编制了一份审计报告书,从此审计正式走向民间。

英国工业革命以后,产业规模日益扩大,以发行股票筹集资金为特征的股份公司大量涌现。公司所有权与经营权相分离的现象十分普遍,对经营管理者进行监督也成了英国社会的普遍需要,因此现代社会审计制度便应运而生。1953年,在苏格兰的爱丁堡创立了世界上第一个职业会计团体——爱丁堡会计师协会。英国实行特许会计师制度,取得会计师资格必须经过严格的考试和实践。英国职业会计师的主要业务是审计,此外还兼做编制财务报表、税务业务、财务和管理咨询等业务。英国早期的社会审计没有系统的理论依据和方法体系,只是根据查错防弊的审计目的,对大量的账簿记录进行逐笔检查,即采用详细审计方法,后来人们称之为英国式审计。

美国独立战争以后,工业得到发展,为了加强股份公司的会计工作,以代理记账为专业的会计师应运而生。19 世纪后半叶,随着英国资本的大量输入,英国的社会审计也传入了美国。1886 年,纽约公布了《公证会计师法》,1887 年,成立了美国公共会计师协会,后改为美国注册公共会计师协会,成为当今美国最大的会计师团体。美国最初的会计师业务主要是对合并时的资产进行验证、设计会计制度和为信用目的而进行审计,并非为了维护投资者的利益。20 世纪初,出于银行信贷业发展的需要,有必要对贷款企业的资产负债表进行分析性审计,借以判断企业的偿债能力,于是,美国的会计师突破了详细审计的做法,创立了资产负债表审计,即美国式的信用审计。1929 年的经济大危机后,美国于 1932 年公布了《证券法》,次年公布了《证券交易法》,规定上市公司必须向交易所提出经过公证会计师审查鉴证的财务报表(资产负债表和损益表),这就促使了证券交易审计的诞生。从此,美国社会审计的重点由资产负债表审计发展为以损益表为中心对整个财务报表进行审计,即财务报表审计(见表 1-3)。

表 1-3 主要国家审计鉴证职能

国家	应当接受审计的单位	审计师的选任	审计目标或目的	审计准则
法国	所有股份公司和所有大型的有限责任公司。	每 6 年一届,由股东选举。	查证所有报告和财务报表是否与现有的法律规定一致,并正确地加以运用。	没有规范的标准;由法律规定,并由法国注册审计师协会主办的《指南》推荐。
英国	所有有限公司,有关当事人可要求对独资企业、合伙企业进行"私人审计"。	股东大会上获多数票通过后任命。	对财务报表进行独立的审查,并提出独立意见,以符合法律规定,并与真实、公正的审核原则相一致。	公司法和会计机构咨询委员会的审计实务委员会发布的审计准则。
德国	公司、保险公司、银行和政府主管的企业。披露法律所规定的审计、特别审计与公司相关的审计。	股东年会选出。	决定财务报表符合德国相关法和公司法。	主要是商法,其次是经济审计师协会发布职业准则和指南。
加拿大	符合审查规模的私营和公营公司、地方政府、大学和医院。	股东选举。	以鉴证管理部门提供的财务报表公正与否。	加拿大公司法和加拿大特许会计师协会的《手册》中所列的公认审计准则。
美国	要求在证券交易委员会登记的所有公司。	股东在年度大会上选举。	以反映公司的经营结果和财务状况的财务报表发表公正性意见。	一般公认审计准则、美国注册会计师协会审计准则说明书和解释、该协会行业指南、证券交易所会计期刊指南。

续表

国家	应当接受审计的单位	审计师的选任	审计目标或目的	审计准则
日本	股本5亿日元以上的公司、股票在200亿日元以上的公司、公开发行的股票和债券超过1亿日元的公司、在股票交易所或场外交易机构注册过的公司、准备将股票上市的公司、申请小额贷款的团体和教育机构。	按商法典规定，审计师和审计官员由股东大会指定。按证券交易法规定，审计师由董事会任命。	商法典未说明审计的目的；证券交易法指明审计是为了保护股东和贷款人利益，为了确认财务状况和结果，并按企业报表原则编制这些报表。	商法典中没有规定，证券交易法规定。

（三）西方内部审计的发展

西方国家的内部审计同样可以追溯到古代和中世纪，由于受托经济责任关系和授权管理的产生，经济组织中的内部经济监督也就有了必要，庄园审计、宫廷审计、行会审计、寺院审计也就因此而产生。早期的内部审计与外部审计并无原则上的区别。

20世纪前后，资本主义经济获得发展，生产和资本高度集中，托拉斯式的大型企业大量出现，企业内部只能采取分级和分散管理体制。这就导致了大型企业内部要设立专门的机构和人员，由最高管理当局授权，对其所属分支机构的经营业绩进行独立的内部审计监督，近代内部审计也就因此而产生。第二次世界大战以后，资本主义经济得到了空前的发展，竞争更加激烈。企业为了在竞争中求生存、求发展，十分重视加强内部经济监督，实行事前预防性控制，现代内部审计随着内部控制的加强而产生和发展起来。现代内部审计出于经济预测和事先控制的需要开展了事前审计；现代内部审计的领域由财务审计扩大到对经营、管理及经济效益方面的审计；现代内部审计从过去的详细审计改变为以评价内部控制制度为基础的抽样审计。1999年，国际内部审计师协会提出了新的审计概念，促进内部审计进入风险管理，为增加管理价值和实现组织目标服务。现代内部审计涵盖了内部控制评价、风险评估、经营审计和管理审计。现代内部审计发展呈现出以下趋势：从制度导向审计到风险导向审计，从风险识辨到环境分析，从回顾历史到着眼未来，从评价现状到预测未来，从关注当前事项到多角度并行关注，从强调独立到注重管理价值增加，从掌握审计知识到掌握经营管理知识，从经营审计到战略审计，从供给审计到需求审计，从说服接受到协商改进。此外，内部审计工作外包由社会审计承担也是一种重要的发展趋势。

美国的内部审计分为政府内部审计和企业内部审计两个方面。美国联邦政府各部门和地方政府都设有稽核长办公室，执行内部审计。美国很多大中型企业从20世纪30年代就设立了内部审计。1941年内部审计师协会建立起来，后来发展成了一个国际组织。美国企业内部审计机构有直属总经理领导、副总经理领导、主计长领导三种形式。近年来，有的企业内部审计机构受主计长和审计委员会的双重领导，有较大的独立性。英国的内部审计由部门审计和企业审计组成，一般均由部门或企业最高负责人领导，它的主要职责是对内部控制制度进行监督评价，并提出改进的建议。

受托经济责任关系内涵的丰富和范围的扩大，不仅促进了国家审计、社会审计和内部审计的全面发展,而且加速了审计目的、审计特征、审计体系、审计内容、审计方法和审计规范方面的变化,促进了现代审计的形成。

第三节 审计的职能与作用

一、审计的职能

审计职能是审计自身所具有的内在功能。审计职能不是一成不变的,它随着客观环境的变化而发展变化。研究审计职能的目的,是为了更准确地把握审计这一客观事物,以便于确定审计任务,有效地发挥审计的作用和更好地指导审计实践。

我国审计界对审计职能的观点主要有两种:一种是"单一职能论",另一种是"多种职能论"。持"单一职能论"者认为,无论是国家审计、社会审计还是内部审计,它们都只有一项职能,就是经济监督。持"多种职能论"者认为,审计除审计监督这一基本职能外,还具有其他如鉴证、评价等职能。

(一) 经济监督职能

审计的经济监督职能主要是指通过审计,监察和督促被审计单位的经济活动在规定的范围内和在正常的轨道上进行;监察和督促有关经济责任者忠实地履行经济责任,同时借以揭露违法违纪、稽查损失浪费、查明错误弊端、判断管理缺陷和追究经济责任等。审计工作的核心是通过审核检查,查明被审计事项的真相,然后对照一定的标准,作出被审计单位经济活动是否真实、合法、有效的结论。从依法检查到依法评价,再到依法作出处理决定以及督促决定的执行,无不体现了审计的监督职能。

(二) 经济鉴证职能

审计的经济鉴证职能是指审计机构和审计人员对被审计单位会计报表及其他经济资料进行检查和验证,确定其财务状况和经营成果是否真实、公允、合法、合规,并出具书面证明,以便为审计的授权人或委托人提供确切的信息,并取信于社会公众的一种职能。

审计的经济鉴证职能包括鉴定和证明两个方面。例如,会计师事务所接受中外合资经营企业的委托,对其投入资本验资,对其年度财务报表进行审查,或对其合并、解散事项进行审核,然后出具验资报告、查账报告和清算报告等,均属于审计执行经济鉴证职能。再如,国家审计机关对领导干部进行经济责任审计、对国际组织的援助项目和世界银行贷款项目的审计等也都属于经济鉴证的范围。

(三) 经济评价职能

审计的经济评价职能是指审计机构和审计人员对被审计单位的经济资料及经济活动进行审查,并依据一定的标准对查明的事实进行分析和判断,肯定成绩,指出问题,总结经验,寻求改善管理,提高效率、效益的途径。审计的经济评价职能包括评定和建议两个方面。例如,审计人员通过审核检查,评定被审计单位的经营决策、计划、方案是否切实可行、是否科学先进、是否贯彻执行，评定被审计单位内部控制制度是否恰当和有效，评定被审计单位各项会计资料及其他经济资料是否真实、可靠，评定被审计单位各项资源的使用是否合理和有效等；并根据评定的结果，提出改善经营管理的建议。评价的过程也是肯定成绩、发现问题的过程，其建议往往是根据存在问题提出的，以利于被审计单位克服缺点、纠正错误、改进工作。经济效益审计是最能体现审计评价职能的一种审计。

值得提出的是，我国社会主义的审计评价一定不能局限于微观经济的评价，必须正确处理微观经济与宏观经济的关系，从宏观经济利益出发进行微观经济评价，以助于保证评价结论的合理性和正确性。

在审计职能的研究过程中，也有人提出审计还具有服务、管理、咨询等方面的职能。在经济生活日趋复杂、社会日益进步、科技飞速发展的今天，审计职能必然要发展，不可能停滞不前。

二、审计的作用

审计监督作用是指行使审计职能、完成审计任务、实现审计目标过程中所产生的作用。一般来说，有什么样的审计职能并完成了与职能相应的任务，才能产生什么样的作用。由于审计监督的基本范围和内容大多数都是由国家审计监督制度所规定，所以审计作用的大小总是与国家审计监督制度地位的高低有关。我国审计监督制度处于较高地位，它决定了我国审计是一种专职的、具有独立性的经济监督行为，在社会经济生活中处于监督控制的地位。

审计的任务是指人们在充分认识审计职能的基础上，根据当时社会需要，对审计工作所提出的要求。例如，早期审计的任务主要是审查会计账目、纠正错误、揭发弊端；后来，为了满足社会上会计信息使用者的需要，审计还担负着向社会提供客观公允会计报表的任务。20世纪下半叶以来，审计的任务又扩展到为经济、有效地使用各种资源、提高生产和工作效益、讲求经济效果提供建议。根据我国现行审计制度的要求，我国审计的基本任务就是要为发展社会主义市场经济和加强国民经济宏观调控、微观搞活服务。具体的任务是：审核检查会计和有关资料的真实性、正确性、完整性和公允性；审查和评价财政预算、财务预算以及经营决策方案制定和执行情况；审核检查经济活动的合法性、合理性及有效性，揭露打击经济领域中的犯罪活动，充分披露损失浪费和低效（或无效）行为；审查和评价内部控制制度的健全性和有效性，促进经营管理水平的提高；审查和鉴证有关经济效益和经济活动，为信息需要者提供服务。

审计监督对宏观经济管理和微观经济管理均能发挥以下两个方面的作用。

（一）审计的制约作用

审计通过揭露和制止、处罚等手段来制约经济活动中各种消极因素，有助于各种经济责任的正确履行和社会经济的健康发展。

(1) 揭露背离社会主义方向的经营行为。党和国家的各项方针、政策及法规制度是千百万个企事业单位能够按照社会主义方向正确经营的保证。审计通过检查监督，能够发现被审计单位贯彻方针政策和法规制度的情况，能够揭露和制止违反国家法规的行为。

(2) 揭露经济资料中的错误和舞弊行为。会计资料及其他各种经济资料应该真实、正确、合理、合法地反映经济活动的事实，但不少单位的经济资料不仅存在错误，而且存在着有意造假现象，以图掩饰非法的经济行为。通过审计的检查监督，不仅可以揭露出经济资料的错误和舞弊，而且还可以揭发经济业务中的错误和舞弊行为，从而进一步追究有关负责人的责任和考查有关管理人员的政治、业务素质。

(3) 揭露经济生活中的各种不正之风。不论是财政财务审计还是经济效益审计，都可以通过对经济活动的审查监督，揭露出社会上不正当的各种各样的经济关系、经济思想和经济行为，进行必要的处理，提出改正意见，刹住不正之风，促进廉政建设。

(4) 打击各种经济犯罪活动。各种审计(特别是财政财务审计)可以发现和查明贪污、盗窃、行贿、受贿、偷税、漏税、骗税、走私、做假账、化预算内为预算外、化大公为小公、化公为私和损失浪费等经济犯罪行为，并配合党的纪律检查工作、行政纪律监察工作、法院、检察机关的司法侦查工作和各种临时检查工作进行查证与鉴定，以充分发挥审计的特有作用。

(二) 审计的促进作用

审计通过调查、评价、提出建议等手段来促进、服务宏观经济调控，促进微观经济管理，促进国民经济管理水平和绩效的提高。

(1) 促进经济管理水平和经济效益的提高。通过财政财务审计和经济效益审计，可以发现影响被审计单位财务成果和经济效益的各种因素，并针对问题的所在提出切实可行的改善措施，从而有利于被审计单位改善物质技术条件和人员管理素质，进一步挖掘潜力，提高经济效益。

(2) 促进内控制度建设和协助风险管理。通过对内部控制制度审计和评价，可以发现制度本身的完善程度、履行情况及责任归属等问题，并向有关方面反馈信息，以促进内部控制制度的进一步完善和协助管理者进行风险管理。

(3) 促进社会经济秩序健康运行。作为对一切国有资产的监督部门，审计部门通过微观审计和宏观调查可以发现社会主义经济生活中一些违法乱纪和破坏正常经济秩序的现象和行为，审计机关和人员不仅有向有关领导和宏观管理部门反映信息的义务，而且有提出处理意见和改进措施的权力，从而有利于维护正常的经济秩序，保证国民经济健康地发展。

(4) 促进各种经济利益关系的协调。无论是微观审计还是宏观调查，都可以发现一些在处理国家、地区、集体、个人之间经济利益关系方面存在的问题。这些问题的存在使一些单位和个人获得了一些不正当的经济利益，也挫伤了一部分人的积极性，更严重的是损害了国家利益。审计通过信息反馈和提出一些改进意见，有利于协调各方面的经济利益关系，使责、权、利更加密切地结合。

作为监督国家财政的有独立行使权的国家审计，理应围绕党和国家各个时期的中心工作开展审计工作，发挥它的作用。政府审计既是民主与法制的产物，也是民主与法制的工具。推动政治文明建设和促进国家民主法制化的发展理应是国家审计的责任。二十多年来，我国国家审计抓住对重点领域、重点部门、重点资金和领导干部经济责任的审计，加大对重大违法、违规问题和经济案件的查处力度，在经济和政治文明建设上发挥了巨大的作用。

作为以维护社会公众利益为己任的我国社会审计，在维护市场经济健康发展、促进经济体制改革和国有企业改制重组、培育发展资本市场、改善投资环境和吸收国外资本等方面发挥了重要的作用。特别在提高上市公司信息披露质量方面发挥了不可替代的作用，已成为维护证券市场秩序的一支重要力量。作为中国特色社会主义事业的建设者，注册会计师已经参与到经济建设与相关决策的方方面面,并在各级人大、政协中积极发挥参政议政作用;同时也接受国家审计机关、内部审计组织,以及各级纪检机关、法院、检察院的委托,进行经济凭证鉴别、经济案件检查和经济责任审计工作,发挥了重要的作用。更值得提出的是,我国注册会计师行业已经成为青年人才就业的重要选择,它不仅能缓和我国的就业压力,而且也为管理人才的培养开拓了新的途径。

我国内部审计的发展,不仅有利于揭露单位经营管理中的问题、提高单位信息的质量、保证财产的安全完整,而且有利于完善公司治理结构,改善内部人控制问题;有利于促进内部控制的完善和加强,以防范经营风险;有利于强化企业管理,增加管理的价值;有利于帮助管理者正确履行职责,实现组织整体目标;有利于组织资源的综合利用,以提升现代企业的整体水平。

西方的审计学家认为,审计是建立一个廉洁政府的有力工具,由此可见,审计监督不仅有利于我国经济制度的建设,对社会主义政治制度建设也将会发挥更大的作用。

第四节　审计基本假设

一、假设与审计假设

审计假设是 20 世纪 60 年代由美国学者莫茨和夏拉夫在其成名作《审计哲理》中首次提出的。要理解审计假设的含义,首先要理解什么是假设。

假设是哲学和逻辑学中的一个概念,是进行演绎推理或科学论证的先决条件。假设是任何科学产生和发展的先导。因为对任何科学的研究都会产生一系列未被确知并难以直接论证的问题,而任何科学的原理、定律及结论的产生都要依赖于某种特定的假设,即首先建立假设,再进行实验、实践,作进一步的验证,然后才能形成科学的理论。提出切合实际而又符合情理的假设,既是进行科学研究的必要,又是指导社会实践的必要,假设一般具有以下三个特征。

(1)假设并不证明其自身的正确性。任何假设都不能对它本身作直接的验证,但可以对由假设所演绎的结论进行验证,因此假设的正确性要由其推演结论的正确性来验证。

(2)假设是推论的基础。假设是一种人们可以接受的公理,它具有一定的科学性。人们借助于假设进行推导、实践或实验,如果假设正确,其推导的结论或实验的结果也会正确。

(3)假设是发展变化的。假设虽然是科学产生和发展的先导,但它产生于一定的政治、经济、文化、技术环境之中,势必要随着它们的发展而有所变化,即旧假设可能会消失而新假设不断涌现,只有这样,才会推动科学在理论上与实践上不断向前发展。

审计学作为一门监督科学,自然也需要有特定的假设。例如,为什么要进行审计?要对什么样的资料和活动进行审计?如何判别审计证据力与证明力?怎样提出审计意见和建议?如果没有既符合客观实际又合情合理的审计假设,不仅建立不起来审计学科的理论,也无法开展审计工作。无论社会制度如何,也不管人的主观认识程度如何,审计假设始终存在,它是审计理论和实务产生和发展的基本前提。

在国外审计理论研究和审计实践中,审计假设得到了较为广泛的运用,特别在合法性审计和弊端审计中占有重要的地位。审计假设一般是指对审计理论和实务中产生的一些尚未确知的事物根据客观的正常情况或者发展趋势所作的合乎情理的判断和假设说明,它是建立审计制度的前提,也是实施审计推理的依据。这里提出了审计假设的客体是"审计理论和实务中产生的一些尚未确知的事物",而不是已知的或者可望确知的事物,因为审计所监督的是复杂的经济活动,其监督的可行性和有效性如果没有一种假设,也就没有必要和可能实行审计制度。例如,假设会计资料可以查明,才有检查的必要;假设审计人员具有胜任能力,才有可能进行有效的检查。假设只是针对特殊情况、过去情况或不合乎情理的情况,如假设会计资料能遵循会计原理、会计原则、会计制度的要求去进行如实反映,在这里就撇开了那些不如实进行反映的特殊情况、不合乎情理的情况,对于这种假设需不需要证实呢? 大可不必。因为这是被社会公认的一般道理。审计假设不是由哪一个人提出来的,也不是由哪一项法令特别规定的,但它得到了人们的一致公认,因此往往被称为公设,也就是公认的假设。

由上可以看出,审计假设是有条件的假设而不是随意的判断,它与审计推理、审计惯例、审计准则、审计观念等相关的审计概念有本质的区别。审计假设只是审计推理的依据,而本身不是推理的过程。审计惯例是指那些在法律上没有明文规定或者没有形成具体的原则和理论,但在审计实践中曾经施行并且已成为习惯的通行做法,是从随心所欲开始逐步形成的审计处理上的习惯的通行做法。审计惯例是审计假设的来源依据,假设并不是惯例。审计准则是由人们主观意志决定的一种行为规范。审计观念是人们在审计实践中所产生的思维活动,并由这些活动所形成的对审计实践的看法和思想。审计观念范围广泛,它不仅包括在审计实践中形成的各种审计概念,还包括各种审计理论和方法,审计假设只是审计观念的一种概念。任何概念都有它自身的本质属性,审计假设也有其自身属性,它与审计的有关概念有联系,但不会完全一致。

审计假设是人们从长期的审计实践中总结出来的,是对审计工作及其涉及的有关方面所作的合乎逻辑的论断,是公认的理性认识,是审计工作的前提,是审计理论的基石。审计实践是形成审计假设的客观基础;审计假设是一种公理,而不是一种定理,无法从逻辑上证明其正确性;审计假设是审计实践经验的结晶,具有较高的正确性。作为从审计实践上抽象出来的审计假设,一般具有以下四个特点。

1. 概括性

审计假设是从大量的审计实践中归纳、总结出来的,理应具有综合性和代表性,是对审计工作及其涉及的有关方面所作的高度概括。同时,审计假设的表述也应该简明扼要、言简意赅。

2. 系统性

从审计实践中高度概括出来的审计假设有各种各样的内容,共同构成了审计假设的体系。存在于审计假设体系中的各种假设虽然不能相互包含、互相重复,但它们之间却存在着逻辑上的联系,具有鲜明的系统性。随着审计实务的发展,审计假设体系也会不断完善。

3. 实用性

审计假设是对审计实践的理性认识,可以用来指导审计实务工作,具有一定的实用性和可操作性。如果审计假设只是一种空洞的、无意义的理论表述，就不能称其为审计假设。

4. 相对性

审计假设指导审计实务的有效性只是相对的，而不是绝对的。在特殊情况下，它不一定有效或正确；随着审计实务的发展，原来的一些假设也可能失去了作用，必须进行不断修正、补充或提出新的假设。

审计假设对建立审计理论与指导审计工作具有特别重要的作用。很多审计理论的建立首先要提出假设，这种假设以大量的实践资料为依据，然后去推定，在实践中去验证，即收集充分而有力的审计证据，再证实假设与客观的相符性。如果大量的客观现实说明这种假设不存在，则说明这种假设不能成立；如果说明其存在，则说明这种假设成立，就形成了科学的审计理论。在实际审计工作中，针对具体的审计项目，确定审计的范围，根据各种假设再进行审计资源的分配，收集必要的审计证据，最后形成审计的结论和决定。从一定意义上讲，没有审计的假设，就无法进行审计工作，审计人员总是在充分而有效的假设指导下开展和推进审计工作的，整个审计过程可以说是一个提出假设、验证假设、肯定或否定假设以及推出新的假设的过程。

审计假设虽然以审计实践的经验为主要依据，但主要依赖于审计人员的主观判断。要使这种判断尽量与客观事实相符，在审计实践中得到充分的验证，就要求审计人员在熟知审计理论的基础上，在实践中磨炼自己的判断力，注意对规律的探索和经验的总结；此外，要持谨慎的、合理的怀疑态度，对任何假设既要设想其成立的一面，也要留意其不能成立的一面，要谋求把审计风险减小到最低限度。

从以上的论述可以看出，审计假设是建立审计理论的基础，同时也是审计理论的重要内容，研究审计假设，有利于推动对整个审计理论体系的研究。其次，审计假设可以用于指导审计实践活动，既可以用于直接指导审计实践活动，也可以将它作为建立审计理论的基础，通过审计理论再指导审计实践。再次，审计假设是确定审计人员责任的重要依据，在一般情况下每条审计假设都涉及一定的审计责任，因此审计假设为确定审计人员应承担的审计责任提供了必要的依据。

二、国外的审计假设

审计假设的研究起步于美英审计理论界。其代表性人物有莫茨和夏拉夫，还有托马斯·李，以及弗林特，他们的研究成果分别代表国外的三种相互联系的审计假设体系。

(一) 莫茨和夏拉夫的基本假设

莫茨和夏拉夫在1961年出版的《审计哲理》一书中提出了八条审计假设，并认为假设是不能直接加以验证的公理。著名的《蒙哥马利审计学》(第十版)第五章中也引述了这些假设，并指出假设作为推理的起点，它们不能被直接证明，但从它们所推得的命题能表明假设的正确性。八条基本假设内容如下。

1. 财务报表和财务数据是可以验证的

作为审计的主要对象，财务报表和财务数据如果不能验证，则审计的存在就失去了必要性。这一基本假设确立了审计存在的意义和其主要目的,并为建立财务审计方法和审计程序提供了明确的目标。

2. 审计人员与被审计单位管理者之间没有必然的利害冲突

作为审计主体的审计人员只有保持超然独立的地位,才有可能进行公正的审查和对财务报表的公允性表示审计意见,从而使财务报表的使用者根据这些信息的可靠程度作出相应的决策。尽管社会审计工作不可能完全避免与被审单位之间的利害冲突,但整个审计工作仍然必须建立在可避免利害冲突的假设之上。如果审计人员与被审单位之间存在着必然的利害冲突,审计的独立性就无从谈起,审计也就失去了存在的价值。

3. 送审的财务报表和其他资料不存在串通舞弊和其他不正当的舞弊行为

财务审计的主要目的之一就是查错防弊,而偏重于对一般会计差错的检查。如果认为被审计单位存在共谋和其他舞弊行为,其送审的资料必然不可能反映被审计单位真实的经济活动情况。串通舞弊现象是存在的,但毕竟是少数的特殊现象,一般的审计程序和审计方法应建立在无共谋舞弊现象的假设上。

4. 完善的内部控制制度可以减少错弊发生的可能性

健全的内部控制制度可以保证各项经济业务在各个部门中得到规范的处理,它既有预防功能,也有发现与检查纠正功能。企业有了完善的内部控制系统,就会减少错误和弊端发生的可能性。审计人员可以根据这一基本假设,实施制度基础审计方法,从而减少对会计数据和经济活动的审查测试。

5. 公认会计原则的一致运用可使财务状况和经营成果得到公允表达

公认会计原则是在长期的会计实践中逐渐形成的、并经会计职业团体归纳整理而成的会计惯例和方法及处理会计实务的准则。会计公认原则往往经过政府管理部门的认可而成为权威性的文件。如果会计业务处理及会计报表的编制始终遵循公认会计原则,就会被认为公允地反映了企业的财务状况和经营成果。审计的这一基本假设确立了对审计对象衡量的标准。

6. 如无确凿的反证,被审单位过去被认为真实的情况将来仍为真实

这个假设说明,如果以前年度的审计有了结论,现在没有发现相反的证据,依然要承认以前的结论是有效的,也就是说,没有必要重新进行审查。当期审计应以当期的审计对象为内容,只有出现了相反的证据时,才有必要对过去进行追溯性审查。

7. 审计人员有能力独立地审查财务资料并发表意见

审计人员为了表示公允的意见,自然要保持独立的身份,客观地进行检查和评价。如果审计人员与被审查的单位及被审查的事项有利害关系,则应回避。审计人员只有在从事审计业务时才有必要保持其应有的独立性,提供管理咨询服务时则另当别论。

8. 独立审计人员的职业地位负有相应的职业责任

审计人员所具有的独立地位,使人们相信他有能力作出客观公正的审计结论,因此审计人员的审计意见对利用审计信息者的决策有重大影响。与此同时,审计人员也应承担与其地位相适应的责任。审计人员如因渎职而导致被审单位或其他有关人员的经济损失,有可能承担民事责任甚至是刑事责任。因此,审计人员理应始终保持职业上的审慎态度,严格按照审计准则的要求工作。

莫茨和夏拉夫所提出的八项审计假设开创了审计假设研究的先河,对后来者的研究产生了重要影响,有的将其顺序略作改动,有的将其条目进行增删,有的改变了表述方式,有的则作了进一步的发展。正如莫茨和夏拉夫在提出审计假设时所强调的那样,必须对这些基本假设不断地加以重新审阅,看它们在新的环境下是否能继续成立。

(二) 托马斯·李的审计假设

托马斯·李发展了莫茨和夏拉夫的审计假设理论,他在《公司审计》一书中将审计假设分为审计必要性假设、审计行为假设和审计职能假设共三类十三条。

1. 审计必要性假设

(1) 未经审计的会计信息缺乏足够的可信性;

(2) 最迫切的要求是对企业财务报表中的会计信息进行验证,以提高会计信息的可信性;

(3) 根据法律要求和职业规范进行审计是提高会计信息可信性的最好办法;

(4) 外部审计可以验证和提高会计信息的可信性;

(5) 股东和其他财务报表使用者通常不能自己验证会计信息的可信性。

2. 审计行为假设

(1) 在审计人员和管理部门之间不存在妨碍审计人员对会计信息可信性进行验证的利害冲突;

(2) 对审计人员来说,没有什么法律会妨碍他们对会计信息可信性的验证;

(3) 审计人员在精神和形式上完全处于独立的地位,能够客观地对会计信息的可信性进行验证;

(4) 审计人员具有胜任审计工作的技能和经验,能够圆满地达到既定的审计目标;

(5) 审计人员应对其工作质量和所发表的审计意见负责。

3. 审计职能假设

(1) 审计人员可以在合理的时间和成本范围内收集和评价充分、有效和可靠的证据材料;

(2) 内部控制的存在可使会计信息中不存在重大的舞弊和差错;

(3) 公认的会计概念及与企业业务相适应的会计基础,如果能得到恰当与一致的使用,审计人员就会对会计信息提出公允的审计意见。

托马斯·李审计假设的第一部分五条(其最末两条也可以合并为一条)说明了产生审计的理由;第二部分五条说明了对审计人员的要求;第三部分三条说明了履行审计职能的基本条件。特别是第一部分内容,发展了莫茨和夏拉夫的审计假设,但目前来说仍不尽合理。

(三) 弗林特的审计假设

弗林特教授在 1988 年出版的《审计理论导论》一书中，提出了如下七条审计假设。

(1) 审计以经济责任关系或公共经济责任的存在为首要前提；

(2) 经济责任关系内涵十分模糊、复杂，解除经济责任非常重要，而这一切要靠审计予以解释和解除；

(3) 审计的本质特征在于其地位的独立性和不受约束地进行调查和报告；

(4) 审计对象的内容，如行为、业绩、成果、业务记录、经济业务或与此有关的事实或说明，都可以通过证据予以证实；

(5) 可以对行为、业绩、成果和信息质量等确立责任标准，并对上述信息质量的实际情况予以计量，与已确立的标准进行比较，计量与比较过程需要专门的技能，并需要主观判断；

(6) 应明确财务报表和其他资料的意义、重要性和目的，通过审计可对其可信性作出清晰地表示与传递；

(7) 审计可产生经济效益和社会效益。

弗林特的审计假设是根据现代审计的发展并从社会的观点提出来的，一改过去仅从财务审计角度进行审计假设研究的做法，从而为建立广义的审计理论结构提供了有关的参考。但是，由于这些假设过于抽象，其实用性和有效性受到限制。

三、我国的审计假设

自我国实施审计制度以来，我国的审计学者从 20 世纪 80 年代中期就开始了对审计假设的研究，由于受到美英学派的影响，我国的研究一般分为三种情况：一是根据莫茨和夏拉夫审计假设理论进行研究，把审计基本假设归纳为四条、五条或六条不等；二是根据托马斯·李审计假设理论进行研究，首先把审计假设分为必要性假设（或原因假设）、审计人员假设（或行为假设）和审计程序假设（或审计报告假设）等三大类，然后在各类中设若干条；三是在综合研究美英学派审计假设理论的基础上，结合我国审计人员的发现，把审计假设划为基本假设和特种假设两大类，进一步规定各类所包括的内容。

(一) 审计基本假设

审计基本假设是指适合于各种审计项目与审计全过程的假设，它是建立审计制度与进行审计工作的基础，主要反映审计必要性、可能性与目的性方面的假设。

1. 审计必要性假设

审计是有目的的经济监督活动，其必要性和目的性应建立在假设经济责任关系和经济责任人存在的基础上。

当生产资料所有者与经营者分离以后，经营者接受所有者的资源，为所有者管理受委托的事项，这样经营者对所有者就负有经济责任或会计责任。人们普遍认为财产的经营者对财产的所有者应负的这种经济责任是理所当然的。正是因为这种经济责任和经济责任人的存在，审计工作才有存在的必要，才具有鲜明的目的性与针对性。审计就是监督检查被审计单位是否履行了它的经济责任或会计责任，并借以加强被审计单位的会计责任感。

2. 审计对象可证实性假设

审计工作之所以能进行，就是因为大家都假设会计资料及其他经济资料、经济业务与经营活动是可以查得清的，对经营人员应负的经济责任是能够确定的。如没有这样的假设，也就没有进行审计的必要，因为被审计的对象无法证实，审计人员也就无法对被审计对象表示任何意见。有了可证实性假设，审计人员就会使用有效的审计方法去收集能证实问题的各种审计证据；同时也促使了对审计证据与审计方法的理论研究和经验总结。证实是否存在、证实优劣状况、证实责任大小等均要凭严格的证据来说话。整个审计过程实质上也就是取得充分证据并据以判明受审对象状况与责任归属的过程。

3. 错误与弊端存在性假设

在审计目的性和可证实性假设的基础上，就可以对错误与弊端的存在、性质、原因、形成过程等进行假设。这样便于确定审计的范围和重点，实施必要的程序技术，以利于查明问题与提高工作效率。

从审计对象整体上看，一般假设为内部控制健全可以减少错误与弊端，现代审计的检查范围和施用方法则取决于被审计单位内部控制是否健全和完善。如果没有这样假设，认为不论在什么样的单位内和在什么样的情况下，错误和弊端无处、无时不存在，这就无法进行合理的审计。事实上，只要内部控制措施实施严密和得到良好的贯彻，无意识的错误和有意识的合伙舞弊现象必然会减少。根据错误和弊端存在可能性的假设，在进行审计时，应首先检查内部控制的健全与贯彻情况，然后根据评价结果决定进一步审计的范围、重点、程序和方法，这样有利于提高审计工作效率，把审计人员从大量的"数字游戏"中解放出来。

根据上述假设，还可以进一步假定：如果被审计单位内部控制与以往相比没有改变，则以往的差错可能会增加本期的差错概率；同样，若以往没有差错，则会减少本期产生差错的概率。有了这一假设，审计人员就可以根据以往的检查情况来确定本期应该检查的范围及重点、程序与方法，从而减少审计风险，增加审计结论的可靠性。

对错误和弊端的假设，除根据内部控制状况进行假设外，还可以根据业务性质、业务重要程度及经手人员素质等方面进行假设。如收支频繁的业务发生差错的可能性大；货币资金与可变现物资收支业务发生舞弊的可能性大；大金额业务收支发生差错的可能性也大；工作马虎、经验不足的管理人员发生差错的可能性大；思想品质不好又缺乏一定经验的管理人员发生舞弊的可能性大；经手钱、物的人比其他管理人员发生差错和舞弊的可能性大；差错有主观因素造成和客观因素导致的两种，有意识造成的差错难以查明……总之，依据审计项目与具体对象的不同，错误与弊端的假设也会多种多样。

4. 行为衡量标准假设

行为衡量标准假设主要是指依据什么衡量会计人员行为方面的假设。会计人员进行记录、计算与报告时理应遵循公认的会计准则，即要正确地运用会计原理、原则与方法，客观地、前后一贯地如实反映被审单位的财务状况与经营成果。审计人员在进行审计时，如果发现被审计单位的会计工作是按照会计的原理、原则与方法进行反映与报告的,各时期所采用的会计标准又是先后一致的,则可以认为其会计报告和会计资料是真实与公允的。有了这一假设,审计人员在进行工作时,就可以把精力放在对会计行为过程的检查上,而不必放在对行为结果方面的检查上,即是要查明会计工作对各项财经法规、会计制度、会计原理等贯彻执行情况,并据此来判定其结果的真实与否。

5. 无反证判定假设

审计理应重证据,但有时又很难找到合理的证据。在这种情况下,如果对准备判定的问题提不出任何反对的证据,则可以"提不出反对证据"为理由进行判定;在另一种情况下,如果难以找到正面证据,倒有很多反面证据,则可以根据反面证据进行判定。

根据上述假设,可以认为过去已被认为是真实的问题,在以后未发现任何明显的反证时,则还保持这种看法,例如,审计人员过去检查过的问题,在以后检查时又未发现明显的反证,则可以认为过去的检查是可信的。有了以上假定,可使审计工作具有连续性,前后一致,并使审计人员的责任有一个合理的界限,以降低审计风险。

(二) 审计特种假设

审计特种假设主要是指适合于特定对象和特种场合的有关假设,如审计主体假设、审计方法假设和审计证据假设等。

1. 审计主体假设

对审计人员素质与其专业职责要求相称方面的假设即为审计主体方面的假设。其主要内容是对审计人员可信性与胜任性及承担责任方面的假设。

2. 审计方法假设

审计方法假设是指导审计方法运用条件及其使用成效方面的假设。审计假设与审计方法存在十分密切的关系,无论是总体方法的使用还是个别技术的使用,均离不开对特定对象与方法使用效果的假设。审计方法假设的内容很多,但主要有抽查法使用、程序法使用及询证法使用等方面的假设。

3. 审计证据假设

审计证据假设就是对审计证据进行收集、判断、评价时所运用的各种假设。这种假设的内容很多,主要包括四个方面:一是证据力的一般假设;二是证明力的一般假设;三是合理证据的假设;四是取证方法对证据力影响方面的具体假设。

4. 其他方面假设

其他方面的假设是指审计过程中遇到一些能够解决的具体问题从而需要作出特别处理的种种假设。例如,某些具体问题性质的假设、产生原因的假设及影响的假设等;又如,对一些作案手段的假设,对案件涉及的范围及有关人员责任方面的假设;再如,具体项目审计成本、审计效益及审计风险方面的假设等。

思考与练习

1. 什么是审计产生的客观基础？
2. 什么是受托经济责任关系？什么是审计关系？
3. 什么是审计本质？审计主要有哪些方面的特征？
4. 国外审计界对审计定义有哪些代表性的看法？
5. 什么是审计的定义？审计定义主要包括哪些内容？审计与会计有何联系和区别？
6. 我国国家审计的发展经历了哪几个阶段？各个阶段有哪些主要发展事实？
7. 我国社会审计和内部审计是怎样发展起来的？
8. 国外有哪几种类型的审计体制？法国、美国和英国的国家审计是怎样发展的？
9. 英国的社会审计是怎样发展的？什么是英国式的详细审计？什么是美国式的信用审计？
10. 国外内部审计是怎样产生和发展的？美、英内部审计各有什么特点？
11. 现代审计和传统审计相比较发生了哪些变化？
12. 什么是审计职能、审计任务和审计作用？三者之间有何联系和区别？
13. 我国审计具有哪几种职能？为什么说经济监督是审计的基本职能？
14. 在我国的审计实践中，哪些审计体现了审计的鉴证职能和评价职能？
15. 我国审计在宏观经济管理过程中能发挥哪些方面的作用？
16. 审计作用主要包括哪两个方面的内容？二十多年来我国三类审计发挥了哪些方面的作用？
17. 什么是假设？假设有何特征？
18. 什么是审计假设？审计假设有何特征和作用？
19. 国外审计的基本假设有哪些内容？
20. 我国审计的基本假设有哪些内容？特种假设有哪些内容？

第二章
审计组织与审计人员

【内容提示】

作为审计主体的各类审计组织是怎样设置的？有哪些职责权限？作为审计主体的各类审计人员应具备哪些方面的资格条件？应具有哪些方面的政治素质和业务素质？应具有哪些方面的权利和义务？这些是本章所要阐述的主要内容。

第一节 国家审计机关

建立和健全审计组织并配备合格的审计人员是各国实行审计制度的必要前提和组织基础。当今世界上多数国家都分别建立了国家审计机关、内部审计机构和社会中介审计组织。《利马宣言》指出，鉴于依法而合理地运用公共资金，对于正确地掌握公共财政和有关主管机构作出决策的有效性，每个国家拥有一个其独立性以法律形式固定下来的最高审计机构，这是绝对必要的。这是因为国家的活动越来越多地扩展至社会和经济领域，因而超出了传统的公共财政工作范围。根据谋求各国的稳定和继续发展的要求，公共财政必须实现特定目标，即切合实际而有效地使用公共资金，力争实现严格的经济管理，行政工作必须具有合法性，以及通过提出客观报告，既向国家机关也向公众舆论通报有关信息。

一、国家审计机关的隶属模式

国家审计机关是代表国家依法行使监督权的行政机关，它具有国家法律赋予的独立性和权威性。国家审计机关不仅是最早的审计组织形式，而且也是现代各国审计机构体系中最重要的组成部分。尽管各国审计机关的称呼不一，但都是国家政权的一个重要组成部分。由于世界各国的文化传统和政治体制不同，最高审计机关的隶属关系和地位也有很大差别。其主要类型有以下三种。

（一）立法型

立法型的国家最高审计机关隶属立法部门，依照国家法律赋予的权力行使审计监督权，一般直接对议会负责，并向议会报告工作。目前，世界上大多数国家的最高审计机关都属于立法型审计机构。例如，奥地利审计院直接隶属于国民议会，每年向国民议会提交工作报告；加拿大审计长每年向议院报告审计长公署工作中重要的应提请众议院注意的任何事项；美国审计总局（署）隶属于国会，不受任何行政当局干涉，独立地行使审计监督权。立法型审计机关地位高，独立性强，不受行政当局的控制和干预。

（二）司法型

司法型的国家最高审计机关隶属于司法部门，拥有很强的司法权。例如，意大利的审计法院对公共财物案件和法律规定的其他案件有裁判权，审计法院直接向两院报告审查的结果；西班牙审计法院拥有自己的司法权；法国审计法院也有一定的审判权。司法型审计机关可以直接行使司法权力，具有司法地位和很高的权威性。

（三）行政型

行政型的国家最高审计机关隶属于政府行政部门，它是政府行政部门中的一个职能部门，根据国家赋予的权限，对政府所属各级、各部门、各单位的财政财务收支活动进行审计。它们对政府负责，保证政府财经政策、法令、计划、预算的正常实施。例如，沙特阿拉伯王国审计总局是对首相负责的独立机构，年度报告应呈递国王；泰王国审计长公署应向内阁总理呈报；瑞典审计局认为有必要报告有关情况，则应首先向负责部门或有关机构报告，如认为无此必要，可直接向政府报告；我国国家审计署在国务院总理领导下独立进行审计工作。行政型审计机关依据政府法规进行审计工作，其独立地位相对较低，基本上不具有法律约束力。

还有些国家的最高审计机关介于立法、司法及行政部门之间，难以确定其从属类型。例如，日本会计检察院既不属于议会，对内阁也具有独立的地位。会计检察院认为其检查报告需要向国会申诉时，可由检察官出席国会或用书面说明。德国联邦审计院是联邦机构，是独立的财政监督机构，只受法律约束。联邦审计院的法定职能是协助联邦议院、联邦参议院和联邦政府作出协议。一般来说，这类审计机关只受法律约束，而不受国家机关的直接干预。

二、我国审计机关的设置

审计机关是审计权力的承担者和审计监督活动的实施者。因此，审计机关就是能以自己的名义实施审计监督权的组织机构。我国审计机关是国家行政机关的组成部分，是根据宪法、审计法以及其他有关法律的规定建立起来并进行活动的国家行政机关。

根据《中华人民共和国宪法》第91条和第109条以及《审计法》第2条规定：国家实行审计监督制度，国务院设立审计机关，县级以上的地方各级人民政府设立审计机关。从职能上讲，审计机关有对外行使权力的组织，也有管理内部事务的机构；从地域而言，有中央审计机关，也有地方审计机关；从组织形式上看，有常设机构，也有派出机构。我国审计机关是审计法律关系的主体，是行使审计监督权的组织，是以自己的名义行使职权并能够承担审计法律责任的组织，以行政法人资格从事审计行为。我国的审计机关主要有以下三种。

（一）中央审计委员会

2018年3月，中共中央印发了《深化党和国家机构改革方案》。该方案提出，为加强党中央对审计工作的领导，构建集中统一、全面覆盖、权威高效的审计监督体系，更好发挥审计监督作用，组建中央审计委员会，作为党中央决策议事协调机构。改革审计管理体制，组建中央审计委员会，是加强党对审计工作领导的重大举措。要落实党中央对审计工作的部署要求，加强全国审计工作统筹，优化审计资源配置，做到应审尽审、凡审必严、严肃问责，努力构建集中统一、全面覆盖的审计监督体系，更好发挥审计在党和国家监督体系中的重要作用。

中央审计委员会办公室设在审计署,中央审计委员会主任由习近平总书记担任、中央审计委员会副主任由李克强、赵乐际担任,中央审计委员会办公室主任由胡泽君担任。

(二) 最高审计机关

中华人民共和国审计署成立于1983年9月15日,它是国务院所属部委级的国家机关,是我国最高审计机关。它具有双重法律地位:一方面,它是国务院的组成部门,要接受国务院的领导和指示,遵照和执行国务院的行政法规、决定和命令;另一方面,它又有自己的职责范围,对自己所管辖的事项,以独立的行政主体从事活动,并承担由此而产生的责任。审计署按统一领导、分级负责的原则组织领导全国的审计工作。其主要职责是:接受委托起草审计法律、行政法规草案,提出修改审计法律、行政法规的草案;制定审计工作的方针、政策,发布审计工作的命令、指示和规章,确定审计工作重点,编制全国审计项目计划;办理审计管辖范围内的审计事项,组织、指导全国性行业和专项资金审计,组织、实施对与国家财政收支有关的特定事项的专项审计调查;领导、管理全国审计机关的审计业务和其他审计工作,制定审计准则;指导和监督全国的内部审计业务工作;对社会中介机构的审计业务质量进行监督检查;协同省级主管部门依照法定程序办理省级审计机关负责人(包括正职和副职)的任免事项;办理法律、行政法规规定和国务院交办的其他事项。

由于我国各级审计机关的审计范围是按照被审计单位财政财务的隶属关系来划分的,如属于中央的企事业单位由审计署负责审计;属于地方的企事业单位分别由省、市、县审计机关负责审计。为了就近审计和同行业审计的需要,审计机关有必要在重点地区和部门派出审计特派员。

审计署根据工作需要设立审计派出机构,须经国务院批准。审计派出机构根据审计署的授权,依法独立进行审计工作,审计终结后,出具审计意见书,作出审计决定。在重点城市设立的派出机构负责对各地区的中央企业、事业单位以及省级政府财政进行审计监督。这些派出机构直接受审计署领导,对审计署负责并报告工作,处级以上的干部由审计署任免。在各部委派驻部门的审计机构,原则上负责各该部门直属企业、事业单位的审计监督工作和内部审计指导和监督工作,受审计署和驻在部门的双重领导,对审计署和驻在部门负责并报告工作。派驻部门审计机构的编制由审计署负责核定,处级以上干部由审计署任免。

(三) 地方审计机关

地方审计机关是指省、自治区、直辖市、设区的市、自治州、县、自治县、不设区的市、市辖区人民政府设立的审计组织,负责本行政区域内的审计工作。地方审计机关也是根据宪法、审计法有关条文规定设立的,同样具有法律地位。

省、自治区审计机关称审计厅,其他地方各级审计机关统称为审计局。地方各级审计机关在法律上也具有双重地位:一方面,它是各级政府的一个职能部门,直接对本级政府行政首长负责;另一方面,地方审计机关对自己管辖范围内的审计事项,以独立的行政主体资格从事活动。《审计法》第8条规定:"省、自治区、直辖市、设区的市、自治州、县、自治县、不设区的市、市辖区的人民政府的审计机关,分别在省长、自治区主席、市长、州长、县长、区长和上一级审计机关的领导下,负责本行政区域内的审计工作。"地方审计机关按照国家法律和本级政府的政策、决议行使权力,处理行政事务。其主要职责是:接受委托起草地方性审计法规、规章、制度,根据本级人民政府和上级审计机关的要求,确定审计管辖范围内的审计工作重点,编制审计项目计划;办理本级审计机关审计管辖范围内的审计事项,组织、指导审计管辖范围内行业和专项资金审计,组织实施对本级财政收支有关的特定事项的专项审计调查;领导、管理下级审计机关的审计业务和其他审计工作;具体指导、监督审计管辖范围内的内部审计业务工作;根据规定具体监督检查中介机构的审计业务质量;协同下一级主管部门依照法定程序办理下一级审计机关负责人(包括正职和副职)的任免事项;办理法律、法规、规章规定以及上级审计机关或者本级人民政府交办的其他事项。省、自治区人民政府设立的地方行政公署的审计机关,在省、自治区人民政府审计机关和行政公署专员授权的范围内,依法实施审计监督。对地区行政公署和省、自治区审计机关负责并报告工作,审计业务以省、自治区审计机关领导为主。

我国地方审计机关实行双重领导,对本级人民政府和上一级审计机关负责并报告工作,审计业务方面的报告以上级审计机关领导为主。例如:① 地方审计机关要遵照执行上级机关颁布的审计规章和审计工作决定;② 地方审计机关要认真办理上级审计机关布置的工作任务;③ 地方审计机关的工作情况和查出的重要问题,要及时向上级审计机关报告;④ 地方审计机关如遇到有地方政府对审计工作的指示、决定与上级审计机关的决定、规章相违背时,应按上级审计机关的执行。当然,上级审计机关也要考虑下级审计机关及地方政府的意见。

根据《审计法》的有关规定,我国地方审计机关也可以在其审计管辖范围内派出审计特派员,但应由本级政府决定,并报上级审计机关备案。

我国审计组织体系的主要特征是:我国国家审计实行行政审计模式;对地方审计机关实行双重领导体制;国家审计机关对内部审计进行业务指导和监督,对社会中介机构审计业务质量进行监督检查。

三、我国审计机关的职责和权限

(一) 我国审计机关的职责

审计机关职责是指国家法律、行政法规规定的审计机关应当完成的任务和承担的责任。我国《宪法》第91条原则地规定了我国审计机关的基本职责,《审计法》第1章第3条和第3章有关条文分别规定了我国审计机关的基本职责和具体职责。

从总体上讲,我国审计机关的基本职责是对国家财政收支和与国有资产有关的财务收支进行审计监督。其监督范围包括国务院各部门、地方各级人民政府及其各部门、国有金融机构和企业事业组织,以及法律、行政法规规定的其他单位。其监督内容包括上述监督范围内的财政收支、财务收支及其有关的经济活动。其监督要求是检查审计监督范围的财政、财务收支的真实、合法和效益情况。此外,审计机关作为政府内部的职能部门,还承担主管本行政区域内审计工作的重要职责。

《深化党和国家机构改革方案》中明确规定中国共产党中央审计委员会的主要职责是,研究提出并组织实施在审计领域坚持党的领导、加强党的建设方针政策,审议审计监督重大政策和改革方案,审议年度中央预算执行和其他财政支出情况审计报告,审议决策审计监督其他重大事项等。将国家发展和改革委员会的重大项目稽查、财政部的中央预算执行情况和其他财政收支情况的监督检查、国务院国有资产监督管理委员会的国有企业领导干部经济责任审计和国有重点大型企业监事会的职责划入审计署,相应对派出审计监督力量进行整合优化,构建统一高效审计监督体系。

审计机关具体职责表现在以下十个方面。

1. 财政收支审计职责

对财政收支进行审计监督是审计机关的主要职责。审计署可以对国务院财政部门具体组织的中央预算执行和其他财政收支情况进行审计,地方各级审计机关可以对本级人民政府财政部门具体组织的本级预算执行和其他财政收支情况进行审计。我国在《审计法实施条例》中明确规定,审计机关对本级预算收入和支出的执行情况进行审计监督的内容包括:财政部门按照本级人民代表大会批准的本级预算向本级各部门(含直属单位)批复预算的情况、本级预算执行中调整情况和预算收支变化情况;预算收入征收部门依照法律、行政法规的规定和国家其他有关规定征收预算收入情况;财政部门按照批准的年度预算、用款计划以及规定的预算级次和程序拨付本级预算支出资金情况;财政部门依照法律、行政法规的规定和财政管理体制,拨付和管理政府间财政转移支付资金情况,以及办理结算、结转情况;国库按照国家有关规定办理预算收入的收纳、划分、留解情况和预算支出资金的拨付情况;本级各部门(含直属单位)执行年度预算情况;依照国家有关规定实行专项管理的预算资金收支情况;法律、法规规定的其他预算执行情况。

2. 财务收支审计职责

对财务收支审计是审计机关的重要职责。① 审计署对中央银行和中央金融监督管理机构的财务收支进行审计监督。审计署对中央银行及其分支机构的金融活动以及从事有关金融业务活动发生的各项财务收支进行审计,对中央银行及其分支机构或者有关金融机构经管的中央国库业务进行审计。地方各级审计机关对国有金融机构和国有资产占控股地位或者主导地位的金融机构的资产、负债、损益进行审计。② 审计机关对国家的事业组织和使用财政资金的其他事业组织的财务收支进行审计。③ 审计机关对国有企业的资产、负债、损益进行审计。④ 审计机关对政府投资和以政府投资为主的建设项目的预算执行情况和决算进行审计。⑤ 审计机关对政府部门管理的和其他单位受政府委托管理的社会保障基金、社会捐赠资金及其他有关基金、资金的财务收支进行审计。⑥ 审计机关对国际组织和外国政府援助、贷款项目的财务收支进行审计。⑦ 对国有资本占控股地位或者主导地位的企业、金融机构的审计监督,由国务院规定。

3. 效益审计职责

十六届三中全会提出"建立预算绩效评价体系",中央经济工作会议要求"推进财政资金使用绩效评估工作"。因此,开展对财政资金使用效益情况审计,有利于提高资金的使用效益。目前,审计工作已转向财政收支的真实、合法审计和效益审计并重的发展方向;同时,国外大多数审计机关普遍开展了绩效审计,开展效益审计符合现代国家审计发展的要求。绩效审计是国家审计发展的必然趋向,开展绩效审计理应是国家审计机关的职责。

4. 经济责任审计职责

自1999年中共中央办公厅和国务院办公厅文件下发以来,经济责任审计已成为审计机关的一项重要工作,同时,经济责任审计实践已具有较好的基础,理应上升为国家审计机关的职责。《审计法》第二十五条规定,审计机关按照国家有关规定,对国家机关和依法属于审计机关审计监督对象的其他单位的主要负责人,在任职期间对本地区、本部门或者本单位的财政收支、财务收支以及有关经济活动应负经济责任的履行情况,进行审计监督。

5. 其他法律、法规规定的审计职责

这主要是指除审计法中作出的专门规定外,在我国其他法律、法规中所作的审计机关职责的规定,如在《宪法》《预算法》《会计法》中的规定等。

6. 专项审计调查职责

审计机关有权对与国家财政收支有关的特定事项向有关地方、部门、单位进行专项审计调查,并向本级人民政府和上一级审计机关报告审计调查结果。

7. 审计管辖范围确定的职责

各级审计机关应当根据被审计单位的财政、财务隶属关系或者国有资产监督管理关系,确定审计管辖范围。审计机关之间对审计管辖范围有争议的,由其共同的上级审计机关确定。上级审计机关可以将其审计管辖范围内的有关审计事项授权下级审计机关进行审计;上级审计机关对下级审计机关审计管辖范围内的重大审计事项可以直接进行审计,但应当防止重复审计。

8. 管理审计工作的职责

审计署在国务院总理的领导下,主管全国审计工作;地方各级审计机关在本级政府最高行政首长和上一级审计机关的领导下,负责本行政区域内的审计工作。

9. 对内部审计进行业务指导和监督的职责

依法属于审计机关审计监督对象的单位,应当按照国家有关规定建立和健全内部审计制度;其内部审计工作应当接受审计机关的业务指导和监督。

10. 对社会审计机构审计报告的核查的职责

社会审计机构审计的单位依法属于审计机关审计监督的对象,审计机关按照国务院的规定,有权对该社会审计机构出具的相关审计报告进行核查。

《利马宣言》第七部分专门论述了各国最高审计机关的主要职责:监督国家的财政行为,对驻外的国家机构的监督,国家捐税的审计,国家承包合同和公共建筑工程审计,电子数据处理设计的审计,国家参股的经济企业审计,对接受补贴单位的监督,对国际组织和跨国组织的监督。我国国家审计机关的职责不仅符合《利马宣言》所规定的职责框架,同时更加切合我国国情的需要,真正体现了与时俱进的发展趋势。

（二）我国审计机关的权限

审计机关的权限是指国家通过法律赋予审计机关在审计监督过程中所享有的资格和权能，也就是审计监督权。我国《宪法》第91条、第109条及《审计法》第4章（审计机关权限）、第6章（法律责任）对审计机关的权限作了全面规定。从其规定的内容看，我国审计机关的权限具有权威性、法定性和专属性。权威性表现在审计监督权是由宪法确认和审计法规定的。宪法是国家的根本大法，任何法律、法规均不得同其抵触，宪法中确认了审计监督权，具有最高权威性；审计法是审计监督活动的基本法，审计法对宪法中确认的审计监督权加以具体化。法定性主要表现在国家意志性、强制性和稳定性方面。审计机关的权限是国家意志的体现，不以个人的意志为转移；一切国家机关、社会团体、企事业组织都必须遵守宪法和审计法中对审计监督权的规定，不得违反，否则就要受到追究并要承担相应的法律责任；审计机关的权限是通过法律加以规定的，非经法定程序修改法律，其权限不得变更或消灭。专属性表现在审计机关的权限只能由审计机关在审计监督过程中独立行使。一切非审计机关和个人不得行使该项权力，也不得干涉审计机关行使权力；审计机关在从事其他民事、经济以及内部行政管理活动中，也不得行使审计监督权。

我国审计机关的权限，还具有如下三个基本特征：① 我国审计机关的权限是一种行政监督权；② 行使审计机关权限的主体是国家审计机关；③ 审计机关权限的内容具有广泛性。

我国审计机关的权限具体包括以下六项权力。

1. 监督检查权

（1）要求提供资料权。审计机关依法进行审计监督，被审计单位应当按照审计机关规定的期限和要求，向审计机关报送有关资料。被审计单位不得拒绝、拖延与谎报。根据《审计法》的规定，提供的资料包括预算或者财务收支计划、预算执行情况、决算、财务会计报告，运用电子计算机储存、处理的财政收支、财务收支电子数据和必要的电子计算机技术文档，在金融机构设立账户的情况，社会审计机构出具的审计报告以及与财政收支、财务收支有关的资料等。被审计单位负责人对本单位提供的会计资料的真实性和完整性负责。

（2）检查权。这是指审计机关实施审计时，对被审计单位的有关资料和资产进行检查的权力。这是审计机关履行职责最基本的权力。被审计单位应当接受审计机关的检查，不得拒绝。根据《审计法》的规定，检查内容包括会计凭证、会计账簿、财务会计报告和运用电子计算机管理财政收支、财务收支电子数据的系统以及其他与财政收支、财务收支有关的资料和资产。

（3）调查取证权。这是指审计机关就审计事项的有关问题向有关单位和个人进行调查并取得证明材料的权力。审计机关进行调查时，有关单位和个人应当支持、协助审计机关工作，并如实反映情况，提供有关的证明材料。根据《审计法》规定，审计机关经县级以上审计机关负责人批准，有权查询被审计单位在金融机构的账户。审计机关有证据证明被审计单位以个人名义存储公款的，经县级以上审计机关负责人批准，有权查询被审计单位以个人名义在金融机构的存款。

2. 采取强制措施权

采取临时强制措施权是指审计机关在进行审计时，为了及时制止正在进行的违反国家规定的财政、财务收支行为,或者为了保证审计工作的正常进行,对被审计单位的账册、资产采取一定的强制措施的权力。

审计机关采取强制措施权的适用条件和方式,在《审计法》中有如下两种情况的规定。

(1) 审计机关对被审计单位正在进行的违反国家规定的财政、财务收支行为,可采取如下临时强制措施:

① 有权予以制止。例如,责令被审计单位立即停止正在进行的违反国家规定的行为;情况紧急时,经县级以上审计机关负责人批准,暂时封存有关账册和资料。

② 当采取上述制止措施无效时,经县级以上审计机关负责人批准,通知财政部门和有关主管部门(包括国有金融机构和被审计单位的上级主管部门)暂停拨付与违反国家规定的财政收支、财务收支行为直接有关的款项。

③ 对已经拨付的款项,暂停使用。例如,经县级以上审计机关负责人批准,直接通知被审计单位的开户银行暂停支付,或者由财政部门、单位主管部门通知被审计单位的开户银行暂停支付;经县级以上审计机关负责人批准,可以对被审计单位已经取得的款项暂时予以封存。

被审计单位正在进行的违反国家规定的财政收支、财务收支行为消除后,审计机关应当及时解除或者由财政部门、单位主管部门及时解除所采取的强制措施。

(2) 审计机关如发现被审计单位已经转移、隐匿、篡改、毁弃会计凭证、会计账簿、财务会计报告以及其他与财政收支、财务收支有关的资料或者转移、隐匿所持有的违反国家规定取得的资产行为,有权予以制止、责令改正;必要时,经县级以上审计机关负责人批准,或者申请人民法院采取资产保全措施,暂时封存有关账册和资料。

3. 提请协助权

为防止毁灭审计证据、抽逃资金和责任人出逃等现象发生,保证审计工作顺利进行,应借鉴《行政监察法》、《银行业监督管理法》、《税收征收管理法》、《海关法》及有关国外审计法规,审计机关在审计工作中,必要时可以提请公安、监察、财政、税务、海关、价格、工商行政管理等部门予以协助。

4. 通报或公布审计结果权

通报或公布审计结果权是指审计结束后,审计机关向政府有关部门通报或者向社会公布审计结果的权力。审计机关对政府有关部门所属单位的审计结果、需要政府有关部门采取改进措施的审计结果等应向政府有关部门通报。对社会公众关注的审计结果,本级人民政府或者上级审计机关要求向社会公布的,以及其他需要向社会公布的,审计机关可以通过新闻媒介向社会公布。审计机关通报或者公布审计结果,应当依法保守国家秘密和被审计单位的商业秘密,遵守国务院的有关规定。

5. 处理处罚权

(1) 对被审计单位拒绝、阻碍审计工作的处理处罚权。被审计单位拒绝、阻碍审计工作主要有两方面表现:一是拒绝或者拖延提供与审计事项有关的资料,或者提供的与审计事项有关的资料不真实、不完整,侵犯了审计机关要求报送资料权;二是拒绝、阻碍审计机关审计或者调整的,如拒绝审计机关对资料和资产的检查,或者有意转移、隐匿、篡改、毁弃会计资料和有关资料,或者转移、隐匿所持有的违法取得的资产等。

审计机关依法行使审计监督权,被审计单位有义务接受审计监督,不得拒绝、阻碍。否则,要根据情节轻重,分别给予责令改正、通报批评、警告、依法追究责任等处理处罚。

(2) 对被审计单位违反预算或者其他违反国家规定的财政收支行为的处理权。审计机关对查出的本级各部门(含直属单位)和下级人民政府违反预算的行为或者其他违反国家规定的财政收支行为,应当依照法律、行政法规的规定,区别情况给予处理,责令限期缴纳应当上缴的款项;限期退还被侵占的国有资产;限期退还违法所得;责令按照国家统一的会计制度的有关规定进行处理;或者采取法律、法规规定的其他处理措施。

(3) 对被审计单位违反国家规定的财务收支行为的处理处罚权。审计机关对有违反国家规定的财务收支行为的被审计单位,除适用对违反国家规定的财务收支行为的处理规定外,并可依照法律、行政法规的规定给予处罚。罚款金额一般不超过违反国家规定的财务收支行为的款额;情况特别严重的,最高不超过该款项的5倍。对被审计单位违反国家规定的财务收支行为负有直接责任的主管人员和其他直接责任人员,可以给予相当于本人3个月的基本工资以下的罚款。根据审计法的规定,各级人民政府或者主管部门在法定职权范围内同样享有该项职权。

(4) 对不执行审计决定的处理处罚权。被审计单位应当按照规定期限的要求执行审计决定。审计决定需要有关主管部门协助执行的,有关主管部门应当协助执行。被审计单位拒不执行审计决定,不缴纳有关款项的,审计机关有权通知财政部门或者其他有关部门扣缴,或者采取其他处理措施,如申请法院强制执行。协助执行的主管部门,应将执行结果书面通知审计机关。

6. 建议纠正处理权

在审计实践中,一些被审计单位的违法行为是由于执行上级主管部门制定的与法律、行政法规相抵触的规定造成的。在这种情况下,应当建议有关主管部门纠正;如有关主管部门不予纠正,审计机关应当提请有权处理的机关依法处理。

建议纠正处理权还包括对有关负有直接责任的主管人员和其他直接责任人员提出给予行政处分、纪律处分的建议权。① 审计机关发现被审计单位有转移、隐匿、篡改、毁弃会计资料及有关资料的行为,或者发现有转移、隐匿违法取得资产的行为,认为应当对有关责任人员给予处分的,审计机关应向被审计单位或者其上级机关、监察机关提出给予行政处分和纪律处分的建议,被审计单位或者其上级机关、监察机关应当依法及时作出决定,并将结果书面通知审计机关。② 构成犯罪的,提请司法机关依法追究刑事责任。再如,对被审计单位违反国家规定的财政收支、财务收支行为负有直接责任的主管人员和其他直接责任人员,审计机关认为应当给予处分的,应向被审计单位或者其上级机关、监察机关提出给予行政处分和纪律处分的建议。

《利马宣言》原则地规定了各国审计机关的检查权、审计结果落实权和审计质量监督权等权限。

四、我国审计机关的审计原则

我国宪法和审计法确定的我国审计机关进行审计监督的基本原则是依法审计和独立

审计。

(一) 依法审计

《利马宣言》总则第1条指出，审计监督机构是作为托管经济的公共财政管理事务的内在要素。监督本身不是目的，而是一个法制体制必不可少的组成部分，它应该及时揭露财政的偏离准则和违背合法性、经济效益性、目的性及节约原则的行为，以便在具体情况下采取具体措施，使有关责任机关承担责任，要求索赔或者采取措施，避免今后重犯或者至少使这种重犯难以发生。我国《审计法》第3条指出，审计机关依照法律规定的职权和程序，进行审计监督。审计机关适用法律、法规和国家其他有关财政收支、财务收支的规定进行审计评价和处理、处罚。我国审计机关具有审计执法主体资格。依法审计是依法行政原则在审计监督活动中的具体体现。

我国《宪法》第91条、第109条对审计机关的设置、审计监督的范围和内容、审计监督的基本原则作了明确规定。它是审计监督的最高法律依据。我国《审计法》全面规定了审计监督的原则、审计机关和审计人员、审计机关的职责、审计机关的权限、审计程序和法律责任等内容，是审计监督的基本法；此外，还有其他方面的法律、法规以及审计监督方面的各级行政规章等为依法审计提供了充分的依据。依法审计基本原则的具体内容包括：审计监督的职责和权限由法律、法规规定；审计机关必须遵循法律、法规规定的职权和程序；审计机关必须依据有关法律、法规的规定评价审计事项、揭露存在的问题和对违法行为进行处理、处罚。

审计机关依照法律规定的职权进行审计监督时，应当做到如下七个方面。

(1) 国家审计机关应直接依据法律规定的职权，对被审计单位主动实施强制审计，既不能超越法定职权活动，也不能不履行法定的职责。越权行为和失职行为都是违反法律规定的行为。

(2) 审计机关应当对法律规定的有关组织(被审计单位)实施审计监督，对无法律规定的组织一般不得审计，除非接受了特殊的授权或委托。

(3) 审计机关进行审计监督的事项应当符合法律的规定。

(4) 除了上级审计机关决定自审或授权下级审计的事项以外，各级审计机关按照各自的审计管辖范围，对有关单位和事项进行审计监督。

(5) 审计机关应当按照法定的权限进行审计调整，如要求被审计单位如实提供有关资料、要求有关单位和个人提供有关证明材料等。

(6) 对审计监督中查出的违反国家规定的财政、财务收支的行为，依法进行处理、处罚。

(7) 对审计的结果，可以依法向有关政府部门通报或者向社会公布。

审计机关必须按照法律规定的程序进行审计监督。法律规定的审计程序是审计工作的操作规程。审计机关严格按规定的程序，有利于客观、公正、准确地查明事实真相，有利于及时、有效地完成审计任务，有利于取得被审计单位的支持和配合，也有利于维护被审计单位的合法权益。审计机关必须遵循的审计程序的主要内容有：确立审计事项，事先送达审计通知书，对资料和实物检查以及向单位和个人调查，审计组向审计机关提出审计报告，报告提出前应征求被审计单位的意见，审计机关出具审计报告、出具审计决定书或出具审计移送处理书。

（二）独立审计

《审计法》第 5 条规定："审计机关依照法律规定独立行使监督权,不受其他行政机关、社会团体或个人的干涉。"审计监督权是国家的一项经济监督权,由审计机关依法独立行使。确立独立审计的原则,对保障审计机关依法实施审计监督权,客观公正、实事求是地评价、揭露和处理问题,维护社会主义法制是十分必要的。

独立审计的原则是宪法确立的。为确保这一原则的贯彻执行,审计法进一步对审计机关的组织、审计人员、审计经费等作了明确规定。《审计法》按照宪法规定,国务院设立的审计机关由国务院总理领导,县级以上的地方各级人民政府的审计机关受本级政府行政首长和上一级审计机关的领导。为了保护审计人员,《审计法》第 15 条规定,审计机关负责人依照法定程序任免;审计机关负责人没有违法失职或者其他不符合任职条件的情况的,不得随意撤换。《审计法》第 15 条和有关条文规定了不得打击报复审计人员及相应的制裁措施。为了保障审计机关的经费,《审计法》第 11 条规定,审计机关履行职责所必需的经费,应当列入财政预算,由本级人民政府予以保证。

审计机关是国家经济监督的专门机构,担负了特殊的职能,如果不具有必要的独立地位,依附于其他组织,势必会受到这些组织的控制和影响,难以独立地行使审计监督权;如果所依附的组织本身就属于审计机关审计监督的对象,那么对其审计完全是流于形式。如果审计机关不能依法独立行使职权,就会受到其他组织和个人的干涉,审计机关对审计事项就无法作出实事求是的评价,无法客观、公正地提出审计报告和出具审计决定书。因此,许多国家都在宪法和审计法律中对审计机关组织的独立性、审计长和其他审计人员的独立性、审计机关经费的独立性作出了明确的规定。

最高审计机关国际组织 1997 年第九届代表大会通过的《审计规则指南》(《利马宣言》)中也提出,审计机关"必须独立于受审计单位之外,并不受任何外来影响,才能客观而有效地完成其工作任务";审计机关"必须具有完成其任务所需的职能和组织上的独立性"。该指南还指出,国家审计机关"是国家机构整体的一部分,因此,它不可能是绝对的独立"。由此可见,审计机关的独立性不是绝对的,而是相对的,例如,我国审计机关设在政府内部,是政府中的一个独立部门,但受政府主要负责人的领导。我国审计机关依法独立行使审计监督职能权,主要体现在以下五个方面：

(1) 在领导关系上,审计署直接接受国务院总理领导,对总理负责;地方各级审计机关受本级政府"一把手"和上一级审计机关的双重领导,在审计业务上以上级审计机关领导为主,政府的其他领导人不应干涉审计机关独立行使审计监督职权。

(2) 审计机关可以自行安排审计工作计划,部署审计监督工作。

(3) 审计机关可以自行安排执行各项审计任务的人员,并严格执行回避的规定;任何单位和个人不得干涉对审计人员的安排,审计人员只服从所在的审计机关的领导,对所在审计机关负责并报告工作。

(4) 审计机关根据审计结果,独立地进行审计事项评价和以自己的名义出具审计报告,向本级政府和上一级审计机关提出审计结果报告。

(5) 在属于审计机关处理、处罚的范围,审计机关对查出的违反国家规定的财政、财务收支的行为,可依照法律、法规的规定,自行作出处理、处罚的决定,出具审计决定书。

其他行政机关、社会团体的个人,不得利用本部门的特殊地位、条件或个人的职权,干涉审计机关依法履行审计监督职权,应当支持配合审计机关工作。审计机关和审计人员也应敢于坚持原则,依法独立行使审计监督职权。

第二节 内部审计机构

《审计法》规定:"依法属于审计机关审计监督对象的单位,应当按照国家有关规定建立健全内部审计制度。"内部审计制度是部门、单位健全内部控制、审查财政、财务收支、改善经营管理、提高资金使用效果、提高经济效益或者工作绩效的一项重要的管理控制制度。内部审计机构和内部审计人员可以加入内部审计行业自律组织。国家审计机关对内部审计工作和内部审计行业自律组织的活动进行指导和监督。

在我国实行内部审计制度的作用:有利于企业通过内部审计来检查和评价内部各单位履行经济责任的状况,加强内部管理和控制,挖掘内部潜力,提高经济效益,增强竞争能力,维护自身的合法权益;有利于占有和使用国有资产的部门和单位通过内部审计来保障国有资产的安全完整,提高国有资产利用效果和效率;有利于国家通过内部审计促使各部门、各单位加强对国有资产的经营或管理,以巩固和发展国有经济。

我国内部审计机构是指在部门、单位内部从事组织和办理审计业务的专门组织。它是我国审计主体的重要组成部分。在审计署正式成立以后,我国就提出了实行内部审计制度,根据国务院的要求,许多部门和单位相继建立了内部审计机构。在《国务院关于审计工作的暂行规定》中,进一步规定了内部审计机构的设置、领导关系、审计任务等问题。在《审计条例》中,对内部审计机构又作了进一步的规范。1994 年颁布的《审计法》中确立了内部制度的法律地位和明确了审计机关与内部审计的法律关系。1995 年颁布的《审计署关于内部审计工作的规定》更全面地规范了内部审计机构的设置、领导关系、审计范围、主要权限、工作程序、内部管理及与审计机关的关系等。2003 年 3 月,中华人民共和国审计署发布命令,重新颁布了《审计署关于内部审计工作的规定》,并于 2018 年进行了修订。

一、内部审计机构的设置

国家机关、事业单位、社会团体等单位的内部审计机构或者履行内部审计职责的内设机构,应当在本单位党组织、主要负责人的直接领导下开展内部审计工作,向其负责并报告工作。

国有企业内部审计机构或者履行内部审计职责的内设机构应当在企业党组织、董事会(或者主要负责人)直接领导下开展内部审计工作,向其负责并报告工作。国有企业应当按照有关规定建立总审计师制度。总审计师协助党组织、董事会(或者主要负责人)管理内部审计工作。

中国证监会 2018 年颁布的《上市公司治理准则》中规定,上市公司董事会应当设立审计委员会,并可以根据需要设立战略、提名、薪酬与考核等相关专门委员会。专门委员会对董事会负责,依照公司章程和董事会授权履行职责,专门委员会的提案应当提交董事会审议决定。

根据内部审计机构设置的范围,我国内部审计机构包括部门内部审计机构和单位内部审计机构。部门内部审计机构,指国务院和县以上地方各级政府按行业划分的业务主管部门设置的专门审计机构。单位内部审计机构,指企业事业等单位设置的专门机构。

我国内部审计机构在本单位主要负责人或者权力机构的领导下开展工作。依照国家法律、法规和政策,以及本部门、本单位的规章制度,对本单位及所属单位的财政、财务收支及其经济效益进行内部审计监督,独立行使内部审计监督权。关于企业内部审计机构的领导体制,国内外基本有三种类型:一是受本单位总会计师或主管财务的副总经理领导;二是受本单位总经理(厂长)或总裁领导;三是受本单位董事会或其下属审计委员会领导。事业单位及行政机关的内审机构则由最高管理者领导或其他副职领导。

内部审计机构能否有效地进行审计监督,与内部审计机构在组织中的地位、权力、责任及其人员与管理能力等方面条件总是相关的。内部审计机构必须处在较高的地位,同时得到领导者有效的支持;内部审计机构必须有广泛的活动范围及一定的权力;内部审计机构必须配备合适的人员和选用科学的管理方法。这些条件中最关键的是内部审计机构和人员要具有一定的独立性,它决定着内审工作的效果。内部审计机构应该具有不受约束、客观地进行工作的实质上的独立性。一定程度的独立性对于内部审计机构提供完整的、公正的审计结果、意见和建议是完全必要的。在内部审计关系上,独立性是审计人员与被审计单位之间关系的特性,它保证审计人员的审计发现和审计报告仅仅只受取证的影响和审计准则、职业训练原则的影响。

独立性是借助其在组织中的地位和客观性实现的。内部审计机构在组织中的地位,应足以保证其履行审计职责。内部审计机构在组织中的地位,以及管理部门对它的支持,是内部审计活动受到重视的决定性因素。西方国家多数大中型企业中内部审计机构权限大、地位高、独立性强。其原因是:企业管理者希望企业的内部审计能够在政府审计和外部审计检查之前发现问题,解决问题,以免触犯法律受到政府制裁。此外,内部审计人员要广泛接触资料(包括保密资料)和资产;要与高级管理人员经常接触,汇报工作,参与决策;要与中层管理人员沟通信息,调查了解情况,贯彻审计意见等,层次太低不利于开展审计工作。这就需要内部审计机构在单位处于较高的地位,接受部门或企业中一个有权力的高级行政管理人员的领导,而不能属于哪一个部门的领导。内部审计机构在单位中的地位越高,并且能与所依靠的领导保持非常密切的联系,这样就有利于它与其他业务部门保持一种平等的、无间隙的关系,从而使其工作责任的重要性得到公认。

内部审计机构除了应具有必要的独立性以外,在业务工作上还应得到必要的指导和监督。

内部审计机构建立,一定要报经单位最高管理组织或主管部门批准;其规模大小,主要根据单位职工人数、经营规模、业务性质及其复杂程度、经营管理状况与收益状况确立;人员编制,主要取决于审计任务的轻重及复杂程度。内部审计的组织结构:一是与企业的资源及所处的地理环境有关;二是与业务范围有关;三是与内部审计职能作用有关;四是与计划编制有关。

内部审计机构与外部审计机构相比较:一是具有内向性,即内部审计是为加强单位内部经营管理和控制服务的。它是本单位管理机能的一部分;二是具有广泛性,即内部审计不局限于对财政、财务收支审计,而且要对内部控制、风险管理及经济效益各个方面进行检查、分析与评价;三是具有及时性、针对性和经常性,因为内部审计人员常年工作在本部门、本单位内部，熟悉情况，并可以随时了解情况、发现问题，这样有助于及时、有针对性和经常地提出建议，并督促其采取措施贯彻执行。

二、内部审计机构的职责

现代内部审计是为了防范和减少组织风险，增加管理价值，帮助管理者履行职责，以实现组织整体目标。按照 COSO 报告的观点和国际内部审计师协会实务标准的规定，现代内部审计应具有广泛的工作范围，必须包括对该组织的内部控制系统恰当性和有效性评价，及其完成所指定的职责对其实施效果进行的检查和评价。具体包括以下六个方面：

(1) 内部控制系统恰当性与有效性检查与评价；
(2) 资料确实性与完整性检查；
(3) 业务经营合理性与有效性检查；
(4) 资产安全管理与实际存在检查；
(5) 资源有效取得与合理利用检查；
(6) 实际完成和目标一致性检查。

《上市公司治理准则》中规定审计委员会的主要职责有以下五个方面：

(1) 监督及评估外部审计工作，提议聘请或者更换外部审计机构；
(2) 监督及评估内部审计工作，负责内部审计与外部审计的协调；
(3) 审核公司的财务信息及其披露；
(4) 监督及评估公司的内部控制；
(5) 负责法律法规、公司章程和董事会授权的其他事项。

按照我国内部审计工作规定，内部审计机构按照本单位主要负责人或者权力机构的要求，履行下列十二项职责：

(1) 对本单位及所属单位贯彻落实国家重大政策措施情况进行审计；
(2) 对本单位及所属单位发展规划、战略决策、重大措施以及年度业务计划执行情况进行审计；
(3) 对本单位及所属单位财政财务收支进行审计；
(4) 对本单位及所属单位固定资产投资项目进行审计；
(5) 对本单位及所属单位的自然资源资产管理和生态环境保护责任的履行情况进行审计；
(6) 对本单位及所属单位的境外机构、境外资产和境外经济活动进行审计；
(7) 对本单位及所属单位经济管理和效益情况进行审计；
(8) 对本单位及所属单位内部控制及风险管理情况进行审计；
(9) 对本单位内部管理的领导人员履行经济责任情况进行审计；
(10) 协助本单位主要负责人督促落实审计发现问题的整改工作；
(11) 对本单位所属单位的内部审计工作进行指导、监督和管理；
(12) 国家有关规定和本单位要求办理的其他事项。

基于内部审计机构具有内向性、广泛性和及时性等特点，为了适应市场经济不断发展的需要，内部审计机构应充分利用自己的优势，在促进单位内部控制制度建设的基础上，积极地拓展经济效益审计和风险评估工作。由经营项目审计入手，逐步开展经济性、效率性、效果性审计,以及管理决策等方面的审计。提高本部门、本单位的工作绩效和经济效益应逐步成为我国内部审计机构的主要工作目标。

更值得提出的是,不是所有单位内部审计的职责范围都是一样的,也不是内部审计职责一旦确定下来就不可以再变。内部审计的职责只能根据单位性质、管理当局的要求、当时的社会背景或经营状况、单位组织结构和内部控制系统健全程度而作出弹性的规定。直接界定内部审计职责的权限在于单位最高管理当局,他们或以企业管理、制度规定,或以日常口头批准限定。

三、内部审计机构的权限

内部审计权限是完成内部审计职责的有力保证。国际内部审计师协会认为,只有保证内部审计师不受限制地去进行客观地审计,才能保证其职责履行和作用的发挥。

部门、单位的管理当局应当给内部审计人员提供充分接近单位组织的一切记录、财产和有关人员的权力;内部审计机构应无约束地去审查和评阅单位政策、计划、程序和记录。根据《内部审计工作规定》第13条,在审计管辖范围内,内部审计机构主要权限有以下十一个方面:

(1) 要求被审计单位按时报送发展规划、战略决策、重大措施、内部控制、风险管理、财政财务收支等有关资料(含相关电子数据,下同),以及必要的计算机技术文档;

(2) 参加单位有关会议,召开与审计事项有关的会议;

(3) 参与研究制定有关的规章制度,提出制定内部审计规章制度的建议;

(4) 检查有关财政财务收支、经济活动、内部控制、风险管理的资料、文件和现场勘察实物;

(5) 检查有关计算机系统及其电子数据和资料;

(6) 就审计事项中的有关问题,向有关单位和个人开展调查和询问,取得相关证明材料;

(7) 对正在进行的严重违法违规、严重损失浪费行为及时向单位主要负责人报告,经同意作出临时制止决定;

(8) 对可能转移、隐匿、篡改、毁弃会计凭证、会计账簿、会计报表以及与经济活动有关的资料,经批准,有权予以暂时封存;

(9) 提出纠正、处理违法违规行为的意见和改进管理、提高绩效的建议;

(10) 对违法违规和造成损失浪费的被审计单位和人员,给予通报批评或者提出追究责任的建议;

(11) 对严格遵守财经法规、经济效益显著、贡献突出的被审计单位和个人,可以向单位党组织、董事会(或者主要负责人)提出表彰建议。

此外,内部审计工作的规定还充分强调了以下三个方面问题。

(1) 下属单位、分支机构较多或者实行系统垂直管理的单位,其内部审计机构应当对全系统的内部审计工作进行指导和监督。系统内各单位的内部审计结果和发现的重大违纪违法问题线索,在向本单位党组织、董事会(或者主要负责人)报告的同时,应当及时向上一级单位的内部审计机构报告。

单位应当将内部审计工作计划、工作总结、审计报告、整改情况以及审计中发现的重大违纪违法问题线索等资料报送同级审计机关备案。

(2) 内部审计的实施程序,应当依照内部审计职业规范和本单位的相关规定执行。

(3) 内部审计机构或者履行内部审计职责的内设机构,对本单位内部管理的领导人员实施经济责任审计时,可以参照执行国家有关经济责任审计的规定。

事实上,内部审计并不完全在乎权限的大小,而在乎单位领导者和决策者是否重视,是否把它摆在重要的位置上;而在乎是否能不受干扰地客观、独立地进行工作;而在乎其审计成果有否得到管理者重视,是否有助于领导人员履行职责和帮助单位目标的实现。

国资委在《中央企业内部审计管理暂行办法》中,只提出了参加会议权和参与制度制定、修改、督促落实权、检查权、调查权、临时制止权、暂时封存权,而没有召开审计会议权、制定审计制度权、要求报送资料权、就地检查权及有关的建议权。显然,这种授权不够充分,与内部审计机构应完成的职责不相称。有些部门还提出了跟踪重大经营决策和投资方案决策的过程权。

国资委在其暂行办法中,对企业内部审计机构还提出了一些工作方面的要求。企业内部审计机构应当根据国家有关规定和企业内部管理需要有效地开展内部审计工作,加强内部监督,纠正违规行为,规避经营风险。企业内部审计机构应当对违反国家法律、法规和企业内部管理制度的行为及时报告,并提出处理意见;对发现的企业内部控制管理漏洞及时提出改进建议。企业内部审计机构应当将企业年度内部审计工作计划和工作总结报告、重要子企业负责人及企业财务部门负责人的经济责任审计报告报国资委备案;对审计中发现的重大违法、违纪问题、重大资产损失情况、重大经济案件及重大经营风险等应向国资委报送专项报告。根据出资人财务监督工作需要,企业内部审计机构按照国资委有关工作要求,对企业及其子企业发生重大财务异常等情况组织进行的专项经济责任审计应当向国资委提出审计报告。企业内部审计机构要不断提高内部审计业务质量,并依法接受国资委、国家审计机关对内部审计业务质量的检查和评估。此外,国资委对内部审计的检查取证、报告责任、遵守职业道德和回避制度提出了具体要求。

国资委在其暂行办法中,对企业主要负责人及董事会还提出了有关要求。对被审计单位及相关工作人员不及时落实内部审计意见,给企业造成损失浪费的,企业应当追究相关人员责任;给企业造成重大损失的,还应当按有关规定向上一级机构及时反映情况。企业董事会(或主要负责人)应当保障内部审计机构和人员依法行使职权和履行职责,企业内部各职能机构应当积极配合内部审计工作,任何组织和个人不得对认真履行职责的内部审计人员进行打击报复。企业对认真履行职责、忠于职守、坚持原则、作出显著成绩的内部审计人员应当给予奖励。企业应当保证内部审计机构所必需的审计工作经费,并列入企业年度财务预算。企业内部审计人员参加国家统一组织的专业技术职务资格的考评、聘任和后续教育,企业应当按照国家有关规定予以执行。

第三节 社会审计机构

社会审计机构是指由一定资格的专业人员、通过政府部门的批准、以一定组织方式形成的民间审计机构。不同国家的社会中介审计机构的名称各不相同,除了一般称为会计公司、会计师事务所外,德国称经济审计公司,日本称审计法人,泰国称审计会计师事务所。我国的社会中介审计机构是指根据国家法律或条例规定,经政府有关部门审核批准、注册登记的审计事务所、会计师事务所和其他审计咨询机构。中国注册会计师协会和中国注册审计师协会在1998年年底完成联合,结束了我国社会审计市场分割管理的历史,实现了法律规范、执业标准和监督管理的统一。注册审计师已统称为注册会计师,审计事务所绝大多数均更名为会计师事务所。

会计师事务所是国家批准、依法设立并独立承办注册会计师业务的机构,实行自收自支、独立核算、依法纳税。会计师事务所是注册会计师的工作机构,注册会计师只有加入会计师事务所才能承接业务。尽管各国的社会中介审计机构名称叫法不同,但它们都具有一些共同的特征:其组织形式一般都是合伙专业公司,但也有个人开业形式;具有广泛的业务内容,除年度财务会计报表审计之外,还进行验资、评估、清算、财务分析、管理咨询、制度设计、纳税代理,同时还接受内部审计事务委托等;尽管各事务所规模大小不等,为了保证任务完成和质量控制,一般都由合伙人(所有者)、经理(高级管理人员)、督导(经理下属职员)、高级审计人员(有执业资格的具体工作人员)、助理工作人员(从事具体工作的练习生)等构成,此外还配备一定数量的专家及顾问。

一、会计师事务所的设立与审批

根据1993年颁布的《中华人民共和国注册会计师法》(以下简称《注册会计师法》)的规定,注册会计师可以申请设立合伙会计师事务所或者有限责任会计师事务所。

(一)有限责任会计师事务所的设立与审批

有限责任会计师事务所是由注册会计师发起设立、承办注册会计师事务所并负有限责任的社会中介机构。会计师事务所以其全部资产对其债务承担责任,会计师事务所的出资人承担的责任以其出资额为限。根据《注册会计师法》和《会计师事务所审批和监督暂行办法》(2005年财政部第24号令)的规定,设立有限责任会计师事务所应当具备下列条件:有5名以上的股东;有一定数量的专职从业人员;有不少于人民币30万元的注册资本;有股东共同制定的章程;有会计师事务所的名称;有固定的办公场所。有限责任会计师事务所设立时应当报送:设立会计师事务所申请表;会计师事务所合伙人或者股东情况汇总表;注册会计师情况汇总表;工商行政管理部门出具的企业名称预先核准通知书复印件;会计师事务所注册会计师的注册会计师证书复印件;书面合伙协议或者股东共同制定的章程;办公场所的产权或者使用权的有效证明复印件;提交验资证明;因合并或者分立新设会计师事务所的,还应当提交合并协议或者分立协议。

省级财政部门批准设立会计师事务所,应当按照下列六项程序办理。

(1)对申请人提交的申请材料进行审查,并核对有关复印件与原件是否相符。对申请材料不齐全或者不符合法定形式的,应当当场或者在5日内一次告知申请人需要补正的全部内容。对申请材料齐全、符合法定形式或者申请人按照要求提交全部补正申请材料的应当受理。受理申请或者不予受理申请应当向申请人出具加盖本行政机关专用印章和注明日期的书面凭证。

(2)对申请材料的内容进行审查,并将申请材料中有关会计师事务所名称以及合伙人或者股东执业资格及执业时间等情况予以公示。

(3)自受理申请之日起30日内作出批准或者不予批准设立会计师事务所的决定。

(4)作出批准设立会计师事务所决定的,应当自作出批准决定之日起10日内向申请人下达批准文件、颁发会计师事务所执业证书,并予以公告。省级财政部门下达的批准文件应当抄送所在地的省级注册会计师协会。

省级财政部门作出不予批准设立会计师事务所决定的,应当自作出不予批准决定之日起10日内书面通知申请人。书面通知中应当说明不予批准的理由,并告知申请人享有依法申请行政复议或者提起行政诉讼的权利。

(5)省级财政部门作出批准设立会计师事务所决定的,应当自作出批准决定之日起30日内将批准文件连同有关材料报送财政部和中国注册会计师协会;财政部发现批准不当的,应当自收到备案材料之日起30日内书面通知省级财政部门重新审查。

(6)经省级财政部门批准设立的会计师事务所,依法办理工商登记手续。

(二)合伙会计师事务所的设立与审批

根据《注册会计师法》规定,会计师事务所可以由注册会计师合伙设立。合伙设立的会计师事务所的债务,由合伙人按照出资比例或者协议的约定,以各自的财产承担责任。合伙人对会计师事务所债务承担连带责任。

合伙会计师事务所设立的申请与审批程序与有限责任会计师事务所设立的申请及审批程序大致相同。只是在递交申请书时应附送的文件有所不同。合伙会计师事务所应附送:① 合伙人协议书;② 各合伙人姓名、简历、地址、注册会计师证书复印件及注册会计师事务所章程;③ 合伙人出资和个人财产的有效证明;④ 其他注册会计师及助理人员姓名、简历、住址及注册会计师证书复印件和年检记录以及助理人员有关情况的说明;⑤ 办公地址及办公用房产权或使用权的证明;⑥ 审批机关要求的其他资料。

合伙人协议书应载明:① 会计师事务所名称、住址;② 合伙人姓名、资历、住址;③ 出资总额、合伙人出资方式和出资额及应承担债务的份额;④ 合伙人的权利和义务;⑤ 合伙人加入、退出的规定及程序;⑥ 组织和管理。

合伙会计师事务所须有两名以上的合伙人以及书面合伙协议。合伙人必须满足下列条件:持有中华人民共和国注册会计师证书;在会计师事务所专职执业;成为合伙人前3年没有因为执业行为受到行政处罚;有取得注册会计师证书后最近连续5年在会计师事务所从事审计业务的经历,其中在境内会计师事务所的经历不少于3年;成为合伙人前1年内没有因采取隐瞒或提供虚假材料、欺骗、贿赂等不正当手段申请设立会计师事务所而被省级财政部门作出不予受理、不予批准或者撤销会计师事务所的决定。

按照财政部2007年3月1日颁布并实施的《会计师事务所职业风险基金管理办法》规定,事务所应当于每年年末,以本年度审计业务收入为基数,按照不低于5%的比例提取职业风险基金。事务所也可以通过购买职业保险方式提高抵御职业责任风险的能力。事务所存续期间,职业风险基金只能用于因职业责任引起的民事赔偿或者与民事赔偿相关的律师费、诉讼费等法律费用的支出。

二、会计师事务所的内部组织结构

会计师事务所按其经营规模或区域大小,可以划分为国际性会计师事务所、全国性会计师事务所、区域性会计师事务所和地方性会计师事务所。尽管事务所规模大小不同,但其内部组织结构和人员基本相似。国际性的会计师事务所由众多的合伙人组成。不同的合伙人地位有别，工作地点和具体的职责也不一样。一般结构是：首席合伙人——管理委员会（由主管客户、人事、审计、税务、业务、国际关系等合伙人组成）——总部——地区本部——审计事务所（执行管理合伙人）——洽谈、人事、审计、税务等部门。在合伙会计师事务所中，既有合伙人，又有其他专业审计人员和辅助员，如经理、助理（督导）、高级审计人员、助理工作人员、出资人、专家和秘书等。

（1）合伙人——会计师事务所的所有者。这是会计师事务所一切行为、活动及其结果的最后责任人，合伙人之间相互有无限连带责任关系。合伙人的主要职责包括客户维护和发展、主管谈判和签订约定书、审批审计计划和预算、就大争议问题同客户协商与达成协议、审阅工作底稿和签发审计报告等。此外，还有负责事务所日常管理方法的职责，如制定人员招聘和业务发展计划、确定审计质量管理方针、对审计人员进行现场指导和监督等。

（2）经理——会计师事务所高级管理人员，一般由高水平并有一定工作经验的专业人员担任。其主要工作是拟定审计计划与程序、编制工作预算、监督审计计划的执行、解决审计过程中难题、复核工作底稿、草拟审计报告、负责具体的日常管理工作。由于经理不是所有者，一般不能代表事务所与客户签订委托书或签发审计报告。

（3）协理（督导）——经理的下属职员，其主要工作是草拟审计程序、组织实施现场审计工作、监督审计进度、复核审计工作底稿、处理审计技术问题、分析工作预算执行情况等。

（4）高级审计人员（高级生）——已获得注册会计师资格的具体工作人员，其主要职责是执行现场审计工作，如执行具体审计程序、分配、指导和检查助理人员工作、汇总工作底稿、编写阶段总结、考察助理人员业务能力等。

（5）助理工作人员（练习生）——一般指没有获得注册会计师资格的工作人员。他们大部分是刚毕业的大学生，其主要职责是执行事务性查账工作，如审阅、核对、记录等。

（6）专家——非注册会计师的其他专业人员，如计算机专家、税务专家或律师等，其主要职责是参与协助审计工作或提供有关的专业服务。

（7）出资人——少数高级专家被吸收入伙时，因其不是注册会计师只能改称出资人。出资人也相当于所有者。

（8）辅助人员，如秘书等。

在我国，无论是哪种类型的会计师事务所，其内部组织结构和人员结构大体相同，即由主任会计师（或所长、总经理）、副主任会计师、部门经理、注册会计师、业务助理人员和其他工作人员组成。会计师事务所实行主任会计师负责制，主任会计师必须是注册会计师。我国会计师事务所规模较小，其内部组织结构比较简单，一般分为主任会计师、管理与业务部门、助理人员三个层次。

三、会计师事务所的业务范围

会计师事务所的业务范围也就是注册会计师的业务范围。我国《注册会计师法》规定，注册会计师可以承办审计业务和会计咨询服务业务，其中，审计业务包括审查企业会计报表，出具审计报告；验证企业资本，出具验资报告；办理企业合并、分立、清算事宜中的审计业务，出具有关的报告；法律、行政法规规定的其他审计业务等。

在2006年颁布的注册会计师审计准则体系中，对注册会计师的业务范围重新进行了界定，将注册会计师的业务分为鉴证业务和相关服务。鉴证业务是指注册会计师对鉴证对象信息提出结论,以增强除责任方之外的预期使用者对鉴证对象信息信任程度的业务,鉴证业务主要包括审计、审阅和其他鉴证业务;相关服务包括对财务信息执行商定程序、代编财务信息、税务服务、管理咨询、会计服务等。

2014年5月19日,中国注册会计师协会印发了《注册会计师业务指导目录(2014年)》,将注册会计师可承接的业务分为十二大类420项,进一步扩大了注册会计师的业务范围。具体见表2-1。

表2-1　注册会计师业务目录

第一部分　鉴证业务(271项)	第二部分　相关咨询服务业务(149项)
一、证券、期货相关业务(43项)	一、管理咨询业务(80项)
(一)报表审计业务(13项)	(一)为政府及其职能部门提供的管理咨询服务(4项)
(二)专项审计业务(13项)	(二)与企业日常经营管理相关的管理咨询服务(14项)
(三)其他鉴证业务(17项)	(三)涉及企业购并重组中的管理咨询服务(18项)
二、金融、保险相关业务(45项)	(四)涉及企业的争端分析与调查的管理咨询服务(15项)
(一)报表审计业务(24项)	(五)企业的风险管理咨询服务(10项)
(二)专项审计业务(7项)	(六)工程造价、资产评估咨询服务(5项)
(三)其他鉴证业务(14项)	(七)其他代理咨询服务(5项)
三、国有企业相关业务(19项)	(八)其他及其特定领域的管理咨询业务(9项)
(一)报表审计业务(1项)	二、会计服务业务(30项)
(二)专项审计业务(8项)	(一)开业时会计服务业务(7项)
(三)其他鉴证业务(10项)	(二)日常的会计服务业务(16项)
四、外商投资企业相关业务(5项)	(三)结业时会计服务业务(4项)
五、财政预算资金相关业务(72项)	(四)特定领域或其他形式的会计服务业务(3项)
(一)专项审计业务(6项)	三、税务服务业务(24项)
(二)其他鉴证业务(66项)	(一)日常税务咨询业务(14项)
六、非营利机构及其组织相关业务(32项)	(二)特定领域或其他事项税务咨询(10项)
(一)报表审计业务(11项)	四、信息系统相关的其他服务(14项)
(二)专项审计业务(15项)	五、执行商定程序业务(1项)
(三)其他鉴证业务(6项)	
七、其他领域鉴证业务(55项)	

根据国外会计师执业的发展趋势,会计师事务所还可以接受委托,从事受聘单位内部审计事项。

尽管注册会计师的法定职责和业务范围是一致的,但不同规模、条件的会计师事务所在承接业务上仍有一定的差别。如一家个人开业的事务所或规模很小的会计师事务所很难承接大公司或跨国公司的业务。在发达国家,一般没有对会计师事务所业务限制作出专门的规定,只是在职业道德规范中,对注册会计师的胜任能力提出了要求,要求注册会计师或会计师事务所只能承接其所能够胜任的职业性服务。

由于证券业务十分复杂,而且影响到社会广大投资者的利益,因此,不是所有的会计师事务所都能承担该项业务,只有那些具备特殊条件的会计师事务所才能承担证券业(上市公司、机构和场所)的财务审计、咨询及其他相关的专业服务。根据财政部、证监会《关于从事证券业务的会计师事务所、注册会计师资格确认的有关规定》和财政部、证监会2007年4月下发的《关于会计师事务所从事证券、期货相关业务有关问题的通知》的规定,从事证券、期货相关业务的会计师事务所申请证券资格,应当具备下列八个条件:

(1) 依法成立3年以上;

(2) 质量控制制度和内部管理制度健全并有效执行,执业质量和职业道德良好;

(3) 注册会计师不少于80人,其中,通过注册会计师全国统一考试取得注册会计师证书的不少于55人,上述55人中最近5年持有注册会计师证书且连续执业的不少于35人;

(4) 有限责任会计师事务所净资产不少于500万元,合伙会计师事务所净资产不少于300万元;

(5) 会计师事务所职业保险的累计赔偿限额与累计职业风险基金之和不少于600万元;

(6) 上一年度审计业务收入不少于1 600万元;

(7) 持有不少于50%股权的股东或半数以上合伙人最近在本机构连续执业3年以上;

(8) 不存在下列情形之一:

① 在执业活动中受到行政处罚、刑事处罚,自处罚决定生效之日起至提出申请之日止未满3年;

② 因以欺骗等不正当手段取得证券资格而被撤销该资格,自撤销之日起至提出申请之日止未满3年;

③ 申请证券资格过程中,因隐瞒有关情况或者提供虚假材料被不予受理或者不予批准的,自被出具不予受理凭证或者不予批准决定之日起至提出申请之日止未满3年。

四、会计师事务所的权利与义务

会计师事务所和注册会计师在承接和执业中,具有以下四个方面的权利。

(1) 会计师事务所受理业务,不受行政区域、行业的限制。

(2) 委托人委托会计师事务所办理业务,任何单位和个人不得干预;注册会计师和会计师事务所依法独立、公正执行业务,受法律保护。

(3) 注册会计师执行业务,可以根据需要查阅委托人的有关会计资料和文件,查看委托人的业务现场和设施,要求委托人提供其他必要的协助。

(4) 注册会计师执行审计业务,遇有下列情形之一,应当拒绝出具有关报告:

① 委托人示意做不实或者不当证明的;

② 委托人故意不提供有关会计资料和文件的;

③ 因委托人有其他不合理要求,致使注册会计师出具的报告不能对财务会计的重要事项作出正确表述的。

会计师事务所和注册会计师在执业中遵循下列七项规则。

(1) 注册会计师和会计师事务所执行业务,必须遵守法律和行政法规。
(2) 注册会计师承办业务,由其所在的会计师事务所统一受理并与委托人签订委托合同;会计师事务所对本所注册会计师依照业务范围的规定承办的业务有权要求承担民事责任。
(3) 注册会计师与委托人有利害关系的,应当回避;委托人有权要求其回避。
(4) 注册会计师对在执业中知悉的商业秘密,负有保密义务。
(5) 注册会计师执行审计业务,必须按照执业准则和规则确定的工作程序出具报告。
(6) 注册会计师不得有任何违反职业道德的行为。
(7) 会计师事务所应依法纳税。

五、社会审计的管理

世界各国对社会审计的管理,主要有以下三种方式。

(一) 通过社会审计组织自我管理

这种方式主要由社会审计协会承担对社会审计人员的培训、考试、颁发执照、业务指导和监督检查等工作,并负责制定社会审计准则,对社会审计人员进行纪律制裁等。例如,美国由会计师协会负责制定社会审计准则和社会审计人员的考试工作,各州会计师事务委员会具体管理本州的民间审计工作。

(二) 通过半官方半民间的机构管理

这种方式是成立一个由政府官员、社会审计人员、教授等人员组成的机构,负责对民间审计工作进行管理。例如,泰国在 1962 年颁布的《审计会计师条例》中规定,成立审计监督委员会,由商业部次长担任主任委员,商业注册厅厅长、中央财政厅厅长、税务厅厅长、审计长公署审计长、朱拉隆大学商业会计系主任、法律大学商业会计系主任担任委员,以及由部长任命的委员 8 人(其中注册审计会计师的人数不得少于半数)等组成。审计监督委员会的权利与任务是接受审计会计师注册登记,并发给执照;责令注册审计会计师停职或吊销其执照;制定注册审计会计师的申请、发给执照、延期颁发执照等有关规定、条件与办法;为大学或其他教育部门提供有关审计、会计专业学历的咨询。

(三) 政府有关部门直接参与管理

日本大藏省直接参与对公认会计士及其审计工作的管理,一是考试合格的公认会计士,报大藏省认定后,方可注册登记;二是成立审计法人须得到大藏省的同意;三是审计法人、审计大公司的报告要报送大藏省。

我国《注册会计师法》第 5 条规定,国务院财政部门和省、自治区、直辖市人民政府财政部门依法对注册会计师、会计师事务所和注册会计师协会进行监督、指导。

为理顺注册会计师行业行政管理体制,明确行政管理和行业自律职能,加强对注册会计师行业监管,财政部于 2002 年 10 月决定,将原委托中国注册会计师协会行使的对注册会计师行业监管的行政职能收归财政部门行使。并于 2002 年 11 月 14 日颁发了财会[2002]19 号文《财政部关于进一步加强注册会计师行业管理的意见》。该文进一步理顺了注册会计师行业管理体制,依法界定了行政职能和行业自律职能。在实际运行中,曾采取将行政职能委托注册会计师协会行使的过渡性做法。随着我国市场经济的发展和自然人、法人或其他组织法律意识的增强,仍由注册会计师协会行使行政管理职能,既不利于深化会计监管工作,也不利于提升行业协会的自律服务功能。依法理顺注册会计师行业管理体制,终止委托行政管理职能,是贯彻《注册会计师法》和推动注册会计师行业发展的客观要求。

财政部门应当按照《注册会计师法》的规定和依法行政的要求,加强对注册会计师、会计师事务所、注册会计师协会的监督、指导,认真履行审批会计师事务所、审批注册会计师执业准则和规则、对违法的会计师事务所和注册会计师实施行政处罚等行政职能,进一步规范和加强对注册会计师行业的监管。注册会计师协会应当加强自律性管理,维护注册会计师合法权益,提供专业支持和法律援助,努力为注册会计师执业和行业发展服务。

根据该文规定,批准设立会计师事务所、对注册会计师的注册情况进行备案、审批注册会计师执业准则、规则等行政职能,可由会计管理机构负责(如财政部的会计司行使);对会计师事务所、注册会计师的监督检查和行政处罚,可由监督检查机构负责(如财政部的监督检查局行使),但在作出行政处罚前,应会签会计管理机构和财政法制机构;对会计师事务所和注册会计师进行行政处罚的听证、行政复议等,可由财政法制机构负责(如财政部的条法司行使)。

中国注册会计师协会负责行业自律管理,主要包括拟订执业规则、会员注册管理、组织考试和继续教育、对会员进行监督检查和内部惩戒。注册会计师协会作为注册会计师行业的自律性组织,应当密切与注册会计师和政府有关部门的联系,进一步发挥行业组织的作用。加强自律性监管,指导、督促注册会计师公正执业,严格遵守职业道德规范,加强执业标准建设,强化业务指导,不断提高注册会计师执业水平;认真组织注册会计师考试,完善后续教育制度;及时向政府有关部门反映注册会计师的意见和建议,努力改善注册会计师的执业环境;提供必要的专业援助,维护注册会计师的合法权益;加强行业与国际组织、执业机构间的交流与合作。财政部门要加强对注册会计师协会的监督、指导,支持注册会计师协会的工作。财政部门的会计管理、监督检查、财政法制等机构和注册会计师协会应当建立工作协调机制,相互支持和配合。

根据《审计法》规定,社会审计机构审计的单位依法属于审计机关审计监督对象的,审计机关按照国务院的规定,有权对该社会审计机构出具的相关审计报告进行核查。

第四节 审计人员的职业要求

广义的审计人员是指在国家审计机关、内部审计机构、社会中介审计组织中执行审计业务的人员,包括国家审计人员、内部审计人员和社会审计人员。

一、审计人员的构成

(一)国家审计人员

国家审计人员是指审计机关中接受国家委托、依法行使审计监督权、从事审计事务的人员,也即是审计"公务员"。国家审计人员专指在中央审计机关、地方审计机关和派出审计机构中工作的人员，不包括在其他行政机关、国家权力机关、审判机关、检察机关中的工作人员，也不包括在内部审计机构、社会中介审计组织中工作的人员。国家审计人员本质上是代表国家行使审计监督权并从事审计工作的人员。国家审计人员接受国家委托，以审计机关的名义代表国家行使审计监督权。其行为产生的法律后果都归属于审计机关。由此可见，国家审计人员不同于一般公民，也不能作为行政主体。

国家审计人员包括国家审计署的审计长、副审计长、地方各级审计厅、局的厅、局长、各级审计机关的领导人员和非领导职务的一般工作人员。

审计长是审计署的行政首长。按照宪法有关条文的规定，审计长是根据国务院总理提名，全国人民代表大会常务委员会决定，由中华人民共和国主席任命。审计署实行审计长负责制，审计长是国务院的组成人员。审计长每届任期5年，可以连任。全国人民代表大会有权罢免审计长。

根据中华人民共和国《国务院组织法》和国务院的有关规定，审计署设副审计长4名，协助审计长工作，并对审计长负责。副审计长的任免由国务院决定。

根据中华人民共和国地方各级人民代表大会和地方各级人民政府组织法的有关规定，审计厅、局长由本级人民代表大会常务委员会决定任免。审计厅、局长是本级人民政府的组成人员。

《审计法》规定："审计机关负责人依照法定程序任免，审计机关负责人没有违法失职或者其他不符合任职条件的情况的，不得随意撤换。地方各级审计机关负责人的任免，应当事先征求上一级审计机关的意见。"

除上述主要负责人以外的其他审计人员，由有关部门根据《国家公务员暂行条例》和其他法律规定的干部管理权限决定任免。

由于国家审计代表政府组织，因此国家审计工作人员都属于国家公务人员。大多数国家审计机关只设职务，不设职称。我国审计机关除设厅长、局长、处长、科长、助理等领导职务外，一般审计人员只有办事员、科员、主任科员或调研员之别。虽然也设有高级审计师、审计师、助理审计师等专业职称，但与工资待遇不挂钩。

（二）内部审计人员

内部审计人员是指在部门、单位内部审计机构从事审计事务的人员以及在部门、单位设置的专职从事审计事务的人员。从1941年美国内部审计师协会成立起，美国就把有资格获得独立工作能力的内部审计工作人员称为内部审计师。世界上多数国家也同样把这些人称为内部审计师，并积极参与了国际内部审计师协会开展的国际内部审计师考试与资格认定。近几年来，我国内部审计师协会不仅积极组织了国际内部审计师考试工作，而且积极开展了内部审计人员岗位资格证书认定与考试工作。因此，我国内部审计人员由获得国际内部审计师资格和国内内部审计岗位资格证书的人组成。当然，也有少数国家把内部审计师再细分为高级内部审计师、内部审计师及助理内部审计师。这些国家的内部审计机构除负责人外，其他人员均由具有不同内部审计职称的人构成。

（三）社会审计人员

社会审计人员是指在社会审计组织中接受委托从事审计和会计咨询、会计服务的执业人员。我国社会审计人员主要是注册会计师,注册会计师是依法取得注册会计师证书并接受委托从事审计和会计咨询、会计服务业务的执业人员。多数国家都把达到合格水平的工作人员称为注册会计师,或称之为执业会计师、特许会计师等,但也有少数国家称之为公共会计师、公证会计师、经济检查师、公认会计士等。不论怎样称呼,只有获得这一职称,管理部门才允许他们开业或独立执业。社会审计组织如因业务需要,也可临时聘任工程师、经济师、律师等与其合作。

二、审计人员的素质要求

审计工作是一项政策性强、专业性强的工作,对每个审计人员来说,必须具备与审计工作性质及某一方面工作任务相适应的素质水平,这种素质水平主要表现在政治素质和业务素质两个方面。

(一) 政治素质

审计工作是一项依法进行经济监督的活动,也是一项求真求实的工作,审计人员必须树立正确的业务指导思想和具备优良的工作作风。

审计人员必须不断地学习马列主义理论、国家的方针政策及各项法律知识来保持较高的政治理论水平和政策水平,以此来指导审计业务工作。审计人员必须牢固树立为国家经济建设服务的思想,要有事业心和责任感,不断研究我国经济建设中的新问题、新情况,认真处理新发现的问题,以促进我国经济的稳定和发展。审计人员必须认真执行党和国家的方针、政策,自觉维护国家利益和社会公众利益,勇于坚持原则,敢于揭露违法、违纪行为。

审计人员在审计实践中必须保持优良的工作作风。审计人员应自觉遵守各种审计规范的要求,严格约束自己的行为。审计人员应始终如一地坚持独立性原则,实事求是地检查,客观公正地评价审计对象。审计人员应保持职业上的谨慎,深入细致,认真负责,勇于克服各种困难,排除各种干扰,决不放弃一丝一毫的疑点。

(二) 业务素质

审计工作是一项技术性很强的工作,职业审计人员应具有熟练地应用审计标准、程序和技术所需要的专业知识、基本能力、多种技巧与丰富经验等方面的业务素质。

在专业知识方面,审计人员必须通晓审计理论和方法,精通会计理论和方法,熟悉会计准则、会计制度以及与审计相关的各项法规、制度,了解有关法律知识、企业管理知识、管理信息系统知识和电算化知识。

审计人员的能力最集中地表现在两个方面:一是审计人员在执行任务时,能否对被审计的单位或事项提出有针对性、有价值的问题,能否提出好的见解与好的办法;二是对被审计业务的重点内容能否作有效的归纳分析,能否向有关人员作恰当的说明和解释。具体来说,审计人员应具备沟通、协调、配合的能力;独立运用标准、程序、技术进行取证的能力;分析与决断的能力;综合、比较、评价的能力;改革创新的适应与发展的能力;书面表达和口头表达的能力。为了提高审计质量和审计效率以及开展对外交流,审计人员还必须具有外语交流能力和提高软件开发和计算机应用能力。

审计人员要辨明是非、鉴别偏差,要得到解决问题的方案;在相同或可比较中均具有职业的谨慎,对审计任务的复杂性应有必要的注意;对实际的或潜在的不法行为、差错、疏漏、无效率、浪费、无效果和利害冲突等,能发现有用的证据。这一切均需要运用熟练的审计技能和判断来决定有关的审计范围、确定审计价值的实质性与重要性、评价内部控制的效果与效率、衡量每一阶段审计工作的成本与效益等。审计人员不仅要从书本上、他人那里学习、吸收审计技巧,更重要的是要注意自身经验的积累。

三、审计人员的资格条件

审计工作对审计人员素质的要求也就决定了从事审计工作的人员必须具备一定的资格条件。

《利马宣言》第 14 条指出,最高审计机关的审计委员和审计官员必须具备为圆满完成任务所需的能力和道德品质;在最高审计机关招聘人员时,就应该注意到知识和能力要相应地超过平均水平以及适当的职业实践。

2003 年新修订的《美国政府审计准则》第三章特别强调了审计组织和审计师个人的独立性、专业判断运用及审计师的胜任能力等问题。

我国《审计法》规定,审计人员应当具备与其从事的审计工作相适应的专业知识和业务能力。我国《国家审计基本准则》第 8 条规定,承办审计业务的审计人员应当具备下列条件:① 熟悉有关的法律、法规和政策;② 掌握审计及相关专业知识;③ 有一定的审计或者其他相关工作经验;④ 具有调查研究、综合分析、专业判断和文字表达能力。同时,在第 9 条、第 10 条和第 11 条中还提出了保持独立性和职业谨慎、遵守廉政纪律、遵守回避规定和保守秘密等方面的要求。

(一) 国家审计人员任职资格要求

对国家审计人员具体的任职资格要求主要反映在对高级审计师、审计师和助理审计师的资格认定上。

1. 高级审计师(高级专业职务)

(1) 具有系统、坚实的审计专业和经济理论基础知识,熟悉财政、税务、金融和基建、企业财务管理、会计核算等相关知识。

(2) 了解国家宏观经济政策和各项经济改革措施,熟悉与审计工作相关的各项经济法律、行政法规,通晓审计法规、会计法规及有关行业的财务会计制度。

(3) 了解国内外审计专业的发展趋势,了解国际审计准则及审计国际组织中主要成员国有关审计的法律、规范、办法等。

(4) 能熟练运用经济基础理论和专业知识解决审计领域中重要或关键的疑难问题;能针对审计工作发展趋势提出适宜的审计工作重点、方式和方法;能解决审计工作与其他工作配合、协调中的重大问题。

(5) 能够组织、指导与考核中级审计人员的业务学习和工作,能够主持审计课题科研工作;具有较高的文字表达能力。

(6) 能熟练掌握一门外国语;了解计算机基础知识,掌握计算机操作技能。

我国对高级审计师资格实行评审制度。审计人员应具有中级职务一定的任职年限、具备一定的学历和取得一定的业绩和成果,才有资格参加晋升高级审计师的评审。

2. 审计师(中级专业职务)

(1)掌握比较系统的审计专业理论和业务知识,有一定的经济基础理论和经济管理知识以及经济法知识。

(2)熟悉并能正确运用国家有关经济法律、行政法规、规章制度以及党和国家的方针、政策。

(3)有较丰富的审计实际工作经验和一定的分析能力,能组织和指导具体的审计项目的审计工作并担任主审工作,能组织实施行业性审计或审计调查工作,能承担重大专案审计工作,具有一定的审计科研能力和文字表达能力。

(4)掌握计算机基础知识并能运用计算机完成有关的审计业务,掌握一门外语。

3. 助理审计师(初级专业职务)

(1)掌握审计专业基础理论和专业知识,掌握经济管理基础知识,基本掌握经济法知识。

(2)熟悉并能够正确执行国家有关经济法律、行政法规、规章制度以及方针、政策。

(3)掌握并运用有关的审计技术方法,能承担某一方面的审计工作任务。

(4)了解计算机基础知识并能运用计算机处理某一方面的审计业务,初步掌握一门外语。

审计人员取得审计师资格或初级资格均要通过国家考试。

(二)内部审计人员任职资格要求

国际内部审计师协会2017年修订的《内部审计实务标准》在属性标准和实务公告中对内部审计人员的客观性、专业水平和执业审慎性提出了九个具体要求。

1. 内部审计活动必须保持其独立性,内部审计师必须客观地开展工作

独立性指内部审计活动公正地履行职责时免受任何威胁其履职能力的情况影响。要达到有效履行内部审计职责所必需的独立程度,首席审计执行官须直接且不受限制地与高级管理层和董事会接触。这一要求可以通过建立双重报告关系来实现。独立性所面临的各种威胁必须在审计师个人、具体业务、职能部门和整个组织等不同层面上得到解决。

客观性指不偏不倚的心态,使得内部审计师在开展业务时相信其工作成果并且不会做出质量方面的妥协。客观性要求内部审计师对审计事项做出判断时不屈从于其他因素。客观性所面临的各种威胁必须在审计师个人、具体业务、职能部门和整个组织等不同层面上得到解决。

2. 组织上的独立性

首席审计执行官必须向组织内部能够确保内部审计部门履行职责的层级报告。首席审计执行官必须至少每年一次向董事会确认内部审计部门在组织上的独立性。

组织上的独立性只有当首席审计执行官在职能上向董事会报告的情况下才能够有效实现。职能上向董事会报告的例子包括:董事会批准内部审计章程;批准以风险为基础的内部审计计划;批准内部审计预算和所需资源计划;与首席审计执行官就内部审计部门实施审计计划或开展其他事项的情况进行沟通;批准关于首席审计执行官任免的决定;批准首席审计执行官的薪酬;适当询问管理层和首席审计执行官以确定是否存在不适当的审计范围或资源限制。

内部审计部门在确定内部审计范围、开展工作和报告结果时,必须免受干预。遇有受到干预的情况,首席审计执行官必须向董事会汇报并讨论其意义。

3. 与董事会的直接互动

首席审计执行官必须与董事会直接沟通和互动。

4. 首席审计执行官在内部审计工作以外的作用

首席审计执行官在内部审计以外的工作中发挥作用或承担职责的情况下,必须有保障措施,以限制对独立性或客观性的损害。

首席审计执行官有可能被要求在内部审计之外扮演角色或承担职责,如合规或风险管理方面的责任。这些角色或职责可能会损害,或看上去损害内部审计机构的机构独立性或内部审计人员的个人客观性。保障措施通常是由董事会实施针对这类潜在损害的监督活动,包括定期评估报告路径及责任和制定替代步骤对额外责任的相关领域进行确认。

5. 个人的客观性

内部审计师必须有公正、不偏不倚的态度,避免任何利益冲突。

利益冲突是备受信赖的内部审计师面临与其职责相冲突的职业或个人利益的情况。这些职业或个人利益会影响内部审计师公正地履行职责。在不产生不道德或不恰当行为后果的情形下也会发生利益冲突。利益冲突可造成不当表象,削弱人们对内部审计师、内部审计活动以及整个内部审计职业的信心。利益冲突更可损害内部审计师个人客观履行其职责的能力。

6. 对独立性或客观性的损害

如果独立性或客观性受到实质上或形式上的损害,必须向适当的对象披露损害的具体情况。披露的性质视受损情况而定。

对组织独立性和个人客观性的损害可能包括但不限于:个人利益冲突,工作范围限制,接触记录、人员和实物资产的限制,在经费等资源方面受到约束等。

独立性或客观性受损的细节必须披露,披露的适当对象,取决于内部审计章程中明确的内部审计部门和首席审计执行官应当对高级管理层和董事会承担的责任,以及损害的性质。

内部审计师必须避免评价其以往负责的特定业务。如果内部审计师为其在上一年度内负责的业务提供确认服务,则其客观性视为受到损害。确认服务涉及首席审计执行官负责的职能领域时,必须由独立于内部审计部门的某一方进行监督。在咨询服务的性质不会损害客观性,并且个人的客观性在调配业务资源时得到有效管理的前提下,内部审计可以对实施过咨询服务的领域提供确认服务。

内部审计师可以对其以往负责的业务提供咨询服务。如果内部审计师对于拟开展的咨询服务的独立性或客观性存在潜在损害,必须在接受该业务之前向客户披露。

7. 内部审计师在开展业务时，必须具备专业能力和应有的职业审慎

内部审计师必须具备履行其职责所必需的知识、技能和其他能力。内部审计部门整体必须具备或获得履行其职责所必需的知识、技能和其他能力。

专业能力是反映内部审计师有效履行职责所必需的知识、技能和其他能力。它包含对当前活动、趋势和新兴趋势的思考，使得内部审计人员能够出具具有相关性的建议，且建议能够落实。鼓励内部审计师通过取得适当的专业资格证书和认证，如国际内部审计师协会和其他相关专业组织提供的"注册内部审计师"和其他认证，以证明其专业能力。

当内部审计师缺乏完成全部或部分业务所必需的知识、技能或其他能力时，首席审计执行官必须向他人寻求充分的专业建议和协助。

内部审计师必须充分了解有关评估舞弊风险以及所在组织管理舞弊风险的知识，但不期望内部审计师掌握以发现和调查舞弊为首要职责的人员所具备的专门技能。

内部审计师必须充分了解关键信息技术风险和控制以及可以获得的利用技术的审计方法，以开展工作，但不期望所有内部审计师均掌握专门从事信息技术审计的内部审计师所具备的专门技能。

当内部审计师缺乏完成全部或部分咨询业务所必需的知识、技能或其他能力时，首席审计执行官必须谢绝开展此项业务或寻求充分的建议和协助。

8. 应有的职业审慎

内部审计师必须应用合理的审慎水平和胜任能力所要求的谨慎和技能。但是，应有的职业审慎并不意味着永不犯错。

内部审计师必须通过考虑以下因素，履行其应有的职业审慎：

(1) 为实现业务目标而需要开展工作的范围；
(2) 所要确认事项的相对复杂性、重要性或严重性；
(3) 治理、风险管理和控制过程的适当性和有效性；
(4) 发生重大错误、舞弊或不合规的可能性；
(5) 与潜在效益相对的确认成本。

在履行应有的职业审慎时，内部审计师必须考虑利用技术的审计方法和其他数据分析技术。

内部审计师必须警惕可能影响目标、运营或资源的重大风险。但是，即使是以应有的职业审慎开展工作，确认程序本身并不能保证发现所有的重大风险。

开展咨询业务时，内部审计师必须考虑以下因素，履行其应有的职业审慎：

(1) 客户的需求与期望，包括咨询结果的性质、时间安排与结果沟通；
(2) 实现咨询业务目标所需开展工作的相对复杂性和范围；
(3) 与潜在效益相对的咨询业务成本。

9. 持续职业发展

内部审计师必须通过持续职业发展来增加知识、提高技能和其他能力。

从 2003 年 7 月 1 日起施行的我国《内部审计人员后续教育实施办法》中规定，已取得内部审计人员岗位资格证书和国际注册内部审计师（CIA）证书的人员，都应当接受后续

教育。后续教育的主要内容是法律法规和内部审计准则、内部审计理论与技术方法、相关专业知识、计算机应用技术。后续教育采取的主要形式是参加协会举办的境内外培训与考察活动、专业会议；参加国际和亚洲内部审计组织的专业会议和培训活动；参加大专院校的学历教育、专业课程进修；撰写论文发表及论文获奖；参加职称和执业资格考试并获得证书等。

（三）社会审计人员任职资格要求

从事社会审计的人员主要是注册会计师。注册会计师是依法取得注册会计师证书并接受委托从事审计和会计咨询、会计服务业务的执业人员。为了维护社会公众利益，世界各国对注册会计师均规定了较高的任职资格条件（详见表2-2），即必须经过规定的资格认定程序并达到规定的任职资格条件，才能成为注册会计师。要取得注册会计师任职资格，各国都要求必须通过全国性的统一资格考试，考试次数、科目各国不完全一致，但均由各国的注册会计师职业团体组织进行。由于社会中介审计是一项实践性非常强的工作，各国对注册会计师的工作经验均有一定的要求。

表2-2　主要国家社会审计人员资格条件

国家	审计人员名称	审计师职权的渊源	申办执照的条件和程序	培　训
法国	注册会计师。	始于1867年的公司法及1966年的重要法律。	申请人具有下列资格方可列入正式名单： A. 年满25岁； B. 具有优良品德； C. 法国公民或拥有欧盟成员国国籍； D. 通过能力考试； E. 有2年审计经验。	获得有资格参加能力考试的学历证书。
英国	特许会计师、注册会计师。	《公司法》。	申请人必须是下面两机构的成员之一： A. 特许会计师协会（英格兰和威尔士、苏格兰、爱尔兰皆可）； B. 注册会计师协会。	签订一个3年的见习培训合同，其间必须通过数次专业考试。
德国	经济审计师。	《公司法》和1961年《联邦德国经济审计师法》。	申请人必须通过个人和执业资格检查，并符合政府规定的批准和考试程序，其中包括不少于5年工作经验方面的要求，此后公开任命并宣誓。	要求学习大学商务经济、经济学、法律、工程或农业等课程，经验要求可由教育培训替代。
加拿大	特许会计师、执业一般会计师、注册工业会计师。	省级政府。	要成为一名特许会计师，申请人必须拥有至少2年工作经验，并通过加拿大特许会计师协会必须符合各省制定的对教育和经验方面的要求，通过学习课程及全国性统考；注册工业会计师符合与执业一般会计师相似的条件，但统考由加拿大管理会计协会主持。	特许会计师要有大学文凭，但其他两种会计师则无此要求。

续表

国家	审计人员名称	审计师职权的渊源	申办执照的条件和程序	培 训
美国	特许会计师、注册会计师。	州政府。	申请人必须通过统一的注册会计师考试,有学士文凭,并拥有2年工作经验。	至少有会计方面的大学同等学力,多数情况下要求接受专业继续教育。
日本	公认会计士。	《商业法典》《证券交易法规》《公认会计士法》。	申请人必须通过3个等级考试,总体掌握会计知识,有初级的公认会计士的专门知识和职业能力。	大学学历。

根据《中华人民共和国注册会计师法》及有关考试办法的规定,申请参加全国注册会计师统一考试必须具有大专或大专以上学历,或者具有会计、统计、审计、经济中级或中级以上技术职称。这些规定明确提出了我国社会中介审计人员的起码资格条件。《注册会计师法》还进一步规定,通过注册会计师考试全科合格,在会计师事务所从事审计工作2年以上,并符合其他条件,才可以申请注册、领证、执业。这又明确了对注册会计师工作经验的要求。《中国注册会计师职业后续教育基本准则》中规定,注册会计师应当不断接受职业后续教育,以提高专业胜任能力与执业水平。注册会计师后续教育的内容主要包括会计准则及国家其他有关财务会计法规、独立审计准则及其他职业规范、与执业相关的其他法规、执业所需的其他知识和技能。后续教育应当采取的形式有参加中国注册会计师协会和地方协会组织举办和认可的各种培训活动,参加中国注册会计师协会认可的大专院校的课程进修,参加中国注册会计师协会组织或认可的相关专题讨论;此外,后续教育还可以采取中国注册会计师协会认可的一些形式,如参加各个事务所自行组织的专业研讨与培训、公开出版著作和发表专业论文、承担研究课题并取得成果、个人专业学习与实务研究等。后续教育由中国注册会计师协会及地方组织负责组织、实施、检查与考核。后续教育时间按学时数计算。注册会计师未能提供职业后续教育有效记录或无故未达到职业后续教育要求的,考核不予通过。

四、审计人员的权利和义务

国家为了使审计人员有效地完成审计工作任务,必须赋予其各种相应的职务上的权利;审计人员接受国家委托履行职责,必须对国家履行应当履行的义务。如果审计人员不是为了履行义务而滥用职权或越权行事,那就是违法行为,势必要承担相应的责任。

根据《审计法》和《公务员法》(2017年修正)中的规定,审计人员的权利和义务包括以下内容。

(一)审计人员的权利

(1)工作权。审计人员一经任用,就应当获得履行审计职责所应有的权力和工作条件,如审计中的权力、必要的工作场所和条件等,国家有义务提供。

(2)报酬权。这是审计人员的一项基本权利,包括法定工资报酬、享受法定保险福利待遇等。国家应根据审计人员担任的职务和做出的贡献确定其报酬,并按期支付,以维持与其地位相当的生活水平。

(3) 身份保障权。审计人员身份一经确定不得随意变动,审计人员履行职责时,任何人不得打击报复。《审计法》规定:"审计人员依法执行职务,受法律保护。任何组织和个人不得拒绝、阻碍审计人员依法执行职务,不得打击报复审计人员。"

身份保障权包括非因法定事由和非按法定程序,审计人员不得被免职、降职、辞退或者行政处分;审计人员享有申诉、控告权;审计人员对涉及个人的决定不服的,有权要求处理机关复议;对审计人员实施行政处分的机关,审计人员有要求恢复名誉、赔偿损失等追偿权。此外,审计人员有权依照宪法和法律的规定辞职。

(二) 审计人员的义务

审计机关和审计人员办理审计事项,应遵循对国家承担义务的法定要求。

(1) 履行审计监督义务。履行审计监督义务是审计人员的基本职责,否则,审计人员与国家之间就不存在职务委托关系。审计人员履行审计监督义务时,还应该实事求是、客观公正。

(2) 遵守法律、忠于职守义务。审计人员必须遵守宪法、法规和有关规定,依照国家法律、法规和政策执行公务,否则不可能做到依法审计;审计人员对本职工作应认真负责,刻苦钻研,精益求精,保证质量;审计人员依法审计,应接受群众监督,倾听群众的意见,努力为人民服务,维护国家和公众利益。

(3) 保守秘密的义务。审计人员履行审计监督义务时,应当保守国家秘密和商业秘密。国家秘密是关系国家的安全和利益,依照法定程序在一定时间内只限一定范围内的人知悉的事项,如国家事务中重大决策的秘密事项、国防建设和武装力量活动中的秘密事项、外交和外事活动中的秘密事项、国民经济和社会发展活动中的秘密事项、科学技术中的秘密事项、维护国家安全活动和追查刑事犯罪中的秘密事项和其他国家保密工作部门确定的应当保守的国家秘密事项。商业秘密是指不为公众所知,能为权利人带来经济利益,具有实用性并经权利人采取保密措施的技术信息和经营信息。无论是国家秘密还是被审计单位的商业秘密,不得用于审计工作以外的目的,即使用于审计工作的目的,也应该遵守国家和被审计单位的有关规定。

(4) 遵循回避的义务。审计人员办理审计事项时,与被审计单位或者审计事项有利害关系的,应当回避。这是保证客观、公正的必要措施,审计人员应当自觉遵守。根据我国有关规定,审计人员与被审计单位的负责人或者财务负责人有夫妻关系、直系血亲关系的应当回避,审计人员与被审计单位或者审计事项有直接经济利益关系的应当回避。

五、审计人员职业考试制度

由于审计工作的专业性很强,并且审计人员承担着十分重要的社会责任,因此通过考试制度来确认审计人员的从业资格或技术职称是十分必要的。美国、英国、加拿大等国家早就建立了严格的注册会计师考试制度,个别国家还建立了内部审计师的考试制度,国际内部审计师协会也建立了内部审计师的考试制度。在注册会计师考试方面,各国根据社会中介机构审计所要求的专业知识确定了考试的课程,基本上包括会计、审计、税法、财务、管理学科以及行为学、经济学、计算机等;有的还根据课程内容分为几个层次,规定参与人员必须在一定的年限内通过这些课程的考试;考试每年组织一至两次,有些国家组织的考试面向世界各国。审计人员采取职业考试制度,既有利于保证其具有较高的专业水平,从而有效地保证审计工作质量,同时也有利于提高审计职业声望。

由于我国国家审计人员主要执行国家公务员制度,审计人员职业考试制度主要包括审计专业技术资格考试制度和独立审计人员执业资格考试制度。

(一) 审计专业技术资格考试

我国自1992年起实行审计专业技术资格考试制度,考试工作由国家审计署和人事部共同负责。参加审计专业技术资格考试人员应具备的基本条件是:坚持四项基本原则;认真贯彻执行党和国家的方针政策和审计法以及有关财经法规和制度;遵守职业道德,无严重违纪行为;认真履行岗位职责,完成本职工作。同时,还规定参加初级资格考试人员,除具备基本条件外,还必须具备高中以上学历;参加审计师资格考试人员,除具备基本条件外,还必须具备下列条件之一:大学专科毕业后,从事审计、财经工作满6年;大学本科毕业后,从事审计、财经工作满4年;获第二学士学位或研究生班毕业后,从事审计、财经工作满两年;获硕士学位后,从事审计、财经工作满1年;获博士学位。考试科目包括与审计专业相关知识的综合考试和审计理论与实务考试。前者包括宏观经济学基础、企业财务管理、企业财务会计、经济法等内容;后者包括审计理论与方法、企业财务审计、行业审计等内容。审计专业技术资格考试日期为每年11月的第一个星期日。

(二) 内部审计人员资格考试

国际注册内部审计师(Certified Internal Auditor,简称CIA)考试是国际内部审计师协会举办的一项全球性资格考试,自1974年起在全球指定地点举行,至今已有40多年的历史。目前全球有40多个国家和地区的内部审计协会组织和开展这项考试。考试语言包括英语、中文、法语、德语、西班牙语、希伯来语、意大利语、阿拉伯语、捷克语、印尼语、日语、韩语、波兰语、葡萄牙语、俄语、泰语和土耳其语等。考试由国际内部审计师协会职业资格委员会负责命题和阅卷,考试共分为三个部分,分别是内部审计基础、内部审计实务、内部审计知识要素。在规定时间内通过全部三科考试者由国际内部审计师协会授予"注册内部审计师"称号,并颁发"注册内部审计师"资格证书。CIA证书是内部审计职业在国际范围内认可的证书,可在世界范围内通用,同时也是迄今为止国际审计界唯一公认的职业资格。获得该项资格意味着在内部审计原理和实务上具备很强的竞争力。CIA考试经国家审计署批准,于1998年引入中国。二十年来,CIA考试在中国取得了巨大的发展,目前国内持有CIA资格的人数已达到4.8万余人。

内部控制自我评估专业资格(Certification in Control Self-assessment,简称CCSA)考试是国际内部审计师协会提供的一项专业资格考试,主要针对从事内部控制评估的人员,考察从业人员对于内部控制自我评估技巧及方法的掌握程度。它不仅可以作为内部控制自我评估初始从业人员的从业指南,奠定其从事内部控制自我评估实务的基础;同时也可以为资深内部控制自我评估从业人员进一步证实其在内部控制自我评估方面的经验和能力,增强客户、高级管理层和雇主的信任。CCSA考试经国家审计署批准,于2002年引入中国。

(三) 注册会计师资格考试

我国自1991年起实行注册会计师全国统一考试制度。考试办法由财政部制定,由中国注册会计师协会组织实施。根据《注册会计师法》的规定,注册会计师报考条件是具有高等专科以上学校毕业的学历,或者具有会计或者相关专业中级以上技术职称的中国公民,具有会计或者相关专业高级技术职称的人员可以免予部分科目的考试。对那些受到刑事处罚,在经济工作中犯有严重错误受到行政处罚或撤职以上处分,受吊销注册会计师证书处罚的人员,必须经所在单位审查,由省级考委会决定是否准予参加考试;对外国籍公民,根据互惠原则决定其是否允许参加考试。我国自1991年创立中国注册会计师全国统一考试制度,至2013年年初已举办21次考试,经过不断地改革完善,建立健全了考试基本制度体系、质量保证体系和组织管理体系,累计有18万余人取得全科合格证。考试采用分科、笔试、闭卷的方式,考试内容包括会计、审计、财务成本管理、税法和经济法五门课程。2009年,中国注册会计师协会对注册会计师考试制度进行了重大改革,印发了《注册会计师考试制度改革方案》(以下简称《方案》),旨在使中国注册会计师考试制度与国际普遍认可的注册会计师考试制度相趋同,将中国注册会计师考试打造成中国注册会计师走向国际的"通行证"。《方案》规定,注册会计师考试划分为两个阶段:第一阶段为专业阶段,主要测试考生是否具备注册会计师执业所需的专业知识,是否掌握基本技能和职业道德要求;第二阶段为综合阶段,主要测试考生是否具备在注册会计师执业环境中运用专业知识,保持职业价值观、职业态度与职业道德,有效解决实务问题的能力。考生在通过第一阶段的全部考试科目后,才能参加第二阶段的考试。两个阶段的考试,每年各举行一次。《方案》同时对考试科目进行了调整:第一阶段设会计、审计、财务成本管理、公司战略与风险管理、经济法、税法等6科;第二阶段设综合1科。新的考试制度于2009年开始实施,原有考试制度在2009年仍继续实施一年。参加考试全科成绩合格,并从事审计工作2年以上,可向省、自治区、直辖市注册会计师协会申请注册。为了和国际接轨,从20世纪末期,我国一些高等学校和教育培训机构就开展了英国注册会计师(ACCA)的教育和资格考试工作。这种考试包括14门课程全英文教学和考试,对在校生和在职人员都是一种十分艰难的资格考试,但取得ACCA资格后就可以在国际性的社会中介审计机构就业。

此外,国际及世界大多数国家都有自己的审计人员职业团体。国际审计人员职业团体有成立于1952年的最高审计机关国际组织、成立于1941年的国际内部审计师协会(简称INTOSAI)、成立于1977年的国际会计师联合会(简称IFAC)。我国审计人员职业团体有1984年成立的中国审计学会、1987年成立的中国内部审计学会并于2003年更名为中国内部审计协会、1988年成立并于1995年与中国注册审计师统一联合的中国注册会计师协会。成立各类审计人员职业团体,有利于在国际、国内开展审计人员业务培训、经验交流、相互协作等方面的工作,有利于开展审计理论研究和学术交流活动。

思考与练习

1. 什么是国家审计机关?国家审计机关有哪几种隶属模式?
2. 我国国家审计机关是怎样设置的?我国地方审计机关有何特点?我国审计组织体系有何特征?
3. 我国国家审计机关有哪些方面的职责?有哪些方面的权限?

4. 我国国家审计机关怎样才能做到依法审计和独立审计?
5. 简述我国内部审计机构设立的范围和设置过程。
6. 内部审计机构为什么要处于较高的地位?内部审计机构有何特征?
7. 什么是我国内部审计机构的基本任务?内部审计机构有哪些方面的具体任务?
8. 我国内部审计机构有哪些方面的权限?
9. 内部审计机构应当接受国家审计机关哪些方面的指导和监督?
10. 什么是社会审计组织?我国会计师事务所有哪两种形式?如何设立和审批?
11. 会计师事务所业务范围有哪些方面?
12. 会计师事务所有哪些权限和义务?
13. 对从事证券业务的会计师事务所有何特殊要求?
14. 世界各国对社会中介审计组织管理的模式有哪几种?我国会计师事务所应接受财政部门哪些方面的指导、监督和管理?
15. 什么是审计人员?我国审计人员由哪些方面人员构成?
16. 什么是国家审计人员?国家审计人员包括哪些人员?
17. 什么是独立审计人员?
18. 简述我国对高级审计师、审计师、助理审计师在任职资格上的要求。
19. 我国对审计人员在政治素质和业务素质上有哪些方面的要求?
20. 我国审计人员有哪些方面的权利和义务?
21. 对国家审计人员、内部审计人员、注册会计师在资格条件方面有什么不同要求?
22. 我国注册会计师资格考试和内部审计人员资格考试有哪些不同的规定?

第三章 审计职业道德与法律责任

> 【内容提示】
>
> 什么是审计职业道德?其作用如何?与法律规定有何异同点?对政府审计人员、内部审计人员和社会审计人员的职业道德在国际、国内有何规定?什么是法律关系和法律责任?被审计单位、被审计单位主要负责人及审计人员应负哪些方面的法律责任?这些是本章所要阐述的内容。

第一节 审计职业道德概述

道德既是一种善恶评价,又是一种行为标准。道德既表现为道德心理和意识现象,也表现为道德行为和活动现象,同时又表现为一定的道德原则和规范现象。所以,道德就是人类社会生活中所特有的,由经济关系决定的,依靠人们的内心信念和特殊的社会手段维系的,并以善恶进行评价的原则规范、心理意识和行为活动的总和。所谓职业道德,就是从事一定职业的人们在其特定的工作中或劳动中的行为规范的总和。在阶级社会中,任何一个阶级的道德都是通过具体的职业道德形式表现出来的。阶级道德寓于职业道德之中,职业道德体现或包含着阶级道德。任何一种形式的职业道德都在不同程度上体现着阶级道德的要求,反映着一定的阶级道德的影响。

社会中所有受人们关注和尊重的专门职业都应制定职业道德规范,旨在提供从业人员保持专业态度和立身处世的指南,以期加强职业风纪的发展。因为任何受人尊重的专业都有服务于公众的责任,都有复杂的学识主体和需要获得公众的信任。

一、审计职业道德含义及其本质

审计职业道德是指审计人员在长期审计工作过程中逐步形成的应当普遍遵守的行为规范。它是为指导审计人员在从事审计工作中保持独立的地位、公正的态度和约束自己行为而制定的;也是为树立良好的职业形象、赢得社会的尊重和信赖而制定的。审计职业道德规范是维持高度实务上专业水平的主要因素。它不仅可作为每个审计人员维持专业态度的实务指南,也是向委托人与社会大众提供审计人员愿意维持高度标准并遵照实行的一种保证。对每一个审计人员而言,道德规范在短期内有时或嫌限制过苛而感困扰;但就长期而论,毫无疑问可使每一个审计人员、整个审计界以及社会大众都会受益。

20世纪初,审计(特别是中介审计)在股份公司的发展中起了举足轻重的作用,由此审计人员的职业道德问题也逐步为人们所重视。因为大家都明白,审计能提高股份公司财务信息的可靠性程度,为公众提供一种合理的"保证"。由于企业的所有者不直接参与股份公司的经营管理活动,所导致的信息不对称性和复杂性使公众越来越依赖于审计人员提供的这种"保证"。但是,越来越多的审计案件的发生使人们发现,审计人员日常行为和工作态度有时也会成为问题的症结所在。因此,人们除了关注审计技术和程序的发展与完善之外,也开始关注审计人员的品质行为,由此也就产生了审计人员的职业道德问题。

职业道德是社会道德的主要组成部分。审计人员职业道德作为社会道德的一种具体形式,也具有社会道德的一般本质特征,这就是对经济关系的依赖性、历史性、阶级性和对以往道德的继承性。审计人员职业道德本质的特殊性主要体现在审计职业对审计人员的道德品质和道德行为的特殊性要求方面:一是早已存在于审计职业活动中并被审计行业公认、多数审计人员自觉遵守的习惯、规矩或者纪律;二是国家和政府有关部门制定的有关审计人员行为标准和活动要求的法律、法规、条例、政策、制度、规定、规则、守则等,这些都具有法律效力或行政效力,是成文的审计人员行为规范。此外,审计人员职业道德规范体系结构的多侧重、多层次性也是我国审计职业道德规范本质特征的重要方面。我国审计包括国家审计和内部审计、社会中介机构审计。审计人员除需共同遵守依法独立、客观、公正等公认的职业道德要求以外,还须按照自身的行业要求恪守特殊的行业道德规范。例如,国家审计人员是从事审计监督的国家公务员,因此他们的行为和思想品德都应纳入公务员道德规范。内部审计人员分政府部门内部审计人员、企事业单位内部审计人员。政府部门内部审计人员应遵守公务员道德规范,企事业单位内部审计人员应遵守单位内部员工的道德规范。社会中介审计人员的品质和行为应按注册会计师独立审计准则、职业道德基本准则等行业规则的要求纳入道德规范。

二、制定审计人员职业道德规范的必要性

(一) 出于审计职业特殊性的必要

首先,审计职业的特殊性表现为其特殊的服务对象。从表面上看,审计服务对象是其客户委托人或被审计单位。但是,如果考虑审计服务所产生的后果(即审计报告),其服务对象可能是使用审计结果的成千上万的团体或个人,也即是社会的公众。更为重要的是,同一审计结果对直接服务的委托人和间接服务的社会公众可能会产生不同的影响。审计人员与客户都满意的审计结果有可能损害成千上万使用审计报告的团体或个人。这种损害虽然是无形的、不可计量的,但远远要大于对委托人的影响。这就要通过一定的道德规范来协调这种矛盾,使委托人和其他使用审计报告的人均能满意审计的服务。

其次,审计职业的特殊性表现在现代审计技术的复杂性。审计本来就是一种专业性强的职业,现代信息技术的发展,不仅提高了审计对象的难度,也促进了审计技术的复杂化。因此,非审计人员不通过系统的、长期的培训,根本无法理解和判断审计人员的行为是否恪守应有的职守。这就要提供一套委托人及社会公众都能理解和据此判定是非的审计职业道德规范。

再次,审计职业的特殊性表现在审计服务结果为社会直接引用。律师答辩的服务结果还要通过法官的评判才能对社会产生影响;而审计人员的服务结果可以直接为社会所引用。审计人员直接为社会公众服务的责任,提高了对审计质量的要求,更加重了对审计人员职业道德的要求。

由上可见，由于审计职业本身的这些特殊性，审计职业界非常有必要制定一套完整的审计职业道德规范，从道德思想上约束审计人员，并以此保证提高审计服务质量。

（二）出于取信社会公众的必要

自我国恢复审计制度以来，审计工作虽然对社会经济活动起到了良好的促进作用，但个别注册会计师的审计工作也给社会带来了很大的危害。如"长城公司"事件、"琼民源"事件、"红光实业"事件、"银广夏"事件等，由于审计人员未恪守应有的职业道德，为公司管理层的违法行为推波助澜，给公众带来了巨大的损失，导致了注册会计师行业的信任危机。建立一套高水准的职业道德规范，最深层的原因就在于要使公众对审计人员提供服务的质量产生信任感。如果客户或其他使用审计报告的广大社会公众不信任审计人员、不信任审计结果，审计这一职业就没有生存和发展的必要了。

（三）出于对审计职业评价的必要

如何分清审计人员是在尽职尽责的情况下出现的可容许的误差还是故意利用审计技术的复杂性或者是没有引起足够的注意犯下了不允许出现的错误，一般人是无法判断的。同时，客户也没有时间和精力去评价审计人员是否尽职尽责。因此，客户及公众期望审计职业界能有一套完整的道德条款对审计行业进行约束，并在其内部对审计服务进行评价；同时也使客户和社会公众有所了解，便于对审计职业界监督。

（四）出于社会竞争日益激烈的必要

现代社会的激烈竞争不可能使审计界风平浪静，尤其是社会中介审计的竞争越来越激烈。这就使有些社会中介审计组织不得不从其生存出发去拉拢客户并谋求利润，而忽视了对审计质量的保证。例如，有些审计人员由于不想失去老客户而作出质量的妥协，从而丧失了审计应有的独立性和客观性；有些审计人员为了争夺新客户而使出压低收费的手法，从而导致不考虑质量而去压缩程序、减少应审的内容。这些做法使审计质量大打折扣，影响了服务对象的利益。但是，竞争是客观存在的，要解决审计职业界竞争与生存的矛盾，审计职业界自己应制定出一套职业道德规范，进行行业内的自我约束，制止那些不正当的竞争。

三、审计人员职业道德的作用

（一）审计人员职业道德是审计人员顺利完成审计任务的重要保障

审计人员在长期的审计实践中遵循道德准则的要求可以对审计人员的思想和行为发生经常的、深刻的影响，促进审计人员增强事业心和责任感，激励审计人员积极钻研业务和技术，约束审计人员服从本职的领导和纪律，鼓励审计人员团结协作、努力工作、高质量地完成审计工作任务。同时，审计人员忠于职责、依法审计、实事求是、客观公正地处理问题，也会得到社会各方面的认同和支持，保障审计任务的顺利完成。

（二）审计人员职业道德极大地影响了良好的社会道德风尚的形成

审计人员的工作几乎涉及国家财政经济领域的各个方面和各个环节，同社会各行各业都有着密切的、经常的联系。审计人员在执业中严格地遵守审计职业道德的要求,对财政经济秩序的稳定、经济效益的提高以及清正廉洁、奉公守法、勤俭节约等良好社会风尚的培养和形成有着直接的影响。因此,审计工作不仅会得到很好的经济效益,也会取得精神文明建设方面的社会效益,而且还会取信于整个社会。

(三)审计人员职业道德是审计人员自身完善的基础

审计职业道德指导审计人员在职业岗位上确立具体生活目标,选择具体的生活道路,形成具体的职业理想,培养良好的职业习惯,最终必然会养成审计人员自身的良好道德品质。因此,审计人员职业道德是养成审计人员高尚道德品质的基础。

(四)审计人员职业道德是克服官僚主义、提高审计工作水平、充分发挥审计作用的关键

较高的职业道德水平是促进审计人员积极钻研业务、提高工作能力、并在审计实践中充分发挥其主观能动作用的关键。每一个审计人员遵循审计职业道德规范,整体审计工作水平就能够提高,审计在维护我国社会主义财经秩序、促进廉政建设、保障国民经济建设顺利进行的重要作用就能够充分发挥出来。同时,每一个审计人员都能自觉地按照职业道德要求规范自己的行为,审计人员和各类审计组织就能够有效地克服官僚主义,防止和纠正"以权谋私",促进我国以社会主义职业道德为中心的社会主义精神文明建设。

四、审计人员职业道德的基本构成

审计人员的职业道德规范包括意识形态内容和客观实际活动内容。意识形态方面的标准不是强制性标准,它只能通过社会舆论的力量来促使审计人员遵守。客观实际活动方面的准则是强制性准则,审计人员必须严格遵守,否则就要受到处罚。

审计人员职业道德规范的基本构成包括概念说明、行为规则、具体解释和道德判定四个方面。

(一)概念说明

概念说明是指对职业道德理想行为的说明,即审计人员应该追求的最高标准。概念说明不具备强制性,而仅仅是提倡性问题。大部分国家都希望审计人员应该追求的最高目标有职责、公众利益、正直、客观和独立、合理的注意、服务的范围和性质等六个方面。

(二)行为规则

行为规则是审计人员在日常工作中应遵守的职业道德的最低标准,具有强制性,是必须执行的规则。审计人员能按照最低标准执行业务时,就可以认为审计人员的执业是符合规则的;如果审计人员的服务结果在最低标准以下时,则被认为是不合格的,就要受到处罚。

(三)具体解释

具体解释是指针对审计人员就某一具体规则提出的问题而进行的解答,不具有强制性。审计人员在执业过程中,经常会就某一具体规则提出疑义,因此审计职业团体就有必要设立专门的委员会去进行解释。这种解释一般应征求实务界人士意见,并经该委员会全体同意

后向外公布。尽管这种解释不要求强制执行,但审计人员一般都要遵照执行,不得轻易违背,否则要提出正当理由。

(四)道德判定

道德判定是指审计职业团体的有关部门对职业道德中一些具体事例予以裁决判定,这种裁决虽不具有强制性,但也不得任意违背。

五、审计职业道德与审计法律的关系

审计人员职业道德与审计法律均属于审计人员行为规范的范畴,社会的经济关系或生产关系是它们产生和发展的共同基础。它们之间既有密切的联系,也有明显的区别。

(一)审计职业道德与审计法律的联系

1. 两者在起源与发展上的联系

审计职业道德与审计法律皆起源于审计职业习惯和行业作风。最初的审计职业道德就是最初的行业作风和职业习惯,后来国家制定的规章、法规、法律逐步吸收了这些精神,形成了某些审计法律条文。

2. 两者在内容上相互包含

审计法律中包含有审计职业道德,审计职业道德规范中也具有审计法律的内容。因此,有些审计职业道德规范也具有法律效力。

3. 两者在社会作用上相互依靠

审计职业道德为审计法律的施行奠定了思想基础,从思想上、社会舆论上为执行审计法律清除了一定的障碍;审计法律则为促进道德规范的形成和遵守提供了有力的保障。审计职业道德和审计法律不仅相互支撑,而且具有相同的社会作用,都是用以调整审计社会关系和维护审计工作秩序的重要手段。

(二)审计职业道德与审计法律的不同点

1. 两者产生于不同的时间和历史条件

从人类社会发展过程看,职业是劳动分工和社会分工的产物,任何职业的产生都要考虑与社会需求之间的关系,即要考虑职业的作为、作风及习惯等。因此,自从有了审计职业就有了审计职业习惯、职业良心和职业作风等,也就形成了社会公认的审计职业道德。作为审计法律就不同了,它是有阶级的社会所特有的一种现象,它是一定历史阶段的产物,是统治阶级意志的表现。审计法律一般都在吸纳一些审计职业道德规范后而形成一些条文,它反映的是统治阶级对审计的利益要求和意志,没有先进与落后之别。

2. 两者具有不同的表现形式

法律规范都是国家制定或认可的,一般都有各种正式的文字记载,以成文的方式表达。审计法律和其他法律一样,制定颁布和修改废止都要通过一定的程序。审计职业道德体现在审计人员的意识和信念之中,出于审计人员的社会生活和审计工作实践,是审计人员日积月累、约定俗成的产物,一般没有特定的表现形式,也不一定通过行政命令的手段或按一定的程序提倡或废止。

3. 两者具有不同的实现方式和约束力

审计法律具有国家的强制性,它在立法、执法和守法的各个环节中都明显地体现出来。审计法律不允许存在任何规避法律行为的存在,不允许有任何违反国家法律规定的财政、财务收支行为不受到追究,它要依法对这些行为的责任单位和直接责任人员分别给予经济的、行政的或刑事的法律制裁。审计职业道德的实现通常都是依靠社会舆论和社会评价的力量以及依靠人们的信念、习俗、惯例、传统和社会教育的力量来维持,而不依靠外在的强制力。任何外在强制力只有通过主体的自觉性才能起作用。

4. 两者有不同的作用范围和调整对象

审计职业道德所调整的对象和作用范围几乎涉及审计人员在社会生活中的各个方面,而审计法律要调整的只是审计人员在审计工作活动中的某些特定的行为。一般来说,审计法律调整的范围包括在审计职业道德所调整的范围之内,而审计人员职业道德所调整的范围则不全属于审计法律调整的范围。

5. 两者有不同的社会要求

审计人员职业道德对审计人员的要求比法律的要求高得多,法律规范是最低的道德规范,守法的行为不一定是符合道德的行为,而有审计职业道德的行为一定不违反审计法律。道德规范是不成文的法律,是对主观行为进行自我约束的法律。正如德国古典哲学家黑格尔认为的那样:"道德是主观意志的法律,是一种具有特殊规定的内心的法。"

第二节 政府审计人员的职业道德

一、对政府审计职业道德的国际要求

1977年,最高审计机关国际组织在《利马宣言——审计规则指南》中就指出:"最高审计组织的成员和审计人员应具备必要的资历和道德品质,以便更好地完成其工作任务。"

最高审计机关国际组织颁布的《国际政府审计标准》和美国、加拿大、英国、澳大利亚等国家颁布的审计标准及有关法规,对政府审计人员的职业道德要求一般包括独立性、客观性、应有的职业谨慎、熟练的专业技能和保守秘密五个方面。

(一) 独立性

美国审计总署在《政府审计标准》中规定:"在有关审计工作的全部事务中,不论是政府审计还是民间的审计机构和审计师个人,都应该不受个人或外界的干扰而保持独立,这种独立不仅应该是组织上的,还应该保持独立的态度和外在形象。"损害审计人员独立性的因素主要来自审计人员个人和外部两个方面。

个人因素主要包括：审计人员与被审计单位存在着官方的、职业的、个人的或财务上的联系；审计人员对被审计单位或个人存在着先入之见；审计人员过去对被审计单位的决策制定或管理负有责任；审计人员效忠于某一团体或组织，由于政治或社会信念而造成的审计工作中的偏见；审计人员在被审计单位中直接地或大量间接地拥有经济方面的利益。上述因素会导致审计人员的偏见，使查证和披露受到局限，甚至会削弱和歪曲审计结果。

外部因素主要包括：干扰或影响审计工作范围；干扰审计程序和审查业务的选择；对审计时间进行不合理的限制；干扰审计人员；否定或影响审计报告等。

审计机关和审计人员必须采取有效的措施，消除以上因素对独立性的影响。例如，采取审计回避制度，消除个人因素的影响；采取拒绝审计或在审计报告的范围部分说明损害因素等方法，消除外部因素的影响。

(二) 客观性

强调审计人员的独立性是为了保证审计人员的客观性。独立性是条件，客观性才是目的。

客观性对审计人员的要求是：执业中必须坦白、诚实、公正，一切从客观实际出发，决不容许偏见、偏袒；制订计划时，应全面和无偏见地选择审计技术、审计程序及其应用的程度；实施审计时，应全面和无偏见地选择审查和范围、重点、活动、关系和政策；起草报告时，审计意见和结论必须按政策和证据确定，必须对审计结果、结论和建议发表意见或作出说明；审计人员在实际工作中，要避免利害冲突，要客观地检查，公正地作出判断，避免直接参与被审计单位的决策或管理部门有关控制措施的拟订工作，不仅自己认为是客观的，而且在他人看来也应是客观的；审计人员只能为被审计单位提供专业咨询，但不能代替被审计单位作出决策；在不影响审计人员独立性和客观性的前提下，审计人员可以获得有经验专业人员的帮助，并同专业团体建立正式的联系。

(三) 应有的职业谨慎

职业谨慎是指审计人员在详细说明需要的审计证据、取得和评价审计证据、报告审计结果等方面保持谨慎的态度。

职业谨慎的具体要求是：审计人员在实施审计过程中，所采用的专业技术应当同具体的审计工作复杂性相适应；审计人员在审计中可以采用国家有关部门制定的或得到公认的标准和指导原则；审计人员制定的审计方案应能够有效地发现重大错误或违法现象；应充分考虑为达到审计目标所必须完成的事项、需要应用的审计测试、程序和方法、被审计单位内部控制的效率和效果、审计工作的成本效益、提出报告的时间要求等；在对审计结果进行评价时和作出审计报告时，应正确判断证据的客观性、足够性和相关性，判断审计过程是否符合现场作业标准和报告标准，监督检查所进行的审计工作、结果及其报告；审计人员应全面了解被审计单位的情况，在审计目标、审计范围、应用的法律、法规、标准等方面应与被审计单位进行沟通；谨慎与外部专家合作；在审计中，怀疑被审计单位的成员涉及徇私舞弊或非法活动时，采取行动应向上级报告，未经批准，不得擅自行动；审计人员如果运用其他审计人员的成果，应认真进行调查和复核；审计人员在审计报告中应披露以前审计中已经发现但尚未改正的问题。

（四）熟练的专业技能

《国家政府审计标准》中规定："最高审计机关的工作人员应当具备一定的学历和经验，并受过适当的培训。应当为任命审计师规定最低限度的教育要求，并定期进行检查。"很多国家的审计机关也都对审计人员的学历教育、任职资格和继续教育作出了明确规定。

（五）保守秘密

政府审计人员在执行审计业务过程中必然接触到大量的国家秘密和被审计单位的商业秘密。保守秘密：一是要保证审计工作中接触的资料都是实现审计目标、完成审计任务所需要的，审计人员不能要求接触与履行审计职责无关的保密资料；二是要求除法律有规定或工作需要并且得到批准以外，审计人员不得将被审计单位及有关人员的任何秘密泄露给第三方；三是要求审计人员应遵守国家对审计信息披露在不同场合下的限制。

二、我国法规中对审计职业道德的规定

《审计法》对政府审计职业道德的规定，主要有以下四个方面内容：

(1) 审计人员应当具备与其从事的审计工作相适应的专业知识和业务能力。

(2) 审计人员办理审计事项，与被审计单位或者审计事项有利害关系的，应当回避。

(3) 审计人员对其在执业中知悉的国家秘密和被审计单位的商业秘密，负有保密的义务。

(4) 审计人员滥用职权、徇私舞弊、玩忽职守，泄露国家秘密或者所知悉的商业秘密的，依法给予行政处分；构成犯罪的，依法追究刑事责任。

修订后的《中华人民共和国国家审计基本准则》第二章第九条、第十条、第十一条和第十二条规定了审计机关和审计人员应遵守的有关职业道德的四个要求：

(1) 审计机关和审计人员办理审计事项，应当客观公正，实事求是，保持应有的独立性和职业谨慎。

(2) 审计机关和审计人员不得参与被审计单位的行政或者经营管理活动。在审计过程中必须遵守有关廉政纪律的规定。

(3) 审计人员办理审计事项，与被审计单位或者审计事项有直接利害关系的，应当回避。

(4) 审计人员应当保持严谨的职业态度，保守其在执行业务中知悉的国家秘密和商业秘密。在执行业务中取得的相关资料不得用于与审计工作无关的目的。

三、我国政府审计职业道德的规定

我国自1983年恢复审计制度以来，国家审计机关就十分重视审计职业道德建设，在未正式颁布审计职业道德准则以前，就先后制定并颁布了审计人员守则、廉洁奉公的若干规定、审计工作中六项纪律、保持廉洁的八条规定等，在职业道德方面对审计机关和审计人员提出了严格而具体的要求。

中华人民共和国审计署于1987年1月5日就发布了《审计人员守则》(试行)，要求审计人员：忠于职守，勤奋工作；依法审计，实事求是；廉洁奉公，遵守法纪；努力学习，积极进取；谦虚谨慎，平等待人。

审计署于1988年7月30日又发布了《审计署关于廉洁奉公的若干规定》，认为审计署

是国家财政经济监督机关,在为政清廉方面应有更严格的要求。全体工作人员特别是领导干部,一定要认真贯彻执行党中央《关于党和国家机关保持廉洁的通知》精神,保持廉洁,防止腐败,发扬艰苦奋斗、勤俭节约的优良传统。该规定的主要内容是:严格遵守党纪国法,清正廉洁,不贪赃枉法;严格遵守《审计人员守则》,坚持依法审计,客观公正,不以权谋私、徇私舞弊;不准经商办企业,或为他人拉关系做买卖,从中捞好处;不准接受被审计单位的礼品和宴请,不准在被审计单位低价购买物品;严格遵守财经纪律和规章制度,不准搞铺张浪费;不准以出差或开会为名,搞变相公费旅游;把是否保持廉洁奉公作为考核干部的一项重要内容;对群众和被审计单位揭发举报的问题,要认真查明处理,要自觉接受监察部门的监督。

1989年8月7日,审计署又发布了审计工作中审计人员应遵守的六项纪律,主要内容是:不接受宴请;不接受礼品或购买低价、紧俏商品;不索贿、受贿;不利用职权为个人谋私利;不隐瞒依法查出的违法违纪问题;不泄露审计工作中涉及的机密。

1989年8月22日,审计署又发布了《关于审计署机关干部保持廉洁的八条规定》。该规定除了重申以前有关规定的内容以外,前五条都是新增的规定。例如,规定机关干部到本地或外地出差,一律按标准付费用餐,不得接受地方和下属单位的宴请;不得以任何形式和名义接受地方和下属单位赠送的礼品,或以低于当地市价购买土特产品和其他物品;副审计长以上领导干部的配偶、子女不得安排在本署工作,司局级干部的配偶、子女不得安排在本司局工作,不得利用职权为子女亲友提干、出国、入党等向有关方面施加影响;机关不再购买进口小汽车;司局级以上领导干部要严格按照标准分配住房,不得超标准用公款装修住房。

1995年5月20日,审计署又发布了不准接受可能影响公正执行公务的宴请和不准参加用公款支付的娱乐活动方面的规定。其主要内容是:审计人员实施审计期间或领导干部检查审计工作,不得接受被审计单位的宴请;审计人员不得参加可能影响公正执行审计任务的宴请;机关干部到外地或下属单位考察、调研时,执行当地接待标准;审计人员不准参加用公款支付的营业性歌厅、舞厅、夜总会等公共娱乐场所的娱乐活动;外单位举办的庆典应酬性宴请,由组织派人参加。另外,规定如有违反行为,视情节轻重和影响程度,给予批评教育或由个人负担相应的费用。情节严重的,给予党纪、政纪处分。

1996年12月16日,审计署正式发布了《审计机关审计人员职业道德准则》,后经修改,于2001年8月1日由审计长签署的第3号令发布施行。修订后的职业道德准则共18条,主要阐明了制定职业道德准则的目的、依据和职业道德含义及要求。制定职业道德准则的目的是为了提高审计人员素质、加强职业道德修养和严肃审计纪律。制定的主要依据是《中华人民共和国审计法》和《中华人民共和国国家审计基本准则》。

《审计机关审计人员职业道德准则》所称的审计人员职业道德是指审计机关审计人员的职业品德、职业纪律、职业胜任能力和职业责任。

在审计人员职业品德方面,要求审计人员应当按照法律规定的职责、权限和程序进行审计工作,并遵守国家审计准则;审计人员办理审计事项时,应当客观公正、实事求是、合理谨慎、职业胜任、保守秘密、廉洁奉公、恪尽职守;审计人员在执行职务时,应当保持应有的独立性,不受其他行政机关、社会团体和个人的干涉;审计人员办理审计事项时,与被审计单位或者审计事项有直接利害关系的,应当按照有关规定回避。

在审计人员职业纪律方面,要求审计人员执行职务时,应当忠诚老实、不得隐瞒或者曲解事实;要求审计人员在执行职务(特别是作出审计评价、提出处理处罚意见)时,应当做到依法办事,实事求是,客观公正,不得偏袒任何一方;审计人员应当合理运用审计知识、技能和经验,保持职业谨慎,不得对没有证据支持的、未经核清事实的、法律依据不当的和超越审计职责范围的事项发表审计意见。

在审计人员职业胜任能力方面,要求审计人员应当具有符合规定的学历,通过岗位任职资格考试,具备与从事的审计工作相适应的专业知识、职业技能和工作经验,并保持和提高职业胜任能力,不得从事不能胜任的业务;审计人员应当遵守继续教育和培训规定,学习会计、审计、法律、经济等方面的新知识,掌握与从事工作相适应的计算机、外语等技能,并应当达到继续教育所规定的时间和质量技术,以始终保持专业上的胜任性。

在审计人员职业责任方面,审计人员有义务保守国家秘密和被审计单位的商业秘密,未经批准不得向外界提供和披露在执行职务时所取得的资料,也不得用于与审计工作无关的目的;审计人员应当遵守国家的法律、法规和规章以及审计工作纪律和廉政纪律;审计人员应当认真履行职责,维护国家审计权威,不得损害国家审计机关的形象,应当维护国家利益和被审计单位的合法权益。审计人员违反职业道德,应由其所在审计机关根据有关规定给予批评教育、行政处分或者纪律处分。

2008年3月起,审计署在充分调研和广泛征求各方面意见的基础上,对原"八不准"规定进行了修订,并于同年12月5日下发了《审计署关于加强审计纪律的八项规定》,要求审计署机关及其派出机构自2009年1月1日起执行新"八不准"审计纪律。新"八不准"主要包括:

(1) 不准由被审计单位支付或补贴住宿费、餐费。

(2) 不准使用被审计单位的交通工具、通信工具等办公条件办理与审计工作无关的事项。

(3) 不准参加被审计单位安排的宴请、旅游、娱乐和联欢等活动。

(4) 不准接受被审计单位的任何纪念品、礼品、礼金、消费卡和有价证券。

(5) 不准在被审计单位报销任何因公、因私费用。

(6) 不准向被审计单位推销商品或介绍业务。

(7) 不准利用审计职权或知晓的被审计单位的商业秘密和内部信息,为自己和他人谋利。

(8) 不准向被审计单位提出任何与审计工作无关的要求。

第三节　内部审计人员的职业道德

一、内部审计职业道德的国际要求

无论是国际内部审计师协会还是一些国家的内部审计组织,都把内部审计职业道德视作内部审计的灵魂。因为保持应有的内部审计职业道德,是内部审计机构以及内部审计人员树立良好形象和保持良好信誉的重要手段,是保持审计人员高执业水准的重要因素,是充分发挥内部审计职能的必要条件,也是内部审计管理的重要组成部分。

内部审计职业道德是指内部审计人员职业品德、职业纪律、专业胜任能力及职业责任等的总和。内部审计职业道德具有内部审计职业特征的道德规范和行为规范两个方面,尽管各国形式多样、内容不一,但实质要求是一致的,均要求内部审计人员实事求是、客观公正、谨慎评价、诚实廉洁等。许多国家的内部审计组织以及国际内部审计师协会普遍制定了内部审计职业道德。国际内部审计师协会在其制定的《内部审计实务标准》中,强调内部审计师职业道德规范的宗旨是在全球内部审计职业中提倡一种道德文化,基于对风险、控制与治理的客观性保证的信任;并强调内部审计师应遵守诚实、客观、勤劳、忠诚等职业道德和行为标准。

西方一些国家制定的内部审计职业道德规范,主要强调了以下十二个内容:

(1) 内部审计人员在履行其职责和义务时,应该诚实、客观、严谨、勤勉。

(2) 内部审计人员应该忠诚地对待本单位的一切工作或可能服务的客户,不得故意加入非法团体或参加不恰当的活动。

(3) 内部审计人员不得从事有损于内部审计职业或组织荣誉的活动。

(4) 内部审计人员不得参加可能会与本组织利益冲突的任何活动,或将会有碍客观地履行其义务和职责的活动。

(5) 内部审计人员不得接受雇员、委托人、客户、厂商或其他商业社团赠送的任何有价值的物品,以免削弱专业的判断力。

(6) 内部审计人员只能从事力所能及的、恰当的专业服务工作。

(7) 内部审计人员应遵循内部审计的各种标准,以保持专业服务水准。

(8) 内部审计人员应慎重利用在履行职责中所获取的情报,不得违法使用,不得有损于组织利益和为个人牟取利益。

(9) 内部审计人员在汇报工作结果时,应揭示他们所掌握的所有重要事实,否则就会使报告失真。

(10) 内部审计人员应不断努力,提高自己的业务能力、工作效率和服务质量。

(11) 内部审计人员要铭记职责,保持规定的高标准工作能力、高标准行为美德和尊严。

(12) 内部审计人员应遵守职业道德的各项规定,维护其确定的目标。

国际内部审计师协会把职业道德规范分为基本原则和行为准则两部分内容。基本原则主要包括诚实、客观、保密、胜任等。诚实,是内部审计人员取信于他人的基础,也是他人对其判断信赖的基础;客观,要求内部审计人员在审计过程中应表现最高度的专业客观性,不受个人利益或他人的不当影响;保密,要求内部审计人员非经适当授权不得揭露审计过程中所获得的各种资讯;胜任,要求内部审计人员在进行审计时,应能运用所需的知识、技能及经验。

行为准则同样包括诚实、客观、保密、胜任四方面。在诚实方面,要求内部审计人员应以诚实、严谨及负责的态度执行其任务;应遵守法律并依照法律及专业的要求做适当揭露;不得明知而涉入任何不法活动,或从事玷辱内部审计专业或其服务机构的行为或活动;应尊重其服务机构的既定目标及伦理目标并做出贡献。在客观方面,要求内部审计人员不得参与任何可能损害或被认为损害其公正评价的活动或关系;不得接受任何可能损害或被视为损害其专业判断的东西;应揭露所获悉的重大事项,以防报告的误导。在保密方面,内部审计人员应谨慎使用及保护在审计中所获得的资讯;不得违法使用、也不得有违其服务机构意愿使用审计中获得的各种资讯,更不得以此牟取个人利益。在胜任方面,要求内部审计人员应仅从事其具有专业知识、技能及经验的服务;应依照内部审计执业准则提供服务;应持续改善其专业能力、服务效果与质量。

国际内部审计师协会和西方一些国家内部审计职业团体十分强调内部审计职业道德与独立性、应有的职业谨慎、应有的知识、技能和训练之间的关系。

内部审计人员必须对其审核的活动保持独立性,这种独立性能使内部审计人员自由地和客观地进行工作。内部审计的独立性包括内部审计组织机构的独立性和内部审计人员执行内部审计工作时应体现的客观性两方面的内容。客观性既是职业道德规范的要求,又是职业道德规范的实践和体现。

职业谨慎包含着谨慎和技能两个方面。谨慎也是职业道德的要求,而技能正是实现这种要求的手段。所以,内部审计职业道德和职业谨慎在某种意义上难以划清。

内部审计人员应有的知识、技能和训练既是实现审计目标的需要,也是实践审计职业道德的需要。如果内部审计人员在审计工作中不能熟练地应用内部审计标准、程序和技术,不能运用会计原理和查账技术,不具有收集和分析审计证据的工作技能,他就不可能做到诚实、客观、公正、严谨。所以,要遵守职业道德规范的要求,内部审计人员必须具有应有的知识、技能和训练。

二、我国内部审计人员职业道德规范

《审计署关于内部审计工作的规定》第七条指出:"内部审计人员办理审计事项,应当严格遵守内部审计职业规范,忠于职守,做到独立、客观、公正、保密。"我国《内部审计基本准则》第二章第六条至九条也规定了有关职业道德方面的内容:① 内部审计人员应具备必要的学识及业务能力,熟悉本组织的经营活动和内部控制,并不断通过后续教育来保持和提高专业胜任力;② 内部审计人员应当遵循职业道德规范,并以应有的职业谨慎态度执行内部审计业务;③ 内部审计机构和人员应保持独立性和客观性,不得负责被审计单位经营活动和内部控制的决策与执行;④ 内部审计人员应具有较强的人际交往技能,能恰当地与他人进行有效的沟通。

2003年4月12日,中国内部审计协会正式颁布了《内部审计人员职业道德规范》,全文11条,主要内容有以下三个方面。

(一) 一般原则

(1) 内部审计人员履行职责时,应当严格遵守中国内部审计准则和中国内部审计协会制定的其他规定。

(2) 内部审计人员不得从事损害国家利益、组织利益和内部审计职业荣誉的活动。

(3) 内部审计人员在履行职责时,应当做到独立、客观、正直和勤勉。

(4) 内部审计人员在履行职责时,应当保持廉洁,不能从被审计单位获得任何可能有损职业判断的财物。

(二) 专业胜任能力

(1) 内部审计人员应当保持应有的职业谨慎,并合理使用职业判断。

(2) 内部审计人员应当保持和提高专业胜任能力,必要时可聘请有关专家协助。

(3) 内部审计人员应具有较强的人际交往技能,妥善处理好与组织内外相关机构和人士的关系。

(4) 内部审计人员应不断接受后续教育，提高服务质量。

(三) 其他要求

(1) 内部审计人员应诚实地为组织服务，不做任何违反忠诚性原则的事情。

(2) 内部审计人员应当遵循保密性原则，按规定使用他们在履行审计职责时所获取的资料。

(3) 审计人员在审计报告中应客观地披露他们所了解的全部重要事情。

第四节　社会审计人员的职业道德

一、社会审计的职业特性

社会审计是一个特殊的行业，需要其从业人员以自己的专业技能、知识和良好信誉为公众提供验证、咨询服务，公众的信任是注册会计师职业赖以生存的基本条件。社会审计和其他受人尊重的专业一样，均具有服务公众的责任、复杂的学识主体以及需要公众的信任等特性。

愿为公众利益服务的责任必须是服务专业的基本动机。社会审计就是为公众服务的职业。独立审计人员的任务是为了财务报表能公平地对待所有相关人士（债权人、股东、消费者、员工和其他人士），绝不偏袒（决不牺牲一方利益而讨好另一方）。如果会计师事务所为了谋求最大的利益，大概就仅愿为提供最高公费的债权人、投资、经理当局或其他特殊人物的利益而卖力了。"公众是会计师唯一的委托人"这句社会审计界的名言，虽然过于简单和不贴切，但就社会中介审计长期的专业地位而言，这种理念是必要的。社会审计如拟扩大社会服务范围，就必须和委托人之间保持高度的独立性。超然独立或许是社会中介审计职业道德规范中最为重要的观念。

社会审计必须以复杂的学识主体来应对复杂的服务对象。以财务审计为例，对财务报告大量的制度、规定限制，就会明了会计学是个复杂的学识主题。会计要反映日益复杂的环境中所发生的经济事项，因此须颁布各种制约的制度、规定。环境一经变动，会计原则和审计实务就得变更。因此，审计人员具有胜任的技术和熟悉实务上的一切现行标准，继续教育必不可少。

医师、律师、注册会计师和所有其他专业人士都需要大众的信任方可成功。对社会中介审计人员（注册会计师）而言，大众的信赖更具有特殊意义。注册会计师的人品就是信用。鉴证人如果没有获得大众的信赖，则鉴证功能必然没有实用的意义。

二、主要国家对社会审计职业道德要求

世界上一些主要国家，虽然强调社会审计要依法进行，但为了保证审计工作的质量水平、约束从业人员、便于公众监督和避免法律纠纷，陆续制定了一系列审计标准和带有一定强制性和约束力的职业道德规范（见表3-1）。

表 3-1　主要国家审计职业道德准则

国家	职业道德准则	实　　施
法国	依照法律或法国注册审计师协会制定的职业道德准则规定,包括独立性、不相容的职责、广告、事务所名称的使用、同行的关系、前任和后任的联系及法定费用条款。	依法惩处或依照法国注册审计师协会的准则惩处。
德国	职业道德准则包括法律所要求的审计事项。经济审计师协会发布的细则指南包括独立、职业关注、部分责任、谨慎、公正、职业行为和消除不当竞争。	如经济审计师不依职业法规和准则履行职责,则行业自律性机构可对经济审计师施以警告、谴责、罚款或除名处分。
英国	英格兰和威尔士特许会计师协会发行一种《道德指南》,该《道德指南》强调独立、保密、广告限制和控制收费,尤其强调了多种纪律、惯例。	每个职业团体均可对其成员施以制裁。审计实务委员会成立了一个联合纪律委员会。
加拿大	各省的特许会计师有各自的准则,但基本上大同小异,另外,两个会计团体有它们自己的国内准则。	例如,在安大略省,职业从业委员会部分负责更严重的违背职业道德规范的行为;实务检查委员会则确保实践与准则相吻合。
美国	各州注册会计师协会采纳美国注册会计师协会的职业道德准则,该协会要求独立、客观、正直、遵守一般和专业准则,对客户和同行负责。	美国注册会计师协会和各州注册会计师协会的职业道德部分可对违反职业道德准则的成员施以惩戒、暂停执业或除名等处分。各州的会计事务委员会负责管理注册会计师的牌照发放工作。
日本	公认会计士法和日本公认会计士协会准则规定禁止损害信誉的行为;要求独立、保密,对广告加以限制。处罚提供虚假的不合理的鉴证行为。	按公认会计士法,大藏省有权调查违法行为,并施以包括警告、暂停执业和吊销执照等处罚。公认会计士有权为自己辩护。日本公认会计士协会纪律处罚委员会也实施职业道德准则,该协会主席依委员会和理事会的意见决定处罚。

美国注册公共会计师协会的职业道德规范以其较为完善的体系影响了许多国家的社会审计界,一些国家的社会审计团体以其为蓝本制定出自己的职业道德规范。作为最早确立了注册会计师制度的英国各会计师团体制定的职业道德规范与美国的职业道德规范基本一致,只是在一些具体规定上存在差异。目前,世界一些主要国家对社会审计职业道德规定的内容已扩展到独立性、技术标准、对客户的责任、对同业的责任以及对公众的责任等方面。具体内容有以下五个方面。

(一) 基本要求

1. 超然独立

独立性是注册会计师执业的最基本要求。独立性一般应具有两方面内容：一是注册会计师和任何客户必须是实质上的超然独立,二是注册会计师与客户必须具有形式上的超然独立。美国注册公共会计师协会在其《行为守则》中,对超然独立的立场还作了详细的规定。

2. 正直和客观

正直和客观是注册会计师应当具备的品质,是其取得良好信誉的最基本条件。美国注册公共会计师协会职业道德规范规定,注册会计师在执行审计业务时,不得故意曲解事实,其判断不得受他人左右。在提供税务咨询服务时,如果认为有合理的依据,注册会计师解决疑难问题的方式应该有利于委托人,但必须考虑对社会公众所负有的责任。

(二) 一般准则和技术准则

注册会计师除了执行审计业务外,还提供会计、检查、税务和管理咨询服务,所以职业道德规范中包含了全部服务的一般准则和技术准则。

1. 一般准则

一般准则主要对专业能力、应有的职业关注、计划和监督、充分相关的数据(证据)以及对未来的预测等的规定,它是对注册会计师执业的基本要求。

2. 技术准则

注册会计师技术准则是对其工作程序和工作方法方面应当遵守的道德标准所作的基本规定。有关的专业标准对会计师在执行各类业务或在执行业务的各个环节所应实施的程序和方法作出了明确要求。例如,美国注册公共会计师协会《行为规则》第202项规定,除非会员遵守了协会制定的现行公认审计标准,他不得在财务报表上署名,以免使人误认为他已经以注册会计师的身份完成了对报表的审核。在第203项中规定,如果财务报表不符合协会指派的专门机构所制定的公认会计原则,而该原则对整个财务报表具有重大的影响,会员不得表示财务报表符合一般公认会计原则,除非会员能够证实这种不符合是由于非常情况的缘故。在其他技术准则中规定,会员必须遵守协会指定机构所制定的其他技术准则,如果违反,必须作出解释。

(三) 对客户的责任

注册会计师不仅要求对公众负责,而且要对客户负责,为他们提供称职的服务。具体包括保密和或有公费。注册会计师应该对客户的业务计划保密,甚至在公共场所尽量少提及客户的姓名。注册会计师应以实施审计所花费的时间、参加审计人员层次的高低以及业务的繁杂程度为依据,确定合理的收费标准。许多国家都规定,审计费用必须在客户的财务报表中予以单独揭示,以此来确保会计师保持超然独立的地位。

(四) 对同业的责任

同业之间能否保持一种良好的关系,关系到整个职业界在公众中的形象和信誉。尽管很多国家对注册会计师的同业责任未作具体规定,但职业成员之间合作和建立良好关系应成为基本原则。有些国家规定,注册会计师应该以不诋毁同事名誉和声誉的方式与同事共事,严禁以无原则地降低收费或服务质量等不正当手段与同业争抢业务。当委托人变更委托时,后任注册会计师应当与前任取得联系,相互了解和介绍变更委托原因;如果属于正常原因,前任注册会计师对后任的工作应给予支持。

(五) 其他责任和业务

其他责任和业务主要包括玷辱行为、广告、佣金不相宜业务、开业方式和名称等。

美国注册公共会计师协会在其《行为准则》中规定,凡是败坏专业声誉的会员,协会将给予处罚。甚至认为存在种族歧视等现象都是有损于本职业的行为。其协会章程规定,会员有下述情况之一者,自动取消会员资格:犯罪并被处一年以上监禁;作为纳税人,故意不填报或填制虚假或欺诈性的所得税申报单;故意协助客户编报虚假或欺诈性的所得税申报单;政府当局取消或中止了会员的证书、许可证或特许,使其无权执业。

直到1978年和1984年,美国和英国才分别禁止注册会计师刊登广告。这项禁止目前已被取消,但一些国家都要求各会员不得以虚假、使人误解或欺诈的方式通过广告或其他招揽客户的手段争取客户。并对广告内容有明确的限定。

一些国家禁止会员为争取客户而支付佣金,也不允许因向客户介绍其他人的服务而收取佣金。

美国注册公共会计师协会规定:"从事注册会计师业务的会员,不得同时兼营任何商业或兼任任何与提供专业服务发生利害冲突的职务。"此外,各国规定注册会计师及其他有关人员不得以个人名义承接业务,而应由会计师事务所统一接受委托;也不允许其他单位和个人借用该注册会计师或事务所名义承接、执行业务。

此外,各国对会计师事务所如何开业及其名称使用以各种各样的方式都作了界定。

三、我国社会审计职业道德规范

从1994年开始施行的《中华人民共和国注册会计师法》在第三章第18条至第22条中对注册会计师职业道德规范作出了一些原则性规定。从1996年开始施行的我国《独立审计基本准则》在关于职业道德规范方面规定了以下主要内容:① 担任独立审计工作的注册会计师应当具备专门学识与经验,经过适当专业训练,并具有足够的分析、判断能力;② 注册会计师应当遵守职业道德规范,恪守独立、客观、公正的原则,并以应有的职业谨慎态度执行审计业务、发表审计意见;③ 注册会计师对审计过程中知悉的商业秘密应当保密,并不得利用其为自己或他人谋取利益。

1992年,中国注册会计师协会就发布了《中国注册会计师职业道德守则》,认为注册会计师职业道德是指注册会计师在执业时所应遵循的行为规范,包括在职业品德、职业纪律、业务能力、专业技术、职业责任等方面所应达到的行为标准。职业道德守则主要包括基本要求(职业品德)、职业纪律、业务能力、技术守则、对委托单位的责任、对同业的责任和业务承接等内容。

1997年1月1日,中国注册会计师协会又发布了《中国注册会计师职业道德基本准则》,全文包括总则、一般原则、专业胜任能力与技术规范、对客户的责任、对同行的责任、其他责任、附则等七章32条。

为了规范中国注册会计师协会会员的职业行为进一步提高职业道德水平和维护职业形象,中国注册会计师协会于2009年10月14日颁布了《中国注册会计师职业道德守则》和《中国注册会计师协会非执业会员职业道德守则》。其中,《中国注册会计师职业道德守则》具体包括《中国注册会计师职业道德守则第1号——职业道德基本原则》《中国注册会计师职业道德守则第2号——职业道德概念框架》《中国注册会计师职业道德守则第3号——提供专业服务的具体要求》《中国注册会计师职业道德守则第4号——审计和审阅业务对独立性的要求》和《中国注册会计师职业道德守则第5号——其他鉴证业务对独立性的要求》。

该系列准则自 2010 年 7 月 1 日起实行。其中,《中国注册会计师职业道德守则第 1 号——职业道德基本原则》包括总则、诚信、独立性、客观和公正、专业胜任能力和应有的关注、保密、良好职业行为、附则共八章 31 条。

(一) 总则

注册会计师应当遵守职业道德守则,履行相应的社会责任,维护公众利益。注册会计师应当遵守诚信原则、客观和公正原则,在执行审计和审阅业务以及其他鉴证业务时保持独立性。

注册会计师应当获取和保持专业胜任能力,保持应有的关注,勤勉尽责。

注册会计师应当履行保密义务,对职业活动中获知的涉密信息保密。

注册会计师应当维护职业声誉,树立良好的职业形象。

(二) 诚信

注册会计师应当在所有的职业活动中,保持正直,诚实守信。

注册会计师如果认为业务报告、申报资料或其他信息存在下列问题,则不得与这些有问题的信息发生牵连:

(1) 含有严重虚假或误导性的陈述;

(2) 含有缺少充分依据的陈述或信息;

(3) 存在遗漏或含糊其辞的信息。

注册会计师如果注意到已与有问题的信息发生牵连,应当采取措施消除牵连。在鉴证业务中,如果存在上述情形,注册会计师依据执业准则出具了恰当的非标准业务报告,不被视为违反规定。

(三) 独立性

注册会计师执行审计和审阅业务以及其他鉴证业务时,应当从实质上和形式上保持独立性,不得因任何利害关系影响其客观性。会计师事务所在承办审计和审阅业务以及其他鉴证业务时,应当从整体层面和具体业务层面采取措施,以保持会计师事务所和项目组的独立性。

(四) 客观和公正

注册会计师应当公正处事、实事求是,不得由于偏见、利益冲突或他人的不当影响而损害自己的职业判断。如果存在导致职业判断出现偏差或对职业判断产生不当影响的情形,注册会计师不得提供相关专业服务。

(五) 专业胜任能力和应有的关注

注册会计师应当通过教育、培训和执业实践获取和保持专业胜任能力。注册会计师应当持续了解并掌握当前法律、技术和实务的发展变化,将专业知识和技能始终保持在应有的水平,确保为客户提供具有专业水准的服务。在应用专业知识和技能时,注册会计师应当合理运用职业判断。

注册会计师应当保持应有的关注,遵守执业准则和职业道德规范的要求,勤勉尽责,认真、全面、及时地完成工作任务。

注册会计师应当采取适当措施,确保在其领导下的工作人员得到应有的培训和督导。

注册会计师在必要时应当使客户以及业务报告的其他使用者了解专业服务的固有局限性。

(六) 保密

注册会计师应当对职业活动中获知的涉密信息保密,不得有下列行为:

(1) 未经客户授权或法律、法规允许,向会计师事务所以外的第三方披露其所获知的涉密信息;

(2) 利用所获知的涉密信息为自己或第三方谋取利益。

注册会计师应当对拟接受的客户或拟受雇的工作单位向其披露的涉密信息保密。注册会计师应当对所在会计师事务所的涉密信息保密。

注册会计师在社会交往中应当履行保密义务,警惕无意中泄密的可能性,特别是警惕无意中向近亲属或关系密切的人员泄密的可能性。注册会计师应当采取措施,确保下级员工以及提供建议和帮助的人员履行保密义务。

在终止与客户的关系后,注册会计师应当对以前在职业活动中获知的涉密信息保密。如果获得新客户,注册会计师可以利用以前的经验,但不得利用或披露以前职业活动中获知的涉密信息。

在下列情形下,注册会计师可以披露涉密信息:

(1) 法律、法规允许披露,并且取得客户的授权;

(2) 根据法律、法规的要求,为法律诉讼、仲裁准备文件或提供证据以及向监管机构报告所发现的违法行为;

(3) 法律、法规允许的情况下,在法律诉讼、仲裁中维护自己的合法权益;

(4) 接受注册会计师协会或监管机构的执业质量检查,答复其询问和调查;

(5) 法律、法规、执业准则和职业道德规范规定的其他情形。

在决定是否披露涉密信息时,注册会计师应当考虑下列因素:

(1) 客户同意披露的涉密信息,是否为法律、法规所禁止;

(2) 如果客户同意披露涉密信息,是否会损害利害关系人的利益;

(3) 是否已了解和证实所有相关信息;

(4) 信息披露的方式和对象;

(5) 可能承担的法律责任和后果。

(七) 良好职业行为

注册会计师应当遵守相关法律和法规,避免发生任何损害职业声誉的行为。注册会计师在向公众传递信息以及推介自己和工作时,应当客观、真实、得体,不得损害职业形象。

注册会计师应当诚实、实事求是,不得有下列行为:

(1) 夸大宣传提供的服务、拥有的资质或获得的经验;

(2) 贬低或无根据地比较其他注册会计师的工作。

(八) 附则

略。

第五节　审计法律关系与法律责任

狭义上的审计法是指国家审计法律,如《中华人民共和国审计法》。广义上的审计法是指各种审计法律规范的总和:从性质上看,有国家审计法、内部审计法和社会审计法;从法律效力层次上看,既包括宪法、全国人大及其常务委员会制定的审计法律,也包括国务院制定的审计行政法规、地方人大及其常务委员会制定的地方审计法规,以及国务院各部门和地方人民政府制定的审计行政规章等。

审计法律规范是由国家制定或认可的、由国家强制力保证实施的、调整各种审计监督关系的行为规则。审计法律规范一般分为行为模式和法律后果两部分。行为模式是指在一定条件下,可以做什么、必须做什么和不能做什么的规定;而法律后果包括人们行为符合行为模式规定应得到的肯定性法律后果和不符合行为模式规定得到的否定性法律后果。

一、审计法律关系

审计法律规范在调整审计行为过程中所形成的权利和义务关系即为审计法律关系。审计法律关系:以审计法律规范的存在为前提,它产生于行使审计监督权的过程之中,并且以权利、义务关系为核心。

(一) 审计法律关系的内容和特征

审计法律关系的内容是指审计法律关系主体享有的权利和承担的义务,这种权利和义务是相互衔接的,并由国家强制力予以保证的。

在具体的审计法律关系中,享有权利和承担义务的当事人即为审计法律关系的主体。无论是实施审计一方的当事人还是接受审计一方的当事人,尽管他们在审计过程中所处的地位不同,但每一方都享有一定的权利和承担一定的义务。所以,他们均是审计法律关系中的主体。我国审计法律关系的主体有三个方面:一是实施审计一方的当事人,包括各级国家审计机关、各级审计机关中具体从事审计业务的人员,以及授权性主体,包括审计机关授权实施审计的审计特派员等;二是接受审计一方的当事人,如国务院各部门、地方人民政府及其各部门国有金融机构、国有企业和国有资产占控股地位或者主导地位的企业、国家事业组织、其他应当接受审计的单位和以上单位中的有关人员;三是与审计事务有关的其他单位和个人。审计法律关系主体在法定范围内可以实现自己的意志。

与审计法律关系主体相对应的一个概念是审计法律关系的客体。审计法律关系客体是指审计法律关系主体的权利、义务所指向的对象。如果没有客体,主体的权利、义务就失去了目标,就变得毫无实际内容。审计法律关系的客体主要是审计法律关系主体的法律行为,也包括审计监督的对象,如被审计单位有关经济活动、反映经济活动的会计资料及其他资料、违反财经法规的行为、审计监督行为、审计监督维护的国家资金财产等。

我国审计法律关系(国家审计法律关系)属于一种行政监督法律关系,具有行政监督法律关系固有的基本特征。

(1) 审计法律关系是国家审计机关在对国家财政收支、财务收支进行审计监督过程中发生的,因此在参与国家审计法律关系的当事人中,必有一方是国家审计机关。

(2) 审计法律关系往往是由国家审计机关单方面行为产生的,不需要征得被审计一方的同意;同时,作为当事人一方的国家审计机关对违反国家规定的另一方当事人可以依法采取强制措施,作出处理处罚决定,另一方当事人必须执行。由此可见,审计法律关系中当事人的地位是不平等的,国家审计机关处于主导地位,其他当事人处于被动地位,是一种监督与被监督、命令与服从的关系。

(3) 在审计法律关系中,权利和义务是对立统一的,往往在权利中含有义务,在义务中含有权利。例如,被审计一方有义务接受审计,对审计决定不服也有权利申请复议和提起诉讼。

(4) 审计法律关系中双方当事人的权利和义务都是由审计法律、法规先行确定的,没有选择性,也不能随意变更或否定其效力。因此,审计法律关系具有国家先行确定力。

(5) 审计法律关系中审计人与被审计人发生争议时,其解决途径有:一是由被审计人申请复议;二是对复议决定不服可以向人民法院起诉,由人民法院按照司法程序予以解决。

(二)审计机关审计监督权力的法律特征

审计法律关系和其他法律关系一样,有其产生、发展变化和消灭的过程。审计法律关系中的主体、客体、内容三要素,任何一个或一个以上的要素发生变化,审计法律关系也应随之发生变更。随着审计法律关系主体消亡或主体的权利、义务被充分履行,审计法律关系或某项具体的审计法律关系也随之消灭。

(1) 审计监督权是由国家法律赋予的,具有国家强制性。强制性表现在三个方面:一是审计机关不得超越法律赋予的审计监督进行审计监督;二是审计机关应当切实行使审计监督权;三是被审计单位、其他单位和个人不得拒绝、阻碍审计工作,否则应承担相应的法律后果。

(2) 审计监督权是一种行政监督权。我国审计机关是国家行政机关,因此,审计监督权是一种行政监督权。

(3) 行政审计监督权的主体是国家审计机关。根据《宪法》和《审计法》的规定,我国的国家审计监督权只能由各级国家审计机关行使,其他行政机关、社会团体、内部审计机构、社会审计机构都无权行使。

(4) 审计监督权的内容具有一定的广泛性。根据《审计法》的规定,审计监督有广泛的范围和内容,审计机关有检查监督、纠正、通报与公布、经济处理处罚、采取行政强制措施等方面的权力。

二、审计法律责任

"责任"一词,在法律上有多种含义:一是职责,二是义务,三是因违法行为而承受的某种后果。法律责任即属第三种含义的责任。法律责任是指行为人违反法律规定的义务而应承担的法律后果。法律责任的一般特征是:法律责任是违反法定义务的后果;法律责任是由法律明文规定的;法律责任具有强制性。法律责任一般分为民事责任、行政责任和刑事责任。

广义的审计法律责任,是指与审计有关的各种法律责任的总称。审计责任原来没有明确的法律界定,随着国家法律环境的完备和审计业务的发展,逐渐得以法律化,即成为法律责任。西方国家的审计法律责任最初是由司法判决确认的,主要是确认审计人员的责任问题。后来,鉴于审计责任的重要性和复杂性,国家立法才开始作出规定。例如,美国1934年的《证券法》中规定:审计人员的责任只限于经过审计提交给证券交易委员会的那部分财务报表。出于保护审计人员的目的,该规定划定了审计人员的责任界限,以后的有关法规、准则与审计理论上所称的审计责任基本上是审计人员的责任问题。从审计责任的法律性质及其法律适用看,社会审计人员的责任主要是民事责任,国家审计人员的责任主要是审计法规的行政责任,内部审计人员的责任则属于内部行政责任。如果构成了犯罪情况,无论是社会审计、国家审计还是内部审计,都要承担刑事责任。

我国《审计法》规定的法律责任与传统的审计责任的概念有很大的差别。根据《审计法》的规定,审计法律责任是指在国家审计监督活动中发生的有关法律责任。这里所指的审计法律责任是国家审计法规责任,不包括社会审计和内部审计的法律责任;它是因实施审计监督产生的相关当事人的法律责任,包括被审计单位及其有关的直接责任人的法律责任和审计人员的法律责任;它是以行政责任为主的法律责任,也包括刑事责任,但不包括民事责任。

我国《审计法》规定的法律责任包括违反《审计法》的法律责任和违反国家规定的财政收支、财务收支行为的法律责任。由此可见,这两类违法行为的主体主要是被审计单位以及直接责任人员,对被审计单位的法律责任,审计机关可以直接作出处理、处罚的决定;对直接责任人员的法律责任,审计机关可以提出予以行政处分的建议;对构成犯罪的可以移送司法机关依法追究刑事责任。

三、被审计人的法律责任

(一)被审计单位的法律责任

按照我国《审计法》和《审计法实施条例》的规定,被审计单位如果违反了审计法和违反国家规定的财政收支、财务收支行为,应负一定的法律责任。

1. 违反《审计法》的法律责任

根据《审计法》的规定,被审计单位违反审计法的行为有六种表现形式:
(1) 被审计单位拒绝或者拖延提供与审计事项有关的资料;
(2) 被审计单位提供的与审计事项有关的资料不真实、不完整;
(3) 拒绝作出承诺或者作出虚假承诺;被审计单位拒绝、阻碍审计检查;
(4) 转移、隐匿、篡改、毁弃会计凭证、会计账簿、财务会计报告以及其他与财政收支、财务收支有关的资料;
(5) 被审计单位转移、隐匿所持有的违反国家规定取得的资产;
(6) 被审计单位不执行审计决定。

对(1)、(2)和(3)种违反审计法的行为,审计机关有权直接追究被审计单位的法律责任。《审计法》第43条规定:"被审计单位违反本法规定,拒绝或者拖延提供与审计事项有关的资料的,或者提供的资料不真实、不完整的,或者拒绝、阻碍检查的,由审计机关责令改正,可以通报批评,给予警告;拒不改正的,依法追究责任。"

对(4)、(5)两种违反审计法的行为,根据《审计法》第44条规定:"被审计单位违反本法规定,转移、隐匿、篡改、毁弃会计凭证、会计账簿、财务会计报告以及其他与财政收支、财务收支有关的资料,或者转移、隐匿所持有的违反国家规定取得的资产,审计机关认为对直接负责的主管人员和其他直接责任人员依法应当给予处分的,应当提出给予处分的建议,被审计单位或者其上级机关、监察机关应当依法及时作出决定,并将结果书面通知审计机关;构成犯罪的,依法追究刑事责任。"

对以上问题,《审计法实施条例》第47条规定:"被审计单位违反审计法和本条例的规定,拒绝、拖延提供与审计事项有关的资料,或者提供的资料不真实、不完整,或者拒绝、阻碍检查的,由审计机关责令改正,可以通报批评,给予警告;拒不改正的,对被审计单位可以处5万元以下的罚款,对直接负责的主管人员和其他直接责任人员,可以处2万元以下的罚款,审计机关认为应当给予处分的,向有关主管机关、单位提出给予处分的建议;构成犯罪的,依法追究刑事责任。"

对第(6)种违反《审计法》的行为,根据《审计法》第47条规定:"审计机关在法定职权范围内作出的审计决定,被审计单位应当执行。审计机关依法责令被审计单位上缴应当上缴的款项,被审计单位拒不执行的,审计机关应当通报有关主管部门,有关主管部门应当依照有关法律、行政法规的规定予以扣缴或者采取其他处理措施,并将结果书面通知审计机关。"《审计法实施条例》第54条规定:"被审计单位不执行审计决定的,审计机关应当责令限期执行;逾期不执行的,审计机关可以申请人民法院强制执行,建议有关主管机关、单位对直接负责的主管人员和其他直接责任人员给予处分。"

2. 违反国家规定的财政收支、财务收支行为的法律责任
(1) 违反国家规定的财政收支行为的法律责任。

违反国家规定的财政收支行为包括违反国家法律、法规、规章和制度的财政收支行为。虽然审计法没有规定违反国家规定的财政收支行为的具体形式,但从我国实际情况看,主要有违反国家规定乱开口子,越权和违法减免税收;截留、隐瞒、转移财政收支;虚报支出,乱支乱用财政资金;财税机关多提留各种分成,侵占财政资金等行为。根据《审计法》第45条规定:对本级各部门(含直属单位)和下级政府违反预算的行为或者其他违反国家规定的财政收支行为,审计机关、人民政府或者有关主管部门在法定职权范围内,依照法律、行政法规的规定,区别情况采取下列处理措施:责令限期缴纳应当上缴的款项;责令限期退还被侵占的国有资产;责令限期退还违法所得;责令按照国家统一的会计制度的有关规定进行处理;其他处理措施。

上述规定适用于违反规定的本级各部门(含直属单位)和下级政府,即适用于"上审下",不适用于"同级审",因为"同级审"只需要提出审计结果报告,而不涉及直接处理问题。本级人民政府和财政、税务等主管的处理的管理和监督过程中的处理,不能代替审计机关的处理。对本级各部门(含直属单位)和下级人民政府违反预算的行为或者其他违反国家规定的财政收支行为,审计机关在法定职权范围内,依照法律、行政法规的规定,区别情况采取《审计法》第45条规定的处理措施。

(2) 违反国家规定的财务收支行为的法律责任。

违反国家规定的财务收支行为包括违反国家法律、法规、规章和财务会计制度规定的财务收支行为。虽然《审计法》没有规定违反规定的财务收支行为的具体形式,但从我国实际情况看,主要有虚报产量或者销量、挤占成本和营业外收入、挪用各类专项资金等行为。根

据《审计法》第 46 条的规定:"对被审计单位违反国家规定的财务收支行为,审计机关、人民政府或者有关主管部门在法定职权范围内,依照法律、行政法规的规定,区别情况采取前条规定的处理措施,并可以依法给予处罚。"《审计法实施条例》第 49 条规定:"对被审计单位违反国家规定的财务收支行为,审计机关在法定职权范围内,区别情况采取《审计法》第 45 条规定的处理措施,可以通报批评,给予警告;有违法所得的,没收违法所得,并处违法所得 1 倍以上 5 倍以下的罚款;没有违法所得的,可以处 5 万元以下的罚款。"

从上述规定可以看出,审计机关对违反国家规定的财政收支和财务收支的处理既有相同之处,也有不同之处。由于财政收支是体现国家意志的收支活动,对其审计具有政府内部监督的性质,一般不宜直接给予行政处罚,只宜予以必要的经济处理。财务收支具有非政府的性质,审计机关对其审计,除了予以必要的经济处理外,还可以依法给予行政处罚。也就是说,审计机关应当依法追究被审计单位的行政责任,如给予通报批评、警告、罚款等处理。审计机关可以采取法律、法规规定的各种行政处罚的方式。

(二)负有直接责任的个人的法律责任

1. 对被审计单位违反审计法负有直接责任的个人的法律责任

被审计单位违反审计法的行为往往与被审计单位的有关人员的故意或过失有关,因此有关人员也应承担相应的法律责任。《审计法》第 44 条明确规定:"被审计单位违反本法规定,转移、隐匿、篡改、毁弃会计凭证、会计账簿、财务会计报告以及其他与财政收支、财务收支有关的资料,或者转移、隐匿所持有的违反国家规定取得的资产,审计机关认为对直接负责的主管人员和其他直接责任人员依法应当给予处分的,应当提出给予处分的建议,被审计单位或者其上级机关、监察机关应当依法及时作出决定,并将结果书面通知审计机关;构成犯罪的,依法追究刑事责任。"

2. 对被审计单位违反国家规定的财政收支、财务收支行为负有直接责任的个人的法律责任

被审计单位违反国家规定的财政收支、财务收支行为,表面上看是集体行为,实质上起决定性作用的还是个人行为。因此,负有直接责任的个人也应当承担相应的责任,即受到法律的追究和制裁。《审计法》第 49 条规定:"被审计单位的财政收支、财务收支违反国家规定,审计机关认为对直接负责的主管人员和其他直接责任人员依法应当给予处分的,应当提出给予处分的建议,被审计单位或者其上级机关、监察机关应当依法及时作出决定,并将结果书面通知审计机关。"《审计法》第 50 条还规定:"被审计单位的财政收支、财务收支违反法律、行政法规的规定,构成犯罪的,依法追究刑事责任。"《审计法实施条例》第 49 条规定:"对直接负责的主管人员和其他直接责任人员,可以处 2 万元以下的罚款,审计机关认为应当给予处分的,向有关主管机关、单位提出给予处分的建议;构成犯罪的,依法追究刑事责任。"

由上述规定可见,对被审计单位违反国家规定的财政收支、财务收支行为负有直接责任的个人包括主管人员和其他直接责任人;负有直接责任的个人应承担行政责任或刑事责任,不涉及民事责任。

(三)报复陷害审计人员的法律责任

审计机关依法独立行使审计监督权,其审计人员的人身安全和合法权益受到法律保护。

在审计实践中,被审计单位或有关的责任人采取"报复陷害"手段打击审计人员的现象时有发生,如采取杀害、伤害、诬陷等违法犯罪行为来达到逃避处罚或宣泄私愤的目的。《审计法》第51条规定:"报复陷害审计人员的,依法给予处分;构成犯罪的,依法追究刑事责任。"由此可见,凡是对审计人员实施报复陷害行为的,都应受到法律的追究,即承受刑事上的或行政上的制裁。

四、审计人员的法律责任

就国家审计而言,国家审计人员是具体执行审计监督职责的国家专门工作人员,应当有高度的责任感,应当客观公正、实事求是、廉洁奉公,保守秘密。如果审计人员违反职业道德和法律规定,造成不良后果甚至危害社会的,理应承担相应的法律责任。《审计法》规定,审计人员滥用职权,徇私舞弊,玩忽职守,泄漏所知悉的国家秘密、商业秘密的,依法给予处分;构成犯罪的,依法追究刑事责任。

就内部审计而言,《审计署关于内部审计工作的规定》第7条要求内部审计人员办理审计事项,应当严格遵守内部审计职业规范,忠于职守,做到独立、客观、公正、保密。该规定第14条和第17条分别要求内部审计机构应当遵守内部审计准则、规定,按照本单位主要负责人或者权力机构的要求实施审计;应当不断提高内部审计业务质量,并依法接受审计机关对内部审计业务质量的检查和评估。该规定第19条第2款规定:"对滥用职权、徇私舞弊、玩忽职守、泄露机密的内部审计人员,由所在单位依照有关规定予以处理;构成犯罪的,移交司法机关追究刑事责任。"

就社会审计而言,在审计发达的国家,社会审计人员不仅要对审计单位履行义务,而且要对使用审计报告的第三者负有法律责任(见表3-2)。法律责任的产生主要源自注册会计师的过失和欺诈行为。

表 3-2 主要国家审计法律责任

国家	法 律 责 任	查找舞弊的责任
法国	承担违反了依《刑法典》所制定的职业规范的责任,承担法律规定的责任,承担要求审计师履行责任保险的责任。	没有责任,但有义务向客户和第三者报告舞弊和过失行为,对已知的当事人不法行为必须报告。
德国	对客户和第三者提供虚假报表或有其他违规行为时,负无限责任;对过失行为负有限责任;泄密则应负刑事责任。	要求以公正、诚实的态度进行检查,如由于疏忽而未能发现舞弊行为则应对此负责。
英国	如果当事人财务损失明显是由于依赖于审计师因疏忽而提供的文件而引起的,以及提供文件的该审计师知道其目的,并知道(或应该知道)财务损失依赖于该文件时,审计师应对第三者承担责任。	有义务对可疑的事件查询。
加拿大	依《普通法》,如审计师本应意识到第三者属于依靠财务报表人时,则应对第三者负责。审计师对有欺诈行为的财务报表负责。	按一般公认会计标准,合理地保证财务报表中不出现重大舞弊和差错行为。没有其他单独的责任(但管理层有责任)。

国家	法律责任	查找舞弊的责任
日本	因不履行合同，或提供报告不及时，或因未查出舞弊或差错行为（包括一般疏忽或严重疏忽，并因这种疏忽而造成损失），则应对客户负责；依商法，可预见的差错和导致损失的重大疏忽，应对第三者负责。1933年的《证券法》规定审计师报告如有一般疏忽和严重疏忽，1934年的《证券交易法》规定审计报告有重大疏忽，要对客户和第三者负责。 依《证券交易法》，如果投资者因被审计的财务报表有重大错误而遭受损失，除非公认会计士或公司能证明不是出于故意，且该鉴证采用适当的谨慎原则，否则他们必须对投资者给予补偿。依商法典，如不能证明出于适当的谨慎原则，否则必须赔偿因审计报告中有重大的虚假事项而造成客户违约及第三者的损失。	在一定的限度内，必须检查对财务报表产生重大影响的差错和不法行为。必须按照一般公认审计标准合理地保证报表中没有重大差错和舞弊行为。 公认会计士必须采取十分谨慎的态度以发现财务报表中重大差错的原因。公认会计士可以依法被惩处。公认会计士必须向审计委员会汇报发现的董事违法失职的行为。

注册会计师的过失主要是未遵循专业准则的要求执业。过失按其程度分为普通过失和重大过失。普通过失一般是指没有严格保持职业上应有的认真和谨慎，如注册会计师没有完全遵循专业准则的要求执业。重大过失是指没有保持职业上最起码的认真与谨慎，如注册会计师根本没有遵循专业准则的主要要求执业。注册会计师的欺诈是指为了达到欺骗他人的目的，完全不顾客观事实而作出虚假的判断和报告。与欺诈相关的另一个概念是推定欺诈（涉嫌欺诈），这是指注册会计师虽然没有故意欺骗或坑害他人的动机，却存在极端或异常的过失。所以，有人也把它称为"其他原因的过失"。事实上，重大过失和推定欺诈并没有严格的界限，也很难界定。同样，对过失程度的大小也没有特别严格的界限，对审计实务中发生的过失往往很难界定。注册会计师如果工作失误或有欺诈行为，将会给委托人或依赖审定会计资料的第三人造成重大损失，甚至会导致社会经济秩序的紊乱。为了有效地发挥注册会计师在我国经济生活中的作用，强化注册会计师的责任意识，严格注册会计师的法律责任，我国对注册会计师和会计师事务所应负法律责任方面作了如下的一些规定。

《注册会计师法》第21条明确规定了我国注册会计师执行审计业务时的法律义务和禁止行为，其中第2款是禁止注册会计师进行欺诈，最后一款是禁止注册会计师过失行为。其主要内容是：注册会计师执行审计业务，必须按照执业准则、规则确定的工作程序出具报告。注册会计师在执行审计业务、出具报告时，不得有：明知委托人对重要事项的财务会计处理与国家有关规定相抵触而不予指明；明知委托人的财务会计处理会直接损害报告使用人或者其他利害关系人的利益而予以隐瞒或者不实的报告；明知委托人的财务会计处理会导致报告使用人或者其他利害关系人产生重大误解而不予指明；明知委托的会计报表的重要事项有其他不实的内容而不予指明；明知委托人有上述所列行为，注册会计师按照执业准则、规则应当知道的，适用前款规定。从上述内容可见，只要注册会计师严格遵循专业标准执业，没有欺诈行为，即使审定后的会计报表中具有错报事项，注册会计师也不会承担法律责任。

《注册会计师法》第39条规定了会计师事务所和注册会计师应承担的行政责任和刑事

责任,第42条规定了会计师事务所应承担的民事责任。第39条规定:"会计师事务所违反本法第20条、第21条规定的,由省级以上人民政府财政部门给予警告,没收违法所得,可以由省级以上人民政府财政部门暂停其执行业务或者吊销注册会计师证书。""会计师事务所、注册会计师违反本法第20条、第21条规定,故意出具虚假的审计报告、验资报告,构成犯罪的,依法追究刑事责任。"第42条规定:"会计师事务所违反本法规定,给委托人、其他利害关系人造成损失的,应当依法承担赔偿责任。"

除《注册会计师法》外,我国在其他一些重要的经济法律、法规中,都有专门规定会计师事务所、注册会计师法律责任的条款。

1994年7月1日起施行的《中华人民共和国公司法》第219条规定:"承担资产评估、验资或者验证的机构提供虚假证明文件的,没收违法所得,处以违法所得1倍以上5倍以下的罚款,并可由有关主管部门依法责令该机构停业,吊销直接责任人员的资格证书。构成犯罪的,依法追究刑事责任。""承担资产评估、验资或者验证的机构因过失提供有重大遗漏的报告的,责令改正,情节较重的,处以所得收入1倍以上3倍以下的罚款,并可由有关主管部门依法责令该机构停业,吊销直接责任人员的资格证书。"

全国人大常委会1995年2月28日通过的《关于惩治违反〈公司法〉的犯罪的决定》中第6条规定:"承担资产评估、验资、验证、审计职责的人员故意提供虚假证明文件,情节严重的,处5年以下有期徒刑或者拘役。"该决定第13条规定:"犯本决定规定之罪有违法所得的,应当予以没收。""犯本决定规定之罪,被没收违法所得、判处罚金、没收财产、承担民事赔偿责任的,其财产不足以支付时,先承担民事赔偿责任。"

由上述有关法规中的规定可见,注册会计师的法律责任主要包括行政责任、民事责任和刑事责任三大类。行政责任是指注册会计师违反了法律、法规的有关规定,政府主管部门将依法对其进行行政处罚,包括对会计师事务所、审计事务所给予警告、没收违法所得、罚款、暂停营业、撤销以及对注册会计师给予警告、暂停执业和吊销证书。民事责任是指会计师事务所给他人造成经济损失的,应予以赔偿。民事责任又可分为对委托人的责任和对第三者的责任。刑事责任是指注册会计师犯有刑法禁止的行为,将会受到刑事追究。

思考与练习

1. 什么是审计职业道德？其本质是什么？
2. 制定审计职业道德规范有何必要性？
3. 审计职业道德规范有何作用？
4. 审计职业道德和法律之间有何异同点？
5. 什么是政府审计职业道德？
6. 最高审计机关国际组织和主要国家对政府审计职业道德有哪些规定？
7. 我国审计法对政府审计职业道德有哪些规定？
8. 国家审计基本准则中对政府审计职业道德有哪些规定？
9. 中华人民共和国审计署在职业道德建设方面制定了哪些文件？
10.《审计机关审计人员职业道德准则》规定了哪些内容？

11. 什么是内部审计职业道德？
12. 国际内部审计师协会在内部审计职业道德方面强调了哪些问题？
13. 西方一些国家在内部审计职业道德规范中主要强调哪些内容？
14. 我国内部审计工作规定和内部审计基本准则主要规定了哪些有关内部审计职业道德的内容？
15. 我国《内部审计人员职业道德规范》主要包括哪些内容？
16. 什么是社会审计职业道德？
17. 社会审计具有哪些方面的职业特性，它与审计职业道德要求有何关系？
18. 主要国家对社会审计职业道德有哪些要求？
19. 我国注册会计师法和独立审计准则中对审计职业道德有哪些规定？
20. 《中国注册会计师职业道德基本准则》和《中国注册会计师职业道德规范指导意见》包括哪些内容？
21. 什么是审计法和审计法律规范？
22. 什么是审计法律关系？什么是审计法律关系的主体和客体？
23. 我国审计法律关系有何基本特征？
24. 我国审计机关审计监督权力有何法律特征？
25. 什么是审计法律责任？我国审计的法律责任与传统的审计责任有何区别？
26. 按照我国《审计法》的规定，被审计单位有哪些违反《审计法》的行为？应负什么样的法律责任？
27. 被审计单位如有违反国家规定的财政收支和财务收支行为，按照《审计法》的规定，应负哪些法律责任？
28. 按照《审计法》的规定，被审计单位负有直接责任的个人应负哪些方面的法律责任？
29. 报复陷害审计人员应负哪些法律责任？
30. 国家审计人员应负哪些法律责任？
31. 内部审计人员应负哪些法律责任？
32. 社会审计人员应负哪些法律责任？

第四章 审计准则

【内容提示】

审计准则是审计人员开展工作时所应遵循的规定,是审计人员专业行为的指南和规范。各国的政府审计机关、社会审计组织和内部审计机构为了解决各自具体工作中如何科学化、标准化、高效率、低风险地开展审计的问题,均须结合各自的工作特点制定自己的审计准则。本章主要阐述了审计准则的含义和作用以及国内外政府审计准则、内部审计准则和社会审计准则等问题。

第一节 审计准则的含义和作用

一、审计准则的含义

审计准则是执行审计工作应该遵循的规范。这是对审计主体的要求,也就是对审计机构和审计人员自身素质及其工作质量的要求。它是由审计职业界遵循公认惯例分别确立的职业行为规范,并可作为衡量审计工作质量的重要依据。

审计准则是在审计实践中逐渐形成的、为多数同行承认并参照执行的一种审计工作惯例。这种惯例一经审计职业权威机构审定颁布即成为审计职业界共同遵守的行为规范。审计准则是审计主体进行自我约束的规定,也是衡量审计工作的尺度。

"审计准则"一词最早出现于1841年美国证券交易委员会制定的S-X规则中。这是审计发展到一定历史阶段的产物,并随着审计实践的发展而不断地充实和完善。

起初的审计工作凭审计人员的经验去审查账目。如何进行审计和审计工作应做到什么程度并没有一定的规范,社会公众如何看待和衡量及评价审计工作也没有统一规定。随着诉讼浪潮的兴起,执业会计师逐步明白:没有一定的规范,他们的职业就没有保障,就不可能避免受到毫无理由的指责和控告。因此,十分需要一个统一的审计规范,便于会计师在执业中共同遵守,同时也便于公众依据规范对审计进行监督。

由于社会公众的强烈要求和审计职业界为巩固和提高自身社会地位的需要,1947年美国注册会计师协会的审计程序委员会发表了世界上第一部分审计准则——《审计准则试行方案——公认的重要性和范围》。后经几番充实和完善,审计程序委员会于1972年修改通过了财务报表公认审计准则,并在1984年发布了49份审计准则说明书,对审计准则作了解释。日本参照美国准则,由大藏省企业会计审计会于1956年制定了日本的审计准则,1976年经第三次修改后,形成了《审计准则、审计实施准则及审计报告准则》。世界上其他国家(如加拿大、澳大利亚、德国、英国等)也先后制定了本国的审计准则。

在审计准则演变过程中,有关审计组织及审计学者对其定义和内涵作了充分的论述。

例如,美国总会计局认为,审计准则是对所进行的工作的质量和充分性的总的衡量,它与审计师的专业资格有关;英格兰和威尔士特许会计师协会认为,审计准则说明了审计过程中工作人员希望遵循的基本原则和惯例;日本大藏省会计审议会认为,审计准则是把审计实务中一般认为公正妥善的惯例加以概括而归纳出来的原则,这些原则虽然没有法律上的强制性,但职业会计师在进行企业财务报表审计时都应随时遵守;《蒙氏审计学》中指出,广义地说,审计准则是实施审计工作的指南。有时候,准则也称为行动的戒律、准绳或指南,它规定客户和公众期望审计人员起码应达到的质量。此外,我国一些审计学者也从不同的角度对审计准则的定义加以阐述。

从审计准则的形成过程及其不同的描述中,可以发现审计准则主要包括以下含义:

(1) 审计准则是出于审计自身的需要和社会公众的要求而产生和发展的;

(2) 审计准则是审计实践经验的总结,它的完善程度同样反映出审计发展水平;

(3) 审计准则是对审计组织和审计人员(即审计主体)提出的要求,而不是对审计客体的要求,更不是衡量审计客体的尺度;

(4) 审计准则规定了审计工作质量的要求,既是控制和评价审计工作质量的依据,也是控制审计风险的必要;

(5) 审计准则一般应由审计组织及审计职业团体制定和颁布,才具有权威性。

二、审计准则的特性

审计准则既是审计理论的重要组成部分,又直接用来指导审计实践的作业规范。研究审计准则的特性,更有利于从理论的高度去认识审计准则的内涵,把握其外延。

要了解审计准则的真正特性,首先应了解审计准则与审计假设、审计标准(依据)、审计法规及会计准则的关系。① 审计假设是审计理论的基石,又是审计工作的前提;而审计准则是对审计假设的说明和支持,它既以审计假设为前提,又具体体现了审计假设的内容。② 审计标准是用以衡量、评价被审计单位经济活动的合法性、合规性、有效性及经济资料的可靠性和公允性的尺度,它具有层次性、强制性;而审计准则是对审计组织、审计人员和审计工作所提出的要求和提出的指南,具有权威性,一般不具有强制性。③ 审计法规虽然也属于审计规范体系,但审计法规属于高层次的规范,而审计准则是具体的规范。④ 审计准则和会计准则虽然都是一种指导业务工作的规范,但它们具体指导的对象不同,前者是指导审计人员的规范,后者是指导会计人员的规范,也即是会计核算管理工作的规范。同时,会计准则属于审计标准的范畴,它是审计人员用来判断被审计单位财政财务收支及经济活动是非优劣的重要依据。

从审计准则的基本含义出发,在明确审计准则与有关概念关系的基础上,审计准则的特性可以概括为权威性、规范性、可接受性、可操作性和相对稳定性。

(一) 审计准则的权威性

这主要是指审计准则对审计人员的行为具有普遍约束力。审计人员必须按照审计准则的规定和要求进行审计工作,如有违反,就有可能承担相应的民事责任甚至刑事责任。审计准则的权威性:一是来源于审计准则的科学性,它不仅来源于审计实践,而且是整个审计职业界公认的惯例;二是来源于审计职业界权威机构或政府机构对它的审定、完善、颁布和监督实施。

（二）审计准则的规范性

这首先表现为审计准则本身就属于审计规范的范畴,它是审计规范体系中的具体规范;其次是审计准则本身必须具有统一性、条理性及准确性,否则就不可能作为审计工作的指南。统一性要求审计准则的内容前后一致、相互协调;条理性要求审计准则结构严谨、条目清晰、层次分明;准确性要求审计准则用词恰当、表达确切、易于理解、方便使用。

（三）审计准则的可接受性

这主要是指审计准则应当被审计人员、审计客体和广大社会公众所乐于接受,否则就不能称其为审计工作规范。对审计主体而言,审计准则集审计工作实施规则、审计操作程序和惯例于一体,是保证审计质量的技术性指南,如不能被审计人员所接受,就从根本上失去了制定审计准则的意义。对审计客体和广大社会公众而言,审计准则有助于他们了解审计人员应该做什么和不应该做什么以及在什么样的情况下审计人员应承担什么样的责任。如果审计准则不能被他们所接受,既说明审计准则没有客观地反映他们对审计工作的基本要求,也说明他们对审计工作不能理解,最终会导致审计准则不可能成为审计人员自我保护的工具。

（四）审计准则的可操作性

这主要表现在审计准则可以直接用来指导审计实践。在审计理论和审计实践之间,审计准则起了沟通的桥梁作用。也就是说,审计理论只有通过审计准则才能指导审计实践,审计实践只有先归纳总结为审计准则才能上升为审计理论。要想使审计准则具有可操作性,首先要使审计准则具有鲜明的层次性(如一般准则和实施、报告准则等),并要明确每个层次的准则所要服务的目标,也即每个层次的准则要与具体的审计工作相联系;其次是审计准则的内容务必明确、可行,便于审计人员理解和遵照执行。

（五）审计准则的相对稳定性

这是指审计准则一旦确定和发布,就不能轻易改动,要保持一个相对稳定的时期。制定审计准则是一项涉及面广而又复杂的工作,同时,审计准则的基本结构、主要内容及其要求变动频繁不利于审计人员接受和贯彻执行,也不利于被社会公众理解。但是,审计准则只具有相对稳定性。因为社会经济关系的变化、科学技术的发展和审计环境的改变都会引起审计事项、审计方法的变化和发展,都会对审计工作提出更高的要求。作为审计工作规范的准则,也势必要作相应的调整,删除过时的、不适宜的内容,增加新的、适应需要的内容。也就是说,审计准则应当随着审计事业的发展而不断完善。

三、审计准则的作用

审计准则是把审计业务中一般认为公正、妥当的惯例加以归纳概括而形成的原则,它虽然不具备法规的强制性,但它是审计人员从事审计时所必须遵循的指南。

(一) 审计准则为审计人员提供了审计工作规范

建立了审计准则，即确立了审计工作规范，使审计人员有章可循，知道如何开展审计工作，如怎样编制审计计划、如何制订审计方案、怎样收集与评价审计证据、如何编写审计报告、怎样表示审计意见以及在审计过程中如何注意自己的操行职守和引起足够的注意等。有了审计准则，审计人员没有必要再去自行摸索或纯粹凭经验检查，这样不仅有利于减少不必要的失误及重复劳动，而且还保证了审计工作质量和有利于提高审计工作效率；同时，也有助于审计信息的使用者增强对审计结论的依赖程度。

(二) 审计准则为评价审计工作质量提供了衡量尺度

审计准则对审计人员的任职条件、建立审计机构的原则和执行审计业务应遵循的规范作了全面规定，包括对审计职业道德、专业胜任能力、应执行的程序和应使用的方法都作了明确而具体的规定。只要审计人员遵照审计准则的规定去执行业务，审计工作质量就有保证。审计组织的管理部门可以通过对审计人员是否遵守审计准则的检查，评价审计工作质量。同时，审计准则对初次从事审计工作的人员更具有指导作用，不仅有利于提高他们的素质，也有利于减少他们工作中的差错。

(三) 审计准则有利于维护公众和审计人员的正当权益

有了审计准则，社会公众就可多了解审计是做什么的、应该怎样做以及要做到何种程度、应该履行什么样的义务和应负什么样的责任等，这样不仅有利于监督审计组织和审计人员正确地履行职责，也有利于明白自己应当怎样维护自身的利益。有了审计准则，当授权人或委托人与审计人发生意见分歧时，就有了裁决判别的公认标准，这样既有利于维护委托人的合法权益，也有利于保护审计人员，使他们免受不当或过分的指责。

(四) 审计准则为审计教育充实了内容

审计准则是从审计实务提炼出来的，是一种通过加工的带有规律性的认识，它既不像审计理论那样抽象和难以理解，又不像审计实务那样杂乱无章和非实践不可，因此可以用来作为审计教学的内容。事实上，发达国家的很多审计教科书都是围绕审计准则来组织编写的。

第二节 政府审计准则

一、国际政府审计准则

最高审计机关国际组织出于草拟审计标准和提出有关建议的需要，于1984年5月成立了常设委员会——审计标准委员会，该委员会最重要的成果是在第十四届大会上（1992年10月18—23日在美国华盛顿举行）通过了国际审计组织《国际审计标准》和《内部审计标准的指导原则》。

(一) 国际审计准则指南

1977年,最高审计机关国际组织在秘鲁首都利马召开的第九届大会上通过了著名的《利马宣言——审计标准指南》,总结了本届及以往的历次大会上提出的建议,为各国最高审计机关制定了一系列指导原则,以便加强它们在国内的法律地位。所以,有人把副标题译成"关于财政监督的指导方针"和"审计规则的指导原则"。宣言除了引言部分,共25条,其主要内容如下。

1. 总则

总则阐明国家审计机关监督的目的是应该及时揭露财政的偏离准则和违背合法性、经济效益性、目的性和节约原则的行为,以便在具体情况下采取具体措施,使有关责任机关承担责任、要求索赔或者采取措施,避免今后重犯或者至少使这种重犯难以发生。

此外,总则还阐述了国家审计监督有事前监督和事后监督、内部监督和外部监督、形式监督和绩效监督等。

2. 独立性

总则主要阐明了最高审计机关的独立性、最高审计机关审计委员会和官员的独立性和最高审计机关的财政独立性。

最高审计机关只有在独立于被审计单位和不受外来影响的情况下,才能客观而有效地完成其任务。最高审计机关是国家整体的一部分,不可能拥有绝对独立性,但必须赋予它为完成其任务所必需的在职能上和组织上的独立性。最高审计机关中拥有决策权限的审计委员和官员的独立性也应由宪法予以保障,其职务的升迁不应受被审计单位的影响,不得依附被审计单位。国家应向最高审计机关提供保证其完成任务的财政资金;如果有必要,最高审计机关可直接向国家预算决策机关申请其认为必要的财政资金;最高审计机关有权自负其责地支配预算中所提供的财政资金。

3. 最高审计机关同议会、政府和行政机构的关系

各国宪法应根据各国情况和需要明确制定最高审计机关和议会的关系。最高审计机关的审计对象是政府及其所属各部门、各单位的活动,但这并不意味着政府从属于最高审计机关。政府对自己的行为和失职要单独承担全部责任。

4. 最高审计机关的职权

最高审计机关拥有调查权,即最高审计机关必须能够接触与财政行为有关的全部资料和文件,并能够要求被审计机构以口头或书面形式提供认为必需的一切答询。对提供答询或资料文件有权通过法律或根据具体情况规定期限。最高审计机关有权选择审计所在地——就地审计或案头审计。最高审计机关有权要求被审计单位在规定的期限内对审计结论表态并采取措施。此外,最高审计机关还拥有鉴定及其他辅助权限。

5. 审计方法、审计人员和国际经验交流

在审计方法和程序方面,最高审计机关应该根据自己制订的方案进行审计,一般只限于

采用抽样审计,但审计方法应该不断适应有关财政行为科学技术的进步,并要制订内部审计手册作为审计人员工作的辅助手段。

在审计人员方面,最高审计机关的审计委员和审计官员必须具备为圆满完成任务所需的能力和道德品质;招聘人员时,应注意其知识、能力和职业实践;应高度重视理论和实践的职业培训,并鼓励进修深造;应该力争实现与其特殊要求相适应的恰当的工资待遇;在适当情况下可延聘外界专家。

在国际经验交流方面,要求各国最高审计机关积极参与国际组织范围内的国际思想经验交流。

6. 报告

宪法应要求并授权最高审计机关每年单独向议会或其他主管机关报告审计依据;报告应客观和明确注明事实和评价,语言精练、通俗易懂。

7. 最高审计机关的审计权限

审计机关的基本审计权限应由宪法规定,具体权限可在其他单行法规中规定。最高审计机关有权对所有公共财政、财务管理部门、驻外机构、税收、公共合作工程、电子数据设施、国家占有很多股份的工商企业、受国家补贴的机构、国际性和世界性组织等进行审计。

审计准则指南对审计类型作了明确的阐述,指出了最高审计机关与议会、政府和行政机关的关系以及最高审计机关的审计职权等,这些都是与社会中介审计准则的差别,各国政府审计准则的制定应充分考虑上述差别。

(二) 国际组织审计标准

自 1985 年 3 月在悉尼举行的理事会上批准了拟订国际组织审计标准的计划后,由美国、澳大利亚、瑞典和英国所领导的四个小组就着手研究制定,直到 1991 年 10 月在华盛顿召开的第 35 次理事会上才批准了这套标准,并在 1992 年第十四届大会上通过。《国际审计标准》是根据《利马宣言》《东京宣言》、最高审计机关国际组织在各届大会上通过的声明和报告以及联合国专家小组会议就发展中国家的公共会计和审计问题提出的报告拟订的,其目的在于为审计人员进行审计(包括计算机系统审计)时所必须遵循的程序和做法提供一个框架。

《国际审计标准》共四章 191 条。有如下主要内容。

1. 政府审计的基本要求

政府审计的基本要求共 49 条,主要阐述:国际组织的审计标准的可行性;各国最高审计机关对政府审计过程中发生的各种情况作出公正的判断;确立责任程序并使其行之有效;管理部门应对财务报告和其他信息的形式及内容的正确性和充分性负责;有关部门应该颁布公认的会计标准,被审计单位应制定明确、适当的目标和绩效指标;一致应用公认的会计标准将公正地展示财务状况和经营成果;完善的内部控制系统能使错误和舞弊风险减小到最低限度;立法机关能促使被审计单位提供审计时所必需的一切资料;所有审计活动都应在最高审计机关的审计职业范围之内;改进审计技术;避免与被审计单位之间的利害冲突。

2. 政府审计的一般标准

政府审计的一般标准共 79 条,主要阐述审计师和审计机关必须具备的条件,只有具备这些条件的审计师和审计机关才能以适当有效的方式完成与现场操作标准和报告标准相关的任务。审计师和最高审计机关必须是独立的;必须具备所要求的能力;必须在遵循国际组织审计标准时做到小心谨慎,包括谨慎地编制计划、谨慎地确定、收集、评价证据以及就调查结果、结论和建议提出报告。此外,还阐述了其他一般标准,即有关的政策和措施:招聘具备适当资格的人员;培养和训练工作人员;编制审计手册及其他指导性文件和指南;强化能获得的技术和经验,作出妥善的技术安排,指派足够的人员参加审计,正确制订计划和进行监督;检查内部标准和内部程序的效率和有效性。

3. 政府审计的现场操作标准

政府审计的现场操作标准共 34 条。现场操作标准旨在为审计师必须遵守的、有目的的、系统的以及均衡的步骤和行为确立准则和总框架。这些步骤和行动提出了作为审计证据收集者的审计师为取得特定的工作成果应遵循的审计规则。现场操作标准为实施和管理审计工作确立了框架,它既体现了一般标准的基本要求,又是报告标准所涉及的传递信息内容的主要来源。现场操作标准主要内容有:审计师应以高质量的审计方式编制审计计划;在审计过程中,各级审计人员的工作及每个审计阶段都应受到严格的监督;审计师应根据内部控制的可靠性确定审计程度和范围;进行财务审计和绩效审计时,对遵循现行的法律和规章进行测试或评估;应取得足够的、相关的和合理的审计证据;分析财务报表,并要取得足以说明财务报表表达正确与否的合理依据。

4. 政府审计的报告标准

政府审计的报告标准共 29 条。为了识别财务审计和绩效审计两种不同的审计报告,《国际组织审计标准》第 168 条规定:用"意见"一词表示反映定期(财务)审计结果的审计师意见,用"报告"一词表示审计师在绩效审计结束后形成的结论。报告标准要求每一项审计结束时,审计师都应编写一份书面意见或报告,以恰当的形式陈述审计结果。报告内容应当易于理解,避免意义含糊和模棱两可,只包括由充分和相关的证据支持的信息,并且是独立的、客观的、公正的和有建设性的。审计机关最后决定所要采取的行动是针对审计师所发现的欺骗性做法或严重的舞弊行为的。审计意见或报告的形式主要包括标题、收件人、日期和署名;内容主要包括审计目标和范围、受审事项说明、法律依据、标准遵循情况、完整性与及时性。此外,还阐明了财务审计意见和绩效审计报告不一致的形式和内容。

二、美国政府审计准则

美国政府审计准则,通常称作《一般公认政府审计准则》(GAGAS),过去也称作《政府组织、项目、活动和功能审计的准则》。美国政府审计准则,1972 年由美国审计总署制定和颁布,后经 1981 年、1988 年、1994 年和 2003 年四次修订和颁布。可以说,它是国际社会中最完善、最超前、修订最勤的一部政府审计准则。美国联邦、州和市三级没有行政隶属关系,实行地方自治,政府审计体制也不尽相同,但政府审计准则是统一的。美国政府审计准则将政府审计分为财务审计和绩效审计,并对财务审计和绩效审计分别作了界定,规定了各自的审计内容,为制定财务审计的现场作业准则和财务审计报告准则以及绩效审计的现场作业准则和绩效审计报告准则奠定了基础。在 2007 年修订的准则中一如既往地坚持强调:政府审计是完善国家治理和推进民主法治的关键。政府审计通过落实公共资源使用中的透明原则和责任原则,提高政府工作效能,保证政府责任来实现该理想。准则包括前言、政府审计准则的适用、道德准则、一般准则、财务审计现场工作准则、财务审计报告准则、鉴证业务一般准则、现场工作准则及报告准则、绩效审计现场工作准则、绩效审计报告准则和附录(补充指南)。其具体内容如下。

(一) 前言

前言说明了制定政府审计准则的目的,提出了受托责任的概念,并明确了美国政府审计准则与其他专业准则之间的关系以及国家审计人员的职责。

(二) 第一章 政府审计准则的适用

第一章主要介绍了美国政府审计的三种主要业务,即财务审计、鉴证业务和绩效审计。另外,对审计组织提供的非审计服务进行了说明。其中,2007 年新调整的内容包括:使用专门名词界定 GAGAS 中的职业责任,以进一步明确审计师的责任,并且与 AICPA 的审计准则和 PCAOB 的措施相一致;在审计报告中说明与 GAGAS 的符合情况,以明确审计师的责任,以及在审计师无法遵循审计准则时提供行为指南。

(三) 第二章 道德准则

准则将第二章专门用来阐述政府审计师的道德责任,列示了若干被政府审计师用于指导其各项工作的以原则为基础的概念框架。

(四) 第三章 一般准则

第三章介绍了审计中的几个重要概念:独立性、职业判断、胜任能力、质量控制和保证。其中,对 2003 年版本中关于非审计服务及其对审计师的独立性的影响作了进一步通顺和重新组织。

扩充了"质量控制与保证"一节的内容,包括了所有应该列示在审计组织质量控制制度中的各个要素。

本章还对外部同业互查做了如下改变:

(1) 透明化要求,要求所有实施 GAGAS 审计的外部审计组织要将他们同业互查的结果公开;

(2) 将同业互查的时间框架建立在风险和相关质量保证制度的基础之上。

(五) 第四章 财务审计现场工作准则

财务审计准则认可了美国注册会计师协会的现场工作准则和报告准则,并规定了附加的政府审计准则。

2007 年,按照 ASB 新修订的审计准则公告 SAS 第 103 号《审计工作底稿》的规定对审计工作底稿部分加以更新和扩展。这些新准则的应用也与第六章的鉴证业务和第七章的绩效审计等相一致。

(六) 第五章 财务审计报告准则

本部分 GAGAS 采用了 AICPA 的报告准则和审计准则的相关说明,并于 2007 年修订时对财务审计的报告准则进行了更新,使之与 ASB 和 PCAOB 关于内部控制的重大缺陷和不足的定义相一致。

(七) 第六章 鉴证业务一般准则、现场工作准则及报告准则

鉴证业务准则认可了美国注册会计师协会关于标准的一般准则、现场工作准则和报告准则,并规定了附加的政府审计准则。

(八) 第七章 绩效审计现场工作准则

第七章具体内容为绩效审计的重要性、审计风险、审计计划、监督管理、审计证据、审计文档,其中,新准则特别强调了在一定审计风险和重要性水平条件下特定保证性水平要求和在具体绩效审计中实现既定审计目标的证据水平要求。

(九) 第八章 绩效审计报告准则

报告准则包括绩效报告的形式、报告的内容、报告的分发以及其他需要注意的事项等。

(十) 附录 补充指南

美国审计总署于 2010 年 8 月向社会公开征求对《政府审计准则(征求意见稿)》的意见,准备对准则进行第六次修订,在新准则中将会在很多方面进行重大转变,以体现新环境下政府审计角色及职责的变化。

三、我国政府审计规范

我国政府审计规范又称国家审计规范。审计规范是审计机关和审计人员开展审计工作时应当遵循的行为准则。审计规范可以分为审计职业道德规范和审计法律规范。由于我国将许多审计职业道德规范都融入了审计法律规范,所以研究和构建审计规范主要是指审计法律规范。从审计法律规范的制定程序、制定的权力主体以及由此而产生的规范的法律效力等级来看,我国审计法律规范的表现形式分为以下几类:首先是宪法规定的有关审计方面的条款以及审计法和其他法律中的有关审计的规定;其次是国务院制定的有关审计方面的行政法规。此外,还有有关审计方面的地方性法规、审计署和国务院各部门依法发布的有关审计的命令、指示和规章以及有关审计方面的地方性规章。《审计法》明确规定,地方各级审计机关对本级人民政府和上一级审计机关负责并报告工作,审计业务以上级审计机关领导为主,因此,审计机关的审计业务应当遵从国务院、审计署统一制定的审计规范。

审计准则是执行审计工作时应该遵循的规范。它是对审计主体的要求,也就是对审计机构和审计人员自身素质及其工作质量的要求。一般来说,它是由国家审计职业界遵循公认惯例确定的职业行为的规范,并可作为衡量审计工作质量的重要依据。对政府审计来说,审计准则属于部门规章性的审计规范,是审计法律规范的一种表现形式,是审计法律规范体

系的重要组成部分。我国政府审计准则主要是对审计机关及其审计人员应当具备的资格条件和执业要求作出的规定,是审计署领导全国审计机关开展审计业务活动的审计规章,是审计机关和审计人员实施审计、反映审计结果、审定和出具审计报告、出具审计决定和进行审计业务管理时应当遵循的行为规范,是约束审计人员具体审计行为的重要手段,是衡量审计业务质量的基本尺度,是我国审计机关和审计人员实施审计工作时应当遵循的最具体、最具有可操作性的行为规则。按照《审计法》规定,我国审计机关负责对国家的财政、财务收支真实、合法及效益进行审计,对内部审计业务进行指导和监督,对社会中介审计组织的审计业务质量进行监督。因此,政府审计准则对审计机关开展财政、财务收支审计及指导监督内部审计和检查社会中介审计质量均具有十分重要的现实意义。

我国政府审计规范的制定主体是国家审计机关,规范的对象是审计机关和审计人员。审计规范是衡量和评价审计工作质量的依据,也是判别审计责任的依据,具有权威性的约束力。我国政府审计规范体系包括准则类规范、业务类规范及管理类规范。准则类规范又可分为基本准则与具体准则。基本准则是对审计主体及其行为作出的综合性规定,具体准则是对审计业务工作基本环节制定的行为规范。审计业务类规范主要规定审计对象、审计内容和特殊审计程序。管理类规范是对审计机关行使审计监督权及行使行政管理权所作的有关规定。

四、我国国家审计准则

早在1989年上半年,国家审计署就提出了一个中国审计标准的草稿,并在全国审计系统广泛地征求意见。1991年9月,世界银行在技术援助备忘录中提出对中国制定审计标准工作提供援助。1992年,按照审计署办公会议的决定,审计署法规司根据社会主义市场经济体制的要求和审计工作实践,对审计准则的一些基本问题进行了进一步的研究,重新确立了草拟工作思路。在对原草稿作了较大修改后,形成了《中华人民共和国审计准则(初稿)》。1993年5月召开座谈会,征求部分省、市审计工作者的意见,后又提交1993年6月召开的审计准则国际咨询调研会讨论。同年9月,审计署又派员赴美国和加拿大考察审计准则的制定情况。随着对审计准则问题的不断研究,逐步明确了构建审计准则体系的基本思路。1994年下发了《中华人民共和国审计准则(征求意见稿)》,1996年年底制定并发布了包括准则在内的《38项审计规范》。《38项审计规范》基本是按照国际审计领域内通行的审计准则的体制结构和准则体系要求并结合我国国际审计工作的实际情况立项、草拟的。从法律效力等级上来看,《38项审计规范》与《审计准则》属于同一个层次,都是审计署发布的审计规章,都是审计法律规范体系中的部门规章性的审计法律规范。

随着我国审计事业的发展和国家审计地位的提高以及与国际审计接轨的需要,在总结《38项审计规范》实施情况的基础上,我国进一步加大了对国家审计规范建设的力度,从2001年1月至2004年2月,以审计长签署的《中华人民共和国审计署令》的形式颁布了1—6号令,包括重新制定和修订的24项准则、规定和办法。2010年9月1日,审计署颁布8号令,废止原有的28项准则与办法,并从2011年1月1日起施行新的《中华人民共和国国家审计准则》。

我国国家审计准则制定的主要依据是《审计法》和《审计法实施条例》,同时结合了我国审计机关审计工作实践和借鉴了国际公认的审计准则经验。制定我国国家审计准则的目标有三个方面:一是为了全面落实《审计法》,推进依法治国,促进依法行政,实现审计工作的法制化、制度化和规范化;二是为了促进审计机关和审计人员按照统一的审计准则开展审计工作,规范审计行为,提高审计质量,明确审计责任;三是为了促进审计机关和审计人员依法履行职责,维护国家财政经济秩序,促进廉政建设,保障国民经济健康发展。

《中华人民共和国国家审计准则》共7章200条,进一步细化了审计流程,统一了审计标准,规范了审计行为,把依法审计贯穿到审计工作的全过程,落实到每个审计机关及审计人员的行动上。其具体内容如下。

（一）第一章　总则

总则规定了审计准则的制定依据、适用范围、审计机关与被审计单位的责任划分、审计目标、审计业务分类及审计业务流程等。

（二）第二章　审计机关和审计人员

第二章规定了审计机关及其审计人员执行审计业务的基本条件和要求、基本审计职业道德原则、审计独立性、职业胜任能力、与被审计单位的职业关系等。

（三）第三章　审计计划

第三章规定了年度审计项目计划的主要内容和编制程序、审计工作方案的主要内容和编制要求以及对年度审计项目计划执行情况及执行结果的跟踪、检查和统计等。

（四）第四章　审计实施

第四章共分四节。第一节"审计实施方案"规定了审计实施方案的编制程序和主要内容等。第二节"审计证据"规定了审计证据的含义、审计证据适当性和充分性的质量要求、获取审计证据的模式、方法和要求以及利用专家意见和其他机构工作结果的要求等。第三节"审计记录"规定了作出审计记录、编制审计工作底稿的事项范围、目标和质量要求以及审计工作底稿的分类和内容、审计工作底稿的复核、审计工作底稿的利用等。第四节"重大违法行为检查"规定重大违法行为的特征、检查重大违法行为的特殊程序和应对措施等。

（五）第五章　审计报告

第五章分五节。第一节"审计报告的形式和内容"规定了审计报告、专项审计调查报告的基本要素和主要内容、经济责任审计报告的特殊要素和内容和审计决定书、审计移送处理书的主要内容等。第二节"审计报告的编审"规定了审计报告等文书的起草、征求意见、复核、审理、审定、签发等编审环节的要求和专项审计调查中发现重大违法、违规问题的处理方式等。第三节"专项报告与综合报告"规定了编写审计专项报告、信息简报、综合报告、经济责任审计结果报告、本级预算执行和其他财政收支情况审计结果报告和审计工作报告等基本要求。第四节"审计结果公布"规定了审计机关公布审计结果的信息范围、质量要求和审核批准程序等。第五节"审计结果跟踪检查"规定了跟踪检查的事项、检查的时间和方式以及检查结果的报告和处理措施等。

（六）第六章　审计质量控制与责任

第六章规定了建立审计质量控制制度的目标、审计质量控制要素、针对"质量责任"要素确定的各级质量控制环节的职责和责任、审计档案的质量控制责任及归档材料的内容、针对"质量监控"要素建立的审计业务质量检查、年度业务考核和优秀审计项目评选制度等。

(七) 第七章　附则

附则规定了不适用本准则的情况以及废止的相关准则和规定。

第三节　内部审计准则

内部审计准则(国外称内部审计标准)是用来规范内部审计执行审计业务、出具审计报告的专业标准,是内部审计人员进行审计的行为规范。内部审计准则有利于提高审计质量、维护内部审计人员权益和发挥内部审计作用。

一、国际内部审计实务标准

国际《内部审计实务标准》是由国际内部审计师协会(即原美国内部审计师协会)制定公布的。为适应内部审计迅速发展的需要,国际内部审计师协会于1993年、1999年至2001年、2003年进行了三次修改。该标准是当今世界有关内部审计影响最大、最具权威性的标准,它被广泛地引用和借鉴,并在国际内部审计师协会的各成员组织中成为最具约束力的规章。

制定《内部审计实务标准》的目的是:说明内部审计实务的基本原则;为开展并促进多种不同的、具有增值作用的内部审计活动制定框架;为衡量内部审计行为的标准提供依据;帮助改善机构的运营与工作。

《内部审计实务标准》由属性标准(1000序列号)、工作标准(2000序列号)及实施标准(实务公告)三部分构成。属性标准和工作标准只有一套,从总体上说明了内部审计服务;实施标准却有很多套,每种主要类型的内部审计活动都有一套实施标准。

《内部审计实施标准》主要内容包括内部审计部门的独立性和内部审计师的客观性、内部审计师的业务熟练程度和专业审慎性、内部审计的工作范围、审计工作执行和内部审计部门的管理。

(一) 独立性与客观性

内部审计组织必须独立于他们所审查的活动,这种独立性可使内部审计师自由地和客观地进行他们的工作。

1. 内部审计组织的独立性

内部审计部门的组织状况要使它能圆满地完成其审计职责,必须取得高层管理者和董事会的支持。该部分对审计部门的地位、领导关系、信息交流、工作、人员、经费计划、向高层报告等问题都作了明确规定。

2. 内部审计人员的客观性

内部审计人员在进行审计工作时必须是客观的。

(1) 客观性是内部审计人员在执业中必须保持的一种独立的精神状态。内部审计人员不能把对有关审计事务的裁判服从于其他人的意向。

(2) 客观性要求内部审计人员执业时要有一种正直的信条，而不作重要的质量妥协。内部审计师不能被置于无法作出客观裁判的处境之中。该部分要求内部审计人员避免和报告利益冲突和偏见，采取定期轮换制度，不承担经营责任，不能审计原来负责过的工作和复查审计结果等。

(3) 内部审计师不得有损害客观性的行为。

（二）业务熟练程度和专业审慎性

内部审计的执行必须具有熟练性和应有的职业审慎性。熟悉专业是内部审计部门和内部审计人员的职责。内部审计部门为每项审计工作指派的人员必须同时具备能恰当地开展审计工作所必要的知识、技能和专业训练。

该部分要求内部审计部门指派岗位职务时要充分考虑工作范围对资格和执业水平的要求；要求内部审计整个部门必须具备或保持完成职责所必要的知识、技能和专业训练；要求内部审计工作是在适当监督之下进行的。

（三）内部审计工作范围

内部审计的范围包括检查和评价组织的内部控制系统的恰当程度和有效性以及在完成指派的职责时的执行效果。它要求组织高级管理层和董事会对审计工作范围和审查的活动提出总的指令，包括对内部控制恰当性、有效性及执行质量的检查和评价，也包括对计划、组织和领导过程进行检查和评价。具体工作范围包括：

(1) 检查和报告财务的经营信息资料的可靠性和完整性；
(2) 审查遵循政策、计划、程序、法律和规定的情况；
(3) 审查保护财产方式和核实财产的实存情况；
(4) 评价使用资源的经济性和有效性；
(5) 审查经营或项目的任务和目标完成情况。

同时，还应协助管理层进行任务、目标、内控系统制定工作及风险管理工作。

（四）审计工作执行

审计工作包括制定审计计划、审查和评价资料、报告审计结果和后续审计。

1. 制定审计计划

审计计划应编写成文，其工作包括：拟订审计目的和审计范围；取得审计活动有关背景资料；确定进行审计工作时所需要的资料来源；与需要调查的人员进行交流；适当地进行现场调查；编制审计方案；确定如何、何时、向何人通报审计结果；取得对审计计划的批准。

2. 审查和评价资料

审查和评价资料就是收集和评价证据的过程，其工作包括：应收集与审计目的和审计范围有关的所有资料（主要采用分析性审计程序）；评价证据资料的足够性、法律效力、相关性和有用性；审计程序中包括检查和抽样技术的使用；在取证与形成审计意见过程中应加以监控以保证客观性；审计人员应记录审计情况和审计工作底稿，并由内部审计负责人审查。

3. 通报审计结果

审计检查工作完成之后，应提交签认的审计报告；最终书面报告发出之前，必须在适当的管理层中征求对审计结论和建议的意见；报告必须客观、清楚、简明、富有建设性而且要及时；报告应说明审计的目的、范围和结果，而且要适当地表明审计人员的意见；报告可以包括可能采取改进措施的建议和令人满意的执行情况和纠正行动；被审查者对审计结论或建议的意见可以包括在审计报告之中，内部审计负责人或被指定者应审查和批准报告，并决定发送的对象。

4. 后续审计

内部审计必须进行后续审计，以确保对报告中提出的审计结果采取适当的行动。通过后续审计，内部审计人员确认已经采取的纠正行动和正在达到要求的结果，或者确认高级管理层和董事会已经承担了对所报告中的审计结果不采取纠正行动而产生的风险。

（五）内部审计的管理

内部审计负责人必须恰当地管理内部审计部门，以便使审计工作能完成由高级管理层批准和董事会认可的总的目的和职责，充分有效地使用内部审计部门的人才资源，并使审计工作符合标准（准则）的要求。其具体管理工作包括以下六个方面：

（1）内部审计部门必须有一份关于宗旨、权力和职责的正式说明，并得到高级管理层和董事会的批准和认可；

（2）内部审计负责人必须制定完成内部审计部门职责的计划；

（3）内部审计负责人必须有书面的审计政策和程序以指导审计工作人员；

（4）内部审计负责人应制定方案来选择和开发内部审计的人力资源；

（5）内部审计负责人应协调内部和外部审计工作；

（6）内部审计负责人应制定和保持一个质量保证程序来评价内部审计部门的工作。

除国际内部审计实务标准外，很多国家均制定了内部审计准则。加拿大主计长公署还专门制定了《加拿大政府内部审计标准》，从内部审计任务、内部审计的范围和频率、内部审计的组织机构和关系、内部审计的独立性、审计人员、审计计划、执行审计任务、审计报告等八个方面阐述具体的标准内容。

二、我国内部审计准则

中国内部审计准则是依据《审计法》《审计署关于内部审计工作的规定》及相关法律、法规制定的。制定中国内部审计准则的目标：一是为了贯彻落实《审计法》、内部审计工作规定以及相关的法律、法规，加强内部审计工作，实现内部审计的制度化、规范化和职业化；二是为了促进内部审计机构和人员按照统一的准则开展内部审计工作，保障依法行使审计职权，保证内部审计质量，提高内部审计效率，防范审计风险，促进组织的自我完善和发展；三是为了明确内部审计机构和人员的责任，发挥内部审计在强化内部控制、改善风险管理、完善组织治理结构和促进组织目标实现中的作用;四是为了建立与国际内部审计准则相衔接的中国内部审计准则。

中国内部审计准则是中国内部审计工作规范体系的重要组成部分,由内部审计基本准则、内部审计具体准则、内部审计实务指南三个层次组成。

中国内部审计协会自2000年起就组织中国内部审计准则的制定工作,2003年4月正式发布了《内部审计基本准则》《内部审计人员职业道德规范》和10个具体准则,随后又相继发布了19项具体准则和5项实务指南。2013年8月20日,中国内部审计协会以公告形式发布了新修订的《中国内部审计准则》(以下简称新准则),并从2014年1月1日起施行。新准则的发布,标志着我国内部审计准则体系进一步完善和成熟,并逐步与国际惯例接轨。到目前为止,我国的内部审计准则体系包括基本准则1项、具体准则23项、实务指南5项、内部审计人员职业道德规范1项。

(一)第1101号——内部审计基本准则

内部审计基本准则是内部审计准则的总纲,是内部审计机构和人员进行内部审计时应当遵循的基本规范,是制定内部审计具体准则、内部审计实务指南的基本依据。我国内部审计基本准则共六章33条,主要阐述了以下内容。

1. 第一章 总则

总则主要阐述了制订内部审计基本准则的目的和依据;同时还阐述了内部审计的含义和基本准则的适用范围。

2. 第二章 一般准则

一般准则共六条,主要阐述:组织应当设置与其目标、性质、规模、治理结构等相适应的内部审计机构,并配备具有相应资格的内部审计人员;内部审计的目标、职责和权限等内容应当在组织的内部审计章程中明确规定;内部审计机构和内部审计人员应当保持独立性和客观性,不得负责被审计单位的业务活动、内部控制和风险管理的决策与执行;内部审计人员应当遵守职业道德,在实施内部审计业务时保持应有的职业谨慎;内部审计人员应当具备相应的专业胜任能力,并通过后续教育加以保持和提高;内部审计人员应当履行保密义务,对于实施内部审计业务中所获取的信息保密。

3. 第三章 作业准则

作业准则共十条,主要阐述:内部审计人员在审计过程中应注意的主要问题,包括内部审计机构和内部审计人员应当全面关注组织风险,以风险为基础组织实施内部审计业务;内部审计人员应当充分运用重要性原则,考虑差异或者缺陷的性质、数量等因素,合理确定重要性水平;内部审计机构应当根据组织的风险状况、管理需要及审计资源的配置情况,编制年度审计计划;内部审计人员根据年度审计计划确定的审计项目,编制项目审计方案;内部审计机构应当在实施审计三日前,向被审计单位或者被审计人员送达审计通知书,做好审计准备工作;内部审计人员应当深入了解被审计单位的情况,审查和评价业务活动、内部控制和风险管理的适当性和有效性,关注信息系统对业务活动、内部控制和风险管理的影响;内部审计人员应当关注被审计单位业务活动、内部控制和风险管理中的舞弊风险,对舞弊行为进行检查和报告;内部审计人员可以运用审核、观察、监盘、访谈、调查、函证、计算和分析程序等方法,获取相关、可靠和充分的审计证据,以支持审计结论、意见和建议;内部审计人员应当在审计工作底稿中记录审计程序的执行过程,获取的审计证据,以及作出的审计结论;内部审计人员应当以适当方式提供咨询服务,改善组织的业务活动、内部控制和风险管理。

4. 第四章　报告准则

报告准则共分五条,主要阐述:内部审计机构应当在实施必要的审计程序后,及时出具审计报告;审计报告应当客观、完整、清晰,具有建设性并体现重要性原则;审计报告应包括审计概况、审计依据、审计发现、审计结论、审计意见和审计建议;审计报告应当包含是否遵循内部审计准则的声明。如存在未遵循内部审计准则的情形,应当在审计报告中作出解释和说明。

5. 第五章　内部管理准则

内部管理准则共八条,主要阐述:内部审计机构应当接受组织董事会或者最高管理层的领导和监督,并保持与董事会或者最高管理层及时、高效的沟通;内部审计机构应当建立合理、有效的组织结构,多层级组织的内部审计机构可以实行集中管理或者分级管理;内部审计机构应当根据内部审计准则及相关规定,结合本组织的实际情况制定内部审计工作手册,指导内部审计人员的工作;内部审计机构应当对内部审计质量实施有效控制,建立指导、监督、分级复核和内部审计质量评估制度,并接受内部审计质量外部评估;内部审计机构应当编制中长期审计规划、年度审计计划、本机构人力资源计划和财务预算;内部审计机构应当建立激励约束机制,对内部审计人员的工作进行考核、评价和奖惩;内部审计机构应当在董事会或者最高管理层的支持和监督下,做好与外部审计的协调工作;内部审计机构负责人应当对内部审计机构管理的适当性和有效性负主要责任。

6. 第六章　附则

附则主要说明发布解释责任和本准则施行日期。

(二) 内部审计具体准则

内部审计具体准则是依据内部审计基本准则制定的,是内部审计机构和人员在进行内部审计时应当遵循的具体规范。中国内部审计协会已发布的具体准则包括审计计划、审计通知书、审计证据、审计工作底稿、结果沟通、审计报告、后续审计、审计抽样、分析程序、内部控制审计、绩效审计、信息系统审计、对舞弊行为进行检查和报告、内部审计机构的管理、与董事会或者最高管理层的关系、内部审计与外部审计的协调、利用外部专家服务、人际关系、内部审计质量控制、评价外部审计工作质量、经济责任审计、审计档案工作、内部审计业务外包管理等23项。

(三) 内部审计实务指南

内部审计实务指南是依据内部审计基本准则、内部审计具体准则制定的,为内部审计机构和人员进行内部审计提供的具有可操作性指导意见。到目前为止,中国内部审计协会共发布了5项指南,它们分别是建设项目内部审计、物资采购审计、审计报告、高校内部审计、企业内部经济责任审计。

(四) 内部审计人员职业道德规范

为了规范内部审计人员的职业行为,维护内部审计职业声誉,根据《审计法》及其实施条例,以及其他有关法律、法规和规章,制定内部审计人员职业道德规范。内部审计人员职业道德是内部审计人员在开展内部审计工作中应当具有的职业品德、应当遵守的职业纪律和应当承担的职业责任的总称。内部审计人员从事内部审计活动时,应当遵守职业道德规范,认真履行职责,不得损害国家利益、组织利益和内部审计职业声誉。

第四节　社会审计准则

社会审计准则是用来规范注册会计师执行独立审计业务、出具审计报告的专业标准,是注册会计师独立审计行为的规范,又为其提供具体执业指导。

一、国际社会审计准则

为了促进国际社会会计准则的协调,国际会计师联合会授权国际审计实务委员会公布审计准则,称为《国际审计指南》,自1980年6月至今,已先后颁布了第1—28号公告。这28号公告可分为一般准则、工作准则和报告准则三个部分。

(一) 一般准则

一般准则是审计人员资格条件和执业行为的准则。主要有如下三个方面内容。

(1) 对审计人员应具备的技术条件的规定,如审计人员应具备必需的学历和职业培训,必须有一定年限的工作经历并通过专门考试,必须具备分析、判断和表达能力。

(2) 对审计人员应具备的身份条件的规定,如要求审计人员必须具备超然、独立的立场,在陈述与表示意见时持公正态度等。

(3) 对审计人员应具备的职业道德条件的规定。

(二) 工作准则

工作准则是审计人员在执行会计报表审计过程中应遵守的准则。主要有如下四个方面内容。

(1) 对制定审计计划的规定,如进行可行性研究、确定审计程序、确定审计人员及其分工等。

(2) 对确定审计范围的规定,如审计会计报表、了解、研究内部控制制度和确定进一步检查的范围、时间和方法等。

(3) 对获取审计证据的规定,如采用各种有效的方法以获取充分而适当的证据、充分考虑审计对象的重要性、风险程度及其他因素影响、为审核会计报表和提出公正的意见提供合理的依据等。

(4) 为实施审计行为的规定,如执行审计的必要条件和手续、应执行的审计业务等。

(三) 报告准则

报告准则是审计人员编制审计报告、选择表达方式和记载必要事项的准则。主要有如下四个方面内容。

(1) 对审计报告应记载事项的规定。

(2) 对表明审计意见的规定。

(3) 对补充记载事项的规定。

(4) 对审计报告报送对象及报送时间的规定。

国际审计准则具有广泛的适用范围,只要是进行财务会计资料的独立审计,不论被审计单位的规模大小,不论被审计单位的法定组织形式如何,也不论被审计单位是否以营利为目的,均适合使用国际审计准则;在适当的情况下,国际审计准则也应用于审计人员的其他有关活动。

二、美国社会审计准则

美国是最早公布社会审计准则的国家。1918年,美国会计师协会(注册会计师协会的前身)按国家联邦储备委员会的要求,提出了题为《资产负债表编制的正规程序》文件。1934年,出版了《公司账目审计》小册子。在这个时期,审计职业团体还只是注意审计程序方面的问题。1938年,美国发生了著名的麦克逊·罗宾斯事件,即担任该公司年度财务报表审计的审计人员轻信了该公司经理人的虚假证明,未对存货和应收账款进行必要的查核,因此也未发现经理人虚构1000万元资产而进行贪污的事实,事件发生后,审计人员被股东指控为与经理人同谋。这件事对审计职业界震动很大,1939年,美国注册会计师协会迅速作出反应,颁布了"审计程序的扩展"的文件。为了保证审计的工作质量,美国证券交易委员会认为,单从审计程序和技术方面考虑问题是不够的,还应该在正规的审计程序之外建立审计准则,以保证审计人员的素质和权威性。1947年,美国注册会计师协会提出了《审计准则的试行说明——审计准则的一般公认要点及范围》的报告,该报告明确提出,审计程序是必须执行的,即必须实施行为,而审计准则仅是关于实施行为质量的衡量尺度以及运用审计程序必须达到的目标。该说明1948年正式发布,共分三个部分9条标准;1954年修订后增加了1条,为10条标准,1972年正式颁布。《一般公认审计准则》主要适用于社会审计所从事的财务会计报表审计,在国际上产生了巨大的影响,加拿大、澳大利亚、日本等国的社会审计准则几乎是它的翻版。《一般公认审计准则》分为一般准则、现场工作准则和报告准则三部分。

(一) 一般准则

(1) 审计工作应由经过充分专业训练并精通审计业务的人员担任。

(2) 审计人员对待一切审计工作必须保持独立的意志和态度。

(3) 审计人员在执行审计工作和撰写审计报告时,应持有职业上的谨慎态度。

（二）现场工作准则

（1）审计工作必须有充分的计划，如有助理人员，应对其进行适当的监督。

（2）应适当地研究和评价现行的内部控制制度，以确立其可信赖的程度，并据此确定测试的程序和范围。

（3）运用检视、观察、查询和函证等方法，取得充分而有效的证据，作为对所审计的财务报表出具意见的合理根据。

（三）报告准则

（1）审计报告应说明财务报表表达是否符合一般公认会计原则。

（2）审计报告应说明本期所采用的会计原则是否和上期一致。

（3）除报告中另有说明外，财务报表所披露的信息应被视为是合理和充分的。

（4）审计报告应对财务报表的整体情况表示意见或说明不表示意见。如不表示意见应说明理由。在任何情况下，财务报表一经审计人员签署，即应在报告中说明审核的性质与其所负责任的程度。

三、中国注册会计师审计准则

根据《中华人民共和国注册会计师法》第21条的规定，注册会计师必须按照执业准则和规则执行审计业务，出具审计报告。根据《中华人民共和国注册会计师法》第35条规定，中国注册会计师协会依法拟订注册会计师执业准则规则，报财政部批准后施行。这就决定了审计准则应当以财政部规章的形式出现，并且成为注册会计师法规体系的重要组成部分。制定中国审计准则是注册会计师事业法制化的需要，是注册会计师制度规范化的需要和注册会计师制度国际化的需要。中国注册会计师审计准则应依据《中华人民共和国注册会计师法》制定，为了保证其科学性、权威性和实用性，应遵循务实、接轨、配套、科学等原则。

从1995年起至2003年5月，中国注册会计师协会先后制定了6批审计准则项目，包括1个审计准则序言、1个审计基本准则及3个相关基本准则、28个具体准则、10个实务公告和5个执业规范指南，共48个项目。此外，针对不同业务，还发布了3个指导意见、2个审计技术提示和8个规范性文件。最近几年，由于一些会计师事务所牵涉到国内外一些公司相继出现的会计舞弊事件之中，有的陷入旷日持久的法律诉讼，有的被迫关闭。注册会计师到底面临着何种审计风险、造成审计风险的原因是什么以及如何最大限度地降低审计风险成为注册会计师行业面临的最大课题。为了规范注册会计师的执业行为、提高执业质量和维护社会公众利益，财政部于2006年颁布了新的注册会计师执业准则体系。新的准则体系根据注册会计师业务发展的需要和趋势，将中国注册会计师执业准则体系分为鉴证业务准则、相关服务准则和会计师事务所质量控制准则三个部分。鉴证业务准则以《中国注册会计师鉴证业务基本准则》为指引，按照鉴证业务提供的保证程度和鉴证对象的不同，分为中国注册会计师审计准则、中国注册会计师审阅准则和中国注册会计师其他鉴证业务准则。其中，审计准则部分又按照各个准则规范的内容不同，分为6个不同大类，共计41个具体准则。2010—2018年，中国注册会计师协会对原有准则体系进行了多次更新和修订，目前，注册会计师执业准则体系的具体框架如表4-1所示。

表 4-1　中国注册会计师执业准则体系

注册会计师执业准则体系	鉴证业务准则	1项
	注册会计师审计准则	41项
	注册会计师审阅准则	1项
	其他鉴证业务准则	2项
	相关服务准则	2项
	质量控制准则	1项
	应用指南	48项
	问题解答	15项

(一) 中国注册会计师鉴证业务基本准则

中国注册会计师鉴证业务基本准则共分九个部分。

1. 总则

鉴证业务准则的制定依据是《中华人民共和国注册会计师法》，其目标是规范注册会计师执行鉴证业务，明确鉴证业务的目标和要素；界定了注册会计师业务类型、鉴证业务的种类、鉴证业务的要素等。

2. 鉴证业务的定义和目标

鉴证业务是指注册会计师对鉴证对象信息提出结论，以增强除责任方之外的预期使用者对鉴证对象信息信任程度的业务；明确鉴证对象信息的概念和特征；将鉴证业务分为基于责任方认定的业务和直接报告业务，按照鉴证业务的保证程度分为合理保证和有限保证。

3. 业务承接

规范注册会计师在接受委托前应当开展的主要工作，尤其是初步了解业务环境的内容。准则对业务环境的内容、可以承接的鉴证业务、可以承接的非鉴证业务和新的鉴证业务作了明确的规定。

4. 鉴证业务的三方关系

鉴证业务涉及的三方关系人包括注册会计师、责任方和预期使用者。准则对三者的具体构成和相互关系进行了规范和解释。

5. 鉴证对象

准则的第21条、第22条和第23条说明鉴证对象与鉴证对象信息的形式、鉴证对象的特征及其产生的影响和适当的鉴证对象应当具备的条件。

6. 标准

注册会计师在运用职业判断对鉴证对象作出合理一致的评价或计量时,需要有适当的标准。注册会计师应当考虑运用于具体业务的标准是否具备相关的特征,以评价该标准对此项业务的适用性。在具体鉴证业务中,注册会计师评价标准各项特征的相对重要程度,需要运用职业判断;标准可以通过公开发布、在陈述鉴证对象信息时以明确的方式表述、在鉴证报告中以明确的方式表述、常识理解等方式获取。

7. 证据

注册会计师应当以职业怀疑态度计划和执行鉴证业务,获取有关鉴证对象信息是否不存在重大错报的充分、适当的证据。注册会计师应当以质疑的思维方式(职业怀疑态度)评价所获取证据的有效性。在应用审计证据时要注意证据的充分性、适当性、可靠性、重要性和鉴证业务的判断。注意证据收集程序的性质、时间和范围以及所获取证据的数量和质量的判断。注册会计师应当记录重大事项,以提供证据支持鉴证报告,并证明其已按照鉴证业务执行。

8. 鉴证报告

注册会计师应当出具含有鉴证结论的书面报告,该鉴证结论应当说明注册会计师就鉴证对象信息获取的保证。注册会计师应当考虑其他报告责任,包括在适当时候与治理层沟通。在不同类型的审计业务中,注册会计师的鉴证结论可以采用的表述类型及形式。

9. 附则

这包括准则适用的特殊情况以及执行日期。

(二) 中国注册会计师审计准则、审阅业务准则和其他鉴证业务准则

按照准则中对注册会计师业务的划分,准则中针对审计业务、审阅业务和其他鉴证业务分别作了规范。其中,用于规范审计业务的审计准则共有41项,按照其规范的内容分成六个大类。一般原则与责任部分包括第1101号——注册会计师的总体目标和审计工作的基本要求、第1111号——审计业务约定书、第1121号——对财务报表审计实施的质量控制、第1131号——审计工作底稿、第1141号——财务报表审计中与舞弊相关的责任、第1142号——财务报表审计中对法律法规的考虑、第1151号——与治理层的沟通和第1152号——前后任注册会计师的沟通,共8项准则。风险评估以及风险的应对部分包括第1201号——计划审计工作、第1211号——通过了解被审计单位识别和评估重大错报风险、第1212号——对被审计单位使用服务机构的考虑、第1221号——计划和执行审计工作时重要性、第1231号——针对评估的重大错报风险采取的应对措施和第1251号——评价审计过程中识别出的错报,共6项准则。审计证据部分包括第1301号——审计证据、第1311号——对存货、诉讼和索赔、分部信息等特定项目获取审计证据的考虑、第1312号——函证、第1313号——分析程序、第1314号——审计抽样和其他选取测试项目的方法、第1321号——会计估计的审计、第1322号——公允价值计量和披露的审计、第1323号——关联方、第1324号——持续经营、第1331号——首次审计业务涉及的期初余额审计、第1332

号——期后事项和第1341号——管理层声明,共12项。利用其他主体的工作部分包括第1401号——对集团财务报表审计的特殊考虑、第1411号——利用内部审计人员工作和第1421号——利用专家的工作,共3项准则。审计结论与报告部分包括第1501号——对财务报表形成审计意见和出具审计报告、第1502号——在审计报告中发表无保留意见、第1503号——在审计报告中增加强调事项段和其他事项段、第1511号——比较信息、对应数据和比较财务报表和第1521号——含有已审计财务报表的文件中的其他信息,共5项准则。特殊领域部分包括第1601号——对特殊目的审计业务出具审计报告、第1602号——验资、第1611号——商业银行财务报表审计、第1612号——银行间函证程序、第1613号——与银行监管机构的关系、第1621号——对小型被审计单位审计的特殊考虑、第1631号——财务报表审计中对环境事项的考虑、第1632号——衍生金融工具的审计和第1633号——电子商务对财务报表审计的影响,共9项准则。另外,查阅业务准则包括第2101号——财务报表审阅,其他鉴证业务准则包括第3101号——历史财务信息审计或审阅以外的鉴证业务和第3111号——预测性财务信息的审核,共两个准则。

(三)相关服务准则

相关服务准则包括第4101号——对财务信息执行商定程序和第4111号——代编财务信息两项准则。

(四)会计师事务所质量控制准则

对此,目前颁布了第5101号——业务质量控制准则。

(五)执业准则指南

为了帮助广大注册会计师正确理解和运用注册会计师执业准则,中国注册会计师协会在注册会计师执业准则框架下,制定了实施指南。准则指南覆盖所有准则项目,共48项,计100余万字,自2007年1月1日起与中国注册会计师执业准则同步施行。2010年、2017年和2019年,中国注册会计师协会又分次对指南进行了修订。

四、社会审计准则的国际协调

从历史上看,一个国家的会计职业具有与该国的法律、教育、社会、经济和商业环境相一致并反映这些环境的特点。各国的环境不同,致使会计职业发展程度各不相同。因而,会计职业满足社会需要的方式也相差甚大。这些不同点在各国的会计和审计准则中得以反映。

当今世界经济中,由于存在国际贸易的发展、国际投资的扩大和跨国公司的增长等因素而使会计和审计准则趋于统一、协调的可能性加大。首先,寻求协调的强大力量在国际社会中的确存在,这些力量包括跨国公司和国际金融业的扩大以及必须在规范的、要求统一的环境下从事经营的国际会计公司的出现和影响。其次,会计职业本身就是广义准则运用的标志,即只要遵守了审计准则的精神,审计师就可以自由进行专业判断。最重要的是,审计要符合国际公认的准则,审计必须被投资者公认为是高质量的。如果审计满足了上述两个条件,也就意味着更有协调的可能。再次,不论广义的准则在国与国之间有何不同,审计所遵循的审计程序基本相似,这也更加说明了审计协调的可能。最后,人们认为协调正在起作用。如国际会计师联合会已公布的 20 多项国际审计准则、涉及会计和审计问题的 3 个欧共体法令、欧洲会计师联盟和国际会计师联合会合作发布的审计准则等，正在影响世界各国或部分国家的会计师职业团体。在协调中当然也存在一些障碍，如政府影响、法律义务、客户差异、竞争环境和对准则的态度等。

协调审计准则的主要好处是：使国家金融信息更具可比性，以清除国际投资流动中的最大障碍之一；当几个审计报告符合不同国家的法律和实践时，可以减少财务信息合并归纳的时间和费用；促进各国审计水平的提高。协调的主要方式是统一国际会计公司的执业规则；各国制定准则时，应有国际会计公司参与；各国负责制定审计准则的组织之间应进行信息交换。

思考与练习

1. 什么是审计准则？审计准则是怎样产生和发展的？
2. 审计准则有何特性？建立和完善审计准则有何作用？
3. 什么是审计规范？审计规范和审计准则有何异同之处？
4. 我国国家审计规范体系有何特点？
5. 我国国家审计准则是怎样制定的？其基本框架包括哪些内容？
6. 我国审计基本准则包括哪些内容？
7. 美国政府审计准则包括哪些内容？其和社会审计准则有何异同之处？
8. 国际审计准则指南包括哪些内容？国际组织审计标准包括哪些内容？
9. 国际内部审计实务标准由哪些标准组成？
10. 国际内部审计实务标准包括哪些内容？
11. 我国内部审计准则体系包括哪些内容？
12. 我国内部审计基本准则包括哪些内容？
13. 什么是社会审计准则？我国独立审计准则包括哪些内容？
14. 美国社会审计准则是怎样建立的？主要包括哪些内容？
15. 简述国际社会审计准则的框架和内容。
16. 比较政府与社会审计准则的结构与内容以及中、美两国政府审计准则的结构与内容。
17. 为什么要进行社会审计准则的国际协调？
18. 社会审计准则国际协调有何意义？

第五章
审计的对象、目标和分类

【内容提示】

传统审计和现代审计都是一种有目的的经济监督活动。它们不仅有特定的审查对象,而且有一定层次的审查目标,还可以按照不同的分类标准进行分类。什么是审计客体?传统的和现代的审计对象有何不同?审计目标有何变化?按照审计主体和客体划分,我国审计到底有哪些主要种类?这些是本章所要阐述的主要内容。

第一节 审计的对象

审计对象又称审计客体,是指参与审计活动关系并享有审计权利和承担审计义务的主体所作用的对象,它是对被审计单位和审计的范围所作的理论概括。依其定义可知,审计对象包含两层含义:其一是外延上的审计实体,即被审计单位;其二是内涵的审计内容或审计内容在范围上的限定。

综观中外审计史,传统审计对象和现代审计对象是不同的。传统审计的对象主要是被审计单位的财政财务收支。它是以会计资料及其所反映的财务收支为主要对象的审计。如古代早期的簿记审计、20世纪前流行于英国的对所有会计报表及凭证、账簿进行的详细审计、20世纪后流行于美国的资产负债表及财务报表审计,以及我国目前的财政财务审计,都是以会计资料及其所反映的财务收支为主要对象的传统审计方式。其特点是实施这一审计是为了评价、确认、解除受托的经营管理者在财务收支上的经济责任。审计的核心是审计和评价经济责任的履行情况。而现代审计的对象主要是被审计单位的财政财务收支及其有关经济活动。20世纪下半叶,为了适应经济的发展,审计的外延有所扩大。在西方出现的经营审计、管理审计、"3E"审计或绩效审计,以及在我国实施的经济效益审计,这些审计的审查对象都超出了原有的财政财务收支活动的范围而扩展到影响经济效益的生产经营管理等各个方面。对被审事项已实现和预计实现的经济效益进行事前事后的审计和评价包括收支活动在内的各项经营管理活动的信息,除了会计资料外,还有计划、统计,以及其他各种资料,如合同、协议、决策、预算、章程等。因而,现代审计的对象既包括会计资料及其所反映的财务收支活动,也包括其他经济资料及其所反映的各项生产经营管理活动。由于评价受托经营管理者的经济责任的扩大,它不但包括财务收支方面的经济责任,也包括与经济效益高低有关的各种经营管理方面的经济责任。根据我国干部制度改革需要,把经济审计方法引入对干部考核管理,建立任期经济责任审计,提拔前和离任时均要进行审计。特别是对经济部门、金融机构、企事业单位的领导干部必须进行审计。这就使我国审计的范围更加扩大了。

根据我国《宪法》第 91 条和第 109 条规定的精神,以及《审计法》的具体规定,我国国家审计对象的实体(即被审计单位)是指所有作为会计单位的国务院各部门、地方各级人民政府、国有的金融机构和企业事业组织等。审计对象的主要内容包括上述部门的财政财务收支(负债、资产、损益)和决算,以及与财政财务收支有关的经济活动及其经济效益。

根据《审计署关于内部审计工作的规定》,我国内部审计的对象是本部门、本单位及其所属单位的财政财务收支和经济活动。

根据《中华人民共和国注册会计师法》及有关规章的规定,我国社会审计组织(会计师事务所)接受国家审计机关、企事业单位和个人的委托,可承办财务收支的审计查证事项、经济案件的鉴定事项、注册资金的验证和年检,以及会计、财务、税务和经济管理的咨询服务等。

尽管国家审计、内部审计、社会审计具体的对象有所不同,但从其内容和范围上说一般均包括被审计单位的会计资料及其他有关的经济资料,以及所反映的财政收支、财务收支及相关的经济活动。

一、被审计单位的会计资料及其有关经济资料

审计对象的内容都是通过一定的载体反映出来的。这个载体就是会计资料及其他有关的经济资料,如会计报表、会计账簿、凭证等资料以及计划、预算、统计、合同、章程等相关资料。现代审计虽然在审计范围上已大大扩展,但仍然离不开审查经济信息,特别是会计资料。因为会计系统连续地反映了一个单位经济活动的全过程及其结果,要想实现审计目标,就必须对会计资料及其存在的错弊进行审查。

(一) 会计报表

会计报表是重要的会计资料之一,通过对会计报表的审计,可以全面了解被审计单位在一定时期的财务状况和经营成果以及对国家有关方针、政策、法规和制度的执行情况,从而对其作出全面的评价。

会计报表审计的内容不外乎两个方面,即常规性审查和实质性审查。会计报表常规性审查即报表形式的审查;会计报表实质性审查即报表内容的审查主要包括报表内容真实性、合法性审查和报表内容合理性、有效性审查。

1. 会计报表常规性外在形式的审查

对报表常规性外在形式的审查主要是查明报表的编制是否符合制度的规定。例如,报表的编制是否符合规定的程序和手续;报表的种类(如主表、附表、附注以及财务状况说明书等)是否编制齐全;报表的格式是否规范、内容是否完整以及有无缺页、缺项等。

2. 会计报表内容的真实性、合法性审查

报表内容的真实性、合法性审查就是要查明报表所反映的经营情况、财务状况和财务成果是否真实、合法。也就是说,主要核对查明会计报表中资产、负债、所有者权益、收入、费用和利润等要素的期末数是否真实正确、合规合法;会计报表是否真实公允地反映了财务状况和经营成果;并用财务制度规定的财务评价指标来分析评价财务状况,以便为报表使用者据以进行正确的决策提供信息资料。

3. 会计报表内容的合理性、有效性审查

报表的合理性、有效性审查主要是查明报表所反映的经济活动是否经济、有无效率和效果。这方面的审查一般是对报表上提供的数据指标间的比例关系进行分析。

（二）会计账簿

会计账簿是重要的会计资料之一，无论进行什么样的审计，都离不开对会计账簿的审查。可以说，对会计账簿的审查是会计资料审计的中心环节，在整体审计活动中处于极为重要的地位。

1. 会计账簿外在形式的审查

会计账簿外在形式的审查主要是查明会计账簿的设置和使用是否符合有关规定的要求。例如，会计账簿设置是否符合会计制度的规定，是否能满足管理和核算的要求，是否合理；会计账簿的启用是否符合规定；会计账簿的内容是否填列完整，是否有合法的凭证，书写是否符合要求，结账是否符合规定等。

2. 会计账簿真实性、合法性审查

会计账簿真实性、合法性审查主要是查明会计账簿所反映的经济活动是否真实与合法。如经济业务的发生是否真实、合法；有关账户的发生及其余额的计算是否真实、正确；相关账项的记录是否相符，有关账户余额是否合理；有关账户余额反映的财物、债项是否确实存在等。

3. 会计账簿内容合理性、有效性的审查

会计账簿内容合理性、有效性的审查主要是查明会计账簿所反映的有关经济活动是否合理和有效，这方面的审查主要是通过对会计账簿上的内容摘要进行分析。

（三）会计凭证

会计凭证是最为重要的会计资料。它是证明经济业务和财务收支的发生情况、明确相应的经济责任、进行会计核算的合法依据。事实上，任何错弊的认定最终都会反映在会计凭证上，任何经济事项的来龙去脉都会反映在会计凭证上。因此，审计中要查明任何问题最终要落实到对经济凭证的鉴别上。

1. 会计凭证外在形式的鉴别

会计凭证外在形式的鉴别主要是查明会计凭证的取得和填制是否符合有关规定。例如，会计凭证应具备的要素（内容）是否齐全完整，填写是否正确、清楚，有无涂改、刮擦、增添和污损现象；记账凭证有无合法的原始凭证为依据；会计凭证所需的审批传递手续是否符合规定，有关人员是否全部签章，是否盖有财务公章或收讫戳记；会计凭证的使用、保管是否符合规定等。凭证鉴别的根本目的是查明有无伪造、涂改等现象。

2. 会计凭证内容真实性、合法性的审查

会计凭证真实性、合法性的审查主要是要查明会计凭证所反映的经济业务内容是否真实、合法。经济业务内容真实性的审查主要通过凭证本身真实性的审查来进行,而经济业务合法性的审查则应联系具体的业务内容进行分析。对这方面的审查,主要应注意以下几个问题:会计凭证所反映的经济业务的摘要是否真实、清楚、明确;会计凭证所反映的经济业务是否符合财务制度及有关的法令制度,是否按规定的合法手续,并有合法的原始依据;记账凭证与所附原始凭证张数是否相符、内容是否一致;会计科目的应用是否按统一会计制度的规定;会计分录是否正确,与其所反映的经济业务是否一致等。

3. 会计凭证内容合理性、有效性的审查

会计凭证内容合理性、有效性的审查主要是查明凭证所反映的经济业务是否合理和有效。应审查:会计凭证所证明的经济业务和财务收支事项是否应该发生;经济业务或财务收支事项发生以后是否实现了预期的目标或效果。

此外,电子计算机的磁带、磁盘等会计信息载体同样也是审计的对象。

(四) 其他相关经济资料

与经济活动有关的其他经济资料主要是指除了会计核算资料之外的业务核算资料、统计核算资料和有关管理资料,如计划、预决策、预算、订单、合同、章程、技术标准以及相关的文件资料等。这些相关资料主要用于审查被审计单位的经营管理活动,用于评价效益性。

1. 审查相关经济资料的完整性

主要审查相关经济资料是否能充分反映被审计单位经济活动的各个方面情况、有无缺失和不足之处,否则,难以对被审计单位作出全面、完整的衡量和评估。

2. 审查相关经济资料的真实性

主要审查被审计单位的相关经济资料是否真实可靠、有无正当的来源渠道以及是否符合国家的方针、政策和有关的法律、法规、制度等,否则,将无从对被审计单位作出正确评估。

3. 审查相关经济资料的可比性

主要审查被审计单位的相关经济资料是否具有可比性,即是否可以进行历史的纵向比较、是否可以与国内外先进水平进行横向比较以及是否与计划衔接,否则,也难以评估判断其效益优劣。

4. 审查相关经济资料的合理性

主要审查相关经济资料的内容是否科学、形式是否合理以及能否比较全面、准确地反映出被审计单位的真实情况。审查相关资料是否建立在相对先进合理的基础上并且起到促进作用。例如,考核被审计单位经济效益的有关资料是否定得过低,使之丧失考核意义;是否定得太高,脱离实际;被审计单位的效益指标应该是经过努力多数可以达到、部分超额、少数接近为佳。相关资料先进合理性的审查便于客观公正地评价、判断审计单位的经济活动,特别是经营管理活动。

二、被审计单位的财政财务收支及其有关的经济活动

不论是传统审计还是现代审计,也不论是国家审计还是内部审计和社会审计,都要以被审计单位客观存在的财政收支、财务收支及其有关的经济活动为审计对象,对其真实、合法、效益进行审查和评价,以便对其所负受托经济责任是否认真履行进行确定、证明和监督。

(一) 财政收支

财政收支是指各级人民政府、各部门、各单位按照《中华人民共和国预算法》和国家其他有关规定,纳入预算管理的收支以及预算外收支。对财政收支进行审计监督是国家审计机关的主要职责。我国《宪法》规定,国家设立审计机关,对国务院各部门和地方各级政府的财政收支进行审计监督。我国《审计法》第2条第2款规定,国务院各部门和地方各级人民政府及其各部门的财政收支,应当接受审计监督。我国《审计法》第16条规定,审计机关对本级各部门(含直属单位)和下级政府预算的执行情况和决算以及其他财政收支情况进行审计监督。我国《审计法》第17条规定:"审计署在国务院总理领导下,对中央预算执行情况和其他财政收支情况进行审计监督,向国务院总理提出审计结果报告。""地方各级审计机关分别在省长、自治区主席、市长、州长、县长、区长和上一级审计机关的领导下,对本级预算执行情况和其他财政收支情况进行审计监督,向本级人民政府和上一级审计机关提出审计结果报告。"由此可见,审计机关有权对国家财政收支进行全面的审计监督:一是有权审计财政部门具体组织的预算的执行和汇总的决算;二是有权分别审计本级各部门的预算执行和决算;三是有权审计下级政府的预算执行和决算;四是有权审计本级各部门和下级政府预算外资金的管理和使用情况。

国家财政是指国家为了维持其存在和实现其社会管理职能,凭借政权的力量参与国民收入分配的活动。国家财政收支包括财政收入和财政支出两个方面。我国财政收入既包括预算收入也包括预算外收入。预算收入主要包括税收收入、依照规定应当上缴的国有资产收益、专项收入和其他收入。预算外收入是指各地方、各部门、各单位不纳入国家预算、自行管理使用的财政性资金,即预算外资金,如各种附加和其他不纳入预算的基金收入等。这些基金是国家财政资金来源的重要组成部分,也是国家的财政收入。我国财政支出也包括预算支出和预算外支出两个方面。预算支出主要包括经济建设支出、教育、科学、文化、卫生、体育等事业发展支出、国家管理费用支出、国防支出、各项补贴支出和其他支出。预算外支出是指财政性预算外资金的支出,如各地方、各部门、各单位自行管理使用的、不纳入国家预算的那部分财政性资金的支出。《审计法》所指的"其他财政收支"主要包括预算外资金的收支、本级各部门、各单位和下级人民政府的决算、与国有资产有关的收支、其他与国家财政收支有关的重要事项等。国务院各部门和地方各级人民政府及其各部门的财政收支是指按照我国财政管理体制和权限的划分,由国务院各部门和地方各级人民政府及其各部门具体负责的本部门、本地方的财政收支。财政收支作为审计的对象,主要是指对哪些单位的财政收支以及对哪些财政收支的内容进行审计。

1. 本级财政预算执行和其他财政收支情况的审计

按照《审计法》规定,审计机关在本级行政首长领导下,对本级预算执行和其他财政收支

进行审计监督,是指预算经本级人民代表大会审查和批准后,审计机关对本级财政部门是否按照批准的预算,代表政府具体组织落实收入和支出。这种审计的被审计单位是本级财政部门,审计内容是本级财政部门代表政府具体组织的预算执行情况。审计的范围主要包括以下七个方面。

(1) 预算批复和预算变化审计。审查本级财政部门向本级各部门(含直属单位)批复预算情况,如有预算变化就应查明变化的原因、项目数额、措施及有关说明。

(2) 本级预算收入审计。审查预算收入的征收、退库、划解、入库情况。主要应查明:预算收入的征收部门是否按照法律、法规、规定及时、足额地征收;有无违反法律、法规、规定的减征、免征、缓征现象;有无截留、占有或挪用现象。

(3) 预算支出拨付审计。审查本级财政部门是否依照法律、行政法规的规定和国务院财政部门的规定,及时、足额地拨付预算支出资金。

(4) 国库的审计。审查中央国库和地方国库是否按照国家有关规定,及时、准确地办理预算收入的收纳、划分、留解和预算支出的拨付;审查有无未经本级政府财政部门同意,私自动用国库库款或以其他方式支配已经入库的库款的现象。

(5) 政府预备费的审计。审查政府预备费的设置是否符合预算法的规定,即按本级预算支出额的 $1\%-3\%$ 设置;审查预备费的动用是否报经本级政府决定,是否用于当年预算执行中的自然灾害救济开支及其他难以预见的特殊开支,有无用于不正当投资的现象。

(6) 预算周转金的审计。审查预算周转金的设置是否遵循了国务院的规定,是否用本级财政的预算结余设置和补充,其额度是否正常,是否用于预算执行中的资金周转,能否保证及时用款,有无挪作他用的现象。

(7) 其他财政收支审计。主要包括对预算外资金收支审计、本级各部门、各单位和下级人民政府的决算审计以及与国有资产有关的收支、与国家财政收支有关重要事项的审计。

2. 本级各部门和下级政府的预算执行情况和决算的审计

(1) 预算执行审计。对本级各部门的预算执行情况审计与对本级财政部门预算执行情况审计的内容是一致的,重点是要查明各部门执行年度预算和财政、财务制度的情况以及相关的经济建设和事业发展情况。对下级政府预算执行情况审计的重点是要查明下级政府和财税部门在组织预算执行工作中执行税收法律、法规情况以及分配使用中央财政转移支付资金的情况;同时,对地方财政工作中关于全局的重大问题应进行重点审计或开展专项审计调查。

(2) 决算审计。根据我国《预算法》第 72 条及《审计法》的规定,审计机关对下级政府决算审计包括审查批准前审计和报送备案审计。下级政府将本级财政决定草案报告本级人民代表大会审查和批准之前,审计机关应进行审计,也即对年度会计报告和预算执行结果进行审查。审查的主要内容包括:决算是否真实、符合规定;收入是否合法,其应缴部分是否足额上缴;支出是否按规定列拨,有无以拨代支的情况;决算结余中按规定结转下年度继续使用的资金是否符合规定,结转项目有无超过规定的范围等。地方各级政府按《预算法》规定将批准的决算报上一级政府备案,对报送备案的下级政府决算,审计机关应进行审计。审计的内容与批准前决算草案审计基本相同。审计机关审计之后如果认为报送备案的决算有同法律、行政法规相抵触或者其他不当之处,需要撤销批准决议的,应当及时报告本级人民政府,由政府按照《预算法》的有关规定提请本级人民代表大会常务委员会审议;经审议决定撤销的,该级人民代表大会常务委员会应当责成本级政府依照《预算法》的规定重新编制决算草案,并提请审查和批准。

3. 预算外资金审计

预算外资金按其管理部门,在中央可分为财政部管理的预算外资金、财政有偿使用资金以及中央各部门(含直属单位)管理的财政性预算外资金和基金;在地方可分为地方财政部门的预算外资金、有偿使用资金和事业、行政单位的预算外资金。预算外资金按收取形式可分为税收附加、行政事业性收费和事业发展提取的专用资金。按国务院规定,预算外资金项目应由财政部规定。其项目分为农业税附加、城镇公用事业费附加、养路费、车辆购置附加费、新基地开发建设基金、高等院校学校基金、教育费附加、税收分成、修理基金、事业发展基金、福利基金、奖励基金等。

预算外资金审计的主要内容:一是对预算外资金管理政策审查,即主要审查预算外资金管理是否遵循了国家的统一政策和法规,有无违反规定自行增设项目、自行制定政策、制度规定的情况;二是对预算外收入审查,即主要查明收入项目、收费标准、提取比例等是否符合国家规定,有无坐支、贪污、挪用、隐瞒、截留或私设"小金库"等现象;三是对预算外支出审查,主要查明支出是否符合开支的规定,有无健全的手续,有无乱支乱列现象等;四是对预算外资金管理审查,主要查明有无健全的预算外资金管理制度,收支手续是否清楚,有无健全准确的记录,是否经常核对并对不相符情况进行纠正。

(二) 财务收支

财务收支是指国家机关、社会团体、国有金融机构和企业事业单位以及其他组织,按照国家的财务会计制度规定,办理会计事项,纳入会计核算的各种收支。有人认为财务收支只是企事业单位的收支,这是不对的,国家机关部门财政收支也可以称为部门财务收支。部门资金收支包括两个方面:一是部门行政管理方面的资金收支,二是事业发展方面的资金收支。从国家财政管理的角度看,部门资金收支是国家财政收支在该部门的具体表现,所以可以叫部门财政收支;从本部门及对本部门下属单位的财务核算管理看,各项资金收支体现为内部财务收支,所以也可称部门财务收支。审计机关监督各部门财政收支,即是监督部门的财务收支。确切地说,财务收支是指经济组织在从事各项业务活动中筹集、使用、分配资金而进行的收支活动。这种收支活动不仅是国家审计的对象,也是社会审计和内部审计的对象,同时也是现代审计最主要的内容。根据《审计法》的规定,国家审计机关以财务收支为审计对象的主要内容包括以下七个方面。

1. 金融机构的财务收支审计

审计机关对国有金融机构和国有资产占控股地位或者主导地位的金融机构的资产、负债、损益,进行审计监督。中央银行是指中国人民银行,它是国务院的一个部门,是政府的银行。国有金融机构包括国家政策性银行、国有商业银行、国有保险、信托投资、证券经营、租赁机构和其他国有金融机构等。

(1) 中央银行财务收支审计。中国人民银行及其分支机构都属于我国最高审计机关(即审计署)的审计对象,不可授权下级审计机关审计。对中央银行审计的内容主要包括两方面：一是审查在金融业务活动中发生的各项财务收支及其结果的真实、合法和效益；二是审查人民银行每个会计年度是否将其收入减除该年度支出并按照国家核定的比例提取总储备金后的净利润全部上缴中央财政。

(2) 国家金融机构资产、负债、损益的审计。审计机关对国有金融机构和国有资产占控股地位或者主导地位的金融机构的资产、负债、损益进行审计监督。在资产方面，主要对其内部控制制度、贷款业务、利息计算、应收款项、低值易耗品、固定资产、无形资产、递延资产和其他资产进行审计。在负债方面，主要对流动负债和长期负债的真实性、合法性进行审计。在损益方面，主要对各种收入、投资收益、租赁收益、费用支出、收益分配等方面的真实性、正确性及合法性进行审计。

2. 事业组织财务收支审计

所谓国家事业组织，是指由国家创办的，不直接从事物质资料生产，以改善社会生产和人民生活条件、增进人民物质文化生活而发展科学和文化教育、医药卫生和福利救济事业为目的的非营利的组织。国家兴办的学校、科研机构、文艺团体、医院、医药卫生检疫机构、广播电视电影机构、图书馆及体育馆等均属于国家事业组织。国家财政对国家事业组织分别采取全额预算拨款、差额预算拨款、由本单位自收自支的预算管理方式。但不论采取何种管理方式，这些单位均是审计机关监督的对象。值得提出的是，如果事业单位实行企业化管理，执行国家对企业的有关规定，就不再作为事业单位对待。

对事业单位的财务收支进行三个方面的审计：一是对其收入进行审计，主要审查事业性收费的合规性，有无擅自设置项目，有无超范围、超标准收入，收入是否全部入账，有无先分后收、多分少收以及坐支的现象，是否正确计算税金，有无偷漏税款情况等；二是对其支出的审计，主要审查各种支出费用是否违反了国家有关规定，是否真实合法；三是对其成本、费用的审计，主要审查各种成本、费用开支有无超范围、超标准的现象，是否遵循了配比原则、权责发生制原则，计算是否正确，有无以计划成本、估算成本代替实际成本。此外，还要审查事业单位预算结余计算是否正确、真实，是否按规定提取和使用专用基金，有无扩大开支范围和提高开支标准的情况等。

3. 企业财务收支审计

审计机关对国有企业的资产、负债和损益进行审计监督。对国有企业审计监督重点的范围：一是与国计民生有重大关系的国有企业，如属于国民经济基础产业的国有企业、属于国民经济支柱产业的国有企业和其他对国民经济有重大影响的国有企业，包括邮电、通信、交通、能源、航空、钢铁、电力、国防工业、高科技电子产业、商业企业、粮食行业等；二是接受国家财政补贴较多或者亏损较大的国有企业，如接受国家财政补贴较多的企业有公共汽车行业、煤气公司等；三是国务院和本级地方人民政府指定的国有企业。对审计监督重点范围内的企业，均要进行定期审计。

4. 国家建设项目的财务收支审计

审计机关对政府投资、国有企业投资的建设项目和以政府投资或者国有企业投资为主的建设项目的预算执行情况和决算进行审计监督。审计机关对与建设项目直接相关的建设、设计、施工、勘察、采购等单位取得的建设项目资金的真实、合法情况进行审计或者调查。在预算的执行情况方面,审计的重点内容是:建设项目是否严格按批准的预算内容执行,有无超预算情况;建设支出是否恰当,是否应纳入建设项目的范围,在预算与原计划中能否对号就位,有无设计外的投资;支出以后移交完成投资用工量是否符合规定,有无虚报不实之处;完成投资工作量与实际进度是否一致、相符等。

在竣工决算方面,主要对竣工决算编制依据、项目建设及预算执行情况、交付使用财产和在建工程进度、转出投资、尾工工程、结余资金、基建收支、投资包干结果、竣工决算报表、投资效益等内容进行审计和评价。

5. 基金、资金的财务收支审计

审计机关对政府部门管理的和其他单位受政府委托管理的社会保障基金、社会捐赠资金及其他有关基金、资金的财务收支进行审计监督。一是审查各种基金、资金的筹集是否真实合法;二是审查各种基金、资金的管理是否合理、合法,是否专项专用,有无挪用、损失浪费及贪污行为;三是审查各种基金、资金收入、使用的真实、合法;四是审查社会保障基金管理机构管理费的提取、使用的真实、合法性以及现金收付和会计核算的正确性等。

6. 国外援助、贷款项目的财务收支审计

审计机关对国际组织和外国政府援助、贷款项目的财务收支进行审计监督。一是对国际金融组织援助和贷款项目财务收支进行审计,主要审查:报表种类、格式和科目是否符合规范;报表数据是否正确;报表内容是否真实;报表基础是否一致;报表说明及补充资料是否齐全等。二是对我国借用外国政府贷款或受其援助项目的国外资金及配套资金的财务收支的真实性、合法性和效益进行审计,主要审查:外国政府贷款的筹措和使用是否符合我国贷款协议和外汇管理、金融管理的有关规定;审查用外国政府贷款购入的设备物资是否按照规定用途使用;审查外国政府贷款项目配套资金是否及时投入;审查外国政府贷款项目有无效益、是否具有偿还能力。

7. 其他单位和项目的财务收支审计

经本级人民政府同意,审计机关可以对接受财政补贴、国有资产或者对公众利益有重大影响的单位和项目的财务审计进行审计监督。

(三) 有关的经济活动

现代审计监督活动在评价受托者的经济责任方面不断扩大,不仅包括财政、财务收支方面的经济责任,也包括与绩效高低有关的经营管理方面的经济责任。所以,现代审计的对象既包括会计资料及其所反映的财政、财务收支活动,也包括其他经济资料及其所反映的与财政、财务收支有关的经济活动,如经营活动和管理活动。在经营活动方面,不仅要对财务、会计活动进行审查,还要对有关的技术、商业、安全、管理等活动进行审查,以确定被审计单位的整体经营活动是否按经营方针、目标执行,是否经营有效,对财政、财务收支有何影响等。在管理活动方面,不仅要对各管理职能部门的组织和职责进行审查,还要对计划、决策、组织、指挥、协调、控制等管理过程进行审查,同时还要审查有无正确、有效的管理原则和管理观点，以考核和评价各项管理活动的科学性和有效性以及对财政、财务收支的影响程度。新修订的《审计法》规定了国家审计对财政资金的使用效益进行审计和单位主要负责人进行经济责任审计，这就更加拓宽了审计的对象和范围。

对审计对象的确定，除了审计方面专门法规规定以外，还要考虑到其他法律、行政法规、行政规章和政策方面的规定。在法律方面，还要考虑到《宪法》《预算法》《企业法》和《会计法》方面的规定，如《预算法》第72条规定："各级政府审计部门对本级税务部门、各单位和下级政府的预算执行、决算实行审计监督。"在行政法规方面，要考虑到国务院制定的行政法规和省、自治区、直辖市人民代表大会及其常务委员会制定的地方性法规对审计事项和审计监督内容的要求。在行政规章方面，要考虑国务院各部门规定的办法和制度以及地方各级人民政府发布的决定或办法规定中对审计事项和审计内容的要求。在政策方面，要考虑党和国家的政策对审计监督活动的要求，如《中共中央办公厅、国务院办公厅关于严禁党政机关及其工作人员在公务活动中接受和赠送礼金、有价证券的通知》中规定："各级审计机关要把赠送礼金和有价证券问题作为审计监督的一项经常性内容，严格执行财经纪律。"

第二节 审计的目标

审计目标是指人们通过审计实践活动所期望达到的理想境界或最终结果，或者说是指审计活动的目的与要求。审计目标的确定，除受审计对象的制约以外，还取决于审计社会属性、审计基本职能和审计授权者或委托者对审计工作的要求。同时，审计目标规定了审计的基本任务，决定了审计的基本过程和应办理的审计手续。

一、审计目标的演变

审计具有实用性，为了适应社会的要求，其目标也在不断变化。在西方注册会计师审计发展的不同阶段，其审计总体目标也在不断变化。

在详细审计阶段，查错防弊是其总体目标，由于当时公司中的内部牵制制度尚不完整，而且不被人重视，技术错误和舞弊行为经常发生。为了察觉营私舞弊、察觉技术上的错误、察觉原理上的错误以及保证会计记录的正确和财产的安全，必须采取详细的审计方法，对检查期内所有会计资料逐一查明，以取得充分的证据，便于作出有无错误和舞弊的结论。

在资产负债表审计阶段，查错防弊的审计目标已退居次席，第一位的审计目标是提供信用证明，对资产负债表进行公正性审计。也就是说，通过对被审计单位一定时期内资产负债表所有项目的余额真实可靠性和是否实际存在的审查，判断其财务状况和偿债能力。这时的审计功能之所以能从防护性发展到公正性：一是因为当时的企业能够依靠内部牵制制度来控制和防止各种弊端和错误，使审计人员有可能摆脱账簿的束缚；二是银行信贷业务的发展，银行界需要进行企业信用调查，以判断企业的偿债能力，防止信用危机和维护银行家的权益。

在财务报表审计阶段，注册会计师的审计目标是判定被审计单位被审期内的财务报表是否公允地反映了其财务状况和经营业绩，被审单位所采用的会计政策和会计处理方法是否符合公认会计准则。20世纪30年代，世界经济危机的爆发和大批企业的破产倒闭使过去对资产负债表的静态审计已不能满足广大投资者对企业全面了解的需要，因此有必要对企业全部财务报表进行动态审计,而且要以显示盈利能力的损益表作为报表审计的中心。第二次世界大战以后,随着现代经济和科学技术的迅速发展,审计也突破了财务会计的范畴,涉及管理领域,管理审计(包括经营审计、效益审计、效果审计)也由此诞生,审计目标也因此增加了经济性、效率性和效果性的内容。

尽管注册会计师的审计目标在不断变化,但其基本职责仍然是执行财务报表审计,而其他性质的审计业务也只是在财务报表审计的基础上延伸和发展。

从上述审计目标的发展变化中可见,审计目标体现了审计的职能,审计目标是审计职能的外在表现,有什么样的职能才会有什么样的目标,审计目标不能违背审计的固有功能。审计目标反映了社会要求,因为审计具有实践性和实用性,它不可能脱离社会需要而存在,目标的变化也一定要反映社会需求的变化。审计目标应具有恰当性和稳定性。审计目标也具有一定的层次性,审计目标既可以分为远程目标(战略性目标)和基本目标(战术性目标),又可以分为总目标和具体目标(包括一般目标和项目审计目标)。

二、审计总目标

审计总目标一般是指根据审计授权人和委托人的要求,对被审计单位或个人所应承担的经济责任的监督、鉴证与评价,是一种带有战略性的综合性目标,它一定要体现国家实行审计监督制度的需要。具体地说,一要适应建立社会主义市场经济体制和加强宏观调控的需要;二要适应加强社会主义法律制度建设和维护国家财政经济秩序的要求;三要适应促进廉政建设、反对腐败和保障国民经济健康发展的需要。根据《审计法》的规定,我国国家审计的总目标是对财政收支和财务收支的真实、合法和效益进行审查和评价。

"真实"是指财政收支、财务收支及其有关的经济活动是否发生,是否真实存在;在会计资料及其他有关资料中的反映是否符合客观实际;有无任意增加、减少、隐瞒等虚假行为。

"合法"是指财政收支、财务收支及其有关的经济活动是否遵循法律、法规和有关规章制度的规定,如各级预算内财政资金的支出必须符合本级人民代表大会批准的预算,企业成本、费用的计算、归集和分配必须符合国家有关会计准则、财务通则等财务会计制度有关方面的规定。

"效益"是指财政收支、财务收支及其有关的经济活动的经济效率和效果。这里所讲的效益不仅仅是指用于经营资金所产生的经济效益,还包括:资金投入的经济性,即是否节约;资金运用的效率,即资金合理利用的程度;资金使用的效果,即是否达到预期的目标。有些资金的使用并不能产生经济效益,但一定会产生相应的社会效果。

作为关于财政监督的指导方针——《利马宣言》第4条第3款指出,最高审计机关努力追求的审计目标是财政行为的合法性、合规性、经济效益性、目的性以及节约等,这些在原则上是同等重要的;究竟特别突出哪一方面的重点,由最高审计机关决定。

根据我国注册会计师审计准则的规定,注册会计师审计的总目标是对被审计单位会计报表的合法性、公允性表示意见。将会计报表规定为注册会计师审计的总目标:一是因为注册会计师审计的主要业务就是被审计单位的会计报表;二是会计报表的使用者也希望注册会计师为会计报表的合法、公允作出鉴证。会计报表使用者的希望出于对会计报表进行质量评价和鉴证的需要,以便于做出正确的经济决策。注册会计师对会计报表表示意见:一是要表示财务报表是否按照适用的会计准则和相关会计制度的规定编制;二是是否在所有重大方面公允地反映了被审计单位的财务状况、经营成果和现金流量。

美国注册公共会计师协会认为,独立审计师对财务报表实施一般检查的目标是对财务报表的编制是否符合公认会计原则并公允地反映财务状况、经营成果和现金流动状况表达意见。由此可见,美国审计师的责任只能依据公认审计准则检查财务报表的公允性,并签发审计报告,而没有检查舞弊行为的责任。对财务报表公允性而言,单位管理部门应负的责任是:建立会计制度和制定会计政策,健全并监督执行内部控制制度和公允地编制财务报表。

根据《审计署关于内部审计工作的规定》,我国部门、单位内部审计的总体目标是:监督和评价本单位及所属单位财政收支、财务收支、经济活动的真实合法和效益的行为,以促进加强经济管理,实现经济目标。由此可见,它和我国国家审计的总体目标是基本一致的。

三、审计具体目标

审计具体目标是审计总体目标的具体化,根据具体化的不同程度,又分为一般审计目标和项目审计目标两个层次。一般审计目标是实施项目审计时均应达到的目标,是项目审计目标的共性概括;而项目审计目标则是按每个项目具体内容而确定的目标,即表现了项目审计的个性特征,也具有一般审计的共性特征。无论是一般审计目标还是项目审计目标,都必须根据审计总目标要求和被审计单位的需要来确定。

(一) 一般审计目标

根据制度基础审计方法的程序,西方国家认为审计一般目标包括内部控制评估和账户核实两方面内容。内部控制评估方面的目标包括评估保障资产财物的措施、保证账户及报表的准确和合理、一切会计和行政行为遵循政府和单位负责人的规定、增加工作的有效性和效率等。账户核实方面的目标包括核实账户分类的正确性记录的真实性和完整性、计量、记账、过账和截止日的正确性、资产所有权与负债承担的明确性以及反映与揭示的充分性等。还有人认为对会计报表审计的一般目标与被审计单位管理当局对其会计报表所作的暗示或明确表示相关,其内容包括总体合理性、真实性、完整性、所有权、估价、截止、准确性、披露、分类等,审计人员的职责主要是确定被审计单位管理当局的认定是否有理由。所以,在会计报表审计实务中,一般审计目标包括以下七个方面。

1. 总体的合理性

审计人员要针对会计报表公允性进行取证,因此要评价会计报表总体的合理性;审计人员还要针对会计报表中各账户记录的正确性取证,因此也要评价账户总体的合理性。

2. 金额的真实性

真实性是指审计人员应确定已经记录在账户中的金额是否应该记录,该笔记录是否是不真实或虚构的金额。例如,在销售账户记录了一笔根本没有发生的业务,或在费用账户记录了一笔根本没有发生的支出,审计人员就应该确认为虚构销售收入或虚构支出。

3. 金额的完整性

完整性是指审计人员应确定应该登记入账的金额是否全数足额登记入账。如果应该记录在账户中的金额没有记录或者没有足额记录,则该账户记录是不完整的。例如,如果将投资收益漏记或记到其他应付款账户,则投资收益账户记录就不完整。

4. 资产的所有权

审计人员应确定账户中记录的资产是否是被审计单位所拥有,记录的负债是否是被审计单位应该承担。例如,将借入资产记入资产账户,该项资产并非是被审计单位所拥有;销售收入记入应付款账户,该项负债也并非是被审计单位真正的债务。

5. 计量的正确性

审计人员应确定被审计单位会计报表中各项目的计价是否合理;各项目是否记入了正确的账户;结账日前后交易是否都正确地记录于恰当的会计期间,总账、明细账中有关数据计算是否准确、记账与过账是否正确、加总明细账余额与总账金额是否相符等。例如,应收账款明细表中所列各项明细余额是否和明细账余额一致,明细表中各项目余额合计数是否与总账余额一致。

6. 内部控制的有效性

审计人员应确认被审计单位是否有健全的内部控制制度,所建立的内部控制制度是否得到贯彻和执行,内部控制制度是否能有效地防止或查明差错和弊端,是否能保证经济业务有秩序、高效率地执行。

7. 恰当地反映与充分揭示

审计人员应确定被审计单位所有账户及相关信息在会计报表中是否得到正确的列示,并在财务情况说明书以及会计报表注释中得到充分揭示,报表、说明书及附注所列示的内容与有关法律、法规、规章及公认会计原则是否一致。

根据《国有企业财务审计准则》(试行)第 8 条规定,对国有企业各类会计报表进行审计的目标有五个方面:① 会计报表的编制是否符合法律、法规以及《企业会计准则》和国家有关财务收支的规定;② 会计处理方法的选用是否符合一致性原则;③ 会计报表在所有重大方面是否公正地反映了被审计企业的财务状况、经营成果和资金变动情况;④ 会计报表是否根据登记完整、核对无误的账簿编制,账表之间、表内各项目之间、本期报表与前期报表之间具有勾稽关系的数字是否相符,合并会计报表的编制是否符合规定;⑤ 会计报表和附注及其编表说明反映的内容是否真实、完整、准确、合规。

我国《独立审计准则》第 6 条规定的会计报表审计目标有三个方面:① 会计报表的编制是否符合《企业会计准则》及国家其他有关财务会计法规的规定;② 会计报表在所有重大方面是否充分地反映了被审计单位的财务状况、经营成果和资金变动情况;③ 会计处理方法的选用是否符合一致性原则。

(二) 项目审计目标

一般审计目标明确以后,审计人员就可据以确定项目审计目标。在一般情况下,一个一般审计目标至少有一个项目审计目标与之相对应。项目审计目标是具体账户或具体业务的审计目标,其内容视项目大小而定,而且有一定的层次性。如果把货币资金作为被审计项目,那么不仅要确定货币资金审计目标,还要分别确定现金项目审计目标、银行存款项目审计目标和其他货币资金项目审计目标。从财政财务审计角度出发,主要会计账户及经济业务的项目审计目标有以下八个方面。

1. 现金(包括银行存款)项目审计目标
(1) 有关现金的内部控制制度是否存在和有效。
(2) 现金收支业务是否完整地入账,有无遗漏。
(3) 记录在账的现金是否确实存在,有无挪用现象,是否属于被审计单位所有。
(4) 现金的会计记录是否正确无误。
(5) 有关现金的计算(如外币汇兑损益的计算等)是否正确,有无虚增或虚减现金的可能。
(6) 现金收支业务的发生是否符合有关法律、法规的规定。
(7) 会计报表对现金余额的反映是否恰当等。

有价证券常常作为现金的替代品而为单位所持有,其审计目标与审计现金的目标大致相同。

2. 应收及预付款项目审计目标
(1) 有关应收及预付款项的内部控制制度是否存在和一贯遵循。
(2) 应收及预付业务的会计记录是否完整,有无遗漏。
(3) 记录登账的应收及预付款项是否确实存在,是否真正是被审计单位的债权。
(4) 所有应收及预付账款的会计记录是否正确无误。
(5) 应收及预付账款的计算是否正确,有无虚增、虚减现象。
(6) 应收及预付账款余额在有关会计报表上的反映是否恰当等。

3. 存货项目审计目标
(1) 有关存货的内部控制制度是否健全和一贯遵循。
(2) 全部存货余额是否合理,有无超储或不足现象。
(3) 账上反映的存货是否确实存在,是否为被审计单位所有。
(4) 被审计单位实际拥有的存货是否完整登记入账,有无遗漏。
(5) 存货计算是否正确,单价与数量的乘积是否正确,加总是否正确。
(6) 趋近结账日的存货收支记入的会计期间是否正确。
(7) 存货明细账汇总数、各类存货实际数汇总与存货总账是否相符。
(8) 存货在会计报表上的列示是否恰当,存货分类、计价方法是否正确,抵押转让、代存、折旧等情况是否得到充分揭示等。

4. 长期投资项目审计目标
(1) 有关长期投资的内部控制制度是否健全和有效。
(2) 全部长期投资余额是否合理,有无不正当投资。
(3) 各种形式的长期投资资产是否真实存在并为单位所拥有。

(4) 各种形式的长期投资是否完整地入账,有无遗漏。
(5) 长期投资资产计算是否合理,是否符合有关法规的规定。
(6) 各种长期投资有无收益,各种收益是否确实收取并在账上正确与及时地反映。
(7) 各项长期投资在会计报表上的列示是否恰当等。

5. 资产项目审计目标

(1) 资产项目审计目标。① 有关固定资产的内部控制制度是否健全和有效遵循;② 各类固定资产是否真实存在并为被审计单位所有,是否存在受留置权限制的固定资产;③ 各类固定资产是否完整地入账,有无遗漏;④ 各类固定资产的计算方法是否符合有关规定,资本性支出与收益性支出是否适当合理;⑤ 各类固定资产增减变动记录是否正确,是否办理了必要的手续;⑥ 固定资产折旧方法及折旧计算是否正确,使用的折旧率前后是否一致;⑦ 固定资产原值、累计折旧额和净值在会计报表上的列示是否正确,有无充分的揭示。

(2) 无形资产项目审计目标。① 所有无形资产是否确实存在并为被审计单位所拥有;② 各种无形资产的估价是否符合有关规定,计价是否恰当与合理;③ 各种无形资产的摊销是否符合有关规定,摊销计算是否合理和正确;④ 无形资产在会计报表上的列示是否适当和充分等。

6. 负债项目审计目标

(1) 有关负债的内部控制制度是否存在和有效执行。
(2) 负债业务记录是否完整,有无遗漏。
(3) 已经记录的各种负债是否确实存在,是否应由被审计单位承担。
(4) 各项负债记录是否正确无误,有无虚增、虚减现象。
(5) 有关负债的计算(如利息的计算、折溢价的摊销)是否正确。
(6) 各项负债发生是否符合有关法律、规章的规定,是否遵守了有关契约的规定。
(7) 负债余额在会计报表上的反映是否恰当等。

7. 所有者权益项目审计目标

(1) 有关所有者权益的内部控制制度是否健全和有效。
(2) 各种所有者权益记录是否完整,有无遗漏。
(3) 各种所有者权益记录是否正确,有无虚增现象。
(4) 已经记录的所有者权益是否确实存在,是否为被审计单位所有。
(5) 实收资本、资本公积的形式、增加是否符合有关规定,其计算是否正确。
(6) 利润分配及其会计处理是否正确、合理。
(7) 所有者权益在会计报表上的反映是否恰当和充分等。

8. 收入与费用项目审计目标

(1) 有关收入与费用的内部控制制度是否健全和有效执行。
(2) 收入与费用记录是否完整,有无重记或漏记现象。
(3) 各种收入的确认是否符合实现原则,其计算是否正确,是否全部入账,是否均已取得,有无虚增、虚减现象。

(4) 各种费用的确认是否符合权责发生制原则、谨慎原则和配比原则,有关费用的计算、归集和分配是否合理、正确,有无虚增、虚减现象。

(5) 各种销售退回、销售折扣与折让是否确实存在,计算是否正确,处理是否得当。

(6) 各项收入和费用的分类处理是否正确。

(7) 各项收入和费用的计入和会计期间是否正确与合理。

(8) 被审计单位损益的计算是否正确,损益形成和损益分配是否合理。

(9) 所有者权益在会计报表列示是否恰当,揭示是否充分等。

第三节 审计的分类

按照一定的标准,将性质相同或相近的审计活动归属于一种审计类型的做法,即为审计分类。对审计进行科学的分类,有助于加深对各种不同审计活动的认识,探索审计规律;有利于更好地组织审计工作,充分发挥审计的作用。研究审计的分类是有效地进行审计工作的一个重要条件。

一、按照审计主体的分类

(一) 按照不同的审计主体所实施的审计,审计可分为国家审计、内部审计及注册会计师审计

1. 国家审计

国家审计一般是指国家组织和实施的审计,确切地讲,是国家专设的审计机关所进行的审计。我国国务院审计署及派出机构和地方各级人民政府审计厅(局)所组织和实施的审计,均属于国家审计。

2. 内部审计

内部审计,是一种独立、客观的确认和咨询活动,它通过运用系统、规范的方法,审查和评价组织的业务活动、内部控制和风险管理的适当性和有效性,以促进组织完善治理、增加价值和实现目标。

部门审计是指由政府部门或企业主管部门的审计机构或专职审计人员对本部门及其所属单位的财政收支及经济活动所进行的审计监督。

单位审计是由企事业单位内部设置的审计机构或专职审计人员对本单位范围的经济活动所进行的审计。

3. 注册会计师审计

这是指由注册会计师及其事务所进行的独立审计。我国社会中介审计组织主要是会计师事务所。会计师事务所主要承办海外企业、横向联合企业、集体所有制企业、个体企业的财务审计和管理咨询业务;接受国家审计机关、政府其他部门、企业主管部门和企事业单位

的委托，办理经济案件鉴定、纳税申报、资本验证、可行性方案研究、解散清理以及财务收支、经济效益、经济责任等方面的审计。

（二）按照审计主体与被审计单位的隶属关系，审计可分为内部审计和外部审计

1. 内部审计

内部审计是相对于外部审计而言的。它是指组织内部专设的机构或专职的人员对本单位和所属单位的财务收支活动和经营活动及其资料所进行的审查和评价活动，以帮助组织目标的实现。我国《内部审计基本准则》中所称的内部审计，是指组织内部的一种独立客观的监督和评价活动，它通过审查和评价经营活动及内部控制的适当性、合法性和有效性来促进组织目标的实现。我国国务院各部门和地方人民政府各部门、国有的或国有资产占控股地位或者主导地位的金融机构和企事业组织及法律、法规、规章规定的其他单位依法实行内部审计制度，以加强内部管理和监督，遵守国家财经法规，促进廉政建设，维护单位合法权益，防范风险，改善经营管理，提高工作效率和经济效益。

美国内部审计学会（国际内部审计师协会前身）于1947年第一次给内部审计所下的定义是：内部审计是企业内部审计机构以独立的立场，对会计、财务及其他业务进行检查和鉴定工作，对管理当局提供保护性及建设性的服务，为企业内部控制方法之一，其功能为运用衡量与评估等法则，确定各项工作执行的结果。随着内部审计领域不断拓宽，如管理审计、经营审计、业务评估等许多术语被用来取代内部审计概念。从1967年起，国际内部审计师协会也不断对内部审计定义进行修订，1999年其公布的定义是："内部审计是一项独立客观的咨询活动，以增强价值、促进单位经营为基本指导思想，它通过系统化、规范化方法评价和提高单位风险管理、控制和管理程序的效果，帮助完成其目标。通过内部审计师建立的执业机构，促进专业技能，并发挥其优点。"此定义依然强调独立性与客观性是内部审计的属性要求；提出内部审计的新功能是提供专家的保证与咨询服务，进行持续监督；认为现代内部审计不仅仅是内部审计人员的事，但内部审计活动仍是组织内重要的责任，均要由组织管理；认为现代内部审计的基本指导思想是增强价值、促进单位经营；认为现代内部审计的根本目标是帮助组织达到目标；内部审计的核心工作转移为管理控制、管理程序以及强调评估风险的责任，未来内部审计的趋势为确认风险之所在；此外，还强调内部审计应保持专业胜任性，保持动态以适应组织需要，维持高质量效力和追求卓越。

根据我国《会计法》第37条规定，会计机构内部建立稽核制度。稽核是稽查和复核的简称。它由专职或兼职的会计人员承担会计稽核工作，对会计机构本身会计核算工作进行一种自我检查或审核，其目的在于防止会计核算工作中所出现的差错和有关人员的舞弊。稽核工作的主要内容：稽核工作的组织形式和具体分工；稽核工作的职责、权限；审核会计凭证和复核会计账簿、会计报表的方法。稽核工作可分为全面稽核和重点稽核、事前审核和事后复核、日常稽核和临时稽核。会计稽核制度不同于单位的内部审计制度，单位审计制度是由在会计机构之外另行设置的内部审计机构或审计人员对会计工作进行再检查的一种制度。

2. 外部审计

外部审计是指独立于政府机关和企事业单位以外的国家审计机关所进行的审计以及独立执行业务的会计师事务所接受委托进行的审计。由于这种审计是由本部门、本单位以外的审计组织以第三者身份独立进行的,具有公正、客观、不偏不倚的可能,因而具有公证的作用。我国财政、银行、税务部门为了做好其本职工作,而对其管辖区各单位的业务(税利上缴和信贷资金使用情况等)所进行的检查,不属于审计,更谈不上是外部审计,而只是经济监督中的财政监督、税务监督和信贷监督。企业主管部门的审计机构对所属单位进行审计,从形式上看是外部审计人员所进行的审计,但从行业系统上看,仍然属于内部审计。因为主管部门和所属企业总是有经济利益上的联系。外部审计虽然能不受干扰地进行彻底审查,具有较大的强制性,但不够及时,在大多数情况下均属于事后审计。

内部审计和外部审计的总体目标是一致的,两者均是审计监督体系的有机组成部分。内部审计具有预防性、经常性和针对性,是外部审计的基础,对外部审计能起辅助和补充作用;而外部审计对内部审计又能起到支持和指导作用。由于内部审计机构和外部审计机构所处的地位不同,它们在独立性、强制性、权威性和公证作用方面又有较大的差别。

二、按照审计客体的分类

(一) 按照审计的目的和内容,审计可分为财政财务审计、经济效益审计、经济责任审计、专项审计调查、鉴证业务和资源环境审计

1. 财政财务审计和财经法纪审计

财政财务审计也称为传统审计,在西方国家称作财务审计或依法审计。它是指对审计单位财政财务收支活动和会计资料是否真实、正确、合法和有效所进行的审计。财政财务审计的主要内容是财政财务收支活动,目的是:审查财政财务收支活动是否遵守财经方针、政策、财经法令和财务会计制度、会计原则;审查是否按照经济规律办事,借以纠正错误,防止弊病,并根据审计结果提出改进财政财务管理、提高经济效益的建议和措施。财政财务审计不仅要审核检查被审计单位的会计资料,而且要审核检查被审计单位的各项资金及其运动。按照审计对象的不同,财政财务审计又可分为财政预算审计、财政决算审计和财务收支审计。

财经法纪审计是对国家政府机关和企事业单位严重违反财经法纪行为所进行的专案审计。对严重违反国家现金管理、结算制度、信贷制度、成本费用开支范围、税利上交规定等所进行的审计,均属于财经法纪审计。财经法纪审计的重点是审查和揭露各种舞弊、侵占社会主义资财的事项,审查和揭露使国家和集体财产造成重大损失浪费的各种失职渎职行为。财政财务审计和财经法纪审计是我国国家审计机关主要的审计目标。

财经法纪审计既可以单列一类,也可以认为是财政财务审计的一个特殊类别。因为进行财经法纪审计要涉及财务问题,而进行财务审计又必然地要涉及法纪问题。一般是在财务审计中,对案情比较重大的违反法纪事件专门立案审查,这样有助于集中精力查明要害问题,同时也有利于进行专案处理,追究经济责任。我国的财经法纪审计类同于国外的弊端审计和法规审计。弊端审计是指以检查、鉴定被审计单位或个人是否有弊端行为为目的的一项专门审计;法规审计即指法令、规章审计,它的目的是要确定政府工作人员是否遵守法令以及执行政策、方针和规章制度。

2. 经济效益审计

经济效益审计是以审查评价实现经济效益的程度和途径为内容、以促进经济效益提高

为目的所实施的审计。经济效益审计的主要对象是生产经营活动和财政经济活动能取得的经济效果或效率，它通过对企业生产经营成果、基本建设效果和行政事业单位资金使用效果的审查，评价经济效益的高低和经营情况的好坏，并进一步发掘提高经济效益的潜力和途径。经济效益审计不仅是国家审计的一项重要目标，更重要的是内部审计的主要目标和日常工作的内容。根据我国国情的需要，实施效益审计有利于促进国民经济各部门、各企事业单位以及各级政府机关和科研单位围绕提高经济效益和工作效益改进自己的工作，加强内部控制，实现最佳管理；有利于改善社会主义市场经济各方面的关系，维护正常的经济秩序；同时也有利于提高财务审计的质量和巩固财经法纪审计的成果。

我国的经济效益审计类同于国外的绩效审计或"3E"审计，包括了经营审计和管理审计部分内容。"3E"审计是指经济性(Economics)审计、效率性(Efficiency)审计和效果性(Effect)审计。对财务支出是否节约或浪费所进行的审计为经济性审计。所谓经济性，是指以最低的支出和耗费开展经营活动，尽量节约，避免浪费。通过经济性审计，可以揭示被审计单位财政财务活动的恰当程度及其遵纪守法情况。效率性审计主要是指对投入与产出之间关系所进行的审计。通过该种审计，借以评价成本与盈利的情况，判明被审计单位的经济活动是否经济有效。其审计的主要内容是：判明被审计单位在管理和利用资源上是否经济有效；查明不经济、效率低的原因；检查是否遵守有关提高效率的法规等。效率性审计最终要揭示被审计单位管理结构的合理性和管理职能发挥的有效性，进一步寻求有利于提高效率的办法和措施。由于该种审计主要采用货币计量单位，以价值的形式计算比较，所以也称为价值审计。效果性审计是指对计划目标完成情况所进行的审计，即审查产出是否达到了预期的效果和是否获得了理想的效益。效果性审计也称经营审计或经济效果审计。经营审计一般称为业务经营审计，是对企业供、产、销等业务经营活动进行的审核检查，以进一步挖掘潜力和提高经济效益的一种审计。管理审计则是审核检查管理能力和水平以及评价管理素质的一种经济效益审计。虽然业务经营审计和管理审计的根本目的是一致的，但它们有不同的侧重点：业务经营审计主要是审查业务经营活动和生产力各要素的利用情况，也即是对企业的物质条件和技术条件的审查，具有直接性；管理审计则主要审查管理组织机构的合理性、管理机能的有效性，以促进生产力各要素的有效配合，具有间接性。经营审计一般是由内部审计发展来的，它是业务审计的扩大化形式；管理审计产生于20世纪30年代，应用于60年代至70年代，它是从财务审计和内部审计发展而来的，其范围和技术更趋于综合性、绩效性与管理性。

我国《审计署2003—2007年审计工作发展规划》中强调今后的主要任务是：继续坚持以真实性为基础，在财经领域打假治乱，促进整顿和规范市场经济秩序；继续严肃查处重大违法违规问题和经济腐败，推进廉政建设；积极开展效益审计，促进提高财政资金的管理水平和使用效益。实行财政财务收支的真实合法审计与效益审计并重，逐年加大效益审计分量。效益审计以揭露管理不善、决策失误造成的严重损失浪费和国有资产流失为重点，促进提高财政资金管理水平和使用效益，维护国有资产安全：一是要从实际出发，分层次地进行探索；二是突出重点，以揭露重大的损失浪费等问题为主，重点揭露决策失误、管理不善造成的严重损失浪费和国有资产流失的问题。根据我国二十多年来的审计工作发展情况和国外大多审计机关普遍开展了效益审计的状况，认为开展效益审计符合现代国家审计发展方向。

财政财务审计和经济效益审计虽然都有联系,但也有明显的区别,而且这种区别不仅仅表现在审计的具体内容上,还表现在审计的目的、依据、时间、执行者和方法等方面。从财政财务审计和经济效益审计比较中可以看出:前者的目的在于查明财务收支和经济核算资料的真实性、正确性和合理性,进行经济公证,借以确定和解除经济责任,主要用于查错防弊,以保护原则为主;后者的目的在于确定经济效益并作出评价,借以寻求提高经济效益的途径,以建设性原则为主。前者以会计法、财政财务制度、财经法纪和财务活动事实为主要依据;后者除此之外,还要以业务、技术经济效益考核标准和经济活动事实为依据。财政财务审计以事后审计及定期审计为主;经济效益审计则以事前、事中审计为主,定期审计与经常性审计相结合。财政财务审计主要由专业审计人员进行,主要使用审查书面资料和证实客观事物的方法;而经济效益审计不仅是由专业审计人员进行,还要有工程技术等方面的内行专家参加,同时还要运用现代管理的一些先进方法。

3. 经济责任审计

经济责任审计是指以审查经营者应负经济责任为主要目的的审计。审计从其一产生就包括了监督与监察活动,通过对物的检查去考核管物的人,而不是审物论物。我国早期的经济责任审计主要有经营承包责任审计、租赁审计、厂长(经理)经济责任审计或破产责任审计等。在我国干部考核制度改革中所引进的经济审计的做法实质上主要是引进经济责任审计,即对经济部门的干部进行聘任前、任职中和离任前的经济责任审计。中办发[1999]20号文件对县级以下党政领导干部任期经济责任审计和国有企业及国有控股企业领导人员任期经济责任审计作出了暂行规定。① 为了加强对党政领导干部的管理和监督,正确评价领导干部任期经济责任,促进领导干部勤政廉政,在县级以下党政领导干部及党政机关、审判机关、群众团体和事业单位的党政正职领导干部,乡、民族乡、镇的党委、人民政府正职领导干部任期届满,或者任期内办理调任、转任、轮岗、免职、辞职、退休等事项前,对其任职期间所在部门、单位财政收支、财务收支真实性、合法性和效益性及有关经济活动进行审计,以确定或解除其应负的主管责任和直接责任。② 为了加强对国有企业及国有控股企业领导人员的管理和监督,正确评价企业领导人员任期经济责任,促进国有企业加强和改善经营管理,保障国有资产保值增值,在企业领导人员(法定代表人)任期届满,或者任期内办理调任、免职、辞职、退休等事项前,以及在企业进行改制、改组、兼并、出售、拍卖、破产等国有资产重组的同时,对其任职期间所在企业的资产、负债、损益的真实性、合法性和效益性及有关经济活动进行审计,以确定或解除其应负的主管责任和直接责任。主管责任是指被审计领导干部在其任职期间,单位发生的财政财务收支不真实问题、资金使用效益差问题和违反国家财经法规问题,领导应负的经济责任;直接责任是指被审计领导干部在其任职期间,对其本人侵占国家(公有)资产、违反廉政规定及其他违法违纪问题上应负的经济责任。

修订后的《审计法》中规定,审计机关依照国家有关规定,对国家机关和依法属于审计机关审计监督对象的其他单位的主要负责人,在任职期间对本地方、本部门或者本单位的财政收支、财务收支以及有关经济活动所负经济责任的履行情况,进行审计监督。在《审计署审计工作发展规划》中指出,经济责任审计坚持"积极稳妥、量力而行、提高质量、防范风险"的原则,加强协调指导,全面推进县以下党政领导干部和国有及国有控股企业领导人员经济责任审计,扩大县以上党政领导干部经济责任审计覆盖面,推动部门单位开展经济责任审计。

加强法规建设,逐步完善经济责任审计制度。五部委下发的"审经责发[2004]65号"文件强调指出,从2005年1月1日起将党政领导干部经济责任审计范围从县级以下党政领导干部扩大到地厅级。2010年12月8日,中共中央办公厅、国务院办公厅印发的《党政主要领导干部和国有企业领导人员经济责任审计规定》和《县级以下党政领导干部经济责任审计暂行规定》,将中央和地方各级党政工作部门主持工作的领导干部纳入经济责任审计对象范畴,经济责任审计结果将作为考核、任免、奖惩被审计领导干部的重要依据,并归入被审计领导干部本人档案。同时,要突出重点,稳步推进,提高质量;统一思想,加强配合,形成合力;总结经验,探索方法,不断深化;重视成果运用,建立有效机制,充分发挥作用。

4. 专项审计调查

专项审计调查是指国家审计机关主要通过审计方法,对与国家财政收支有关或者本级人民政府交办的特定事项向有关地方、部门、单位进行的专门调查活动。其目的是为了及时向各级人民政府提供经济运行信息,促进宏观调控。

根据《审计法》有关条文的规定,各级审计机关应当按照确定的审计管辖范围进行专项审计调查。上级审计机关对下级审计机关审计管辖范围内的重大事项,可以直接进行专项审计调查。专项审计调查的内容有:国家财经法律、法规、规章和政策的执行情况,行业经济活动情况;有关资金的筹集、分配和使用情况;本级人民政府交办、上级审计机关统一组织或者授权以及本级审计机关确定的其他事项。专项审计调查事项应当列入计划管理,审计机关可以单独确定项目,或者结合项目审计进行专项审计调查。审计机关进行专项审计调查,应当成立专项审计调查组,实施调查前,应向被调查单位送达调查通知书;调查时,应通过审计和其他方法获取有关情况,审计人员进行专项审计调查,必须遵守国家有关法律、法规和政策,客观公正、实事求是,保守国家秘密和被调查单位的商业秘密;在调查过程中,如果发现被调查单位有重大的违反国家规定的财政收支、财务收支行为,审计机关应当依法进行处理、处罚;审计机关应当向本级人民政府和上一级审计机关提交重要事项的专项审计调查报告;可以征求被调查单位对报告的意见,还可以根据需要告知调查结果。

审计专业调查从形式上看是我国国家审计机关一种特殊的审计方式,实质上是对财政收支及有关宏观经济活动审计的一种类型。

5. 鉴证业务

2003年修订的《美国政府审计准则》中规定,鉴证业务主要是对被鉴证事项或者与被鉴证事项有关的管理当局的说明与陈述进行检查、审核或执行商定程序并报告其结果。鉴证业务的对象有多种形式,包括历史的或预期的业绩或状况、物理特征、各个历史事件、分析、系统和过程或行为。鉴证业务能够覆盖广泛的财务或非财务问题,也可作为财务审计或绩效审计的一个部分。可能的鉴证业务对象应当包括以下内容:

(1) 被审计单位有关财务报告的内部控制制度;

(2) 被审计单位对具体的法律、法规、规章、合同或拨款协议的遵循情况;

(3) 被审计单位在保证遵循某些具体规定方面的内部控制制度的有效性,如有关拨款和合同的招标、财务处理和报告方面的规定;

(4) 管理部门的讨论和分析说明;

(5) 预期的财务报表或估计的财务信息；
(6) 绩效标准的可靠性；
(7) 最终合同成立；
(8) 拟订合同总额的限额和合理性；
(9) 被鉴证事项的具体程序(商定程序)。

6.资源环境审计

资源环境审计是指审计机关依法对政府及相关主管部门和相关企业、事业单位与资源环境有关的财政财务收支及其相关管理活动的真实性、合法性和效益性，进行审计监督。

自1982年开始，在审计署开展的审计项目中逐渐涉及一些对环境保护资金的审计事项。例如，1985年审计署与财政部、国家环保局联合组织开展了对太原、兰州、长沙、桂林四城市环境保护补助资金的审计。又如，1993年审计署组织对哈尔滨等13个城市排污费进行了审计。1998年审计署成立了农业与资源环保审计司，明确了环境审计职能。这标志着我国环境审计新阶段的开始。按照署领导关于开展环境审计要"摸清家底,探索路子"的指示，农业与资源环保审计司采取"积极试点,稳步推动"的做法，有意识地从促进环境污染治理和促进生态环境保护两个方面，组织开展了多项环境审计，积累了一些经验。以2003年7月环境审计协调领导小组成立为标志，环境审计成为一项全署性工作，定位得到明确。这一阶段环境审计的显著特点是：兼顾环境审计理论和实践的双重探索，积极吸收国际环境审计的先进经验，充分考虑我国环境保护工作不断取得的新成效，不断拓展环境审计的新领域，及时总结既往环境审计工作中行之有效的实践经验，环境审计的各项工作取得明显成效。审计署在2009年9月发布了《审计署关于加强资源环境审计工作的意见》：① 充分认识资源环境审计的重要性和紧迫性；② 明确资源环境审计的指导思想、主要任务和发展目标；③ 因地制宜突出资源环境审计的重点；④ 不断创新资源环境审计方式与方法；⑤ 着力构建资源环境审计整体工作格局；⑥ 进一步加强资源环境审计队伍建设；⑦ 建立和完善资源环境审计工作制度；⑧ 进一步加强资源环境审计理论研究。2011年出台的《审计署关于印发审计署"十二五"审计工作发展规划的通知》中指出"以促进贯彻落实节约资源和保护环境的基本国策为目标，检查国家资源环境政策法规贯彻落实、资金分配管理使用和资源环保工程项目的建设运营情况，维护资源环境安全，发挥审计在资源管理与环境保护中的积极作用，推动生态文明建设。"

2017年6月，中共中央总书记、国家主席、中央军委主席习近平主持中央全面深化改革领导小组会议审议通过了《领导干部自然资源资产离任审计暂行规定》(以下简称《规定》)。之后，中共中央办公厅、国务院办公厅印发了文件，《规定》对领导干部自然资源资产离任审计工作提出具体要求，并发出通知，要求各地区各部门结合实际认真遵照执行。《规定》明确，开展领导干部自然资源资产离任审计，应当坚持依法审计、问题导向、客观求实、鼓励创新、推动改革的原则，主要审计领导干部贯彻执行中央生态文明建设方针政策和决策部署情况，遵守自然资源资产管理和生态环境保护法律法规情况，自然资源资产管理和生态环境保护重大决策情况，完成自然资源资产管理和生态环境保护目标情况，履行自然资源资产管理和生态环境保护监督责任情况，组织自然资源资产和生态环境保护相关资金征管用和项目建设运行情况，以及履行其他相关责任情况。《规定》强调，审计机关应当根据被审计领导干部任职期间所在地区或者主管业务领域自然资源资产管理和生态环境保护情况,结合审计结果,对被审计领导干部任职期间自然资源资产管理和生态环境保护情况变化产生的原因进行综合分析,客观评价被审计领导干部履行自然资源资产管理和生态环境保护责任情况。《规定》要求,被审计领导干部及其所在地区、部门(单位),对审计发现的问题应当及时整改。国务院及地方各级政府负有自然资源资产管理和生态环境保护职责的工作部门应当加强部门联动,尽快建立自然资源资产数据共享平台,并向审计机关开放,为审计提供专业支持和制度保障,支持、配合审计机关开展审计。县以上地方各级党委和政府应当加强对本地区领导干部自然资源资产离任审计工作的领导,及时听取本级审计机关的审计工作情况汇报并接受、配合上级审计机关审计。

(二)按照客体机构的性质,审计可以分为政府审计和企业审计

1. 政府审计

政府审计是指国家特设的审计机关对政府机关的财政财务收支及各种经济资料所进行的审计。广义的政府审计是指政府审计机关所实施的所有审计,与国家审计没有根本的区别。我国历代官厅审计机构对各级官府财物收支所进行的审计、当今世界各国政府中设立的审计机关对国家机关的财政预算收支活动所进行的审计以及我国各级政府设立的审计机关对政府的财政预算收支活动所进行的审计,均属于政府审计。政府审计的目的:一是监督国家财政预算资金合理、有效地使用;二是对政府财政预、决算情况作出客观的鉴定与公证,提供改进财政管理的有效措施,以供各级政府部门选择执行;三是揭露财政上的不法行为,确定或解除行政人员的责任,以促进政府的廉洁。我国政府审计的主要内容是对中央、地方以及行政机关、部队、社会团体、教育、科研、医疗卫生、文化体育、社会福利等单位的预算执行情况、决算情况和预算外资金进行审计监督。政府审计还可以根据不同的预算层次划分为中央预决算审计、地方预决算审计和行政事业单位预决算审计等。

根据审计署审计工作发展规划,要保证审计工作主要任务的完成,我国政府审计应重点抓住财政审计。财政审计应以促进规划预算管理、提高财政资金使用效益、建立社会主义公共财政制度为目标,以中央预算执行审计为重点,实现由收支审计并重向以支出审计为主转变;在支出审计方面,由主要审计中央本级支出向中央本级与补助地方支出审计并重转变。

2. 企业审计

企业审计是指在企业单位或具有企业经营性质的事业单位开展的对经济活动和各种经济资料进行的审计。它是相对于政府审计而言的,有的也称之为普通审计。在西方国家,由国家审计机关对属于国家企事业单位的审计、由注册会计师对所有私营企事业单位的审计以及由企事业内部审计机构所进行的审计,均属于企业审计。企业审计的主要内容是审查企事业单位各种经济资料的真实性和正确性,审查财务收支活动的合法性、真实性与合理性,审查经济活动的有效性。

根据我国《审计法》的有关规定,国家审计机关对国有金融机构、国有企业和国有资产占控股地位或主导地位的金融机构、企业的资产、负债、损益进行审计监督。在金融审计方面,以促进防范风险、提高效益、规范管理为目标,推进建立安全、高效、稳健的金融运行机制,促进金融监管机构依法履行职责。以国有商业银行为重点,揭露金融机构经营管理中存在的

突出问题,从政策、制度和监管上分析原因,促进规范管理,依法经营;改进国有商业银行审计方式,以总行为龙头,逐步实行联网审计;适应市场经济发展的要求,逐步加大证券保险和政策性银行的审计力度;逐步将国外贷援款项目中的对外审计公证业务分离出去,重点加强贷援款项目建设管理情况的监督;加强政府外债管理情况的审计调查,促进外债管理体制改革,防范政府偿债风险。在国有企业审计方面,以摸家底、揭隐患、促发展为目标,坚持和完善以经济责任审计为中心的企业审计路子,促进深化国有企业改革,加强国有资产监管。检查企业会计信息特别是损益的真实性,严肃查处各种弄虚作假行为和重大违法违规问题;评价企业领导人员经济责任履行情况,揭露重大经营决策失误给企业造成的损失;关注企业管理中存在的突出问题,检查分析企业资产的保值增值情况。

此外,英国国家审计主要开展绩效审计和鉴证。澳大利亚国家审计主要进行绩效审计、合规性审计(财务报表审计和其他合规性审计)和计算机审计。加拿大国家审计主要推行综合审计,包括财务审计、绩效审计和专项审计等。日本将审计对象划分为必审范围和选审范围两类。总之,各国政府均根据自己的目的和需要,选择了不同的审计种类。

思考与练习

1. 什么是审计对象?审计对象是怎样发展的?国家审计、社会审计、内部审计的审计对象有何不同?
2. 简述目前我国审计对象的内容。
3. 什么是审计目标?审计目标是怎样变化的?
4. 简述我国审计总体目标和《利马宣言》中所提出的审计目标。
5. 简述会计报表审计一般目标和会计账目及经济业务项目审计目标的内容。
6. 什么是审计分类?审计分类有哪几种方法?
7. 简述国家审计、部门审计、单位审计、社会中介审计、内部审计、外部审计、财政财务审计、经济效益审计、经济责任审计、审计专项调查、鉴证业务、企业审计的含义和内容。
8. 在一般情况下为什么不把财经法纪审计单列为一类审计?内部审计和内部稽核有何不同?
9. 我国经济效益审计和西方绩效审计(或"3E"审计)有何区别?
10. 经营审计和管理审计有何联系和区别?
11. 我国经济责任审计是如何产生和发展起来的?它有何作用?
12. 我国审计机关开展效益审计的必要性是什么?
13. 内部审计的新定义与过去的定义相比有何重要变化?

第六章
审计依据、审计证据和审计工作底稿

> 📖 【内容提示】
>
> 什么是审计依据,审计依据有何特征,有哪些方面内容;什么是审计证据,审计证据有何作用、有何特征、有哪些种类,如何进行审计证据的收集、鉴定和整理;什么是审计工作底稿,审计工作底稿有何作用,应该怎样对审计工作底稿进行分类,审计工作底稿基本格式和内容怎样,以及如何编制审计工作底稿和审核审计工作底稿等,这些是本章所要阐明的三类问题。

第一节 审计依据

一、审计依据的含义

审计依据是审计人员在审计过程中用来衡量被审计事项是非优劣的准绳,是提出审计意见和作出审计决定的依据。审计人员在执行审计时,要运用各种审计方法,收集证明各种事实真相的审计证据。

要说明被审计事项是真实的,不仅要有证据说明经济事项的事实真相,还要有标准去衡量它是否符合客观事实,是否正确无误;要说明被审计事项是合法的,不仅要有证据说明经济事项及其所反映资料的实际存在状况,还要有标准去衡量它是否符合党和国家的方针政策、法律、法规和有关规章制度;要说明被审计经济活动是有效的,不仅要有证据说明被审计经济事项的效益状况,还要有标准去衡量它有无经济效益以及经济效益的高低。由此可见,审计证据只能说明事实真相,而不能引出结论和意见;只有审计证据和审计依据对照,才会引出是非优劣的结论,才能表示审计意见和作出审计决定。

审计依据和审计准则是两个完全不同的概念。审计依据是衡量审计客体的尺度,它所回答的问题是根据什么、有什么理由作出这样的判断、提出这样的意见和作出这样的决定。审计准则是审计工作本身的规范,是审计人员的行为指南,它所回答的是如何进行审计的问题;审计准则也可以用来衡量审计主体工作优劣、工作质量问题。

二、审计依据的分类

审计依据可按不同的标准进行分类,不同种类的审计依据有着不同的用途。对审计依据进行适当的分类,有利于审计人员根据需要选用恰当的审计依据。

（一）按审计依据来源渠道分类

1. 外部制定的审计依据

国家制定的法律、法规、条例、政策、制度；地方政府、上级主管部门颁发的规章制度和下达的通知、指示文件等；涉外被审事项所引国际惯例的条约等。

2. 内部制定的审计依据

被审单位制定的经营方针、任务目标、计划预算、各种定额、经济合同、各项指标和各项规章制度等。

（二）按审计依据性质内容分类

1. 法律、法规

法律是国家立法机关依照立法程序制定和颁布，由国家强制保证执行的行为规范总称，如《宪法》《刑法》《民法》《会计法》《审计法》《预算法》《税收征管法》《海关法》《企业法》《公司法》《合同法》等。法规是由国家行政机关制定的各种法令、条例、规定等，如《价格管理条例》《企业会计准则》等。

2. 规章制度

国务院各部委根据法律和国务院的行政法规制定的规章制度；省、自治区、直辖市根据法律和国务院的行政法规制定的规章制度；被审计单位上级主管部门和被审计单位内部制定的各种规章制度等，如国家主管部门制定的各项财务会计制度、单位内部制定的各项内部控制制度等。

3. 预算、计划、合同

例如，国家机关事业单位编制的经费预算、企业单位制定的各种经济计划、被审计单位与其他单位签订的各种经济合同等。

4. 业务规范、技术经济标准

例如，人员配备定额、工作质量标准、原材料消耗定额、工时定额、能源消耗定额、设备利用定额等。此外，还有国家制定的等级企业标准、优秀企业的管理条例等。

（三）按审计依据衡量对象分类

1. 财务审计依据

财务审计的主要目标是对被审计单位经济活动的真实性和合法性作出审计和评价。因此，财务审计的主要依据有国家的法律、法规，国家主要部门或地方各级政府制定的规章制度，单位自己制定的会计控制制度、计划、预算、合同等。

2. 经济效益审计依据

经济效益审计的主要目标是对被审计单位经济活动的有效性作出审计和评价。因此，经济效益审计的主要依据有单位的管理控制制度、预算、计划、经济技术规范、经济技术指标、可比较的各种历史数据、同行业的先进水平、上等级企业的标准、优良企业的管理规范等。

三、审计依据的特征

审计依据既是明显可见的，又不是固定不变的，随着国家管理的规范和单位管理的加强，旧的标准不断淘汰，新的标准不断建立。因此，无论什么样的审计依据都只能在一定的范围内、一定的区域中和一定的期限内是有效的，而且各类依据所具有的权威性也是有很大差别的。

（一）权威性

审计依据是判断被审计单位经济活动合法性、有效性及真实性的准绳，又是作为提出审计意见、作出审计决定的根据或理由。因此，任何审计依据都具有一定的权威性或公认性，否则不足以引用为依据。不同层次的依据的权威性大小不一样。例如，国家的法律、法规是衡量经济活动是否合法、合规的依据，它具有很高的权威性，全国都公认它，依据它提出审计意见和作出审计决定一般是正确无误的。再如，单位内部制定的规章制度、预算、计划、定额、标准、历史数据等，则不具备上述法律、法规的权威性，但依然是用来衡量经济活动优劣的重要依据，对这类依据主要强调它的公认性和可接受性，一般要由审计人员和被审查单位协商后确定。

（二）层次性

审计依据一般是由审计主体以外的国家机关、管理部门、业务部门、技术部门和企业单位制定的。审计依据因管辖范围和权威性大小不同而有不同的层次。一般来说，制定的单位级别越高，其管辖的范围越广，其权威性越大。最高层次的依据是国家立法机关的法律；其次是国务院颁布的各种行政法规及政策、指令、规划等；再次是地方立法机关和行政机构制定的地方性法律、法规；然后是被审计单位主管部门制定的规章制度、下达的计划和提出的技术经济指标等；最低层次依据是被审计单位内部制定的各种规章制度、计划、预算、定额、标准等。值得提出的是，如果是涉外审计，还要引用国际及有关国家法规、制度为审计依据，国际上的法规应高于各国的法律、法规。

审计依据的层次越高，管辖的幅度就越宽，适用的范围就越广，权威性就越大。

（三）地域性

从空间上看，很多审计依据还要受到地域性限制。由于各国的社会经济制度不同和生产力发展水平不同，其审计依据和内容也各不相同，因此一个国家不能照搬另一个国家的审计依据。我国各地区、各部门的实际情况和发展水平也不相同，其适用的审计依据也各不相同。审计人员在进行审计判断时，必须注意到地区差别、行业差别和单位差别。

（四）时效性

从时间上看，各种审计依据都有一定的时效性，不是在任何时期、任何条件下都适用。作为衡量经济活动是否真实、合法和有效的审计依据属于上层建筑的范畴，它会因经济基础的发展变化而不断变化,也就是在不断地变更和修订之中。这就要求审计人员在审计工作中,要密切注意各种依据的变化,选用在被审计事项发生时有效的判断依据,而不能以审计时现行的法律、法规、规章制度作为判断依据,也不能以过时的法律、法规、规章制度作为判断依据,更不能以旧的审计依据来否定现行的经济活动或用新的审计依据来否定过去的经济活动。

(五) 相关性

审计依据的相关性主要是指所引用的审计依据应与被审计项目和应证实的目标相关。审计人员所作的审计判断、所表示的审计意见以及所作出的审计决定是否正确无误和是否令人信服与审计人员所使用的审计依据的相关程度及针对性强弱关系很大。审计依据的相关性表现在三个方面:首先表现在所选用的依据与被审计事项是相关的,能够判定被审计事项是否真实、合法与有效;其次是能说明审计人员提出的审计意见和作出的审计决定有充足的理由;三是针对某一被证实的事项来说,所选用的各种依据能从不同的角度去证实,并能说明一定程度上这些依据也是相关的。

经济效益审计依据除了具有上述五种特征外,还具有相对性、先进性、动态性、可控性、计量性等特点。作为财务审计的依据大多数在全国范围内是统一的,但作为经济效益审计的依据,如经济效益指标,不同行业、不同时期则不相同,同一行业、同一企业、同一指标也有不同的评价标准。经济效益审计的目的主要是为了促进被审计单位提高经济效益,因此,作为衡量其效益高低的依据,应该具有一定的先进性,这样有利于激励被审计单位努力提高经济效益。财务审计依据一般能相对稳定在一定的时期内,但经济效益评价依据随着国家经济政策、科学技术、管理要求的变化而不断变更,其计划、定额等依据每年均有变化。用作经济效益评价依据的指标应该是单位可以控制的指标,否则就会失去评价意义。例如,衡量原材料利用的经济效益,应当以材料单耗、材料利用率来衡量,而不宜以单位产品的材料成本作为衡量标准,因为材料成本中涉及的购入价单位无法完全控制。要准确地衡量被审计单位经济效益的状况,一般应以计量性指标为宜,如各种指标、数据等,而不宜用一般口号、原则等定性指标。

四、运用审计依据的原则

不同的被审计事项需要不同的衡量、评价依据,审计人员应根据不同的审计目标和不同的实际需要选用适当的审计依据进行审计判断,提出审计意见,作出审计决定。由于我国政出多门、法制不完善、管理水平不高,造成了审计依据不统一、不配套,甚至无据可依。例如,衡量经济效益高低优劣的标准至今也没有统一的看法,各行其是;经济责任审计更是缺乏可衡量依据。这就需要审计人员在选用审计依据时遵循一定的原则。

(一) 从实际出发

审计人员应从实际出发,具体问题具体分析,根据需要选定适用的依据;选用时一定要根据依据的权威性、层次性、区域性、时效性、相关性的特点及其要求。尽可能选用权威性大、令人信服的依据;尽可能选用高层次的依据,如选用低层次依据则一定不能与有关高层次依据相抵触;应选用本地区、本行业、本单位适用的依据;应选用适用于被审计事项发生时有效的依据;应选用与被审计事项有关、有利于作出审计判断、表示审计意见和作出审计决定的审计依据。

有法律、法规依据的,一定要选用法律、法规作为依据。如果选用的行政法规与宪法、法律存在矛盾,应以宪法、法律规定为审计依据;国务院各部门之间的规定相抵触时,应以法律、行政法规授权的主管部门的规定为审计依据;地方人民政府与国务院主管部门的规定相抵触时,除国家另有规定外,应当以国务院主管部门的规定为审计依据;下级人民政府、部门的规定与上级人民政府、部门的规定相抵触时,除国家另有规定外,应以上级人民政府部门规定为审计依据。审计中发现的重大问题没有明确的审计依据时,应当请示本级人民政府或上级审计机关,或者从是否合理,是否正确,是否违背了国家法律、法规,是否损害了国家利益或是否侵犯了被审计单位的合法权益等方面去判断。

(二) 把握实质问题

被审计单位的经济活动是错综复杂的,经济情况是瞬息万变的,影响经济活动的因素是多方面的、不断变化的。因此,既要历史地看问题,又要辩证地看问题,认真、仔细地研究多种问题中哪些是主要问题,哪些是本质问题;在多种因素、矛盾中,哪些是主要因素,哪些是主要矛盾,哪些是矛盾的主要方面。只有抓住主要矛盾和矛盾的主要方面,才能把握问题的实质,才能选用适当的审计依据,并据以作出正确的判断、提出合理的意见和作出令人信服的决定。

(三) 准确可靠

审计人员所运用的依据必须准确、可靠,绝不能把道听途说的主观臆测作为判断是非的依据。无论引用什么资料作为依据,均要查看原件、签发单位和签发时间,并判断其适用性;凡引用数据,一定要亲自复核,绝不能照搬照抄;凡列举的定额、标准,必须要有原文资料,并核实其有效期和适用的单位;凡引用的单位管理制度,一定要有文字记载,领导的口头指示和某种会议精神,如没有文字依据,均不得作为审计依据;凡引用法律、法规、规章制度,一定要查到原文原件,做适当的摘录或复印,绝不可断章取义,妄加推论。

总之,准确而合理地运用审计依据,有利于客观公正地作出审计判断,有利于提出合理的审计意见和作出正确的审计决定,有利于审计工作质量的提高。

第二节 审计证据的特征与种类

一、审计证据的含义及作用

《审计法》规定,审计人员通过审查会计凭证、会计账簿、财务会计报告,查阅与审计事项有关的文件、资料,检查现金、实物、有价证券,向有关单位和个人调查等方式进行审计,并取得证明材料。审计证明材料,即通常所说的审计证据,是证明应证事项是否客观存在的材料,是证明被审计单位财政收支、财务收支及其有关的经济活动真相的凭证。对国家审计来说,审计证据是指审计机关和审计人员获取的用以证明审计事项真相形成审计结论基础的证明材料。

《中国注册会计师审计准则第1301号——审计证据》第3条规定,审计证据是指注册会计师为了得出审计结论、形成审计意见而使用的所有信息,包括会计报表所依据的会计记录中的信息和其他信息。这个定义说明了两个要点:一是说明审计证据是在执行审计业务过程中获得的,非审计过程中所获取的信息虽然也可能成为某种证据,但不能成为审计证据;二是说明获得审计证据的目的是为了形成审计意见,只要与形成审计意见有关,虽不能构成其他类型的证据(如法律证据),但同样可作为审计证据。审计证据的概念虽有不同的提法,但都充分强调审计证据是发表审计意见的依据。例如,我国台湾《审计准则》第2条指出,查核证据系指查核人员为对财务报表表示意见,而关于其专业判断所归集之资料。我国香港《审计指导》中认为,审计证据是审计师为达成审计结论,据以对财务报表表示意见所收集的资料。《国际审计准则》中将审计证据界定为审计人员在达成据以形成审计意见的结论时所获取的信息。无论是中国的审计还是外国的审计,也无论是国家审计还是社会审计,审计的最终结果均要对被审计事项表示意见,作出结论或决定,其依据和基础当然是充分、适当的审计证据。概括地说,审计证据是指审计人员在审计过程中,围绕审计目标和依照法定程序和方法而获得的经过核实用以证明审计事项真相并保证审计意见和审计决定正确所依据的资料。审计证据是审计人员正确认定被审事项真相的根据,也是审计人员进行正确判断、表示审计意见、作出审计决定的基础。审计认定一般是指被审计单位管理当局对会计报表(或被审事项)各组成要素的确认、计量、列报与披露作出的明确的或隐含的声明。

审计证据不仅是审计理论的一个重要组成部分,而且是审计工作的核心问题。审计的成功在于取证的成功,审计的质量取决于审计证据的质量,取证是全部审计工作的关键所在。具体地说,审计证据在审计工作中具有以下五个方面的作用。

(1) 审计证据是制定与修正审计方案的依据之一。通过初步调查,根据证实审计目标的需要,确定所需审计证据的类型、数量及取证渠道和方法,这就为确定审计的范围、重点及主要手续方法提供了依据;审计人员在取证过程中,往往会发现实际情况与原定方案有很大差异,需要重新确定取证的范围和方法,这又为修订审计方案提供了依据。

(2) 审计证据是作出审计决定的基础。任何审计决定都必须有根有据,否则难以令人信服,容易被人否定。因此,正确的审计决定都要以充分、适当的审计证据为基础。

(3) 审计证据是表示审计意见的根据。全面公正的、准确的、恰当的审计意见都必须有充分的审计证据来支持,都必须和客观事实相吻合。根据估计和推测提出的审计意见不会被他人所接受。

(4) 审计证据是确定或解除被审计人员应负经济责任的根据。审计人员可以根据在审计过程中所收集到的大量的审计证据证明被审计单位和被审计人应负经济责任或解除所应负的经济责任。

(5) 审计证据是控制审计工作质量的重要手段。审计证据的作用不仅在于能够取信于他人,而且也是审计职业自我控制的重要工具。审计主管人员可以根据取证进度来控制审计进度,可以通过审计证据来控制全部审计工作的质量。例如,审计主管人员审阅审计工作底稿及所记载的审计证据,借以发现和纠正工作过程中的问题,给具体工作人员以必要的指导,并据以考核具体工作人员的工作能力、工作效率及其工作责任心。

二、审计证据的特征

《中国注册会计师审计准则第1301号——审计证据》第6条指出,注册会计师执行审计业务,应当取得充分、适当的审计证据,以得出合理的审计结论,作为形成审计意见的基础。注册会计师应当保持职业怀疑态度,运用专业判断,评价审计证据是否充分、适当。由此可见,要保证审计质量,首先要保证审计证据的质量。

审计证据的质量是指审计证据的优劣程度,具体是指审计证据力的大小和证明力的高低。所谓证据力,是指单个证据本身的可靠性价值,即证据形式上的价值。所谓证明力,就是把众多证据加以综合,恰当归纳,再加上审计人员的意见,所形成的综合性的价值,即证据实质上的价值。审计证据具体特征有以下七个方面。

(一)客观性

审计证据的客观性是指审计证据是客观事实的反映,不是主观臆断的产物;审计人员在取证和运用证据时,应坚持实事求是、客观公正的态度,防止估计与虚构。客观性要求审计证据载明的时间、地点、事实、当事人等必须和事实相符;审计证据所描述的被审经济事项的变化过程、因果关系、制约因素、影响程度等必须真实而不能虚构;审计证据中涉及的各种数字都必须通过验算和核对,一定要和事实相符。客观性是审计证据胜任其证明的必要条件,不客观的证据没有任何证据力。

(二)可靠性

审计证据不仅需要和客观事实相符,而且要正确可靠,不同的证据其可靠程度也不一样。例如:① 书面证据比口头证据可靠;② 外部证据比内部证据可靠;③ 审计人员通过直接进行实物检查、观察、计算和盘点获得的证据比间接取得的证据可靠;④ 内部控制较好时的内部证据比内部控制较差时的内部证据可靠;⑤ 检查原始文件提供的证据比检查副本提供的证据可靠;⑥ 在环境自由的情况下取得的询证比在妥协求全的情况下取得的证据可靠;⑦ 从没有偏见、知识全面的人员那里获得的证据比从有偏见、知识不全面的人那里取得的证据可靠;⑧ 第三方证据比被审计单位提供的证据可靠;⑨ 不同来源或不同性质的审计证据能相互印证时,审计证据更为可靠。

上述假设是判断审计证据可靠程度的标准。可靠的证据必须有可靠的来源,同时其证据本身也必须是可靠的。审计证据的可靠性程度通常受下列三个因素影响:① 提供者的独立程度。一般说来,证据可靠程度同被审计单位对其支配力成反比例,与证据提供者的独立程度成正比。② 证据本身的证据力。有的证据起直接证实作用,有的起间接证实作用。直接证实的证据比间接证实的证据有较高的证据力。③ 证据提供者的有关知识。一般来说,一个人所提供的证据可靠程度同他所具有的相关方面的知识有密切关系。来自具有较高的专业水平的人的证据可靠性较高,反之则低。

(三)合法性

合法性是指审计证据必须具有法律上的效力,即指审计人员必须依照审计法规规定的手续和程序收集审计证据,要得到被审计单位或提供证据人员的正式认同,如签字、盖章等,否则审计证据就不具有法律效力。有些证据其本身也有证据力,并且与审计事项相关,但由于收集手续不当,没有得到证据提供者的认同,因此就不具有法律效力,也就不能用来证实问题。

(四) 时间性

审计证据的时间性是指审计证据的效力受一定时间的限制。审计证据所覆盖的时间区域与被审计事项所形成的时间是一致的,审计证据所反映的时点应与被审计事项发生的时间相一致,某些审计证据只能用来证明某个特定时间内的事项,如果超过了时间限制,即失去了证明力。例如,期末审计要收集有关内部控制结构有效性证据,期末审计要收集财务报表余额真实公允性证据,期末审计之后则要收集有关期后事项的证据。在期末审计取证时,证据的时间特征应该是:对资产负债表项目而言,作为证据的样本项目越接近结账日越好;而对损益表项目而言,作为证据的样本项目越能覆盖整个会计期间越好。

(五) 重要性

证据力的大小还取决于证据的重要性。所谓审计证据的重要性,是指证据的有用性。收集到的证据是否有用取决于该项证据的内容对评价被审计事项是否具有重要意义。证据的重要性起着直接的重要作用。所谓证据内容重要,包括两个方面的含义:一是证据反映经济业务金额的重要性,在同质证据的条件下,金额大的比金额小的更重要;二是证据反映经济问题性质的重要性,问题性质的不同,其重要性程度也就不同,一般来说,反映会计弊端的证据比反映会计差错的证据更重要。

(六) 相关性

有证据力的审计证据必须具有相关性,证据的相关性越强,其质量就越好。证据相关性:一是指证据与该项审计的目的相关;二是指证据与某审计事项的具体目标相关;三是指证实同一目标的全部证据之间能够相互印证,具有内在联系,能产生一种联系证明力。例如,存货监盘结果只能证明存货是否存在和有无毁损短缺,而不能用来证明存货计价及所有权,这就是证据与目标的相关性决定的。再如,在进行符合性测试收集审计证据时,就要注意对内部控制是否存在、内部控制是否有效、内部控制是否一贯遵守等方面的证据进行收集,以利于形成相互印证的证据群。在进行实质性测试时,就要收集证实以下事项的相关审计证据:资产或负债在某一特定时日是否存在,是否归属于被审计单位;经济业务的发生是否与被审计单位有关,是否有未入账的资产、负债或其他交易事项,会计记录是否恰当;资产或负债的计价是否恰当;收入与费用的配比是否恰当;会计报表项目的分类反映是否恰当并前后一致等。审计人员在确定审计证据相关性时,应考虑以下三个方面问题:

(1) 特定的审计程序可能只为某些认定提供相关的审计证据;

(2) 针对同一项认定可以获取不同来源或不同性质的审计证据;

(3) 与某项认定相关的审计证据并不能替代与其他认定相关的证据。

(七) 充分性

审计证据的充分性又称足够性。它是指审计证据的数量能足以证明被审计事项真相和说明审计人员的审计意见及审计决定是正确无误的。证据数量的多少在很大程度上取决于两个方面因素：一是证据是否能反映本质，证据越能反映本质，其需要的正面证据数量就越少；二是对立证据(或者反证证据)数量越少，需要的正面证据数量就越少。证据的足够性一般用不可置疑性来衡量。令人满意的程度是证据能消除人们头脑中合理的怀疑。审计证据的数量并非是越多越好，为了有效率、有效益地审计，证据只要能证明事项真相和能说明审计意见正确也就足够了。每一审计项目对审计证据的需要量应根据具体情况而定，还必须考虑取证的难易程度。如果质量高的理想证据难以取得，就应该改变取证途径寻找替代证据；对不可缺少的证据，应通过各种途径尽可能收集。审计人员在判断审计证据是否充分和适当时应考虑以下五个因素。

1. 审计风险

这里所指的审计风险主要是指审计人员对被审计资料某些重要反映失实未予发现的风险。在一般情况下，审计风险越高，则需要证实的审计证据需要量就越大；审计风险越低，其需要的证据就越少，审计风险具体又受以下六个因素影响。

(1) 项目的性质。如果被审计项目具有投机冒险的性质，则审计人员的审计就要冒很大的风险。由于这类情况是发生在新创建的单位，因此，对新单位第一次审计，应做充分的调查工作，要有意识地提高审计证据的质量，增加审计证据数量。

(2) 内部控制的强弱。被审计单位的内部控制越健全有效，其审计的相对风险就越小；被审计单位的内部控制越薄弱，其审计的相对风险就越大，如果被审计单位内部控制出现薄弱情况或失控现象，审计人员就应加倍注意，扩大取证范围，深入细致取证，收集更多、更有力的证据，以减少固有风险的影响。

(3) 业务经营性质。被审计单位的经营业务越复杂，审计的相对风险就越大。审计人员对这一类单位进行审计时，应充分估计到其业务的复杂性，周密地进行计划，广泛地进行取证，从多方面进行证实，以减少审计风险。

(4) 管理当局的可信赖程度。被审计单位管理当局的可信赖程度差或不值得信赖，发生重大舞弊案件的可能性就大，审计人员应注意舞弊行为方面的迹象，多方面收集证据以揭示有无弊端。

(5) 财务状况。被审计单位财务状况不佳的，容易发生掩饰行为。审计人员应多方面、更深入地收集证据，以揭示有无虚增收入、虚减支出等掩饰行为。

(6) 时常更换中介审计组织。被审计单位无正当理由地经常更换社会中介审计组织，则说明被审计单位对过去的审计不满。审计人员对其审计更要注意提高审计证据质量和适当增加审计证据数量。

对会计报表审计来说，审计风险是指会计报表中存在重大错报或漏报而审计人员却在审计报告中发表了不恰当的审计意见。或者说，该审计人员对会计报表中错报或漏报所发表的审计意见超过了报表使用者容忍程度时应承担的风险责任。审计风险与审计重要性是相关的两个概念，如果该重要性是指从报表使用者来考虑的错报或漏报的"容忍程度"，那么审计风险则是超过这一"容忍程度"发表审计意见将承担的风险责任。审计风险包括固有风险、控制风险和检查风险，同样存在风险量化问题，评估时同样要考虑报表层和账户层风险责任的数量和质量。审计人员在制定和实施审计策略时，通过改变对固有风险和控制风险的估计水平,以确定在最有效和最节约的情况下制定出检查风险的最佳函数,这就是审计风险的测试原理。审计风险的评估就是在审计计划、实施和报告过程中,对各个风险构成要素的测试及其涉及的方法与测试结果的综合评价与估计。在审计风险测试与评估中,任何时候都不能离开经验判断。

2. 具体审计项目的重要程度

越是重要的审计项目,审计人员就越要收集充分的审计证据,以免造成判断上的错误,导致对整体判断的失误。如果审计项目不重要,即使审计中有些偏差,也不会影响对整体判断的正确性。

对会计报表审计来说,重要性是指被审计单位会计报表中错报或漏报的严重程度,这种程度在特定环境下可能导致报表使用者的判断与决策的失误。它是从会计报表使用者可容忍程度来考虑的。会计报表的重要性又可进一步分为会计报表层的重要性和账户余额层或交易发生额的重要性。审计人员在编制审计计划时,必须充分考虑会计报表层的重要性,而在实施审计和收集审计证据时应充分考虑账户余额或交易发生额的重要性,否则难以对会计报表的合法性、公允性、一贯性作出总体结论。审计人员在判断重要性时,既要考虑数量,又要考虑性质,如数量小当然不重要,一般记录中差错也无足轻重。重要性量化通常反映审计人员的正确判断,但有时也参照一些指导性意见,如达到或超过税前利润5%—10%的问题即为重要性问题,达到或超过总资产或总收入的1%即为重要性问题。

3. 审计人员的经验

经验丰富的审计人员,即便从较少的审计证据上也会作出正确的判断;反之,缺少经验的审计人员,就需要收集更多的证据,以便于作出正确的判断。

4. 是否发现错误或舞弊

审计人员在审计过程中如果发现了错误和弊端,就应该扩大取证的范围,收集更多的证据,以便于作出恰当的决定或提出正确的审计意见。

对会计报表来说,错误是指会计报表中存在的非故意的错报或漏报。错误类型主要是原始记录和会计数据计算和抄写错误、对事实的疏忽与误解错误、对会计政策的误用错误等。舞弊是指导致会计报表产生不实反映的故意行为。舞弊类型主要有伪造、变造会计资料或其他资料、利用职务之便侵占资产、隐瞒或删除交易或事项的结果、记录虚假的交易或事项、蓄意使用不当的会计政策、蓄意披露与事实不符的会计政策。发现重大错误和舞弊迹象时,应重新考虑相关人员陈述的可靠性,重新评价内部控制制度,修改或追加审计程序,并以书面形式告知被审计单位管理当局。如果涉及最高层管理人员的重大舞弊时,还应考虑是否向股东大会(董事会)报告;如果舞弊严重到出示审计报告会承担重大审计风险的程度时,在征求律师意见后应考虑取消审计业务的约定。

5. 审计证据的类型与取证途径

如果大多数审计证据都是从独立于被审计单位的第三者那里取得的,而且证据本身不容易伪造,那么取证数量就可以减少;反之,审计证据的数量就应该增加。

审计证据的充分性是对审计证据数量的衡量,审计证据的适当性是对审计证据质量的衡量,即审计证据在支持各类交易、账户余额、列报与披露的相关认定或发现其中存在错误方面具有相关性和可靠性。审计人员所需获取的审计证据的数量不仅受到错报风险的影响,还受到审计证据质量的影响。错报风险越大,需要的审计证据就越多;审计证据质量越高,需要的审计证据可能越少,但仅仅获取更多的审计证据可能难以弥补其质量上的缺陷。

三、审计证据的种类

审计证据可以按照不同的标准进行分类,不同种类的审计证据具有不同的证据力,在其证实审计目标方面有不同的作用。研究审计证据的种类,不仅有助于高效率地收集审计证据,也有利于正确评价和综合运用审计证据,最终达到提高审计质量的目的。

(一) 按证据表现形式分类

根据审计证据的表现形式,也就是按照作为证据的客观事实是通过什么形式反映出来的,可以将审计证据分为实物证据、书面证据、视听或电子数据证据、言词证据和环境证据。

1. 实物证据

实物证据是以物品外部形态某种客观事实为表现形式的证据,审计人员通过盘存各种财物的实在性而取得的审计证据(如实际观察和实地盘点资产、存货)是这些财产物资实际存在的最好证据。这类实物证据的特点有两个方面:① 可以通过实物盘存方法取证;② 作为物证能够通过价值加以反映。

还有一种实物证据并不完全具备有形资产证据的两个特征,但它们确实是实物,当它们同某一被审计事项发生密切关系时,它们就以其实物形态为该事项作证,成为一种实物证据。例如,审查企业劳保用品发放的合规性时,已发放的实物虽然已不属于企业所有,但可以作为实物证据拿出来以证实企业是否有超标准、超规定发放劳保用品的现象。

更确切地说,实物证据是审计人员通过对人员、财产或事项进行直接检查或观察而取得的证据。这类证据可以以备忘录、照片、图片、图表、地图或实物样本的形式加以记录。实物证据最可靠,具有很强的证据力。实物证据可以有效地证实资产、实物的状态、数量、特征、质量等,但不能证明资产或实物的所有权、计价及分类等。

2. 书面证据

书面证据也称文件证据,它是指以文件记录形态作为证明事项真实情况的表现形式的证据。书面证据又称为书证,它有两个方面的特征:第一,它所记载的内容或所表达的思想可供他人认识和了解;第二,它的内容必须反映一定的审计事项的事实。书面证据的种类很多,主要有以下三种。

(1) 有关审计事项的各种经济业务的行政会议记录、报告、批准文件、指示、决议、合同等。

(2) 有关审计事项的各种经济、财务收支来往的书信、电报。

(3) 会计记录文件,包括有关审计事项的各种会计记录及所有支持会计记录所记载的交易和事项的文件。例如:① 总账和日记账;② 工作底稿;③ 采购单、领料单、验收单、购货发票及凭单;④ 销售订单、销货发票、发货通知、提单、运输单;⑤ 计时卡、职工收入记录、工资汇总表；⑥存货标签及清单；⑦现金收入清单、汇款通知书、收银机纸带、存款单；⑧注销支票和银行对账单；⑨信函；⑩合同；⑪保单；⑫会议记录；⑬纳税申报表；⑭月度财务报表等。

  书面证据数量大、来源广、作用广泛、易于篡改，它的价值并不在账面，而在于它所记录的内容。因此，审计人员在取证过程中，既要广泛地、大量地收集与被证实事项有关的书面证据，又要认真地对证据进行仔细鉴定和分析，以辨别真假。最有效的办法是运用能相互印证或有佐证的书面证据。

  3. 视听或电子数据证据
  这是以录音录像或者计算机储存、处理的能证明被审计事项的证据。

  4. 言词证据
  凡是能够证明审计事项真实情况的事实是通过人的陈述表现的，即以言词作为表现形式的证据，就称为言词证据或口头证据。它包括质询的口头答复、被调查人的陈述和书面证据材料等。审计人员发现某种线索，向有关人员调查，被调查人写出的书面证明材料，虽然具有书面形式，其实质仍是言词证据。由于言词证据都是人的陈述，在审计实践中就常常把它们称为人证。言词证据是人用言词叙述他们所知道的客观事实，不仅客观因素、陈述者的主观倾向能够影响其真实性，而且与陈述者的记忆力、判断力、表达力密切相关。

  尽管言词证据没有实物形态、没有载体，带有感情色彩而又出自不同人之口的言辞证据不足以证明事物的真相，但审计人员可以通过言词证据发掘出一些重要的线索，从而有利于对某些需审核的情况做进一步的调查，以便于收集到更为可靠的依据。因此，审计人员应对各种重要言词尽快地做成完善的记录，并要注明是何人、何时、在何种情况下所做的口头陈述，必要时还应获得被询问者的签名确认。对同一事项不同人的口头证据如果能相互印证或一致的，这类言词证据则具有较高的可靠性。

  5. 环境证据
  环境证据也称状态证据，它是指对被审计单位产生影响的各种环境事实，如被审计单位的内部控制状况、管理人员素质、管理条件和管理水平。

  (1) 内部控制状况。如果被审计单位内部控制良好，其会计资料及其他的信息资料可靠程度就高。当审计人员确认被审计单位有健全的内部控制制度并得到很好的遵守时，就可认为被审计单位现行的内部控制制度为会计资料及其他管理资料的真实性提供了强有力的证据；审计人员也可据此对被审计单位会计报表有无重大错误表示意见，当然要对会计报表的有关数据的真实性进一步验证。此外，被审计单位内部控制的完善程度和执行情况还影响到取证多少及审计人员的判断。一般来说，内部控制越健全，所需的其他各类审计证据就越少；否则，审计人员就要进行大量的取证。

  (2) 管理人员的素质。被审计单位人员的素质越高，其所提供的证据差错率就越小，可靠性程度就越大。如果一个单位的会计人员素质好，其会计中的差错也会减少，舞弊可能性也会很小，其提供的财务会计信息可靠程度也会增加。

  (3) 管理条件和管理水平。被审计单位管理条件越好、管理水平越高，其提供的证据可靠程度也就越高;否则,被审计单位所提供的证据就很难予以信赖。

(二) 按证据来源分类

审计证据按其来源分类,可以分为内部证据、外部证据和亲历证据。

1. 内部证据

内部证据是指由被审计单位内部各种经营管理活动所形成的保存于单位内部的证据。它是审计人员在被审计单位取得的,填制地点在被审计单位,如内部书证、物证人证、原件等。

2. 外部证据

外部证据是指审计人员取得的由被审计单位外部第三者提供的各种证据,填制地点在被审计单位外部。外部证据主要包括外部有关单位提供的业务询证资料、书面证明、从外部获得的实物证据以及外部有关人员的陈述等。

3. 亲历证据

亲历证据是指审计人员目击或亲自参加检查测试所取得的证据,如通过鉴定实物、现场观察、计算分析等所取得的证据。亲历证据可信程度高,具有很强的证据力。视听证据,除参盘或监盘中取得的证据外,还有确证证据、计算证据和分析证据等。

(1) 确证证据。这是直接从客户外部的第三者获得的有关存在、所有权或价值的证据。为了确证应收账款,审计人员通常制作函证发给客户,以确认征询的余额是否正确,并要求回函一定要寄给审计人员。

此外,应收票据和应付票据分别与出票人和受款人确认,外存的寄售品与受托人确认,公共仓库的货物及代管证券需分别与代理人确认。审计人员直接从客户外部的法律顾问获得的律师信函也是一种确证证据,这种信函的目的是提供待决诉讼的证据及确定是否应在日记账或注释中对声明及未声明的索赔予以反映。

(2) 计算证据。计算证据包括审计人员编制的计算表、复算表和调整表,如在审计期末存货时,必须检验金额和各存货项目的金额合计数。计算证据是审计人员通过对基础数据的计算而取得的直接证据。

计算证据很重要的一类与分摊和应计有关,如通过计算或复算来检验分摊和应计的事项有应收与应付利息、折旧、各种纳税、产品质量保证、应计工资、各种资产清理收入或损失等。审计人员还可能复算管理当局各种估算的合理性,复算担保售后服务成本、存货的可变现净值、贷款损失备抵或预定进货额潜在损失等。因为调节表要涉及大量计算,所以也可以被列为计算证据。

(3) 分析证据。是审计人员使用分析程序研究和比较数据间关系所获取的证据,以利于有目的地进行实质测试。在审计计划阶段和审计现场工作结束时,均应实施分析程序以取得分析证据。前者是为了辨识高风险领域,后者是为了评价审计后交易及余额的合理性。实施分析程序获取分析证据的主要方面有:对比本年与上年同期财务报表的主要内容并查明显著差异,如对毛利率升降分析;对比收入和费用来源并调查新增和减少的来源;检查业绩报告并查明对预算的严重偏离,如对销售额偏离预算分析;将关键比率和百分比同行业平均值对比,如对边际利润、总资产报酬率、存货周转率、应收账款周转率等的对比。

(三) 按取证方式分类

根据取证人员在取证过程中所采取的不同方式而进行的证据分类,这类证据一般都具有亲历证据的特征。

1. 检查证据

检查证据是指审计人员在审计过程中,使用审阅、核对、分析、监盘等方法所获得的各种会计资料及其他信用资料等。

2. 调查证据

调查证据是指审计人员针对某些被审计事项向有关部门和人员进行调查时获得的陈述材料和出具资料。

3. 鉴定证据

在审计实践中,针对某种事项、实物或资料,审计人员要求有必要进行鉴定的部门进行鉴定所取得的鉴定结论即为鉴定证据。

4. 其他证据

在上述证据之外的各种证据,如审计人员在审计工作中的各种记录、群众的举报材料、来访接待记录、分析对比资料等。

此外,按照证据相关程度分类,有直接证据和间接证据;按照证据的重要性分类,有基本证据、辅助证据和矛盾证据;按照证据制作依据分类,有原始证据和派生证据;按照证据内容的真实性分类,有真实证据和不真实证据。

第三节　审计证据的收集与整理

《中国注册会计师审计准则第 1301 号——审计证据》中规定,注册会计师获取审计证据的程序包括风险评估程序、控制测试和实质性测试。

从以上规定中可见,审计的取证工作贯穿于审计全过程,审计人员要查明事实、表示审计意见以及出具审计报告,都必须取得充分而又恰当的审计证据。要获取充分而恰当的审计证据,当然离不开证据收集、证据鉴定与证据整理等过程。

一、审计证据收集

审计证据收集是审计人员为了发现和取得证据所进行的活动。取证是整个审计活动的关键工作,既关系到审计工作的成效,又关系到审计质量的好坏。因此,在取证前必须进行正确的决策,在取证中要遵循一定的原则和运用科学的方法。

（一）取证决策

审计人员在进行每一项审计活动时，都要面对纷繁复杂的业务和大量多变的信息数据以及多种多样的制度规定，更重要的是他们要运用科学的审计方法和专业判断去选取充分而恰当的审计证据，以说明事实真相、支持审计意见和作为审计决定依据。为了保证审计证据质量，节约取证时间，提高取证效率，有必要在取证前进行正确决策。取证决策主要包括以下四个要点。

1. 审计手续决策

有了明确而具体的审计目标以后，审计组或审计人员就应该确定证实目标的各种审计手续，也就是确定取证的途径和方式以及应办理的各种审计手续，并编入审计工作方案，以便审计人员遵照执行。例如，审查资产负债表的部分手续是：取得应审的资产负债表和上期资产负债表；取得总账和有关资产、负债、所有者权益的明细账；审阅与分析资产负债表，并将有关科目余额与总账及相关的明细账核对；查明不相符的金额和不相符的经济业务；在分析错误影响的基础上，提出调整意见；对资产负债表的真实性、合法性及有效性表示意见等。

2. 证据规模决策

在采取抽样审计的情况下，决定了审计手续之后，就应该确定证据规模，也就是决定样本量的大小。证据规模或样本量的大小既可以根据统计抽样来计算，又可以凭着审计人员的经验判断。总之，要有利于取得充分的审计证据。

3. 选取项目的决策

在证据规模决策后，审计人员就要为选取证据项目决策。审计人员首先应把自己非常关注的项目选进样本，其次就是要把具有代表性的项目选进样本。

4. 实施审计手续时间的决策

对不同的审计种类，实施审计手续进行取证的时间也不尽相同。例如，进行财务审计，有些作业手续可在期中实施，而对有些账户余额审核、验证，一般要在结账后实施。管理审计中的取证工作，可以在期中进行，也可以在期末进行，例如，对管理功能的审查可放在期中，对管理绩效的取证可放在期末。取证时间选样恰当与否，关系到是否选择到恰当的审计证据。

取证决策中一个最值得注意的问题是取证模式确定的问题。审计取证模式也就是审计方法模式。审计发展至今有三种方法模式：一是账簿基础审计或交易基础审计，即逐笔审查交易业务及其记录；二是制度基础审计，即依赖对内部控制制度的测试与评估，然后进行实质性检查；三是风险基础审计，即在进行风险分析的基础上进行业务检查。这三种审计模式也就决定了三种取证模式，到底采用哪一种或哪几种模式，审计人员理应进行决策。

（二）取证原则

审计人员要想取得充分而恰当的书证、物证、人证、证言、当事人陈述以及鉴定证据，必须遵循如下的取证原则。

1. 依照法定的取证程序

收集审计证据必须符合审计法规的规定，严格遵守审计工作程序和有关审计证据具体准则，履行法定的审计手续。例如，审计人员向有关单位和个人进行调查时，应当出示审计人员的工作证件和审计通知书副本。审计证据提供必须是有效的法律行为，证据提供者必须具有行为能力，审计人员不得采用威胁、引诱、欺骗等非法取证手段。

2. 客观全面、实事求是

审计证据是客观存在的真实材料，取证必须尊重客观事实，按照证据的本来面目进行收集。取证时应防止以主观臆断代替客观事实，防止以个人成见、长官意志替代实际，绝不能偏听偏信、断章取义、歪曲事实、弄虚作假。取证时还应全面周到，只有全面地收集能够证明被审计事项的一切证据，才能为澄清事实、表示意见和作出决定提供充分的依据。

3. 认真严谨、深入细致

收集证据犹如大海捞针，必须深入细致、善于思索，保持敏锐的目光和清醒的头脑，不失时机地收集一切有用的证据；收集证据时应认真严谨，绝不能草率从事，应抓住每一条线索，不放掉任何一个疑点。

4. 运用现代科学技术

在取证过程中，经常会遇到一些很复杂的情况和一些专门性的问题，如果只靠一些原始的手工操作技术，往往容易出差错，也难以收集到证据力强的证据和大量进行取证。实地取证必须借助于一些科学工具，必要时，对所涉及的单据、账表、文件、实物等进行拍照、录像复制等，形成视听证据，增强证据的真实性、直观性和说服力。

总之，在取证过程中，必须客观公正、实事求是，防止主观臆断，保证审计证据具有客观性；对收集的审计证据进行分析、判断，决定取舍，保证审计证据具有相关性；必须收集足够的证据，以保证审计证据的充分性；严格遵守法律、法规规定，保证审计证据的合法性。

(三) 取证程序

为了获取充分、适当的审计证据，审计人员应当实施必要的取证程序。根据《中国注册会计师审计准则第1301号——审计证据》第四章的规定，我国注册会计师实施取证程序的目的有以下三个方面：① 了解被审计单位及其环境，包括内部控制，以评估会计报表层次和认定层次的重大错报风险；② 必要时或决定测试内部控制时，测试内部控制在防止或发现并纠正认定层次重大错报方面的运行有效性；③ 发现认定层次的重大错报。

因此，我国注册会计师取证程序为风险评估程序、控制测试程序和实质性测试程序。

1. 风险评估程序

风险评估程序本身并不足以为发表审计意见提供充分、适当的审计证据，它只能作为评估会计报表层次和认定层次重大错报风险的基础。

2. 控制测试程序

测试内部控制在防止或发现并纠正认定层次重大错报方面的运行有效性。测试的必要性一是为了支持风险评估的结果,二是弥补实质性测试所获取证据的不足。

3. 实质性测试程序

针对重大错报风险的相关评估和测试结果,对各类交易、账户余额、列报与披露的细节进行测试及实质性分析,以获取充分、适当的审计证据。

取证程序是整个审计程序的重要组成部分,详细内容见第九章、第十章和第十二章。

(四) 取证方法

无论采用哪一种取证模式,都要运用具体的取证方法。取证方法是指审计人员在收集证据过程中经常运用的技术方法。它是审计方法的一部分。美国公证会计师协会查账程序委员会在其颁布的外勤准则之三中规定,应利用盘查、观察、探究和询证以获得充分有效的证据,以作为对财务报表表示意见的合理依据。《中国注册会计师审计准则第 1301 号——审计证据》第 24 条指出:注册会计师可以采用获取审计证据的审计程序有检查记录或文件;检查有形资产;观察;询问;函证;重新计算、重新执行;分析程序等。《审计机关审计证据准则》中规定,审计人员可以通过检查、监盘、观察、查询及函证、计算、分析性复核等方法,收集审计证据(取证方法详见第七章)。

(五) 取证手段

取证手段是指审计人员在收集证据的过程中所采用的具体手段。它主要包括以下三种。

(1) 笔录。它是通过文字记录来获取证据的一种方法,通常是用叙述性方式对有关审计事项加以描述、说明,从而使证据保全。笔录一般与询问方法结合起来使用。

(2) 绘图。它是指运用绘图技术从而把需要证明的审计内容描绘出来,以收集审计证据的一种方法,如流程图。

(3) 复制。它是把审计的具体事项原样复制下来,从而收集证据的一种方法,如书面证据的复印,实物证据复制及录音、录像、拍照等。

(六) 取证时对认定的运用

根据《独立审计具体准则第 5 号——审计证据》规定,审计人员应当将认定具体运用于各类交易、账户余额、列报与披露,作为评估重大错报风险以及设计与实施进一步审计程序的基础。

(1) 对各类交易和事项运用的认定:① 发生。记录的交易和事项已发生且与被审计单位有关。② 完整性。所有应当记录的交易和事项均已记录。③ 准确性。与交易和事项有关的金额及其他数额已恰当记录。④ 截止。交易和事项已记录于正确的会计期间。⑤ 分类。交易和事项已记录于恰当的账户。

(2) 对期末账户余额运用的认定:① 存在。资产、负债和所有者权益是存在的。② 权利和义务。被审计单位拥有或控制资产的权利,负债是被审计单位的义务。③ 完整性。所有应当记录的资产、负债和所有者权益均已记录。④ 计价与分摊。资产、负债和所有者权益以恰当的金额反映在会计报表中,之后的计价或分摊调整已恰当记录。

(3) 对列报与披露运用的认定:① 发生及权利和义务。披露的交易、事项和其他情况已发生且与被审计单位有关。② 完整性。所有应当包括在会计报表中的披露均已包括。③ 分类和可理解性。财务信息已被恰当地列报和描述,且披露内容表达清楚。④ 准确性和计价。财务信息和其他信息已公允披露,且金额恰当。

(七) 注意事项

取得可靠的审计证据是一项艰苦的工作,取证时应注意以下十个问题。

(1) 取证方法要适应审计内容。根据审计内容的重要性来决定审计证据的收集方法。审计内容越重要,对审计证据的质量要求也就越高,数量也就越多。

(2) 取证方法要适应审计证据分类。在一般情况下,不同的审计证据有不同的取证方法。但是,有时为了收集一种证据,要采用几种不同的取证方法,而且一种取证方法又能用来取得不同的审计证据。

(3) 利用专家工作。审计工作通常不涉及鉴定文件的真伪,审计人员也不是鉴定文件真伪的专家,但为了考虑用作审计证据的信息的可靠性,如果发现文件存在伪造或篡改迹象时,审计人员应当考虑利用专家的工作,取得鉴定结论,作为审计证据。

(4) 证实已生成信息的准确性。如果在审计时使用被审计单位生成的信息,审计人员应当就该信息的准确性和完整性获取审计证据。

(5) 追加审计程序澄清不能相互印证的证据。针对某项认定,如果从不同来源获取的审计证据或不同性质的审计证据不一致,可能表明某项审计证据不可靠,审计人员应当追加审计程序予以澄清。

(6) 重要事项的审计证据应由提供者签章。审计人员收集的有关违反国家规定的财政收支、财务收支行为以及其他重要事项的审计证据,应当由有关单位、人员签名或盖章。如果提供者拒绝签章,应当注明拒绝的原因和日期。拒绝签章不影响事实存在的,该证据仍然有效。

(7) 应注意重大疑虑的处理方法。审计人员在审计过程中发现尚有疑虑的重要事项,应进一步获取证据,以消除疑虑,否则就应出具保留意见或无法表示意见的审计报告。

(8) 取证时应注意技巧。例如,不应引起提供证据者的反感、坚持总体的观点、相互联系的观点、善于发现证据间的内在联系、善于构筑证据体系等。同时,还要注意办理必要的手续。例如,在现场取证时,所取得的证据应经过复核和被取证者签章;调查取得的证据,应注明来源并由提供者签章;对拒绝签章的证据,应附说明材料;对有异议的证据,应进行核实或重新取证;对重要事项应由两名以上人员取证。

(9) 取证时应考虑成本效益。一般来说,非常理想的审计证据的获得通常要花费高昂的审计费用和较长的时间,在有可能的情况下,审计人员可转而收集质量稍逊的其他证据予以替代。对于重要审计项目,不应将审计成本的高低或获取审计证据的难易程度作为减少必要审计程序的理由。

(10) 证据保护。审计人员在收集审计证据时,对认为必要的审计证据应当及时取证;在当时不能取得而以后审计证据可能灭失或者难以取得的情况下,报县级以上审计机关负责人批准,可以先行登记保存。审计人员在审计过程中,有根据认为被审计单位可能转移、隐匿、篡改、毁弃会计凭证、会计账簿、会计报表以及与财务收支、财政收支有关的电子数据、数据结构文档和其他资料的,有权采取取证措施;必要时,经审计机关负责人批准,有权暂时封存被审计单位与违反国家规定的财政收支、财务收支有关的账册资料。

二、审计证据鉴定

审计组在提出审计报告前,应当对收集的审计证据进行归纳、分析和判断,形成审计结论。审计组对收集的审计证据的客观性、相关性、充分性和合法性进行鉴定,如果发现审计证据不符合要求的,应当进一步取证。

审计人员所收集到的证据资料,在未对其进行分析评价之前,通常只具有潜在的证明被审计事项的能力。要使这种潜在的证据力转化为现实的证据力,就必须将收集到的证据加以鉴定,以确定其是否为所需要的审计证据。鉴定证据的步骤是:首先是评定证据本身的真实性及可靠程度,认定具有证明事项能力的资料,对不具有真实性的资料予以舍弃;其次是鉴定证据资料与被审计事项的相关性,确定其能否直接或间接地证明被审计事项,对那些没有关系的证据也要舍弃;最后是判断证据内容是否重要,即证据的内容应该是证明和评价被审计事项所不可缺少的。

对不同种类的证据,应该根据它们各自的特点,着重从不同方面进行鉴定。例如,物证不仅要核实数量是否真实存在,而且要鉴定其质量是否可靠,如有必要,物证要经过权威部门做出技术鉴定。书面证据着重鉴定书面是否伪造、内容是否准确无误、样式上是不是符合要求。言词证据着重审定提供者是否故意作虚伪陈述。如果证人与当事人或审计案件结局无利益关系,则应着重审查言词证据形成的具体情况:一是审阅所取得的询查证据信息是不是合理,有无自相矛盾之处,有无疑点;二是将询查取得的证据与其他已掌握的相关证据核对,分析它们之间的差异和原因。直接证据与审计事项事实的联系很明显,关键是审查它的客观性、准确性;还应着重审查与事项事实存在什么联系及能证明什么事项事实。外来证据的鉴定主要是审查外来证据在转述、转抄中有无错误等。审计人员对审计证据客观性、相关性、充分性和合法性进行鉴定后,如发现审计证据不够充分、不够有力可靠,审计人员应进一步收集证明材料。

三、审计证据整理

收集到的大量证据经过认真的鉴定工作后,证据的现实证据力已经形成。但是,由于审计证据的作用源于它的证明力,为了使分散的个别证据的证据力结合起来形成具有充分的证明力,用来评价被审事项和支持审计意见,必须对经过鉴定的证据进行整理。整理证据是指把鉴定后的审计证据进行归纳、分类和综合,把具有个别证据力的分散的审计证据有机地联系起来,形成综合证明力,以证明被审计事项。

(一) 整理证据的基本方法

审计证据整理的关键在于使具有现实证据力的证据对证实对象具有条理化,并要综合全部证据进行评价。这就要求审计人员具有较高的政策水平、业务水平和丰富的实践经验。整理证据的基本方法主要有以下五种。

(1) 分类。分类是指各种审计证据按其证据力的强弱或按与审计目标的关系是否直接等分门别类地排列成序。

(2) 计算。按照一定的方法对数据方面的审计证据进行计算,从计算中进一步收集新的证据。

(3) 比较。一是将各种审计证据进行比较,借以分析被审计单位经济活动的特征及其变动趋势;二是将审计证据与审计目标比较,判断证据是否符合需要。

(4) 小结。在分类、计算、比较的基础上,审计人员对审计证据进行归纳、总结,得出局部审计结论。

(5) 综合。审计人员根据各类审计证据及其局部结论,进行综合分析,形成证据群及整体审计意见。

(二) 整理审计证据的技巧

整理审计证据时,还应运用以下三个方面技巧。

(1) 矛盾解决法。在收集到的各种证据中,某个证据与其他证据之间不可避免地会出现这样或那样的矛盾。整理证据首先在于发现相关证据之间尚未解决的矛盾。随着矛盾的不断揭露和不断解决,证据与事项的事实之间的联系被揭示,证据体系得到完善,使证据的证明力更加充分。矛盾解决法主要从两方面分析解决矛盾:① 查明证据与证据之间有无矛盾。要分析言词证据与物证、书证之间有无矛盾以及原始证据与外来证据之间有无矛盾。如书证的原本与正本以及副本是否一致。直接证据与间接证据对照查核有无矛盾,间接证据之间有无矛盾,能否协调一致等。② 查明审计证据与审计事项事实之间有无矛盾。用于证明审计事项的证据必须是与审计事项相关联的。如果形式上似有联系,在实质上并无内在联系,或者两者之间存在矛盾,就必须针对不同的矛盾根据具体情况采用不同的方法加以解决。

(2) 联系整理法。联系整理法是指围绕某一具体被审事项,按照一定的审计目的的要求,从各种证据中找出证据间的某种联系,从而将有联系的证据归纳整理,形成相关证据组。

(3) 共性归集法。共性归集法就是找出各种形态证据的共同点,把具有相同点的证据归集在一起,形成一个相同的证据组。共性归集法一般是在联系整理法的基础上使用,它是对具有相同问题的相关性证据进一步归纳和分类,使问题的重要性系统地反映出来。

第四节 审计工作底稿的种类和内容

《中国注册会计师审计准则 1131 号——审计工作底稿》第 3 条和第 4 条指出,审计工作底稿是指注册会计师对制定审计计划、实施的审计程序、获取的相关证据,以及得出的审计结论作出的记录,即以提供充分的记录和证据,作为审计报告的基础,证明其工作按准则执行。审计工作底稿是审计人员在审计过程中形成的与审计事项有关的工作记录和获取的证明材料。审计证据的收集和评价以审计工作底稿的形式被记录。审计工作底稿是审计人员用以支持审计意见而收集和评价的审计证据的最主要记录。作为支持审计报告的一种专业记录,它全面反映了审计人员所收集的全部证明材料,如审计人员所做的工作、所使用的方法程序以及审计人员实施审计所获得的结果等。审计工作底稿是审计人员提出审计意见、作出审计决定、编写审计报告的重要依据；是组织审计工作、控制审计进度、监督审计质量、评价审计人员业务水平和考核审计人员工作业绩的主要依据；是审计行政复议、法律诉讼的证据资料和后续审计的重要参考资料；同时也是以后各期编制审计计划的参考资料。

此外，审计工作底稿作为重要的档案资料可以为研究审计理论、方法，建立审计法规、制度，探索审计工作的规律以及研究经济政策提供资料；可以为改进审计管理以及培训审计人员提供重要的学习资料。

一、审计工作底稿的种类

作为一种专业记录，审计工作底稿涉及的内容非常广泛。根据不同的分类标准，可以分为以下四种不同的审计工作底稿。

（一）管理类工作底稿与业务类工作底稿

管理类审计工作底稿是关于审计的基本情况和为组织、控制、总结整个审计工作所形成的记录以及被审计单位、其他单位和个人提供的与审计项目管理有关的资料。管理类工作底稿主要包括审前调查工作记录、审计方案、审计通知书、被审计单位基本情况表、被审计单位的承诺书、有关会议记录、审计工作方案变更调整记录、审计组的审计报告、被审计单位对审计报告反馈的意见及审计组的说明，其他与审计事项管理有关的记录和证明材料。

业务类审计工作底稿是指审计人员对被审计单位财政、财务收支实施审计时形成的工作记录，包括与形成和发表审计意见有关的所有重要事项以及审计人员的专业判断。业务类审计工作底稿的主要内容包括被审计单位的名称、审计项目的名称、实施审计期间或截止日期、实施审计过程记录、索引号及页次、编制者的姓名及编制日期、复核者的姓名及复核日期、其他应说明事项。

（二）综合类审计工作底稿、分项目类审计工作底稿和汇总审计工作底稿

业务类审计工作底稿按编制顺序可分为以下三类。

(1) 综合类审计工作底稿。审计人员对被审计单位内部控制制度进行测试和对被审计单位会计报表及相关资料进行审计时形成的审计工作底稿。

(2) 分项目类审计工作底稿。由审计人员按照审计方案确定的审计项目内容逐项逐事编制形成的审计工作底稿。编制分项目工作底稿应当做到一项一稿或一事一稿。

(3) 汇总审计工作底稿。在分项目审计工作底稿编制完成的基础上，按照分项目审计工作底稿的性质、内容进行分类、归集、排序、综合而成。

（三）基本审计工作底稿、项目审计工作底稿和汇总审计工作底稿

审计工作底稿按其编制依据不同，可分为基本审计工作底稿、项目审计工作底稿、汇总审计工作底稿。

基本审计工作底稿是直接依据被审计单位提供的有关资料和情况编制的审计工作底稿。如被审计单位基本情况表、被审计单位组织机构一览表、内控制度调查表等。

项目审计工作底稿是根据审计人员的日记、审查记录及其他证据资料编制的审计工作

底稿,如现金审计工作底稿、银行存款审计工作底稿等。项目工作底稿一般也叫分项目审计工作底稿,应当由审计人员根据审计方案确定的项目内容,逐项逐事编制形成,做到一项一稿或一事一稿。

汇总审计工作底稿是根据基本审计工作底稿、项目审计工作底稿汇总编制的工作底稿。一般是按照分项目审计工作底稿的性质、内容,进行分类归集,综合编制。由于该底稿一般是在审计评价后编制和反映评价结果的,因此也称作审计评价工作底稿,如货币资金审计工作底稿、所有者权益审计工作底稿等。

(四) 永久工作底稿与当期工作底稿

永久工作底稿是指有后续重要性的工作底稿,如国外对企业审计时建立的永久性工作底稿。其内容包括企业和行业分析、组织系统图、会计科目表、文件副本、公司章程及条例、会议记录摘要、劳资协议、关联方信息、会计系统信息、内部审计人员组成及职责、复杂业务交易及特殊会计处理说明书、养老金计划、认股权计划、雇员红利及利润分配计划的副本、股东及留存收益分析、税收时间性差异及递延税款变动计算方法说明书等。

当期工作底稿是指只对现时审计期间适用的工作底稿,如国外对企业审计时建立的当期审计工作底稿。其内容有工作试算表、主要明细表、有关附表、审计调节表、重分类表、审计报告、财务报表和附注、内部会计控制调查表、流程图及内部控制结构、研究和评价结论、审计方案(实质性测试程序)等。

二、审计工作底稿的基本结构和内容

按照审计准则 1131 号的要求,注册会计师编制的审计工作底稿应当使未曾接触该项审计工作的有经验的专业人士清楚了解:按照审计准则的规定实施的审计程序的性质、时间和范围;实施审计程序的结果和获取的审计证据;就重大事项得出的结论。在确定审计工作底稿的格式、内容和范围时,审计人员应当考虑下列七个因素:① 实施审计程序的性质;② 已识别的重大错报风险;③ 在执行审计工作和评价审计结果时需要作出判断的范围;④ 已获取审计证据的重要程序;⑤ 已识别的例外事项的性质和范围;⑥ 当从已执行审计工作或获取审计证据的记录中不易确定结论或结论的基础时,记录结论或结论的基础的必要性;⑦ 使用的审计方法和工具。

一般地说,审计工作底稿的结构和内容是由审计活动过程中具体的审计目标决定的。在具体的审计项目中,由于经济活动千差万别审计目标也不尽相同,因此就应确定相应的审计工作底稿的结构和内容。同时,还应考虑到不同类型的审计工作底稿的结构和内容也不尽相同。现就基本审计工作底稿、项目审计工作底稿、汇总审计工作底稿分别加以阐述。

基本审计工作底稿多数是反映审计准备阶段调查了解的情况,因此这类工作底稿的内容应取决于调查的目的。例如,被审计单位基本情况表主要是为了调查了解被审计单位的基本情况,如单位的性质、法定代表人、主管部门、内部组织机构、资本情况、生产经营状况、财务状况(包括主要经济指标以及完成情况)等,工作底稿就要反映上述调查的具体目的。而且,调查完毕,一般应对每个问题作一个基本评价。因此,在审计工作底稿中还应加上审计意见这一内容。其参考格式如表 6-1 所示。

表 6-1　×××基本情况表

审计名称：　　　　　　　　　　　　　　　　　　　　　　　编号：

被审计单位名称		法定代表人	
经济性质		主管部门（单位）	
法定地址		联系电话	
基本情况： 　　注册资金： 　　其中：1. 国家资本金 　　　　　2. 法人资本金 　　　　　3. 个人资本金			
生产经营状况：			
财务状况： （主要经济指标）			
其他情况：			
审计评估			

审计主管：×××　　　　　编制人：×××　　　　　编制日期：××年×月×日
　　　　　　　　　　　　　审核人：×××　　　　　审核日期：××年×月×日

项目审计工作底稿主要是为了全面、系统地反映对每一项目审计的具体范围、采取的步骤和运用的方法以及所收集的审计证据和审计人员对审计证据的评价意见等内容。因此，项目审计工作底稿的内容应充分满足上述目标的要求，具体包括审计对象、审计范围、审计程序、审计方法、审计结果、审计意见和建议等。

汇总审计工作底稿是为了将性质相同或者业务相同的项目审计工作底稿归集在一张工作底稿上，为编写审计报告提供直接依据。其内容与格式基本与项目审计工作底稿类同。

(一) 基本结构

无论什么样的审计工作目标，其基本结构如下。

1. 稿首部分

审计工作底稿的稿首部分，主要包括：① 被审计单位全称；② 审计项目名称；③ 审计工作底稿编号。一般是以一个审计组织为主体，统一对所有审计工作底稿进行编号。

2. 审计工作底稿的内容记录

审计工作底稿的内容记录，一般包括：① 审查的内容范围，即审查的具体内容，审查的资料范围、时间范围；② 审计的程序、方法；③ 审计的简要经过，包括审计发现的问题及成因分析以及问题的类别、性质、次数和问题的具体记录等。

3. 审计意见

审计人员的审计意见，主要包括：① 审计评价或结论，即对发现的问题作出实事求是、客观公正的评价并作出结论。② 审计处理意见和审计标准。根据审计标准,针对存在的问题提出处理意见。③ 审计建议。针对存在的问题提出纠正的措施和建议。④ 审计附件。如审计作业过程中各种记录和查明的证据资料、各种引证资料、各种查询记录和证明函件、各种有关的其他有价值的资料等。

4. 稿尾

稿尾部分主要是除了三个基本部分之外,还必须标明审计项目的负责人、审计工作底稿编制人及编制日期、审计工作底稿的复核人及复核日期等,并由有关人员签章以明确责任。

(二) 主要内容

无论什么样的审计工作底稿,主要包括以下十项内容。

(1) 被审计单位名称。
(2) 审计项目名称(审计事项)。
(3) 审计项目地点或期间(实施审计期间或截止日期)。
(4) 审计过程记录。
(5) 审计标识及说明(见表6-2)。
(6) 审计结论(审计结论或者审计查出问题摘要及其依据)。
(7) 索引号及页次。
(8) 编制者姓名及编制日期。

表6-2 审计标识示例

审计标识示例
注册会计师在编制审计工作底稿时,可采用审计标识代表某种审计含义,但须对审计标识所表示的含义予以明确说明。为提高审计效率,该说明可以采用审计标识表统一列示,也可以在每张审计工作底稿中单独列示。每张审计工作底稿中采用的审计标识应当含义清楚,并保持一致。
∧   纵加核对 ＜   横加核对 B   与上年结转数核对一致 T   与原始凭证核对一致 G   与总分类账核对一致 S   与明细分类账核对一致 T/B   与试算平衡表核对一致 C   已发询证函 C\\   已收回询证函 ＊   备注一 ＊＊   备注二
审计工作底稿索引示例
Z——综合类工作底稿   Y——业务类工作底稿 CT——符合性测试工作底稿   A——流动资产类工作底稿 B——长期投资工作底稿   C——固定资产工作底稿 D——无形资产工作底稿   E——递延资产工作底稿 F——流动负债类工作底稿   G——长期负债类工作底稿

(9) 复核意见、复核者姓名及复核日期。
(10) 其他应说明事项。

审计工作记录应当记载审计人员获取的证明材料的名称、来源和时间等,并附有经过审计人员鉴定的证明材料。审计记录的主要内容:实施具体程序的记录及资料;审计测试评价的记录和审计方案及其调整变更情况的记录;审计人员的判断、评价、处理意见和建议;审计组讨论的记录和审计复核记录;审计组核实与采纳被审计单位对审计报告反馈意见的情况说明;审计组的审计报告稿;与其他方案事项有关的记录和证明资料。审计工作底稿一般都有附件说明等,附件主要内容:与被审计单位财政、财务收支有关的证明材料;与被审计单位审计事项有关的法律文书、合同、协议、会议记录、往来函件、询证函公证或鉴定资料等的原件、复制件或摘录件;其他有关的审计证明材料。审计工作底稿也会因项目的不同而有不同的格式与内容(见表6-3、表6-4、表6-5)。

表6-3 审计工作底稿基本格式

索引号: 　　　　　金额单位: 　　　　　　　　　　共　页　第　页

被审计单位名称			
审计事项			
实施审计期间或者截止日期			
审计过程记录			
审计结论或者审计查出问题摘要及其依据			
	审计人员		编制日期	
复核意见			
	复核人员		复核日期	

表 6-4　业务类工作底稿基本格式

被审计单位名称：_____
审计项目名称：_____
会计期间或截止日：_____

	签名	日期	索引号
编制人			
复核人			页　次

索　引　号	审计内容及说明	金　　额
	审计程序实施记录 审计标识说明 资料来源说明	＊＊＊ ＊＊＊ ＊＊＊（交叉索引号）
审计结论：		

编制说明：
  1. 列明该审计项目的未审计金额，即被审计单位的账簿记录或会计报表数。
  2. 列明需调整或重分类金额及原因。
  3. 计算审定后金额。
  4. 按《年度会计报表审计规范指南》要求实施审计程序，在底稿中列明抽查验证、计算确认、专业判断等审计过程，并注明资料来源。
  5. 列明本审计工作底稿与其他工作底稿相互交叉索引关系。
  6. 列明各种审计标识意义。
  7. 明确表述审计结论。

表 6-5 审 计 日 记

审计项目：

审计人员		审计分工	
日期	审计工作具体内容		索引号

共 页 第 页

审计工作底稿可以以纸质、电子或其他介质形式存在。审计工作底稿通常包括总体审计策略、具体审计计划、分析表、问题备忘录、重大事项概要、询证函回函、管理层声明书、核对表、有关重大事项的往来信件（包括电子邮件），以及对被审计单位文件记录的摘要或复印件等。审计工作底稿一般不包括已被取代的审计工作底稿的草稿或财务报表的草稿、对不全面或初步思考的记录、存在印刷错误或其他错误而作废的文本以及重复的文件记录等。审计工作底稿在记录审计实施程序的性质、时间和范围时，审计人员应当记录三个方面的内容。

（1）记录测试的特定项目或事项的识别特征。识别特征是指被测试的项目或事项表现出的征象或标志。

（2）记录重大事项。审计人员应根据具体情况判断某一事项是否属于重大事项。重大事项通常包括引起特别风险的事项、审计结果表明财务信息可能存在重大错报或需要修正以前对重大错报风险的评估和针对这些风险拟采取的应对措施、导致审计人员难以实施必要审计程序的情形、导致出具非标准审计报告的事项。审计人员应当考虑编制重大事项概要，以有效地复核和检查审计工作底稿，并评价重大事项的影响。重大事项概要包括审计过程中识别的重大事项及其如何得到解决或对其他支持性审计工作底稿的交叉索引。审计人员应当及时记录与管理层、治理层和其他人员对重大事项的讨论，包括讨论的内容、时间、地点和参加人员。如果识别出的信息与针对某重大事项得出的最终结论相矛盾或不一致，审计人员应当记录形成最终结论时如何处理该矛盾或不一致的情况。

（3）记录审计工作的执行人员及完成该项审计工作的日期；记录审计工作的复核人员及完成复核的日期和范围。

国家审计机关进行企业财务收支、实行企业化管理的事业单位财务收支审计，其工作底稿格式可参照中国注册会计师独立审计工作底稿编制。进行财政预算收支审计，其工作底稿按照审计署制定的统一格式编制。

第五节　审计工作底稿的编制与审核

根据《会计师事务所质量控制准则第5101号——业务质量控制》的规定，对审计工作底稿应实施适当的控制程序，以满足以下要求：安全保管审计工作底稿并对审计工作底稿保密；保证审计工作底稿的完整性；便于对审计工作底稿的使用和检索；按照规定的期限保存审计工作底稿。

一、审计工作底稿的编制

审计工作底稿的编制主要包括设计和填制两方面工作。

（一）审计工作底稿的设计

1. 设计原则

为了使审计工作底稿能满足审计工作的需要，在具体设计时应注意和遵循以下四项基本原则。

（1）适用性。审计工作底稿的内容和格式要适应审计工作的需要，符合不同审计项目的要求。在规划方法上,尽力采用项目规划法,按不同的要求分别规划基本审计工作底稿,按具体的审计项目分别规划专用的项目审计工作底稿。

(2) 简明性。审计工作底稿的简明性原则包括两个方面:一是审计工作底稿应当简单明了、繁简适度,使审计人员可以迅速方便地编制,使阅读者便于了解所反映的情况和提供的证明材料;二是审计工作底稿的内容应反映有关方面的主要情况,抓住主要矛盾,做到重点突出。应注意:简明性原则必须建立在能够满足审计工作的需要、提供充分而必要的证明材料、正确反映审计工作状况的基础之上;不能因为片面强调简明性而使审计工作底稿不能发挥其应有的作用。

(3) 完备性。所谓完备性,是指审计工作底稿要能全面反映审计工作过程的状况,完整记录审计人员在审计过程中编制和收集的各种资料和有关证明材料以及审计人员在审计过程中所进行的各种计算、分析、调整、汇总工作的情况和结果,保证对审计结论可能产生影响的重要事项不被遗漏。

(4) 规范化。规范化主要包括基本结构和内容、编制和审核的规范化。首先,审计工作底稿的格式要采用比较固定的形式,基本审计工作底稿和项目审计工作底稿的主要项目要具有相当的稳定性,不应任意随时变动;其次,审计工作底稿的编制和审核要符合规定的要求,以便审计工作底稿的查阅和利用;此外,审计工作底稿的分类要规范,以便于审计工作底稿整理、汇总和归档。

2. 设计方法

目前,审计工作底稿的设计方法主要有按照审计程序设计和按审计项目设计两种。这两种设计方法中,前者设计的工作底稿可以比较集中地反映审计程序各个阶段的状况,为组织协调审计工作提供依据;后者设计的工作底稿则系统地反映了各个审计项目的情况和有关资料,集中了审计过程中收集的各种证据,是编制审计工作报告、作出审计结论的主要依据。

(1) 按照审计程序设计工作底稿。按照审计程序设计审计工作底稿主要应考虑:① 审计程序的各个阶段需要哪些种类的工作底稿,据此决定审计工作底稿的种类;② 在确定各审计阶段所需工作底稿种类的基础上,确定各审计工作底稿的格式、内容、编制方法以及其他有关问题;③ 在设计时要考虑审计程序各个阶段的具体内容的情况和审计的目的、种类、方式等方面的具体要求,使审计工作底稿能够反映审计各个阶段的全面情况,提供必要的审计证据。

(2) 按照审计项目设计工作底稿。这是目前设计审计工作底稿的主要方法,即根据确定的各个审计项目、审查的内容、目的和要求以及编制审计工作报告的需要来加以设计。① 在设计时首先要确定进行哪些项目的审计和有关审计项目的特点(如现金、实物、会计资料的工作底稿应有所不同)。② 要考虑对不同项目进行审计的种类和方式对审计工作底稿的要求。③ 要考虑被审计项目的重要程度和出现错误和弊端的可能性来确定审计工作底稿的详略程度。④ 要根据审计任务的要求、编制审计报告和作出审计结论的需要来设计审计工作底稿应反映的内容和项目。

审计工作底稿可以以文字记载,更多的是采用表格形式;既可以是纸质文件,也可以是电子文件。

（二）审计工作底稿的填制

审计工作底稿的填制是审计工作中的重要步骤，审计证据收集的状况如何在很大程度上取决于审计工作底稿填制的质量。审计工作底稿所反映的内容十分复杂，但总的来说，审计工作底稿的内容取决于审计的目的和范围。

1. 衡量填制内容的标准

填制审计工作底稿，首先要确定哪些内容应记入工作底稿并判断有关事项是否应进入审计工作底稿，一般应掌握下列五项标准。

（1）是否为编制审计报告所必需。与编写审计报告无关或关系不大的资料，在编制工作底稿时一般不宜选用。

（2）是否为证明审计项目所必需。不能证明审计项目的资料，也不宜填入工作底稿。

（3）是否为纠正违纪行为所必需。审计工作的目的之一就是要纠正违法乱纪行为，审计工作底稿应提供这方面的情况。

（4）是否为本案今后继续审查所必需。审计工作底稿的作用之一，就是为复审和后续审计提供资料，它的内容必须反映这一点。

（5）是否符合审计目的。这是确定工作底稿内容的最重要的一条标准。与本次审计目的无关的内容，一般不宜在底稿中加以反映。

此外，还应考虑略去这项资料是否会造成不良后果，是否会影响审计报告的客观公正性。

2. 应填制的主要内容

审计工作底稿是审计人员经过综合分析、汇总整理有关资料形成的书面材料。其主要内容：

(1) 已经完全查清或基本查清的事实及其情节；
(2) 证实该事实确实存在的主证和旁证的说明；
(3) 衡量该事实是非界限的法律、法规、制度以及其他有关依据；
(4) 反映经济效益的目标和指标的实现程度及其管理者尽职尽责的状况；
(5) 对问题和经济事项的主客观因素的分析和评价；
(6) 根据审计标准提出处理问题的初步意见和改进管理的初步设想；
(7) 审计工作底稿的附件。

3. 填制的要求

（1）填制审计工作底稿应当做到内容完整、真实、重点突出。要完整地反映审计计划、审计方案制定及其实施情况，包括与形成和发表审计意见有关的所有重要事项以及审计人员的专业判断。

（2）填制审计工作底稿应当做到：观点明确、条理清楚、用词恰当、字迹清晰、格式规范、标识一致；审计工作底稿应有索引编号及顺序编号；审计工作底稿中载明的事项、时间、地点、当事人、数据、计量、计算方法和因果关系必须准确无误、前后一致；相关的证明资料如有矛盾，应当予以鉴别和说明。

（3）审计工作底稿应做到繁简得当，其繁简程度应充分考虑审计约定事项的性质、目和要求;被审计单位的经营规模及审计约定事项的复杂程度;被审计单位的内部控制制度是否健全、有效;被审计单位的会计记录是否真实、合法、完整;是否有必要对业务助理人员的工作进行特别指导、监督和检查;审计意见类型等。

(4) 审计人员编制的审计工作底稿,不得被擅自删减或修改。相关的审计工作底稿之间应当具有清晰的勾稽关系,相互引用时应当注明索引编号。

(5) 审计工作底稿中由被审计单位、其他第三者提供或代为编制的资料,审计人员除应注明资料来源外,还应实施必要的审计程序,形成相应的审计记录;审计工作底稿所附的审计证明材料应当经被审计单位或其他提供证明资料者的认定鉴证,如果有特殊情况无法认定鉴证的,应当由审计组作出书面说明。现金、存货、固定资产等审计工作底稿记录的重要审计事项作为形成审计意见和审计决定的证明材料使用时,必须有相关单位、责任人的签名或盖章。

审计有关编制审计工作,应遵循资料翔实、重点突出、繁简得当、结论明确、要素齐全、格式规范、标识一致、记录清晰等方面的要求。

4. 填制方法

首先,要做好基础工作。在开展审计之前,审计人员应广泛收集被审计单位的会计报表、账册、凭证,有关法令、制度、批文等,以便于审计分析、判断。在审计工作过程中,根据审计任务的要求,有的放矢,边查边记录,只要认为有用都可记录下来。查完一段后,经过反思,进行筛选,将与审计任务相关联的重要经济事项挑出来,并找出有关的法规依据,从而确定其性质,正式编制审计工作底稿。

其次,进行如下三种审计工作底稿的填制,及其填制方法如下。

(1) 基本工作底稿的填制。基本工作底稿一般根据需要印成固定的格式,按问题性质、名称、金额、证据名称或内容、来源、去向、张数、编号、编制说明、主审人、编制人等项目表示出来,填写时按项目填写。

(2) 分类工作底稿的填制。分类工作底稿是根据基本工作底稿填制的。填制前,先把基本工作底稿按性质进行分类,把相同性质的放在一起,然后再填写。填写时文字要简练,把所属性质项下每个问题的数量、金额、年段、来龙去脉说清楚就行了。在每条的后面,可以注上"见基本工作底稿××号",以便和基本工作底稿(尤其是一稿几用的基本工作底稿)连接和核对。

(3) 汇总工作底稿的填制。审计人员应当在详细审阅分项目审计工作底稿及审计证据确定其事实清楚、证据确凿、程序完备之后,再进行分析整理,按审计项目的性质、内容分类、归集、排序形成汇总审计工作底稿。汇总工作底稿是根据分类工作底稿填写的,就是把分类工作底稿中相同性质的问题摘录到一起,重大问题单独列出;一般问题、内容相同的问题合并起来写,文字力求简练,并计算出每类问题的金额和总金额。在填制汇总工作底稿的同时,可以编制查明问题统计表,按性质、单位、来源、去向等项目全面地反映审计查明的问题,以利于审计人员和其他有关人员集中掌握或了解情况。或者以查明问题统计表为主,附简单的文字说明作为汇总工作底稿也可以。

对一些关系复杂、牵涉面较广的问题,可以单独编写审计工作底稿。

上面说明了各类工作底稿的填制方法。下面进一步说明审计工作底稿各项目的填制方法。

(1) 稿头部分。标题要根据审计项目列出,要言简意赅,语言明确,使人易于明白底稿记录的内容。要统一编号,便于查阅利用。填制日期要按期填列,并应写明被审计单位名称。

(2) 填写审计发现的问题。把分散的证据和资料进行归类、汇集形成证据体系,填入工作底稿。填写的方法有如下四种:① 对可以直接用表格的形式清楚地反映审计过程和结果的,这些表格可以不经整理而直接作为审计工作底稿的正式附件。② 把审计笔录整理成表格文字,作为审计工作底稿的正式附件,而审计笔录则不作为附件。这主要是对计算和某些重点问题的审计。③ 把审计原始笔录和整理成的表格都作为审计工作底稿的附件。这主要是对财产物资账户和实物的审计。财产物资的账实对比表、盘点表等都有保留价值,应作为工作底稿的附件。④ 通过对其他审计工作底稿的汇总,根据其他审计工作底稿中有关账务调整的事项来制成有关表格,列入审计工作底稿。

(3) 填写评价和意见。先对汇集后的资料和证据逐个进行分析研究,以确定证据资格。然后分析已获取的证据的可靠性。在确定证据的可靠性后,要研究各证据之间的相互关系,特别要研究正反两方面的证据。进而以国家的政策法令和规章制度来衡量,得出客观公正的评价。

(4) 审计结论和处理意见的填写。这项内容应由审计负责人进行综合判断后填写。这时要注意判断标准的运用,主要是国家的法律法规、规章制度和一些公认标准。在进行综合判断的同时,必须全面提出问题,提出令人信服的论据。在作出结论和提出处理意见时,要研究问题发生时的情况、原因和历史背景以及有关人员在其中应承担的责任,从而作出公正的结论和提出恰如其分的处理意见。

5. 填制时应注意的问题

(1) 审计工作底稿所写事项必须按照具体业务内容或审计项目分别设置,一事一稿。

(2) 审计工作底稿应写明编号、标题、编制人、复核人和主审人的姓名,并注明编制、复核日期。注明所附审计证据张数和日期。

(3) 审计工作底稿应注明所列资料的来源或去处以及取证日期;对引自或结转其他工作底稿的数据资料都要注明有关编号,以便核对,并对有关符号加以说明。

(4) 审计工作底稿除复制件外,一般应经复核。重要事项由主审人复核并签字。对工作底稿中所列的问题应提出纠正处理或进一步查证核实的意见。

(5) 审计工作底稿的稿纸应按编制规范统一印制,必须用钢笔或毛笔缮写,不得用铅笔书写,并按一定的顺序排列,按标题或编号填制目录,以便随时查阅。

(6) 审计工作底稿只供审计人员内部使用,无需被审计单位逐一签章;未形成审计报告之前,不得与被审计单位的人员见面。审计工作底稿应装订归档,以免散失。

二、审计工作底稿的审核

无论是国家审计还是注册会计师审计,为了保证审计质量和减少审计风险,均要求建立审计工作底稿复核制度。

(一) 衡量审计工作底稿的质量标准

审计工作底稿的质量直接影响着审计报告的质量,衡量工作底稿质量的标准是:

(1) 写入工作底稿的事项是否真实、贴切,与事实核对无误;
(2) 写入工作底稿的证据是否经过验证、鉴别,具有胜任性和公认性;
(3) 写入工作底稿的旁证是否引用准确、完备,具有充分的政策法规依据;
(4) 写入工作底稿的事实和证据是否经得起审计会议的审定和上级审计机关复审的检验。

审计工作底稿应避免以下缺陷:① 没有明确的标题,没有注明编制日期、资料的性质、资料的来源以及工作底稿编号;② 对最初审计时发现的问题疑点未加以整理和记录;③ 没有对所列的问题表明审计人员意见;④ 没有取得关于单位内部控制制度是否有效的证据;⑤ 没有明确记载已经办理的审计手续;⑥ 没有明确记载参照审计人员的意见所修正的记录;⑦ 编制审计报告所需的证据不够充分、适当或不具备足够的证据力和证明力来支持审计人员所表示的意见;⑧ 没有记载有关资产管理、成本制度和待处理事项的调查结果;⑨ 没有对询证的复函加以汇总和分析;⑩ 有关人员签章不全,工作底稿不规范,填写方法不适当。

(二) 复核审计工作底稿的目的

复核审计工作底稿是对审计工作进行控制和管理的一个重要组成部分。认真做好审计工作底稿的审阅工作,有助于提高审计工作质量;促进编稿人员严格要求自己,遵守审计工作纪律,遵守审计工作规范;减少差错,防止审计事故发生;提高审计工作效率。复核审计工作底稿的目的主要是:

(1) 查明是否依据审计准则执行审计业务;
(2) 查明所收集的审计证据对形成审计报告和决定是否必要而充分;
(3) 查明审计工作底稿本身是否具备了应具备的条件,并正确地进行编制。

(三) 审计工作底稿复核的内容和方法

《审计机关审计工作底稿准则》第12条指出,审计工作底稿应当由审计组组长在编制审计报告前进行复核,并签署复核意见。各复核人在复核时应当作出必要的记录,书面表示复核意见并签名。必要时,审计人员应当根据复核意见对审计工作底稿予以补充、修改或作出书面说明。《独立审计具体准则》第6号第13和第14条指出,各复核人在复核审计工作底稿时,应作出必要的复核记录,书面表示复核意见并签名。在复核工作中,各复核人如发现已执行的审计程序和作出的审计记录存在问题,应指出由有关人员予以答复、处理,并形成相应的审计记录。

1. 现场复核的内容

现场复核是对编制审计工作底稿进行事中监督和核对,复核内容如下。

(1) 审计方案预测的情况与审计工作底稿中证实的情况的差异,检查分析差异发生的原因。经过审阅,对审计方案作相应的调整或及时指导编稿人作出相应的补充编制或补充查核。

(2) 复核是否在审计过程中发现了在通常情况下预测不到的重大审计案件以及是否需要对方案或人员进行相应的调整。

(3) 复核审计项目的完成进度。

2. 定稿复核的内容

定稿复核是对审计工作底稿的总复核,其复核内容如下。

(1) 复核审计工作底稿的内容是否完整、数字是否关联。

(2) 具有法律意义的工作底稿是否具备了法律证据的条件。

(3) 审计证据的合理性;审计工作底稿是否足以对审计报告的内容加以支持;重要的审计要点是否经过认真查核并有足够的查核记录资料。

(4) 审核结果是否正确,评估是否合理,稿内逻辑关系能否成立。

(5) 审计工作是否遵循审计工作程序,审计查核工作是否按审计方案的要求认真执行,审计项目执行结果是否达到预期的目的。

(6) 工作底稿的编制是否符合规范,签章是否齐全,书写是否符合要求。

3. 复核的方法

审计工作底稿的主要复核方法如下。

(1) 与填制审计工作底稿人交谈底稿填制的主要情况;

(2) 审阅底稿的内容;

(3) 试算底稿各有关数字;

(4) 确定初次评估和试算稿的内容;

(5) 复核完毕,如无不同意见,应签章以示负责;如有不同意见,须作出明确的表达,以指示填制人予以补充执行。

我国会计师事务所实行三级复核制度,即项目经理、部门经理(或签字注册会计师)、主任会计师三级复核制度。复核应当由较高级人员复核较低级人员的工作底稿。

审计人员根据复核意见检查审计工作底稿,确有需要改动,应当另行编制审计工作底稿并作出书面说明,已经复核审定的审计工作底稿,不得增删或修改。

三、审计工作底稿的归档

审计工作底稿的所有权属于接受授权或委托进行审计的单位;审计工作底稿必须归类整理纳入项目审计档案进行管理。各审计单位应建立审计工作底稿保密制度,对审计工作底稿中涉及的商业秘密保密,严格查阅、借阅的规定,未经审计机关负责人批准,不得对外提供。

根据会计师事务所质量控制政策和程序的规定,审计人员应当及时将审计工作底稿归整为最终审计档案。

审计工作底稿的归档期为审计报告日后60天内。如果审计人员未能完成审计业务,审计工作底稿的归档期限为审计业务中止后的60天内。

审计工作底稿归档工作一般属于事务性的工作。如果在归档期间对审计工作底稿作出的变动属于事务性的,审计人员可以作出变动,即删除或废弃被取代的审计工作底稿;对审计工作底稿进行分类、整理和交叉索引;对审计档案归整工作的完成核对签字认可;记录在审计报告日前获取的、与审计项目组相关成员进行讨论并取得一致意见的审计证据。

在完成最终审计档案的归整工作后,如果发现有必要修改或增加新的内容,审计人员应当记录下列事项:修改或增加的时间和人员以及复核的时间和人员;修改或增加的具体理由;修改或增加的内容对审计结论产生的影响。

在完成最终审计工作底稿归整工作后,审计人员不得在规定的保存期届满前删除或废弃审计工作底稿。自审计报告日起,审计工作底稿至少保存10年,或自审计业务中止日起,审计工作底稿至少保存10年。

在审计报告日后,如果发现例外情况要求审计人员实施新的或追加的审计程序,或导致审计人员得出新的结论,审计人员应当记录:遇到的例外情况,即指发现与已审计财务信息相关且在审计报告日已经存在的事实,如报告日前获知,可能影响审计报告的例外情况;实施的新的或追加的审计程序,获取的审计证据以及得出的结论;对审计工作底稿作出变动及其复核的时间和人员。

思考与练习

1. 什么是审计依据?审计依据有何作用?
2. 审计依据与审计证据、审计准则有何区别?
3. 如何对审计依据进行分类?
4. 审计依据有何特征?如何正确选用适当的审计依据?
5. 如何注意审计依据的相关性?财务审计依据与经济效益审计依据有何特点?
6. 什么是审计证据?审计证据对证明事实、形成审计结果和审计决定有何意义?
7. 审计证据有何作用?审计证据有何特征?
8. 什么是审计证据的证据力和证明力?
9. 如何对审计证据的可靠性进行判断?在判断审计证据的充分性时,应考虑哪些因素的影响?
10. 试述实物证据、书面证据、言词证据、环境证据的含义、特征、作用、收集方法。
11. 试述外部证据、内部证据、亲历证据、检查证据、调查证据和鉴定证据的含义及其来源。
12. 为什么要进行取证决策?取证决策包括哪些内容?什么是取证模式?
13. 取证要遵循哪几项原则?取证有哪几种方法?如何运用分析性复核方法进行取证?
14. 什么是审计风险评估?审计风险与重要性有何联系?
15. 什么是会计报表的错误和舞弊?它们各自包括哪些内容?
16. 取证时有哪些手段?取证应注意哪些问题?
17. 如何进行审计证据的鉴定?如何对不同类型的证据进行鉴定?
18. 什么是审计证据的整理?如何进行审计证据的整理?整理中主要应用哪几种方法?
19. 什么是审计工作底稿?审计工作底稿有何作用?
20. 业务工作底稿、证据工作底稿、基本工作底稿、项目工作底稿和汇总工作底稿包括哪些内容?应如何编制?
21. 审计工作底稿基本结构包括哪些内容?如何填制这些内容?
22. 如何编制内部控制调查表、会计报表初审情况表、库存现金核对表和银行存款调节表?

23. 设计工作底稿应遵循哪些原则？工作底稿的设计方法主要有哪两种？
24. 衡量审计工作底稿内容填制的标准有哪些？应填制的主要内容有哪些？
25. 审计工作底稿填制应遵守的要求有哪些？其填制的方法包括哪些内容？应注意哪些问题？
26. 怎样进行审计工作底稿的审核？
27. 审计工作底稿如何记录重大事项？
28. 如何进行审计工作底稿的归档工作？

第七章
审计方式和基本审计方法

【内容提示】

什么是审计方式,审计方式有哪几种,这是本章首先要阐述的问题。什么是审计方法,审计方法是怎样变化的,审计方法体系包括哪些内容,如何选用审计方法,这是本章所要阐述的第二个问题。作为常用审计方法的一般方法、基本技术和辅助技术究竟包括哪些内容,什么是顺查法、递查法、直查法、详查法、抽查法、重制法、审阅法、复核法、核对法、盘存法、函证法、观察法、鉴定法、分析性复核法、推理法、询问法、调节法,如何操作和应用这些方法,这是本章要阐述的第三个问题。

第一节 审计的主要方式

不同的审计方式也可以作为不同的审计种类来对待,但审计方式则主要反映了审计主体进行审计的行为方式,如在什么地点审、在什么时候审、用什么方法审、审哪些内容、由哪些人审等。

一、报送审计和就地审计

审计按照主体要求的执行地点,可分为报送审计和就地审计。

(一)报送审计

报送审计即送达审计。这是指审计组织按照审计法规的规定和要求,通知被审计单位将应该审计的全部资料如期报送到审计机关进行审计。例如,审计机关要求被审计单位按期报送预算计划和会计报表及决算报告,在审计机关进行审查,即为报送审计。报送审计按报送时间分,有定期的常规性审计,也有不定期的临时审计。无论是定期还是不定期的,应送审的资料及送达的时间均由审计机关规定。这种审计是一种异地审计,主要适用于对规模较小的单位执行财务审计,我国对行政机关、事业单位的审计就采用该种审计。该种审计一般不适用于对经济效益和财经法纪审计。

(二)就地审计

就地审计是指审计组织委派审计人员到被审计单位进行现场审计。就地审计按照不同的情况,又可分为常驻审计(驻在审计)、抽查审计(专程审计)和巡回审计三种。常驻审计是指审计组织派出审计人员常驻被审计单位所进行的审计。它的审计重点是物资收发、财务收支、资金使用前的审计监督,但也不排除在必要时进行实物的抽查审计。抽查审计是指审计组织为了某种需要或为了查明某些问题派员专程到被审计单位进行审计。例如,对严重违反财经法纪的专程审计。巡回审计是指审计组织根据需要和可能,派出人员对所属地区或单位进行定期或不定期的审计。该种审计一般是把被审计单位分为若干区域,分派几个小组,每个小组负责一个区域内的有关单位,进行轮流审查;也可按所属区域的企业性质来划分,如按工商企业来进行分组,轮流审查。国外的巡回审计是指企业内部审计人员对所属工厂、支店及营业所进行的巡回检查。

二、授权审计、委托审计和联合审计

按审计主体组织的方式可分为授权审计、委托审计和联合审计。

(一) 授权审计

授权审计是指上级审计机关将其职责范围内的一些审计事项授权下级审计机关行使。这种授权是基于工作需要,为了更好地行使审计监督职责,属于行政授权性质。授权审计是一种单方面的法律行为,不需要征得被授权方同意,被授权方也不能拒绝,被授权方自授权之日起就可以对授权的事项进行审计,并自行作出审计决定。

(二) 委托审计

委托审计是指审计机关将其审计范围内的审计事项委托给另一审计机构办理的行为。委托审计在实践中分两类:一类是没有隶属关系的审计机关间的委托,这种委托可以办理某种审计事项,也可以办理与审计事项有关的调查和核实事项;另一类是审计机关将审计范围内的审计事项委托给内部审计机构或社会中介审计组织办理,但审计事项应经审计机关审定并作出审计决定。

(三) 联合审计

联合审计是指由两个以上的审计组织共同进行的审计。例如,由两个以上独立的审计组织联合办理的审计,由外部审计人员协同内部审计人员所进行的审计。采取第一种联合方式,要由参与审计组织共同编制审计计划,在审计报告上联合签名盖章,共同对审计结果负责。采取第二种联合方式,要以外部审计人员为主,内部审计人员为辅,共同进行审计工作;同时,要严格要求内部审计人员必须持有外部审计人员的公正态度来处理审计事项。

三、强制审计和随意审计

按照是否根据被审计单位的自由意志去进行审计,可分为强制审计和随意审计。

(一) 强制审计

强制审计是根据法律规定而实施的审计,因此也称法定审计。我国的强制审计是由国家审计机关实施的,它根据法律赋予的权力,从国民经济的全局观点出发,为维护社会公共利益、贯彻国家经济政策和执行法纪而进行的审计,审查的范围、对象、方法、时期以及其他一切事项依法律规定办理,它不考虑被审计单位是否愿意接受,只须根据审计机关制定的审计工作计划进行。

（二）随意审计

随意审计是指根据被审计单位自身的需要而自由办理的审计，因此也叫自定审计或自由审计。在进行随意审计时，被审计单位不仅可以自由决定是否接受审计，同时还可以按照自己的意志去选择审计的范围、程度及方式。社会中介审计组织接受委托人的要求去进行审计，一般均是随意审计；内部审计人员所进行的审计，绝大部分属于随意审计。

四、预告审计和突击审计

按照审计主体在进行审计前是否通知被审计单位，可分为预告审计和突击审计。

（一）预告审计

预告审计是指审计组织在进行审计前通知被审计单位或被审查者的审计。预告通知的目的是使被审计者了解审计的目的、日期、范围及主要内容，使他们做好必要的准备工作。我国政府审计机关根据审计工作计划在审计前向被审计单位下达审计通知书，即属该种审计。我国预告审计的主要内容是：对政府机关、企事业单位的预测、决策、计划预算的可行性、有效性、财政财务收支活动的合理性、合法性，以及经济核算资料的真实性、正确性进行公证和评价。这种审计一般限于评价性审计，不需要保密。

（二）突击审计

突击审计是指在进行审计前不预先通知的一种审计。不通知的目的是使被审计单位来不及弄虚作假和掩饰事项的真相，这样能取得较好的审计结果。突击审计一般都属于不定期审计，有时也与其他审计同时进行。例如，在财务审计或经济效益审计中，对货币资金的贪污、盗窃问题进行突击审查。突击审计是一种揭露性审计，事前应当保密。

五、事前审计、事中审计和事后审计

按照审计主体要求的行为，可分为事前审计、事中审计和事后审计。

（一）事前审计

事前审计就是在经济业务发生以前所进行的审计，实际上是对计划和预算的审计；主要审查计划预算的编制及其执行情况，如审查各种计划、预算及实施方案是否切实可行、有无正确依据、是否符合国家方针政策、是否能提高经济效益等。事前审计对防止错误和弊端、保证会计账目的正确性、保证经济活动的有效性、形成最佳决策和严格执行财经法纪都有积极作用，所以称为防护性审计。对生产经营计划和财务成本（费用）计划编制的审计、对基本建设工程项目可行性的审计以及对设备更新改造和技术改革投资决策的审计等均属于该种审计。社会中介审计只要有委托，就可以进行事前审计。内部审计应该协助本部门或本单位负责人进行决策和管理，当然要进行事前审计。我国政府审计机关对财政预算、巨额投资预算项目等进行事前审计，这样有利于避免重大决策失误，有利于改善政府管理和建设廉洁政府。事前审计的意见并不带有强制性，只是一种善意的或者是较为科学的建议，并不存在决定权及责任承担者的转移问题。

（二）事中审计

事中审计是指经济业务发生时的审计，或者说是计划、预算执行过程中的审计。这种审计大都是对收支原始凭证、消耗定额、费用预算开支标准进行的审查，若发生偏差，就及时进行纠正控制，以保证财政经济活动合情、合理而有效地进行。这种审计实质上是内部审计日常工作的内容。至于国家审计是否还需要进行事中审计，目前也有不同的看法，但政府审计机关对财政预算的执行过程和工期较长的复杂工程项目进行事中审计是理所当然的。

（三）事后审计

事后审计是指对经济业务发生以后所进行的审计，也即是对计划、预算完成情况所进行的审计。这种审计一般是在某种业务结束后或某种经济事项发生后及某项工程竣工后所进行的审计。这种审计既能监督经济活动的真实性、合法性，又能评价经济活动的合理性、有效性，还能鉴定证明经济业务发生的事实。国家审计、部门单位审计及社会中介审计都能采用。

六、手工操作审计和计算机审计

按照审计主体所使用的审计手段，可分为手工操作审计和计算机审计。

（一）手工操作审计

手工操作审计是指对采用手工操作工具的传统复式簿记所进行的审计。由于被审计单位的会计事项是采用复式簿记的方式记录的，审计人员进行审计时，一般也采用手工操作的方式。

（二）计算机审计

计算机审计是对采用电子计算机进行资料处理记账方式所进行的审计。电子计算机在会计中的应用，使明显的审计证据消失，审计环境有了很大的变化，审计人员仅靠传统的手工操作方法已达不到审计目的，必须利用电脑手段进行审计。

七、全部审计和局部审计

按照审计范围的大小和内容的多少，可分为全部审计和局部审计。

（一）全部审计

全部审计是指对被审计期间全部经济活动和所有的经济资料进行审查。全部审计一般是指对特定会计期间的财务收支或经济效益进行审计，有时既审查财政财务收支情况，也审查经济效益情况。进行全部审计时，必须以会计期间期初余额作为基础，然后按照它们增减变化情况逐一详加审核，研究其变化原因，查明错误和弊端，分析计划完成情况和资金运用情况，考核其财务成果或经济效果。全部审计审查的范围广泛，审查的手续齐全，能取得较好的审计效果，但费时费力，外部审计很难做到。

（二）局部审计

局部审计是指对被审计期间的部分经济活动和部分经济核算资料进行审计。如一些特殊审计、重点审计均属于这一类审计。在大多数情况下,财政财务审计和经济效益审计往往只侧重于某一方面审计。社会审计一般都是根据委托人的目的和被审计单位的具体情况进行部分审计的。该种审计一般都具有一定的目的,因而也就有一定的范围,审计工作只要达到了预定的目的即可终止。在进行局部审计时,有时也需要审查与审计目的有关的一些其他项目,如检查纳税情况,必然要检查销售收入及其他收入情况与报税、纳税数额是否相符以及成本结转是否合理、合法等。

按照主体要求的审计项目范围,审计还可以分为综合审计和专题审计。综合审计是指对多种审计项目一起进行审核检查。专题审计只对某种特定项目进行审核检查。究竟实施何种审计,要根据特定需要而定。

此外,审计方式还可以分为期中审计和期末审计、定期审计和不定期审计、初次审计和连续审计等。

第二节 审计方法概述

一、审计方法的含义

审计方法是指审计人员为了行使审计职能、完成审计任务、达到审计目标所采取的方式、手段和技术的总称。审计方法贯穿于整个审计工作过程,而不只存于某一审计阶段或某几个环节。

关于审计方法概念的表达,归纳起来大致有两种不同的观点:一种是狭义的审计方法,即认为审计方法是审计人员为取得充分有效审计证据而采取的一切技术手段;另一种是广义的审计方法,即认为审计方法不应只是用来收集审计证据的技术,而应将整个审计过程中所运用的各种方式、方法、手段、技术都包括在审计方法的范畴之内。

二、审计方法的变革

(一) 从单项详查到系统抽查

审计方法从单项详查演变到系统抽查,反映出审计指导思想的变化经历了详细检查、一般抽查、依赖控制测试和风险评估等四个阶段。

最初的审计主要采用精细的手段,对被审计资料进行逐项的审查,借以揭露会计资料中存在的错误和弊端。由于早期审计目标单一、任务不重、经验不足,进行详细的资料与资料核对、资料与事实核对是完全可能和必要的;但随着审计范围的扩大和任务的增加,这种低效率的审计已无法满足广大客户对审计的要求。审计组织与审计人员必须寻求新的审计方法,以提高工作效率,缓解供需矛盾;加之企业管理水平的提高和审计经验的积累,抽样审计便应运而生。最初的抽查方法只是当作减少审计工作量的一种权宜之计,随着抽样经验的丰富,人们创造了判断抽样的方法。审计人员凭自己的经验,通过观察与判断,在大量的资料中只抽取有问题或者有可能产生问题危险的资料进行详查,对其他资料只做一般查阅。这样,一方面减少了审计的盲目性,有利于查明主要问题;另一方面又节约了审计时间,有利于提高审计效率与拓宽审计范围。随着现代企业管理水平的提高与现代科学技术在管理中的普遍应用,为了避免判断抽样所造成的审计风险,审计人员又采用随机抽样方法,通过科学计算抽取样本和预测,控制抽样风险。运用概率论与数理统计的原理进行随机抽样,从理论上讲十分科学,但却避免不了被抽中的样本出现偏倚、被抽中的样本都出现问题或者有问题的样本未被抽中等问题,这样样本的性质很难反映出总体的性质而失去代表性。

人们在长期的单项详查与一般抽查的过程中,当发现许多错误重复出现时,就联想到是不是管理系统与管理制度上出现了问题;如果是整个控制系统有问题,理应从制度、系统查起,必要时可建议改变制度及系统的控制。于是,审计就从单项详查与一般抽查发展到在经营管理、决策、制度等方面进行比较全面的检查,从而产生了全面审计的指导思想。到了20世纪,西方审计界普遍认为对内部控制的评价是决定抽样技术是否成功的先决条件。原有的审计模式被改变为首先对内部控制制度进行健全性与符合性测试,在对内部控制制度的评价基础上对被审计单位的业务内容进行实质性测试。在审计报告与结论中,应写进存在的错误、造成错误的原因、纠正错误的措施和建议等内容,以促进被审计单位改善经营管理。

在依赖内部控制制度审计的基础上,现在又出现了一种以风险为导向的审计模式。该种审计模式要求审计人员重视对企业环境和企业经营进行全面的风险分析,并以此为出发点,制定审计战略,制定与企业状况相适应的多样化审计计划,以达到审计工作的效率性和效果性。风险导向审计是迎合高风险社会的产物,是现代审计方法的最新发展。

风险导向审计模式是对制度导向审计的发展,代表了现代审计方法发展的最新趋势。它强调审计战略,要求制定适合被审计单位的审计计划,要求不仅应检查与会计制度有关的因素,而且应检查被审计单位内外的各种环境因素;不仅应进行与会计事项有关的个别风险分析,而且应进行涉及各种环境因素的综合风险分析。与制度导向审计模式强调内部控制制度与审计测试之间的关系不同,风险导向审计模式要求从固有风险、控制风险、检查风险和分析性检查这一更广范围的角度来考虑审计测试。

(二) 从单一听审技术到综合检查技术

在技术方法发展过程中,审计还经历了听审报告、会计检查和综合检查三个阶段。始于我国西周的"上计"制度和西方早期的议会"听"审制度,均由具有丰富经验的审计人(听证人)在一定形式的会议上听取汇报,并通过辩论澄清问题,作出裁决。这种听审技术是早期审计的唯一的技术,实质上是针对审查报告而采用的技术。随着生产力的发展,经济活动日趋复杂,记录经济活动的会计工作也越来越繁杂,虽然在会计工作中运用了复式记账的方法,但在大量的会计资料中不可避免地会出现差错和舞弊,为了减少差错,需要对会计工作进行检查,这就产生了复核、查对、审阅、分析等多种会计检查技术。当独立的审计人员介入了对会计资料的审查,自然会使会计检查的各种方法技术进入审计工作领域,这就使审计方法进入了第二个阶段。由于现代的审计活动依然以审查会计资料及会计工作为主,因此查账技术一直是审计的主要技术。

随着社会经济管理活动的发展和加强,审计工作逐渐超出了原有的财务会计范围,介入了业务管理活动的范畴。审计人员不仅要检查和纠正财务会计工作中的差错和舞弊,而且要检查和纠正经营管理中的差错和舞弊,并促进管理效率与管理效益的提高。显然,这时的审计人员仅凭查账技术已不能满足经营管理审计的需要，必须借鉴和吸收现代经营管理技术，综合运用查账技术与管理技术，把经济活动分析方法、工程分析方法、数学分析等与原来的查账技术融合在一起，以适应审计范围扩大的需要，这就促使审计技术方法发展到第三阶段。

（三）从手工审计手段到计算机技术审计手段

审计操作手段正由手工制作向计算机操作方面发展。由于现代科学技术的进步，电子计算机在信息处理系统中得到了普遍应用，无论是会计信息还是其他各种管理信息，其处理和存储方法都起了根本的变化，如仍以手工进行审计，显然是无能为力的，电子计算机将会作为执行审计职能的一种工具，即通过运用专用或通用的审计软件来检查有关信息资料及其反映的经济活动，通过计算机收集审计证据，进行分析判断，提供审计结论与决定依据。这样，不仅有利于减轻审计人员的负担，提高审计效率，同时也可以减少人为的差错，促进审计质量的提高。

三、审计方法体系

审计工作不是毫无规律可言，审计方法有自己的体系，其主要内容应包括以下三个方面。

（一）审计规划方法

审计规划方法是指对全部审计活动或具体审计项目进行合理组织和安排时所采用的各种措施和手段。其主要内容包括计划制定方法、程序确定方法、方案设计方法等。计划制定方法涉及如何设计审计总体目标以及对审计活动长、短期安排；程序确定方法主要指对一般审计步骤的设计问题，包括对审计准备、实施与结束工作的具体安排；方案设计方法涉及对具体审计项目进行审计的要点、审计顺序、审计时间、人员分工等部署问题。

（二）审计实施方法

审计实施方法是指对被审计单位或被审计项目进行具体审计时所采用的各种程式、措施和手段。审计实施方法是审计最基本的方法，既包括了一定的程式，又包括了各种技术手段，其主要内容包括审核稽查方法、审计记录方法、审计评价方法和审计报告方法。

（1）审核稽查方法。收集审计证据时所采取的各种方式和技术。它又可以分为系统检查法和审计技术两大类。系统检查法是根据系统的观点，以确定对被审计资料或被审计活动进行审查的顺序和审查的范围，如包括顺查、逆查、直查等顺序检查法和详查、抽查、重制等范围检查法。如果把系统检查法理解为是确定收集审计证据的顺序和范围，那么审计技术方法就是为了收集审计证据而采取的具体措施和手段。审计技术又可以根据审计工具和其适用的信息系统分为手工审计技术和计算机审计技术。

（2）审计记录方法。对审计记录文件的设计、填制与审阅的各种方法。审计记录有益于全面而系统地反映审计的过程和结果，为形成审计的结论和决定提供充分依据，为编写审计报告提供完整的资料，同时也有利于确定审计人员审计行为的恰当性和应负的责任范围。审计记录文件有审计人员日记和审计工作底稿之分。

（3）审计评价方法。根据查明的事实，对照审计标准以判定是非良莠的方法。通过审计评价,可以确定被审计资料是否真实、正确和可信以及确定被审计经济业务和经济活动是否合法、合理和有效。审计评价方法根据其适用范围的大小可分为一般评价方法和特定评价方法。一般评价方法是指适用于对各种被审计项目进行评价的程式和技术,特定评价方法是指只适用于对某些具体对象的评价要点与要求。

(4) 审计报告方法。对审计报告进行设计、编写与审定的方法。审计报告方法有利于对每次审计活动的过程和结果进行综合而有重点的反映,便于审计委托单位或审计机关对被审计单位或被审计项目作出正确的结论和处理决定,便于被审计单位及有关部门了解审计结果以及明确各自的责任范围。

(三) 审计管理方法

审计管理方法是指对审计主体活动及审计过程进行控制和调节的各种措施和手段,其目的在于避免审计风险、提高审计质量和审计效率以及保证各种审计资源得到有效的使用。由于审计范围可变性大,其管理内容、手段多种多样,最主要的有审计主体、审计质量和审计信息等方面的管理。审计主体管理方法主要是指对审计机构和审计人员的管理方法,如机构设置、人员编制、岗位责任、人员培训考核等管理方法。审计质量管理方法主要是指质量标准制定、质量控制与考核等管理方法,如质量目标管理、审计过程监控等,其目的在于制约影响质量的各种消极因素,以力求提高审计质量、避免或减少审计风险。审计信息管理方法是指对审计信息收集、处理、存储与应用的各种措施和手段,如信息管理的一般方法、审计统计方法、审计档案管理方法等,其目的在于保证审计信息资源得到有效的开发和使用,以利于沟通审计情况,更好地发挥审计在宏观管理方面的作用(见图 7-1)。

四、审计方法的选用

正确地选用审计方法是保证有效发挥审计监督的职能作用和实现审计目标的重要条件。要做到选用正确,必须遵循一定的原则和注意相关的问题。

(一) 审计方法的选用原则

1. 依据审计对象和审计目标的具体情况选用审计方法

进行财务审计时,主要运用查账的方法,如审阅法、复核法、核对法、函证法等;进行经济效益审计时,则既要运用财务审计的一般方法,又要运用多种分析方法及现代管理方法,如经济活动分析、技术经济分析、决策分析和数学分析等。就每个具体的审计项目而言,应具体分析以后才能决定选用何种方法。

2. 依据被审计单位的实际情况选用审计方法

被审计单位的情况不同,需要选用的审计方法也不相同。

3. 依据不同的审计类型选用审计方法

不同类型的审计以及同一类型的不同审计项目或同一审计项目,可能都需要经过不同的途径获取多种证据。不同的证据要用不同的方法才能获得,如实物证据的获得必须运用盘点法、第三方的外来证据要运用函证法或询问法等。

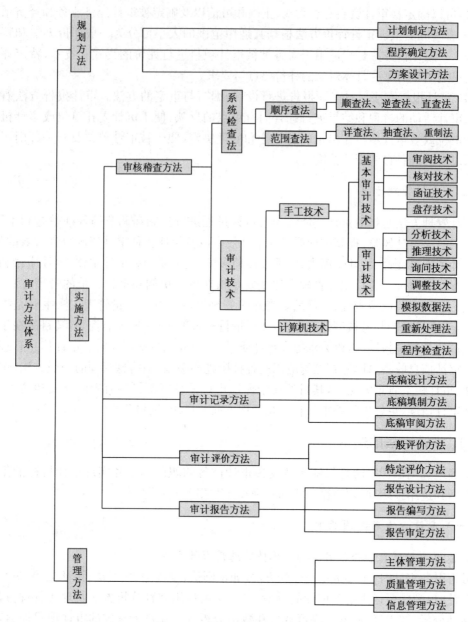

图 7-1　审计方法体系基本结构

4. 依据审计人员的素质来选用审计方法

作为一项技术性很强的工作,审计既要求审计人员具有相应的专业知识和其他学科的专门知识,又要求审计人员具有丰富的实践经验、敏锐的观察力和职业判断能力。但是,审计职业人员同其他职业人员相比,也并无"先见之明",要真正让每个职业审计人员都成为"通才"是很难做到的。因此,为充分利用每个审计人员的业务能力,又能保证收集到所需的恰当证据,在选用审计方法时必须考虑审计人员的素质,即要看该审计人员的素质是否与运用该方法时所需具备的知识和能力相适应。

5. 依据审计方式选用审计方法

审计方式不同,选用的审计方法也不同。例如,行政事业单位实行报送审计,一般就不需要运用盘存法去核实资产(特例除外);而进行就地审计时,运用盘存法核实资产的实有数常常是必须经过的步骤。又如,在进行全面审计时,一般可以采用逆查法和抽查法;若进行专题审计,则一般要用详查法、顺查法等。如果要真正彻底查清问题,则需要很多方法配合使用。因此,在选用审计方法时,应该考虑审计的方式。

6. 依据审计结论的保证程度和审计成本选用审计方法

审计结论的保证程度不同,需要办理的审计手续也各不相同,保证程度越高,办理的审计手续也要求越精密,从而也就决定了审计方法的选用。若要保证审计结论100%可靠,则必须进行详查,也就必然要综合运用各种审计方法;如果保证程度是90%,就可以采用抽样审查。

审计成本也决定了审计方法的选用。审计人员既要考虑成本的限制,又要考虑由于降低成本而对审计结论产生的影响,通过综合比较后,再决定应选用的审计方法。

(二) 选用方法时应注意的问题

1. 相互联系、综合考虑

一般而言,对某一个具体的审计项目进行审计时,并非运用某一种方法就能解决问题,往往需要运用多种方法。因而,在审计时应结合其他审计项目综合考虑,将顺查法与逆查法、详查与抽查、查账与调查、分析推理与核实等方法结合运用,以彻底查清所有问题。

2. 去伪存真、抓住本质

运用某些审计方法,有时看到的往往只是些表面的现象。审计人员要善于通过这些现象,揭示其本质所在,然后有针对性地选用审计方法。例如,在财务决算审计时,重要内容之一是要检查盈利情况,若从利润表看,也许反映的利润额是相当可观的,甚至远远超过了计划数,但仅凭此就作出该单位的经营情况很好、盈利水平高的结论,可能还过早。只有核实利润额确实是真实时,才能作出上述结论。这时就应相应检查收入的真实性和成本的正确性,这就需要运用分析法、审阅法、核对法,必要时可能还要运用函证法、盘存法等。

3. 深入实际、依靠群众

由于广大职工对被审计单位的情况相当熟悉,审计人员若能深入实际、依靠群众,就会在短时间内掌握更多、更具体的情况,以便于对审计方法的选择。

第三节 审计的一般方法

审计的一般方法也称审计的基本方法,是指与检查取证的程序和范围有关的方法。审计的一般方法又可分为程序检查法和范围检查法两类。程序检查法是指按照什么样的顺序依次进行检查的方法,如顺查法、逆查法、直查法等;范围检查法是指采用什么样的审计手续在什么样的范围之内进行检查取证的方法,如详查法、抽查法、重制法等。

一、程序检查法

(一)顺查法

顺查法是指按照会计业务处理的先后顺序依次进行检查的方法。顺查法也称正查法。会计人员处理会计业务的顺序是：首先取得经济业务的原始凭证,审核无误后编制记账凭证;根据记账凭证分别记入明细账、日记账和总账;最后根据账簿记录编制会计报表。顺查法审计顺序与会计业务处理顺序基本一致,其具体步骤是：

(1) 审阅和分析原始凭证,旨在查明反映经济业务的原始凭证是否正确、可靠;

(2) 审阅记账凭证并与原始凭证核对,旨在查明记账凭证是否正确以及与原始凭证是否相符;

(3) 审阅明细账、日记账并与记账凭证(或原始凭证)核对,旨在查明明细账、日记账记录是否正确无误以及与凭证内容是否相符;

(4) 审阅总账并与相关明细账、日记账余额核对,旨在查明总账记录是否正确以及与明细账、日记账是否相符;

(5) 审阅和分析会计报表并与有关总账和明细账核对,旨在查明会计报表的正确性以及与账簿记录是否相符;

(6) 根据会计记录抽查盘点实物和核对债权债务,以验证债项是否正确和财物是否完整。

由此可见,顺查法主要运用了审阅和核对的技术方法。通过对凭证、账簿和报表的审阅与核对,借以发现问题、寻找原因并查明真相。采用顺查的取证方法,审查仔细而全面,很少有疏忽和遗漏之处,并且容易发现会计记录及财务处理上的弊端,因而能取得较为准确的审计结果。但是,顺查法费时、费力、成本高、效率低,同时也很难把握审计的重点。因此,在现代审计中已经很少使用顺查法。顺查法一是适用于规模小、业务量少的被审计单位;二是适用于管理混乱,存在严重问题的被审计单位;三是适用于特别重要或特别危险的被审计项目(见图7-2)。

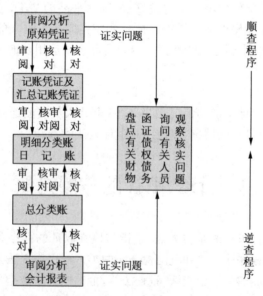

图7-2 顺查法、逆查法的程序

（二）逆查法

逆查法也称倒查法或溯源法，是指按照会计业务处理程序完全相反的方向，依次进行检查的方法。逆查法的基本做法与顺查法相反，其具体步骤如图7-2所示。

(1) 审阅和分析会计报表，旨在确定会计报表的正确性和判断哪些方面可能存在问题以及检查的必要性；

(2) 根据会计报表分析所确定的重点审查项目，检查总账和相关的明细账、日记账，旨在从账项记录上查明问题的来龙去脉；

(3) 审阅和分析总账并与相关明细账、日记账核对，旨在发现总账上可能存在的问题并通过明细账和日记账进行验证；

(4) 审阅和分析明细账、日记账并与记账凭证或原始凭证核对，旨在发现明细账、日记账上可能存在的问题并通过明细账、日记账进行验证；

(5) 审阅和分析记账凭证并与原始凭证核对，旨在发现记账凭证上存在的问题并通过原始凭证进行验证；

(6) 审阅和分析原始凭证并抽查有关财产物资及债权债务，旨在确定被查事项的真相。

由上可见，逆查法主要采用了审阅和分析的技术方法，并根据重点和疑点，逐个进行追踪检查，直到水落石出。因此，逆查法比顺查法不仅取证的范围小，而且有一定的审查重点，能够节约审计的时间和精力，有利于提高审计的工作效率，它是现代审计实务中较为普遍采用的一种方法。由于逆查法不对被审计的资料进行全面且系统的检查，仅仅根据审计人员的判断而做重点审查，因而不能进行全面取证，也不能全面地揭露会计上的各种错弊。如果审计人员能力不强、经验不足，很难保证审计的质量，其失误的可能性比使用顺查法时大得多。逆查法本身的优缺点决定了本方法适合对大型企业以及内部控制健全的单位进行审计，而不适合于对管理混乱的单位以及重要和危险的项目进行审计。

（三）直查法

直查法是相对于顺查和逆查而言的，它是指直接从有关明细账的审阅和分析开始的一种审计方法。该种方法在检查明细账以后，可根据需要审核记账凭证及所附的原始凭证或审核总账与报表等。由于明细账可以较为全面而准确地说明每笔经济业务的来龙去脉，它既反映记账凭证或原始凭证的内容，又是记录总账和编制报表的依据，有承上启下的作用。首先直接对其审核，有利于判明问题的是非，抓住问题的关键。在定义中所提到的"有关"明细账实际上是指同特定审计目标之间有联系的明细账。例如，如果审计的目的是要检查某单位的增值税缴纳情况，那么要审查的有关明细账应包括销售、产成品、发出商品、专项工程支出、专用基金、应收应付账款、期间费用、材料、包装物、低值易耗品、应付税金、利润等明细账，如果误认为审查纳税情况，主要检查的是销售和应交税金明细账，那就难以达到审计目标，因为更多的偷漏税行为可能发生在其他相关账户之中。

1. 根据审计的具体目标，确定需要审查的明细账

如果确定的明细账与审计目标无关，则将造成审计资源的浪费，影响审计工作的效率和审计本身的效益；若未能将与审计目标有关的明细账确定在审查范围之内，则审计目标也很

难达成。因此,有必要根据经济活动本身的内在联系或逻辑关系和审计人员自身积累的经验来判断确定与审计目标相关的明细账。

2. 审阅并分析明细账

(1) 审阅明细账的设置是否符合会计制度的要求和本单位的实际情况;
(2) 审阅账户的格式是否符合要求,采用的形式是否合理;
(3) 审阅明细账的摘要是否清楚,有无含糊不清或过简的情况;
(4) 审阅明细账发生额是否合理,有无超出常规的问题;
(5) 审阅明细账余额是否合理,有无超出正常情况下不应有的异常情况;
(6) 审阅其他应注意的事项,包括有无提前结账的情况以及红字冲销记录、更正记录、补充记录及转记记录是否正常等;
(7) 对明细账中的有关实物数量和金额指标进行必要的复核。

3. 核对记账凭证及其所附的原始凭证或核对账账、账表

根据明细账审阅与分析发现的疑点及线索,运用逆查追踪核对记账凭证及其所附的原始凭证,以查明账证、证证是否相符和处理是否符合制度规定。如销货退回,则应核对发票及合同和其他业务信件,以查明退货是否真实、理由能否成立、记录内容是否相符、账务处理是否真正冲销了原收入、退回的产品物资是否收妥并作了相应的账务处理等。另外,也可采用顺查法核对账账、账表,以查明账账、账表之间是否一致。

4. 审阅分析凭证或账表

核对账证、证证、账账、账表后,不管相互之间是一致还是不一致,都应对凭证与账表进行综合分析,以彻底判明经济活动情况的真实性、合法性、合理性和有效性。

5. 根据需要再对存有疑问的债权、债务进行证实,对实物进行盘点,以核实全部内容,取得充分可靠的证据(见图 7-3)

图 7-3 直查法基本程序

直查法最大的优点是应用起来灵活方便,根据需要可以向两边延伸,又能抓住重点,从而较快地查出问题,提高工作效率。运用直查法既能克服顺查法对事无巨细的审查所造成的工作的低效率以及不能从大处着手把握问题而使审计效果不佳的缺陷,又能克服逆查法因会计报表指标的高度综合性造成的难以捕捉疑点和线索的局限性。因此,直查法的应用非常广泛,效果也很好。不过,这种方法也有缺点,由于审计时只能抓重点问题,因而难以作出十分精确的审计结论。一般而言,除了个别特别重要的和危险的审计项目不能采用或是管理混乱、账目资料不全的审计不能采用外,其余场合都可适用。直查法不仅可在审计程序的实施阶段广泛采用,在审计程序的准备阶段也可广泛采用进行测试,以确定重点。

在审计实践中,顺查法、逆查法和直查法不是彼此孤立地

应用的,而是几种方法结合运用的,这样可以提高工作效率和工作质量。如果需要检查的资料内容众多,而且审查的时间范围又广,就适宜采用逆查法或直查法,在采用逆查法和直查法的同时,还可以局部兼用顺查法;如果需要检查的资料内容不多,审查时间又短,又希望获得非常具体的情况时,则宜采用顺查法,并且在施用顺查法的同时,也可局部兼用逆查法或直查法;直查法则在绝大多数情况下都能应用,并且在具体施用时,既要应用顺查法,又要应用逆查法。

二、范围检查法

(一) 详查法

详查法又称精查法或详细审计法,它是指对被审计单位被查期内的所有活动、工作部门及其经济信息资料采取精细的审计程序,进行细密周详的审核检查。详查法与全面审计不同。全面审计是指审计的种类,是按审计范围大小的不同对审计进行的具体分类;详查法是指审计检查的方法,是按检查手续对检查方法的分类;在全面审计中的某些审计项目,根据需要既可以进行详查,也可以不进行详查。

在具体做法上,详查法通常采取逐笔检查核对的办法。

详查法最大的优点是对会计工作中的错弊行为均能揭露无遗,因而也能够作出较精确的审计结论。但是,应用费时、费力,工作效率很低,审计工作成本昂贵。因此,在业务量多而复杂的单位进行审计时,一般不可能对全部资料和业务应用详查法进行检查。有时候,即便是用了详查的方法,也会因涉及的面过大而难以抓住重点,从而遗漏一些错弊行为。事实上,随着管理水平的提高和单位内部控制的加强,除了对经济活动简单、业务量极少的小单位以及对审计目标有重大影响且认为产生错误或舞弊的可能性很大的审计项目进行审计时采用详查法外,其余场合不宜采用。在实际工作中,通常将详查法同抽查法结合起来应用。

(二) 抽查法

抽查法是指从作为特定审计对象的总体中,按照一定方法,有选择地抽出其中一部分资料进行检查,并根据检查结果来对其余部分的正确性及恰当性进行推断的一种审计方法。抽查法也称抽样审计法。抽查法与局部审计(或专题审计)不同。局部审计是指审计种类,是按审计范围大小或项目多少不同对审计进行的分类;抽查法是指审计检查的方法,是按检查手续对检查方法的分类;在局部审计中的某些审计项目,根据需要,既可以进行抽查,也可以进行详查。运用抽样法有一个前提条件,即假定作为特定审计对象总体的每个项目都能代表总体的特征。这是进行抽查的理论依据。

抽查法根据具体抽样方法的不同而有区别。抽样就是从审计对象的总体中抽取一部分项目。被抽取的项目通常称为样本项目。抽样的方法大致有三种,即任意抽样、判断抽样和随机抽样(又称统计抽样)。与此对应,抽查法也有三种类型,即任意抽查法、判断抽查法和随机抽查法(或称统计抽查法)。任意抽查法应用于抽查法的早期。当时,审计人员从检查的总体中抽取样本,既无规律可循,又无合理的根据,审计人员承担较大的审计风险。可以说,任意抽查法仅仅是为了减少审计工作量以适应经济发展的要求而采用的权宜之计。

判断抽查法是审计人员在抽取样本时,并非随意而是根据长期积累的实践经验,结合审计的具体要求以及进入被审计单位所观察了解的情况,通过主观判断,从特定的审查总体中有选择地、有重点地抽查部分项目进行检查,并据此来推断总体的一种抽查方法。判断抽查法同任意抽查法相比,前进了一大步。由于在这种方法下,样本项目的选取依赖于审计人员的经验和分析判断能力,因此对审计结论的可信性仍有较大的影响。

统计抽查法是审计人员在选取样本时,根据审计工作的要求,按照随机的原则进行的。运用统计抽样方法,不仅可以根据样本的审查结果推断总体的特征,同时还可以知道所作结论的可靠程度以及审计结论的误差范围。统计抽查法是一种较为客观的检查方法,可以排除因主观判断失误所造成的差错。采用随机抽样也可能造成样本偏倚,进而影响审计结论的正确程度。最好的办法是将判断抽查法和统计抽查法结合运用。在一般情况下,可用判断抽查法解决应该抽取哪些方面的样本项目问题,用统计抽查法解决应该抽取多少样本以及如何从整体中抽取这些样本的问题;或者是先用判断抽查法剔除重要的或危险的项目,然后再运用统计抽查法。

抽查法最大的优点是能使审计人员从简单而繁杂的数字游戏中解脱出来,极大地提高工作效率,但应用起来不大灵活,尤其是统计抽查法。而且,运用抽查法作出的审计结论,与被审计单位的实际情况往往会发生偏差。一般说来,对要求审计的时期长、业务内容多、规模大的单位审计时,除个别对审计目标有重大影响的或是认为存在错误和舞弊行为可能性大的审计项目应采用详查法外,其余宜采用抽查法。总之,在使用抽查法审计时,并不完全排除进行详细检查,只有把两者有机地结合起来,才能做到既可以保证审计质量,又可以节约审计资源。

(三) 重制法

重制法是在对被审计单位应审经济资料进行整理重记的基础上,根据需要而进行的检查。重制法也称重记法,是在既不能使用详查法也不能应用抽查法时所采取的审计方法。采用重记法的根本理由是,由于被审计单位管理混乱无法提供完整而基本正确的经济资料,无法开展正常的审计工作,只有先记账,然后才能查账。

1. 调查了解情况,确定需要重制的范围或项目

到底需要对哪些资料和项目进行重制,应视审计的目标和被审计单位的具体情况而定。若单从会计资料方面看,可能有三种情况:一是无账型,即只有原始凭证,而无记账凭证、账簿记录及报表;二是无记账凭证型,即直接按原始凭证登记明细账及总账,同时也无健全的报表体系;三是混乱型,即虽然有账、有证、有表,但三者之间严重不符,账实也不符。审计时,可根据具体情况确定需要重制的范围。

2. 按照审查的期间和经济业务发生当时的有关会计制度规定进行重记

一般应按照正常的会计处理程序进行,即先对有关原始凭证进行审核,再填制记账凭证并登记有关账项,然后进行结账和编表。资料的整理既要仔细认真,又要保证采用的处理方法以及选用的制度合理。

3. 与被审计单位原来的有关资料进行对照,确定差异

重新整理资料不是审计的根本目的。因此,在资料整理出来后,应将重记所得的结果同

原来的资料结果进行比较,确定差错情况,以发现问题。

4. 根据比较确定的情况,分析和确定需要进一步检查的范围和方法

通过对资料的整理和重记,能为查明问题提供便利条件,但应用时费时、费力,尤其是整理资料一环,等于重复会计核算工作的全部内容。因此,除了对那些管理非常混乱而使凭证、账表极不健全的单位进行审计时采用外,其余场合不适宜采用。

第四节　基本审计技术

专门应用于具体审计证据的收集和评价的方法称为审计技术。审计技术主要在审计准备阶段和现场审查阶段使用,它与审计目标和审计证据有着密切的关系。只有采用不同的审计技术,不同的审计目标才能取得必要的和充分的审计证据。审计技术多种多样,一般可以分为基本审计技术和辅助审计技术两大类。

基本审计技术是指在审计过程中必须采用的、能用来直接收集和评价重要审计证据的技术,主要包括审阅法、复核法、核对法、盘存法、函证法、观察法和鉴定法等。

一、审阅法

审阅法是指通过对被审计单位有关书面资料进行仔细观察和阅读来取得审计证据的一种审计技术方法。根据有关法规、政策、理论、方法等审计标准或依据对书面资料进行审阅,借以鉴别资料本身所反映的经济活动是否真实、正确、合法、合理及有效。

审阅法是一种十分有效的审计技术,不仅可以取得一些直接证据,同时还可以取得一些间接证据,如通过审阅可以找出可能存在的问题和疑点,作为进一步审查的线索。审阅法主要用于对各种书面资料的审查,以取得书面证据。书面资料主要包括会计资料和其他经济信息资料及管理资料。

(一)会计资料的审阅

会计资料包括会计凭证、会计账簿和会计报表,对它们的审阅应注意如下要点:
(1) 会计资料的外在形式是否符合会计原理的要求和有关制度的规定;
(2) 会计资料记录是否符合要求;
(3) 会计资料反映的经济活动是否真实、正确、合法和合理;
(4) 有关书面资料之间的勾稽关系是否存在、正确。

(二)其他资料的审阅

对会计资料以外的其他资料进行审阅,往往是为了获取进一步的信息。至于到底需要审阅哪些资料,则应视审计时的具体情况而定。如在审阅产品成本核算资料时,发现实际耗用工时与定额耗用工时相去甚远,为此,应审阅考勤记录和派工单(或生产任务通知单)等资料,以查明该单位是否弄虚作假。

必要时,应审阅的其他资料通常包括有关法规文件、内部规章制度、计划预算资料、经济

合同、协议书、委托书、考勤记录、生产记录、各种消耗定额和出车记录等。

(三) 审阅的技巧

审阅的主要目的：通过对有关资料的仔细观察和阅读，借以发现一些疑点和线索，以抓住重点，缩小检查范围。这就要求掌握一定的审阅技巧。

(1) 从有关数据的增减变动有无异常来鉴别判断被审计单位可能在哪些方面存在问题。有异常情况的数据通常称异常数，它是指某些数据资料违反了会计原理的要求，或是违反了经济活动实际情况而出现在正常情况下不应有的现象。如库存商品、现金、原材料等财物明细账出现赤字余额。

运用审阅法从异常数方面着手来发现有无问题时，具体可从以下三个方面来衡量。

① 从数据增减变动幅度的大小来衡量。从这方面着手发现问题，关键是要把握住各项经济活动本身的数量界限。如在正常情况下工资费用、管理费用发生了巨额的增减变化，一般都隐藏有一定的问题。

② 从数据本身的正负方向上来衡量。会计数字的正负方向反映了会计账户表示的属性。如财产物资类账户余额出现负数，这种表示就违背了该类账户的属性，一般来说均有问题。

③ 从相关数据之间的变化关系来衡量。相关的会计账户存在着一定的关系，一个账户的变动必然引起某个或某些账户的相应变动，如果变动的方向及变动的幅度不相适应，则说明这种变动存在一定的问题。如对外投资金额有了巨额增加，但投资收益增加很小甚至减少，这就说明与这种变化不相适应，可能存在某种问题。

(2) 从会计资料和其他资料反映经济活动的真实程度来鉴别判断被审计单位有无问题。会计资料及其他资料理应真实、准确地反映单位各项经营活动的过程和结果，如果资料反映的情况和实际活动不符，则被审计单位就有弄虚作假的可能。

(3) 从会计账户对应关系的正确性来鉴别判断被审计单位有无问题。相关的会计账户都有明确的对应关系，而每个账户都有固定的核算内容，如果任意变动每个账户的核算内容，甚至将不相关的账户对应起来，一般都存在造假行为。如将投资收益、其他收入记入应付账款账户或将应收款账户与费用账户对应、收入账户与应付款账户对应，以达到转移收入或支出的目的。

(4) 从时间上有无异常来分析判断被审计单位是否存在问题。每项经济业务从开始执行到结束的整个过程所持续的时间，都有一定的限度。若在有关资料上没有载明业务发生时间，或是虽载明了时间但从发生日至记账日（或结转日）之间的时差相距甚远，则可能隐藏着某种问题。

(5) 从单位购销活动有无异常来鉴别判断被审计单位有无问题。审计人员可从书面资料审阅中发现被审计单位在购销活动方面有无舍近求远、舍优购劣的现象以及购销活动内容、物流方向、购销价格、结算方式等是否正常、合理、合法。

(6) 从业务经办人的业务能力、工作态度以及思想品德来鉴别判断可能存在的问题。审计人员可以从书面资料审阅入手，进一步了解重要业务经办人的道德和业务素质情况，以助于判断有无问题存在。

(7) 从资料本身应具备的要素内容去鉴别判断问题存在的可能性。任何资料都应该具备所要求的要素,如果要素内容不全,就应进一步查明原因,以证实有无问题。

要有效地运用审阅法,必须结合使用复核、核对的方法,及时证实审阅中发现的问题。审阅时应认真仔细,不要放过一个要素,更不要放过一个数字,边审阅、边思考,善于发现疑点和线索,并要进行完整的记录。为了避免重复和疏漏,审阅时应运用符号,以区别已审阅和未审阅的资料。

二、复核法

复核法又称复算法或重新计算法,是审计人员对被审计单位的原始凭证及会计记录中的数据的验算或另行计算。审计人员在进行审计时,往往要对被审计单位的凭证、账簿和报表中的数字进行计算,以验证其是否正确。审计人员的计算可根据需要进行,不一定按照审计单位原来的计算顺序进行;在计算过程中,不仅要注意计算结果是否正确,还要注意过账、转账等方面的差错。计算还包括对会计资料中有关项目的加总或其他运算。其中,加总既包括横向数字的加总,也包括纵向数字的加总。在报表审计中,要充分注意利用加总技术来获取必要的审计证据。

(一) 会计数据的复核

会计数据的复核主要是指对有关会计资料提供的数据进行的复核。

1. 会计凭证复核

(1) 复核原始凭证上的数据、单价与金额的计算有无错误,涉及多个子项的原始凭证,注意复核其合计是否正确,对自制的付款凭证(如工资结算凭证)更应注意,以防有诈。

(2) 复核记账凭证所附原始凭证的金额合计是否正确。

(3) 复核记账凭证汇总表(科目汇总表)是否正确。

(4) 复核转账凭证上转记金额计算是否正确。

(5) 复核成本计算中有关费用的归集与分配以及单位成本的计算有无错误等。

2. 会计账簿复核

(1) 复核明细账、日记账、总账的本期借、贷方发生额的计算是否正确。

(2) 复核各账户余额的计算有无错误,尤其是应注意现金日记账和有关实物明细账的复核,以防利用记账技巧进行舞弊。

(3) 复核有关明细账余额之和的计算有无错误。

3. 会计报表复核

(1) 复核资产负债表中的小计数、合计数及总计数的计算是否正确。

(2) 复核损益表及其主营业务收支明细表、利润分配表中的利润总额、净利润及利润分配等有关数据的计算有无错误。

(3) 复核现金流量表有关项目的计算、小计数、合计数有无错误。

(4) 复核其他明细表有关栏和行的合计以及最后的总计计算有无错误。

(5) 复核各报表补充资料中有关指标的计算是否正确。

（二）其他数据的复核

其他数据的复核主要是对统计核算提供的一些重要指标的复核,如工作时间的复核(包括定额工作时间、计划工作时间、实际工作时间)和生产任务完成情况的复核等;必要时,还应对有关预测、决策数据进行复核。

复核法虽然是一种较为简单的技术方法,但要取得良好的效果,必须善于抓住重点、找准关键的数据,必须小心谨慎、反复验算,绝不可过于自信和轻信。

三、核对法

核对法是指将书面资料的相关记录之间或是书面资料的记录与实物之间进行相互核对以验证其是否相符的一种审计技术方法。核对法也是审计技术方法中较为重要的技术方法。按照复式记账的原理核算的结果与资料之间会形成一种相互制约关系,若被审计单位的有关人员存在无意的工作差错或是故意的舞弊行为,都会使制约关系失去平衡。因此,通过对相关资料之间的核对,就能发现可能存在的种种问题。

在审计中,需要相互核对的内容很多,但概括起来,主要有三个方面,即会计资料间的核对、会计资料与其他资料的核对,以及有关资料记录与实物的核对。

（一）会计资料间的核对

(1) 核对记账凭证与所附原始凭证。核对时注意两点:一是核对证与证之间的有关内容是否一致,包括经济业务内容摘要、数量、单价、金额合计等;二是核对记账凭证上载明的所附凭证张数是否相符。

(2) 核对汇总记账凭证与分录记账凭证合计,视其是否相符。

(3) 核对记账凭证与明细账、日记账及总账,查明账证是否相符。

(4) 核对总账与所属明细账余额之和,查明账账是否相符。

(5) 核对报表与有关总账和明细账,查明账表是否相符。

(6) 核对有关报表,查明报表间的相关项目或是总表的有关指标与明细表之间是否相符。

上述核对内容要点,可概括为证据核对、账证核对、账账核对、账表核对和表表核对。

（二）会计资料与其他资料的核对

(1) 核对账单。将有关账面记录与第三方的账单进行核对,查明相互是否一致及有无问题。如将单位的银行存款的日记账同银行的对账单进行核对,将应收应付账款与外来的对账单进行核对等。

(2) 核对其他原始记录。将会计资料同其他原始记录进行相互核对,查明有无问题。这些重要的原始记录包括核准执行某项业务的文件、生产记录、实物的入库记录、出门证、出库记录、托运记录、职工名册、职工调动记录、考勤记录及有关人员的信函。在进行某些专案审计时,这种会计资料同其他原始记录之间的相互核对尤为重要。

（三）有关资料记录与实物的核对

报表或账目所反映的有关财产物资是否确实存在是财产所有者普遍关心的问题。因此，核对账面上的记录与实物之间是否相符是核对的重要内容。核对时，应将有关盘点资料同其账面记录进行核对，或是拿审计时的实地盘点获得的结果同其账面记录核对。

通过以上核对，能发现其中差异所在。这些差异有些还需要进一步审查。进行审查时，应分析判断产生的原因及后果，然后再确定需要采用的检查方法，并实施更深程度的审查。

具体进行核对时，可以由两个人进行，也可由一个人进行。由两个人进行时，一般是一个读，另一个对，这样做可以提高效率，但常常会因看错、念错或听错而影响核对结果。由一人进行核对，出错的可能性小，也便于发现问题，但效率低。为了取得满意的核对效果，核对前，应对将用来核对的资料本身的可靠性进行复核；核对过程中应特别细心，并要运用各种符号对是否核对过、是否有疑问加以识别；对复核中发现的差异、疑点、线索等要逐一详细记录，必要时要运用其他审计技术及时查明问题。

上述三种方法主要用于对记录或文件检查，也就是审计人员对被审计单位内部或外部生成的以纸质、电子或其他介质形式存在的记录或文件进行检查，以获取可靠程度不同的审计证据。

四、盘存法

盘存法是指通过对有关财产物资的清点和计量来证实账面反映的财物是否确实存在的一种审计技术。按具体做法的不同，有直接盘存法和监督盘存法两种。直接盘存法是指审计人员在实施审计检查时，通过亲自盘点有关财物来证实与账面记录是否相符的一种盘存方法。监督盘存法又称监盘，是指审计人员现场监督被审计单位各个实物资产及现金、有价证券等的盘点，并进行适当的抽查。同时，在监盘时，审计人员还应对实物资产的质量及所有权予以关注。

在审计过程中，审计人员只是对被审计单位盘点工作进行监督，对贵重物资才进行抽查复点。采取监督盘存法的目的是为了确定被审计单位实物形态的资产是否真实存在、是否与账面反映一致和有无短缺、毁损及贪污、盗窃等问题存在。实物盘点工作只能证实实物的存在性，而不能证实其所有权和质量好坏，因此审计人员还要另行审计，以证实其所有权和质量问题。无论是直接盘存还是监督盘存，均是重要的检查有形资产的方法，它可以为有形资产的存在性提供可靠的审计证据。盘存方法主要有以下三个步骤。

（一）盘点准备工作

（1）确定需要盘点的财物并予以封存。被审计单位的财物种类繁多，全面盘点不大可能，且也没有必要，因此应根据审计目标和应审计项目的具体情况来确定需要盘点的重点。一般可按如下标准来衡量：① 是否未盘点过？② 账面反映存量是否不合理？③ 在成本中所占比重是否过大？④ 该物品是否属紧俏贵重物品？⑤ 该物品是否为日常生活必需？⑥ 该物品以往是否发生过舞弊问题？若上述回答都是肯定的，则应该成为盘点的重点。

在应盘点的财物确定好以后，若不能立即同时盘点且又难保证不让被审计单位知道情况时，则应将需要盘点的物资予以封存，贴上封条后将钥匙交财物经管人保管。

（2）调查了解有关财物的收发保管制度，并对各项制度控制功能的发挥情况作出评估，找出控制的薄弱环节，明确重点。

（3）确定参加盘点的人员。在盘点成员中，至少要有两名审计人员、一名财务负责人和一名实物保管人,同时还应有必要的工作人员。

(4) 结出盘点日的账面应存数,即通过审阅、复算、核对,将账面记录和计算错误予以消除。

(5) 准备记录表格,检查度量器具。对有关用来盘点的度量器具,一定要经过检查,以防弄虚作假而使盘点结果失真。

(6) 选择恰当的盘点时间。盘点时间的选择一般以不影响工作正常进行为准,宜选择在每天的业务终了后或是业务开始前进行。

(二) 进行实地盘点

准备工作就绪后,应立即着手进行盘点。对一般的财物盘点,审计人员主要在场监督,看看工作人员是否办理了应该办理的手续,同时注意观察有关物品的质量;对特别重要的财物盘点,审计人员除了监督、观察外,还应进行复点,如现金的盘点、其他有价证券的盘点、贵重物品的盘点等。

盘点完毕,应将盘点所获的实际情况如实地填在事先准备好的表格上。

(三) 确定盘点结果

将盘点获得的结果再与账存进行比较,就能知道账实之间是否相符以及不符的差异;若不相符,则到底存在什么问题还要运用其他方法进一步检查落实。

盘点结果确定以后,应由所有在场人员(尤其是实物保管人、财务负责人及审计人员)在盘点表上签名,以明确责任。

盘存法主要用于各种实物的检查,如现金、有价证券、材料、产成品、在产品、库存商品、低值易耗品、包装物、固定资产等。

在具体运用盘存法时,应特别注意以下各点:

(1) 实物盘存一般采取预告检查,如有需要也可采取突击检查方式,如果实物存放分散,应同时盘点。若不能同时盘点,则未盘点实物的保管应在审计人员的监督下进行。

(2) 不能只清点实物数量,还应注意实物的所有权、质量等。

(3) 任何性质的白条,都不能用来充抵库存实物。

(4) 在确定盘点小组的人选时,不能完全听任被审计单位,以防串通合谋舞弊。

(5) 确定盘点结果,不要轻易作结论,尤其是涉及个人的问题更应谨慎从事。

(6) 若遇有检查日与结账日之间不一致时,应进行必要调整。调整时,可分别按以下公式进行:

$$结账日账面应存数 = 盘点日账面应存数 + 盘点日与结账日之间的发出数 - 盘点日与结账日之间的收入数$$

$$结账日实存数 = 盘点日实存数 + 盘点日与结账日之间的发出数 - 盘点日与结账日之间的收入数$$

注意: 第一个公式中的盘点日账面应存数是在盘点准备阶段确定的,一般认为是无核算错误的账面存数,而不是被审计单位提供的盘点日账面余额;两公式中的两个调整项,数据相同,但无论是期间的付出还是期间的收入,若要用来调整,则必须经过审计人员的审核,只有认为正确无误时,才能用来调整。

五、函证法

函证法是指审计人员根据审计的具体需要,设计出一定格式的函件并寄给有关单位和人员,根据对方的回答来获取某些资料或对某问题予以证实的一种审计技术方法。

按要求对方回答方式的不同,函证可以分为积极函证和消极函证两种。积极函证是指对函证的内容不管在什么情况下都要求对方直接以书面文件的形式向审计人员作出答复。消极函证是指对函证的内容只有当对方存有异议时才要求对方直接以书面文件形式向审计人员作出答复。至于在何种情况下应用积极函证或消极函证,一般视函证业务事项的具体情况而定。

(一)函证方式的选择

积极函证方式适用于以下四种场合。

(1)函证业务事项较为重要。一方面,可以从该业务事项的金额大小来衡量;另一方面,可以从该业务事项涉及的问题性质来衡量。

(2)函证业务事项极为有限。

(3)函证业务事项延续的时间极长。

(4)对函证业务事项还存有较多疑点。

其余场合则可采用消极函证方式。在采用消极函证的方式下,只要在规定的期限内未收到他方的答复函,则函证业务事项的实际情况与审计人员的认识是一致的。

(二)函证内容的设计

在进行函证的情况下,他方是按照审计人员在函证中的具体要求来回答问题的。因此,设计出既能满足审计人员要求又便于他人理解和回答的函件就显得特别重要。函证应包括以下内容:

(1)审计机关名称;
(2)他方名称(姓名)、发函目的、函证业务事项及要求;
(3)函证业务事项的具体内容;
(4)审计机关及他方的签章和发函及回复的日期等。

函证法既可用于有关书面资料的证实,也可用于有关财产物资的证实,如应收应付账款余额真实性的核实、财物所有权的核实等。一般而言,当凡需从被审计单位以外的其他单位获取有关材料才能达到审计的目的时,就可采用函证技术。不过,在其他单位与被审计单位存在极大依赖或是被审计单位与其他单位有意串通的情况下,采用函证技术将是无效的。

应用函证技术时,除了根据需要选择适当的函证方式和设计恰当的函证文件以外,还应注意以下问题:① 应避免由被审单位办理与函证有关的一切事项,包括信件的封口、投递、接收等;② 对重要事项的函证应注意保密,以防被审计单位临时采取补救措施;③ 在采取积极函证的方式下,未能在规定期限内收到答复函时,应采用其他措施,或是再次发函,或是亲临核实;④ 为了便于控制,应对函证事项和单位开列清单,并做好相应记录。

表 7-1 和表 7-2 是询证函及银行往来询证函的样本。

表 7-1 询 证 函

致：_____ 编号：_____

  本公司聘请的××会计师事务所正在对本公司会计报表进行审计，按照《中国注册会计师独立审计准则》的要求，应当询证本公司与贵公司的往来账项。下列数额出自本公司账簿记录，如与贵公司记录相符，请在本函下端"数据证明无误"处签章证明；如有不符，请在"数据不符及需加说明事项"处详为指正。回函请直接寄至××会计师事务所。

  地址_____邮编_____电话_____

  传真_____（本函仅为复核账目之用，并非催款结算。）

截止日期	贵公司欠	欠贵公司	备 注

  若款项在上述日期之后已经付清，仍请及时函复为盼。

公司印鉴

数据证明无误

签章_____ 日期_____

数据不符及需加说明事项

签章_____ 日期_____

表 7-2 银行往来询证函

致：_____

  本公司聘请的××会计师事务所正在对本公司会计报表进行审计，按照《中国注册会计师独立审计准则》的要求，应当询证本公司与贵行的存款、贷款往来。下列数额出自本公司账簿记录，如与贵行记录相符，请在本函下端"数据证明无误"处签章证明；如有不符，请在"数据不符及需加说明事项"处详为指正。回函请直接寄至××会计师事务所。

  地址_____邮编_____电话_____传真_____

1. 存款户　截至　年　月　日

银行账号	账户性质	原币金额	备 注

2. 贷款户　截至　年　月　日

贷款性质	担保或抵押	贷款起止期	利　率	贷款金额	备 注

公司印鉴

数据证明无误

签章_____ 日期_____

数据不符及需加说明事项

签章_____ 日期_____

六、观察法

观察法是指审计人员察看相关人员正在从事的活动或执行的程序来取得审计证据的一种技术方法。如审计人员进入被审计单位以后,对被审计单位所处的外部环境和内部环境进行观察,借以取得环境证据;审计人员对被审计单位人员行为进行观察,借以发现问题和证实问题,并取得行为证据;审计人员对被审计单位的财产物资进行观察,了解其存放、保管和使用状况,借以确定盘点重点、证实账簿记录、充实证据资料。

观察法除应用于对被审计单位经营环境的了解以外,主要应用于内部控制制度的遵循测试和财产物资管理的调查,如有关业务的处理是否遵守了既定的程序、是否办理了应办的手续、财产物资管理是否能保证其安全完整以及是否有外在的厂房、物资和外借的场地、设备是否确实需要等。观察法结合盘点法、询问法使用会取得更佳的效果。观察提供的审计证据仅限于观察发生的时点,并且可能影响对相关人员从事活动或执行程序的真实情况的了解。

七、鉴定法

鉴定法是指审计人员对需要证实的经济活动、书面资料及财产物资超出审计人员专业技术时,由审计人员另聘有关专家运用相应专门技术和知识加以鉴定证实的办法。如审计人员对书面资料真伪的鉴定,对实物性能、质量、估价的鉴定以及对经济活动合理性的鉴定等,如审计组织中无该方面的专门人才,就有必要聘请有关专家进行鉴定。鉴定法主要应用于涉及较多专门技术问题的审计领域,如经济效益审计领域;同时也应用于一般审计实务中难以辨明真伪的场合,如纠纷、造假事项等。

在聘请有关人员时,应判断被聘人员能否保持独立性以及与被鉴定事项所涉及的有关方面有无利害关系。鉴定后,应正式出具鉴定报告并签名,以明确责任。

第五节 辅助审计技术

辅助审计技术是相对基本审计技术而言的,它是指为收集重要审计证据提供线索或是收集重要证据以外的补充证据而采用的那部分审计技术。这些辅助技术可以让审计人员很快发现问题,为进一步深入检查提供方向,这样就可少走弯路,从而提高工作效率。辅助审计技术的内容很多,但主要包括分析性复核法、推理法、询问法和调节法等。

一、分析性复核法

分析性复核法也称分析性程序,是审计人员对被审计单位重要的相关比率或趋势进行分析和比较,包括调查异常变动以及这些重要比率或趋势与预期数额和相关信息的差异。对异常变动项目,审计人员应重新考虑其所采用的审计方法是否合适;必要时,应追加适当的审计程序,以获取相应的审计证据。分析性复核是一项技术性较高、说服力较强的取证手段,它要求审计人员具有较高的专业判断能力和审计经验,并运用一定的方式和程序,确保检查风险降至可接受水平。

常用的分析性复核方法主要有比较分析法、平衡分析法、科目分析法和趋势分析法。

（一）比较分析法

比较分析法是指直接通过对有关项目之间的对比来揭示其中的差异，并分析判断其差异形成原因的一种分析技术方法。按对比时所用指标的不同，又分绝对数比较分析和相对数比较分析两种。绝对数比较分析是指直接以有关项目之间的总额进行对比来揭示其中差异所在并进行分析判断的一种分析技术。这种比较可以揭示出有关被审计项目的增减变动有无异常、是否合情合理、是否存在问题。相对数比较分析又称比率分析，它是指通过计算出被审计项目的百分比、比率或比重结构等相对数指标，然后根据相对数指标的对比来揭示其中的差异并分析判断有无问题的一种分析技术。相对数比较分析较绝对数比较分析更便于发现问题。

在具体应用比较分析法时，还应注意以下各点：

（1）对比之前，应对用来对比的被审计项目有关资料内容的正确性予以认可；

（2）对比的各项目之间必须具有可比性；

（3）对比哪些内容应根据比较的目的而定；

（4）比较揭示的差异应加以记录并附加分析说明，为决定采用其他审计技术所用。

（二）平衡分析法

平衡分析法是指根据复式记账原理和会计制度的规定以及经济活动之间的内在依存关系，对应该存在内在制约关系的有关项目进行计算或测定，以检查制约关系是否存在并揭示其中有无问题的一种分析技术。由于这种分析技术通常是通过对存在依存制约关系的数据计算或测定来进行，因而也有人称它为制度数据约定法或控制计算法。

平衡分析实际上是比较分析的一种转化形式，平衡分析主要应用于存在内在依存制约关系的数量或金额指标且用直接比较分析难以奏效的场合。

在具体应用平衡分析方法时，还应注意以下各点：

（1）对有关指标先进行复核，验证本身是否正确；

（2）分析前，应找出项目之间存在的依存制约关系；

（3）应掌握一些生产经营活动的基本常识，以利于对依存制约关系的发现。

（三）科目分析法

科目分析法又称账户分析法，是审计分析中的一种主要技术方法。它是指以会计原理为依据，对总分类账户的借方或贷方的对应账户及其发生额和余额是否正常进行分析的一种方法。如将"产品销售收入"和"银行存款""应收账款""现金"及"应付账款"等账户结合起来分析，既可以审查有无差错和弊端，还可以了解产品销售情况、应收账款发生和收回情况及费用发生、支付情况等。

在具体运用科目分析法时，还应注意以下各点：

（1）应针对被审计单位的具体情况，找出其中应该重点检查的科目；

（2）在编制科目分析表时，应小心谨慎，以防疏漏而导致错误的审计结论；

（3）必须将正常的对应科目列全，否则难以发现问题。

（四）趋势分析法

趋势分析法也称动态分析法，是指从发展的观点来分析研究经济活动在时间上的变动情况，从而揭示其增减变动的幅度及其发展趋势是否正常合理、有无问题的一种分析技术方法。趋势分析技术不是着眼于某一个时点，而是从各个不同时期的综合比较来揭示其中的规律性并预测未来。因此，采用这种分析技术便于把握住被审计单位经济活动的发展前景，并提出一些建设性的意见和建议。

趋势分析法既适用于财务审计中用来揭示被审计经济活动有无问题，也适用于经济效益审计中用于揭示活动的发展前景。

在具体应用趋势分析法时，还应特别注意以下各点：

(1) 进行分析前，应对用来进行分析的各种指标本身的可比性予以认可；
(2) 用于进行趋势分析的有关指标，在各个时期应具备可比性；
(3) 选用的方法必须合理、恰当；
(4) 作出分析结论时，应综合考虑各种因素的影响，绝不能草率从事。

分析性复核所取得的结果，可用于对内部控制测试和评估的调整、对发现异常差异追加审计程序以及对重要会计问题和重点审计领域进行深入查证。

根据注册会计师审计准则的规定，分析性复核法也称分析程序，是指审计人员通过研究不同财务数据之间以及财务数据与非财务数据之间的内在关系，对财务信息作出评价。分析程序还包括调查识别出的、与其他相关信息不一致或与预期数据严重偏离的波动和关系。实施分析程序时，审计人员应当考虑将被审计单位的财务信息与以前期间的可比信息比较；与被审计单位的预期结果或者审计人员的预期数据进行比较；与所处行业或同行业中规模相近的其他单位的可比信息进行比较。在实施分析程序时，审计人员应当考虑财务信息各构成要素之间的关系和财务信息与相关非财务信息之间的关系。分析程序可用于风险评估程序，以了解被审计单位及其环境；也可用于实质性程序和审计结束时的总体复核。

实质性程序包括对各类交易、账户余额、列报的细节测试以及实质性分析程序。用作实质性程序的分析程序称为实质性分析程序。在实施实质性分析程序时，审计人员应当考虑该程序对特定认定的适用性、所依据的内外数据的可靠性、作出预期的准确程序以及可接受的差异额。

实质性分析程序通常更适用于在一定时期内存在可预期关系的大量交易。在相信其分析结果时，审计人员应当考虑其有风险的可能，也就是其分析结果显示数据之间存在预期关系而实际上却存在重大错报。因此，审计人员在认定其适用性时，应当考虑下列因素：在评估重大错报风险时，结合使用细节测试，以获取充分、适当的审计证据；针对同一认定的细节测试，同时实施实质性分析程序。

数据的可靠性与其来源和获取数据后的环境相关，在确定实质性分析程序使用的数据是否可靠时，审计人员应考虑可获得信息的来源、可获得信息的可比性、可获得信息的性质和相关性、与信息相关的控制。如果使用被审计单位编制的信息，审计人员应当考虑与信息编制相关的控制以及这些信息是否在本期或前期经过审计。

在评价作出预期的准确程度是否足以在计划的保证水平上识别重大错报时，审计人员还应当考虑对实质性分析程序的预期结果作出预测的准确性、信息可分析的程度、财务和非财务信息的可获得性。

在实施实质性程序时,审计人员应当确定已记录金额与预期值之间可接受的差异额。在确定差异额时,审计人员应当主要考虑各类交易、账户余额、列报及相关认定的重要性和计划的保证水平。审计人员可通过降低可接受的差异额应对重大错报风险的增加。

在审计结束或临近结束时,审计人员应当运用分析程序对财务报表进行总体复核,以确定财务报表整体是否与其对被审计单位的了解一致。如果识别出以前未识别的重大错报风险,审计人员应当重新考虑对全部或部分的各类交易、账户余额、列报评估的风险,并在此基础上重新评价之前计划的审计程序。

当通过实施分析程序识别出与其他相关信息不一致或者偏离预期数据的重大波动或关系时,审计人员应进行调查并获取充分的解释和恰当的佐证审计证据。在调查异常波动和关系时,审计人员应当在询问管理层的基础上采取下列措施:将管理层的答复与审计人员对被审计单位所了解的情况以及在审计过程中所获取的其他审计证据进行比较,以印证管理层的答复;如果管理层不能提供解释或解释不充分,应考虑甚至需要运用其他审计程序。

二、推理法

推理法是指审计人员根据已经掌握的事实或线索,结合自身的经验并运用逻辑方法来确定一种审计方案并推测实施后可能出现的结果的一种审计技术方法。推理法与分析、判断有着密切的联系,通常将其合称为分析推理或判断推理,它是一种极为重要的辅助审计技术。

要恰当地采用推理法,必须把握以下三个步骤:

(1) 恰当分析。建立在事实基础上的恰当分析,就是根据已经知道的事实提出各种设想,将导致产生这种结果的所有因素和产生的原因以及可能存在的问题逐一加以分析。

(2) 合理推理。进行合理推理就是根据分析提出的种种怀疑,结合进入被审计单位后观察、调查了解到的情况来推断各种可能情况的真实程度。

(3) 正确判断。正确判断须建立在恰当分析和合理推理基础上。进行正确判断,就是审计人员凭借自身的经验并结合观察了解到的具体情况,对使用逻辑方法推断出来的结果予以认定。

在具体应用推理法时还应特别注意以下各点:

(1) 分析、推理都应以已知的事实为依据;

(2) 对用来推理的基础资料,在运用推理法之前应加以核实,以防推理出错;

(3) 对推理得出的结论,必须通过核实取证后才能加以利用;

(4) 在运用推理法时,应注意结合采用分析判断等方法。

三、询问法

询问法又称面询法,是指审计人员针对某个或某些问题通过直接找有关人员进行面谈,以取得必要的资料或对某一问题予以证实的一种审计技术方法。

按询问对象的不同,询问法可分为知情人的询问和当事人的询问两种。对知情人的询问是指通过找有关知晓某一问题具体情况的人员进行面谈来获得资料或证实问题;对当事人的询问是指找有关问题的直接负责人进行面谈来获取资料或核实问题。按询问的方式不同,又可分为个别询问和集体询问两种。

(一) 询问方式的选择

(1) 个别询问。个别询问是指找有关人员进行单个面谈来获取所需资料的一种询问方法。

(2) 集体询问。这是指找多个有关人员一起面谈来获取所需资料的一种询问方法。这种方法实际上就是通常所说的开座谈会。

总之,应采用何种方式要根据询问内容的具体情况以及被询问者的具体情况而定。

(二) 询问的策略

询问策略问题主要包括创造适宜的询问气氛、恰当地提出问题和注意询问技巧等。审计人员应注意倾听被询问人的陈述,适当地引导和始终保持平易近人的态度;提出的问题要具体,要有事实依据,要有条理,用词得当等;询问时可根据需要采用先发制人、侧面暗示、迂回进攻、攻心、巧设问等技巧。

询问法的应用比较广泛,既可用于对被审计单位有关情况的一般了解,又可用于审计证据的落实,还可用于收集对某些书面资料或财产物资进行证实时的补充证据。

在具体应用询问法时,还应特别注意以下各点:

(1) 审计人员应有两人以上在询问现场,以相互配合;

(2) 已列入计划的询问对象应予保密,特别是对当事人的询问更应如此;

(3) 询问时应认真做好询问笔录,并在询问完毕后交被询问人审阅并签名,并明确责任,防止口说无凭;

(4) 对涉及多个当事人的询问,应单独同时进行,以防相互串通和建立攻守同盟。

四、调节法

调节法是指审查某一经济项目时,为了验证其数字是否正确而对其中某些因素进行必要的增减调节,从而求得所需要证实的数据的一种审计技术方法。如前述盘存法中对材料、产品盘存日与查账日不同而采用的调节法。银行存款账户余额和银行对账单所列余额不一致时,所采用的就是调节法。表 7-3、表 7-4、表 7-5 和表 7-6 列示的就是相关的表单。

表 7-3　试算平衡表

被审计单位名称_____
会计期间或截止日_____

	签名	日期	索引号
编制人			
复核人			页　次

索引号	报表项目名称	未审金额	调整金额		重分类金额		审定金额	上年审定金额
			借方	贷方	借方	贷方		
合　计								

编制说明：
1. 通过编制本表可控制和汇总全部审计项目工作底稿。
2. 报表项目名称按资产负债表、损益表项目分别列示。
3. 未审金额即为被审计单位提供的未审计会计报表列示的金额。
4. 调整金额、重分类金额根据审计差异调整表——调整分录汇总表、重分类分录汇总表中列示的各会计科目金额填写。如同一报表项目有若干笔调整或重分类，可编制"T"账户汇总后过入本表。
5. 索引号按该报表项目审计工作底稿索引号填列。
6. 本试算平衡表可根据资产类、负债类、损益类项目分别编制。

表 7-4　审计差异调整表——调整分录汇总表

被审计单位名称_____
会计期间或截止日_____

	签名	日期	索引号
编制人			
复核人			页　次

序号	索引号	调整分录及说明	资产负债表		损益表		被审计单位调整情况及未调整原因
			借方	贷方	借方	贷方	
合　计							

编制说明：
1. 本表用于汇总审计过程中发现的应调整事项。
2. 根据调整分录借、贷方归属资产负债类或损益类，将其对应金额分别填入"资产负债表"和"损益表"的"借方"与"贷方"。
3. 索引号根据该调整分录所在审计工作底稿索引号填写。
4. 必须将调整原因列于调整分录之后。

表 7-5　审计差异调整表——重分类分录汇总表

被审计单位名称_____
会计期间或截止日_____

	签名	日期	索引号
编制人			
复核人			页　次

序号	索引号	调整分类及说明	资产负债表		损益表		被审计单位调整情况及未调整原因
			借方	贷方	借方	贷方	
合　计							

编制说明：
1. 本表用于汇总审计过程中发现的应调整事项。
2. 根据调整分录借、贷方归属资产负债类或损益类，将其对应金额分别填入"资产负债表"和"损益表"的"借方"与"贷方"。
3. 索引号根据该重分类分录所在审计工作底稿索引号填写。
4. 必须将重分类原因列于重分类分录之后。

表 7-6　审计差异调整表——未调整不符事项汇总表

被审计单位名称_____
会计期间或截止日_____

	签名	日期	索引号
编制人			
复核人			页　次

序号	索引号	调整分类及说明	资产负债表借(贷)	损益表借(贷)
合　计				

未予调整的影响　　　项目　　　　　金额　　　　百分比
1. 净利润　　　　　　_____　　_____　　_____
2. 净资产　　　　　　_____　　_____　　_____
3. 资产负债表　　　　_____　　_____　　_____
结论：_____

编制说明：
1. 本表用于汇总被审计单位未经调整的审计差异。
2. 如汇总后对净利润、净资产等影响超过重要性水平，则需要提请被审计单位进行调整，以使未调整的差异影响不超过重要性水平。
3. 索引号根据该分录所在审计工作底稿索引号填列。
4. 未予调整的影响中"百分比"栏即为审定后净资产、损益表金额除以上述金额计算。
5. 结论应表明未予调整的影响是否超过重要性水平，并说明其对审计意见的影响。

思考与练习

1. 什么是审计方式？审计方式与审计方法有何异同点？
2. 简述各种审计方式的含义及适用范围。
3. 如何组织报送审计和就地审计？事前审计、事中审计和事后审计各有什么作用？
4. 什么是审计方法？对审计方法的认识有哪些不同的观点？
5. 审计方法是如何发展的？
6. 什么是审计方法体系？审计方法体系主要包括哪些内容？
7. 如何选用适当有效的审计方法？
8. 什么是一般审计方法、基本审计技术和辅助审计技术？
9. 简述各种基本审计技术的含义、作用和适用范围。
10. 简述各种辅助审计技术的含义、作用和适用范围。
11. 如何审阅会计资料及其异常数？
12. 怎样对会计数据进行复核？
13. 如何进行资料与资料、资料与实物间的核对？
14. 如何进行实物盘点工作？盘点工作应注意哪些问题？
15. 有哪几种函证方法？各有什么用途和适用范围？
16. 怎样应用观察法？应用时应注意哪些方面问题？
17. 鉴定法有何作用？如何应用？
18. 什么是分析性复核法？分析性复核法有哪些种类？实质性程序中如何使用分析程序？
19. 比较分析法、平衡分析法、科目分析法、趋势分析法各自有何作用？各自适用于什么样的范围？
20. 如何应用推理法？
21. 询问方法有哪几种类型？使用询问法应如何选择询问方式和如何选用恰当的询问策略？
22. 怎样应用调节法？调节法主要使用在哪些方面？

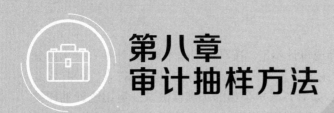

第八章 审计抽样方法

【内容提示】

由详细审计发展到抽样审计是现代审计在方法技术方面的重要变革,它不仅标志着审计思想的进步,也标志着审计基础、审计环境的变化以及审计工作效率的提高。什么是审计抽样法,什么是属性抽样、变量抽样及金额单位抽样,如何运用抽样审计方法进行符合性测试和实质性测试,这些是本章主要阐述的问题。

第一节 审计抽样概述

少于100%的检查即为抽样。抽样是一种重要的现代审计技术。国内外审计实践都表明,在审计产生的早期均采用了全面的详查法。随着社会经济和科学技术的不断发展,被审计单位的规模越来越大、业务量越来越多,且复杂程度也越来越高或是审计费用太昂贵,再进行全面的详细审查已经不再可能,于是出现了抽样审计。抽样审计的应用科学地解决了审计的业务量与审计结论保证程度之间的关系问题,扩大了审计人员的视野,极大地提高了工作效率。目前,在发达国家的审计实践中,抽样技术已经成为最常用的技术方法之一,并且还将其具体要求在公认审计准则中加以明确。例如,美国注册会计师协会公布的《审计准则文告》39号就是专门关于抽样审计问题的。

一、判断抽样

抽样技术的科学化是审计工作规范化的重要条件和内容。因此,在我国也应开展对抽样技术理论与应用的研究。抽样技术按方法的不同可以分为统计抽样和非统计抽样两种。非统计抽查又称经验抽查或判断抽样,是指审计人员根据长期积累的经验,结合审计的要求以及进入被审计单位了解到的情况,通过主观判断,从特定审计对象的总体中有选择地、有重点地抽取部分项目进行审核检查,并根据检查结果来推断总体的一种抽查技术。

二、统计抽样

统计抽样是指审计人员按照随机原则,运用概率论与数理统计的原理,从特定审计对象的总体中抽取部分资料进行检查,并根据检查结果对总体特征进行推断的一种抽查技术。虽然判断抽样技术使用方便,能减少工作量并抓住重点,能利用审计人员的经验与技能,但这种方法不能科学地计算抽样误差,审计结论的可靠程度完全取决于审计人员的实践经验与判断能力,因而审计风险很大。统计抽查技术正好能弥补判断抽查的不足,即能保证样本项目抽查中的机会均等,能计算抽样误差的大小,能估计审计结论的可靠程度,能对审计工作量的多少作出科学计算,避免过量审计或审计不足。按具体用途不同,统计抽查技术可分为属性抽样和变量抽样两种。属性抽样主要用于对内部控制制度的遵循(符合性)测试;变量抽样主要用于会计资料的实质性测试,如对各账户余额的正确性测试。运用统计抽样技术一般要经过五个步骤,即确定抽样总体、确定抽样规模、随机抽取样本、审查样本项目、推断总体。

(一)确定抽样总体

采用统计抽样法,抽样总体是特定的,因此要对每一抽样事项的业务范围进行严格规定,主要根据审计的目标和被审计业务的具体特征进行。

1. 剔除重要项目

虽然统计抽查可以进行科学计算,但仍然具有不确定性,审计人员一般不期望将重要项目置于不确定的抽样总体中。因此,重要项目应从抽查总体中挑出进行重点检查,以减少可能承担的审计风险和审计责任。剔除重要项目可按以下两种方法进行。

(1)按判断抽样标准剔除。运用判断抽查技术在确定抽样对象时的原则将认为特别重要的或是特别危险、最容易产生问题的项目从特定总体中抽出来。要求审计人员根据以往的经验,结合观察了解的实际情况,通过主观分析判断确定。

(2)按金额比重剔除。通过运用判断抽样标准剔除后,也许仍有重要项目需要剔除,是否剔除这些项目,一般视审计业务的具体数量多少而定,且常以金额比重的大小作为衡量的标准。例如,需要检查3 000张领料单,合计金额为900万元,则如果某张领料单的领料金额超过18万元(含18万元)即为总体金额的2%,则该领料单应作为重要项目予以剔除。加拿大审计长公署同菲律宾审计委员会合作,经过长期的试验和研究,找到了确定重要金额的简单方法,如表8-1所示。

表8-1　金额比值确定表

总 体 业 务 量	大金额业务的确定
0—1 999	5%
2 000—4 999	2%
5 000+	1%

从表8-1中可以看出,当业务量在1 999以内时,个别项目金额达到总体金额的5%,该项目即为大金额,应作为重要项目剔除。如假定检查1 800个应收账款余额的正确性,1 800个账户的累计金额为400万元,则当某个明细账或某几个明细账的余额超过20万元时,这个或这几个明细账即是重要的账户,应从这1 800个账户中剔除。当总体业务不断扩大时,衡量大金额的比重也随之降低。当总体业务量由2 000增至4 999时,只要某项金额超过累计金额的2%,则也为重要项目,应予剔除;同样,当业务量再随之增加,超过5 000以后,只要某项业务的金额超过总体金额的1%,则也为重要项目,应予以剔除。

2. 同质总体的确定

抽样范围内的每个项目都应该能反映出总体的特征,即每个项目具有相同的特征。同质总体的确定可以从以下两个方面考虑。

(1) 每个项目是否具有共同的特性。如检查生产耗用的材料成本是否正确,若从领料单的检查来确定耗用量,则应将专用基金工程的领用单从中剔除。不过,应有识别标志才能做到。

(2) 该业务是否与审计目标相联系。与审计目标联系的所有项目都应列入抽查的总体。

经过剔除和分析,抽样的总体即已确定,而后对总体中的每个项目按照一定的方法编号,以便为抽样做好准备。

(二) 确定抽样数量

确定抽样数量是统计抽查极为重要的步骤。抽样数量常常是通过查表求得,应考虑四个因素,即总体规模的大小、项目的差错情况、审计结论的保证程度以及审计结论的精确限度。

1. 总体规模的大小

抽样数量的多少与总体规模的大小成正比,即规模越大,需要抽样的数量越多;反之则少。但也并非绝对,当业务量很少时,则应该检查绝大部分或全部,如总体业务量为0—199张凭证时,则抽样量应为100或全部,这个量为基本抽样量。随着总体规模的扩大,抽样量也非无限增加,而有一定限度。如在进行符合性测试时,抽样量一般只增加到总体业务量的25%—30%。

2. 总体中各项目的差错

总体中各项目的差错通常有两种情况:一种是总体中项目未按照特定的控制目标进行而发生了错误,这种错误发生的频率,称为总体差错率或总体错误率;另一种是总体中项目之间的数额上发生的差错,通常用标准差来表示。抽查数量需要根据总体差错率或总体标准差计算。项目差错率用于属性抽样,总体标准差用于变量抽样,两者与抽查数量之间都成正比关系,即差错越大,抽查数量越多;反之则少。在具体审计时,应根据不同情况确定,若是初次审计时,只靠检查初始样本来确定(初始样本的量一般不少于30)。例如,在评估内部控制制度时,通过抽取30张领料单审查的结果,发现了3张凭证错误,则样本差错率为10%($3 \div 30 \times 100\%$),那么,可用10%作为总体的差错率,即以初始样本的差错率代替总体的错误率。若在变量抽样法下,则同样可以通过抽取30个项目审查的结果计算标准差并作为总体的预计标准差计算抽查数量。标准差(S)的计算公式如下:

$$S = \sqrt{\frac{\sum_{i=1}^{n}(x_i - \bar{x})^2}{n-1}}$$

或

$$S = \sqrt{\frac{\sum_{i=1}^{n} x_i^2 - n\bar{x}^2}{n-1}}$$

其中:x_i——第 i 个项目金额($i=1,2,3,\cdots,n$);

$\bar{x}$——项目平均数$\left(\sum\limits_{i=1}^{n}x_i/n\right)$;

n——样本规模(如初始样本30)。

具体计算步骤如下:

第一步:按一定方法抽取30个样本项目;

第二步:计算样本面值之和,即$\sum\limits_{i=1}^{30}x_i$;

第三步:计算平均,即$\bar{x}=\dfrac{\sum\limits_{i=1}^{30}x_i}{n}$;

第四步:计算$(x_i-\bar{x})$的平方和或计算x_i的平方和减去$\bar{x}$的平方与样本规模n的积的差,即式中的$\left(\sum\limits_{i=1}^{30}(x_i-\bar{x})^2\right)$或$\left(\sum\limits_{i=1}^{30}x_i^2-n\bar{x}^2\right)$;

第五步:用第四步求得的平方和或差除以样本规模$(n-1)$的差,即$(30-1)$求得根号内的值;

第六步:开方,即求得标准差S值。

如果是分期继续审计,则可以根据上期审计时的差错率(查阅前期审计档案取得)或标准差,结合被审计单位的情况,通过适当调整确定。若与前期相比,有关情况未发生多大变化,如内部控制与前期相比未发生明显改变,则可以前期的差错率或标准差作为本期的预计总体差错或标准差来计算抽查数量。除此之外,审计人员还可以根据自身的实践经验估计一个差错率或标准差来代表总体差错率或标准差,以简化手续。

3. 审计结论的保证程度

审计结论的保证程度是指在采用统计抽样法的情况下有多大的把握保证其结论是正确无误的。审计结论的保证程度与抽样数量之间成正比关系,即保证程度越高,所需抽样的数量越多,反之则少。这一点不难理解,假如要保证在抽样法下作出的结论100%可靠,则唯一的办法就是检查总体中的每个项目。事实上,只要进行的是抽样,就很难达到。也就是说,实际保证程度与理论保证程度之间总会存在差异。这种差异就是审计抽样风险。审计人员总是希望自己的工作承担较低的风险,而唯一的办法就是扩大审计检查的量。因此,在确定抽样数量时,审计人员不得不考虑审计结论的保证程度。审计结论保证程度的确定,应考虑被审计业务的特性(重要性、危险性)以及审计工作的目标和委托人的要求。例如,评估内部控制制度时,若被审计单位内部控制的健全性、有效性较好,则可用较低的保证程度;反之,若不太完善,则须用较高的保证程度。因为制度不完善的危险性较大,容易产生问题。在变量抽样下,多数是评价有关记录在金额上的可靠性,所以多数须用较高的保证程度。表8-2是常用可靠程度的系数。

表8-2 常用可信水平下的系数

可靠程度(%)	可信水平系数(t)
68.3	1.00
70	1.04

续表

可靠程度(%)	可信水平系数(t)
75	1.15
80	1.28
85	1.44
90	1.65
95	1.96
95.4	2.00
99	2.58
99.7	3.00

当所需的可靠程度确定以后,则可通过表 8-2 查得所需的系数。如确定可靠程度为 80%,则系数 $t=1.28$。

4. 审计结论的精确限度

审计结论的精确限度是指在采用统计抽样法的情况下作出的审计结论与总体的实际情况之间所能允许(即可以接受)的最大误差范围。精确限度通常以货币金额(在变量抽样法下)或百分比(在属性抽样法下)表示。只要存在抽样,必然有误差。精确限度与抽样数量成反比关系,即允许的误差范围越大,所需抽样的数量越少,反之则大。假如要求在抽样法下所作出的审计结论与总体的实际情况相符,即不存在误差,精确限度为 C,则唯一的办法就是进行全面的、详细的审查。若进行属性抽样,则精确限度通常用其上限即可。只要总体的实际情况不超出上限,说明审计结论是符合要求的。如在进行符合性测试时,预计总体差错率为 5%,允许的误差范围为±2%,则确定抽查数量所用的精确限度是其上限 7%(5%+2%),而不要考虑 3%。因为,这时审计人员所关心的往往是总体中的差错率最高不要高于多少,而不是最低不低于多少。属性抽样下精确限度的确定多数凭审计人员的实践经验,一般必须≤10%或必须≤5%。在变量抽样法下,精确限度通常应根据确定的总体规模、可靠程度及预计的总体标准差来计算确定,其公式如下:

$$\Delta = \frac{t \cdot S \cdot N}{\sqrt{n}}$$

其中:N——抽查总体规模;

n——样本规模(如初始样本 $n=30$)。

如确定的总体规模为 400 个明细账,预计的可靠程度为 90%,样本规模为 30,计算出标准差为 200 元,则精确限度为:

$$\Delta = \frac{1.65 \times 200 \times 400}{\sqrt{30}} = 24\,100(元)$$

考虑上述四个因素后,或按以下公式求得所需的抽样数量:

$$n = \frac{N \cdot t^2 \cdot S \cdot (1-S)}{N \cdot \Delta^2 + t^2 \cdot S \cdot (1-S)} \text{(属性抽样时)}$$

或

$$n=\frac{t^2\cdot S^2\cdot N^2}{\Delta^2+t^2\cdot S^2\cdot N}(变量抽样时)$$

其中：n——抽样数量（抽样规模）；

　　　N——总体规模；

　　　t——可靠水平系数；

　　　S——预计差错率或标准差；

　　　Δ——精确限度。

属性抽样下的抽样数量还可从表中查到。

若在确定抽样数量时，不考虑以上因素，则还可运用"抽样卡"来确定，见表8-3。

表8-3　抽样卡——样本量的确定

总体业务量	正常业务	低差错业务
0—199	全体或100	全体或75
200—1 999	100	75
2 000—4 999	150	100
5 000+	200	100

（三）随机抽取样本

在抽样的数量确定以后，应做的重要工作是如何将这些需要检查的项目从总体中抽出来接受检查。在统计抽样的情况下，这些样本必须符合随机的原则。为此，可以按以下办法进行。

1. 随机数表抽样

随机数表又称乱数表，是由从0—9的数字组合而成的，每个数字在表上出现的次数大致相同，出现的顺序也按随机的原则排列，没有任何主观因素的干扰（见表8-4）。

表8-4　随　机　数　表

行＼栏	1	2	3	4	5	6	7	8	9	10
1	03931	33309	57047	74211	63445	17361	662825	77184	85762	46505
2	74426	33278	43972	10119	89917	15665	52872	81530	56195	98425
3	09066	00903	20793	95452	92648	45454	09552	09416	42438	48432
4	42238	12426	87025	14267	20979	04508	64535	79554	50209	17705
5	16153	08002	26540	41744	81959	65642	74240	37489	56459	52983
6	21457	40742	29820	96783	29400	21840	15035	45978	09277	13827
7	21581	57802	02050	89728	17937	27621	47075	52940	25080	33555
8	55612	78095	83197	33732	05810	24813	86902	79530	51105	26952
9	44657	66999	99324	51281	84463	60563	79312	03436	14489	02086
10	91340	84979	46949	81973	37949	61023	43997	20795	01352	89906

续表

行＼栏	1	2	3	4	5	6	7	8	9	10
11	91227	21199	31935	27022	84067	05462	36211	48872	36536	41042
12	50001	38140	66321	19924	72163	09538	12152	17614	98144	82427
13	65390	05224	72958	28609	81406	39147	25546	05692	84810	44109
14	27504	96131	83944	41575	10573	08619	64486	21085	37957	05102
15	37169	94851	39117	89632	00959	16487	65539	93593	76028	23664
16	11508	70225	51111	38351	19444	66499	71945	90023	62928	14789
17	37449	30362	06694	54699	04052	53115	62757	03144	16530	52542
18	46515	70331	85922	38329	57015	15765	97161	47029	62491	37099
19	60986	81223	42412	58359	21532	30502	32305	26882	50000	47039
20	63798	64995	46583	07085	44160	78128	83991	13562	13800	15764
21	82486	34846	99254	67632	43218	50070	21361	77103	47491	65164
22	21885	32905	92431	09060	64287	51674	64126	34453	42189	82994
23	60336	98782	07408	53458	00564	50089	26445	10638	08818	94242
24	43937	46891	24010	25560	86355	33941	25786	68682	56828	78191
25	97656	63175	89303	16275	07100	92063	21942	61374	32181	17834
26	03299	01221	05418	38982	55758	92237	26759	64295	87158	64938
27	79626	06486	03574	17668	07785	76020	79924	40045	82157	65050
28	85636	68335	47539	03129	65651	11977	02510	05702	17130	20916
29	18059	14367	61337	06177	12143	46609	32989	57555	63812	57696
30	08362	15656	60627	36478	65648	16764	53412	81090	49530	35918

在运用随机数表抽取样本时，可以从其中的任意一行或任意一栏开始查找所需的样本项目，应注意的是，一旦"行"或"栏"确定以后，就要按顺序依次进行，所有符合要求的项目都抽出来。其编号从001—100，如果从表8-4中的第一栏第一行按纵向顺序取后三位数，取出5个样本，则选出的样本项目分别为066、001、059、002、095号。由于使用该表时所用顺序及位数不同，从中选出的样本项目也不一样，因此，在运用随机数表抽取所需的样本时，必须说明用表的方法，即从哪一栏或哪一行开始以及使用的是其中哪几位数。

2. 机械随机抽样

机械随机抽样法又称系统抽样或等距抽样。运用这种方法抽样的关键是要确定抽样间距（以"D"表示）和随机起始点。随机起始点的确定可以运用随机数表，在抽样间距的数码范围内查找确定，抽样间距则应按以下公式计算：

$$D=\frac{N}{n}$$

仍从100张领料单中抽出5张进行检查，若采用机械随机抽样法抽样，则样本间距为20，再从1—20的范围在随机数表第一行的后两位查找，第一个随机起始点为09号，那么应抽出的样本项目分别为09、29、49、69、89号。

以上的抽样方法较为简单。但是，若总体中的每个项目的特性分布不是随意的，则样本项目很具有代表性。因此,在采用机械随机抽样时,最好使用多个随机起始点。采用多个随机起始点时的基本做法与采用一个随机起始点时相同,只不过抽样间距应在原来的基础上乘上随机起始点的个数。假若上例中的起始点个数为两个,则抽样间距为 40(＝20×2),在 1—40 的范围内从随机数表第一行后两位查找,两个起始点分别为 31、09 号,则被选中的 5 张凭证号码分别为 09、31、49、71、89。

3. 金额单位抽样

金额单位抽样是按照总体中的金额单位(元)而不是按照实物或业务代码数抽取样本的方法。上述两种抽样方法考虑的都是业务代码,但在审计活动中,检查有关业务金额的情况较为多见,因此使用金额单位抽样方法比用其他方法抽样更为重要,也更加有效。采用此法选择的最大优点是,所有大金额项目在总体中被抽取的机会增加,从而保证了在少量的抽查项目中检查了较多的总体金额。一般来说,金额越大的项目,对审计目标的影响越大,因此检查大金额可以减少抽样审计的风险。

金额单位抽样法的基本做法是,先将抽查总体的累计金额算出来,并按顺序排列成表格,然后从随机数表中的某一栏或行开始,在累计金额表中某一栏或行开始,在累计金额表中第一个起始点金额到最后一个金额的范围内,查找应选出的样本项目。如假设现有 10 个明细账的余额为 2 080 元、420 元、850 元、13 700 元、750 元、7 060 元、900 元、1 300 元、2 400 元、1 005 元,以此来说明金额单位抽样法的基本做法。

第一步:确定同质总体。上述账户中没有需要剔除的项目。
第二步:编制累计金额表,如表 8-5 所示。

表 8-5 某明细账累计金额表　　　　　　　　单位:元

项目号码	原账面余额	累计金额
01	2 080	2 080
02	420	2 500
03	850	3 350
04	13 700	17 050
05	750	17 800
06	7 060	24 860
07	900	25 760
08	1 300	27 060
09	2 400	29 460
10	1 005	30 465

第三步:查随机数表。假设从随机数表 8-4 中的第 3 栏第 10 行开始依次往下查找 2080—30465 范围内的符合要求的 3 个数据,则分别为 20793、26540、29820。

第四步:在累计金额表中查找对应的样本项目。由于 20793、26540 和 29820 三个数据分别包含在 24860、27060 或 30465 三个累计金额内,故与此数据对应的 06 号、08 号和 10 号三个账户被选中。

虽然使用金额单位抽样法选择是较为有效的方法,但在应用前需要计算金额,当总体项目很多时,工作量相当大。

除以上随机抽样方法外,还有整群随机抽样法和分层随机抽样法。整群随机抽样就是把抽查的总体按一定的标志分成若干群,然后运用随机数表抽取所需检查的群。分层抽样也称类型抽样,就是将抽查总体中的项目按其属性特征分成若干类型组或层,然后在类型组或层中选取样本的一种随机抽样方法。

(四) 详细审查样本

在总体中将需要检查的项目抽出以后,应采用相应的技术方法进行检查,在检查完毕后,根据检查的结果计算实际的差错率或实际的标准差,然后,与预计的差错率或标准差比较。若实际差错率或标准差大于预计差错率或标准差,则需要调整抽查数量。其基本做法是:用第一次审查后获得的实际差错率和标准差代替原来的预计差错率或标准差,重新计算(或查表)获得相应的抽查数量,对求出的新的抽查数与原抽查数之间的差额部分,再用随机抽样的方法,从总体中抽取差额部分并进行审查。最后,根据新增样本项目审查结果重新计算实际差错率或标准差,并比较是否符合要求。若第二次审查所获得的差错率或标准差仍大于调整时所用的差错率或标准差,则还需要继续调整,直到审查所获得的实际差错率或标准差小于或等于确定抽查数量时所使用的差错率或标准差为止(当小于时,则表明审计人员做了过量审查,但因这时实际已审查完毕,故缩小抽查数量是毫无意义的;当等于时,则表明审计的量刚好符合要求,这种情况虽最好,但在实际工作中往往是难以做到的)。例如,审计人员在运用属性抽查法评估内部控制时,确定抽查数量时所用的预计差错率为3%,但通过第一次抽取样本所获得的实际差错率为5%,这表明不符合要求,则应以5%作为预计的差错率重新调整抽查数量,若通过调整后所获得的实际差错率为4.5%,则4.5%<5%,表明已符合要求,不需要再做调查;相反,若通过第一次调整后所得的实际差错率为6%,则6%>5%,还需要以6%作为预计差错率继续调整、继续比较,直到符合要求为止(当然,不是无限地调整下去)。如果第一次调整后所获得的实际差错率为5%,则表明正好符合要求,既无审计不足,又未做多余的审查。不过,在实际工作中进行上述多次调整会很麻烦,因此,在属性抽查法下,可以通过抽查结果评价表或以此表为根据编制的抽查决策表进行。

(五) 推断总体,作出结论

由于在统计抽查技术中运用随机原则,则根据大数定律,可以用符合要求的样本数量的审查结果来对抽查总体的特征予以推断。因此,通过对预计差错率或标准差的比较,认为已经符合要求,则应对总体进行推断。在属性抽查法下,通常以符合要求的差错率加上规定的精确限度(最大允许误差)去推断总体的差错率。如在调整时使用的差错率为5%,通过审查符合要求,而规定的精确限度为±2%,要求的保证程度为95%,则可以得出如下结论:有95%的把握保证被审计项目的差错率最高不超过7%(5%+2%)。但是,在变量抽查法下,总体特性的推断因采用的具体抽查方法不同而有差别,而且还需要计算,比较麻烦。在运用统计抽查技术时,审计人员还应在具体应用时特别注意以下问题。

(1) 注意统计抽查运用的前提条件。运用统计抽查技术有两个基本前提:一个是被抽查的总体必须是特定的同质总体;另一个是需要按照随机的原则,保证被审计总体中的每个项目被选中的机会是均等的。为此,在抽查前,应认真选用恰当的随机选择方法,尤其是在运用系统抽样、整群抽样、分层抽样以及计算机抽样时，必须同时运用随机数表。

（2）注意剔除重要项目。抽查总是不确定的，每个人所运用的随机选择方法不同，抽取检查的项目也不同，因而最终的结果也不一样。为了尽量减少风险，对于重要项目一定要100%审查。

（3）应制定统计抽查的操作规程，以保证审计质量。

（4）对统计抽查的具体做法要在底稿中详细记载，以便在今后复查或发生纠纷后能够找到足以证明原审计手续正确、有效的根据。

第二节 属性抽样

属性抽样是利用样本的特征分析来估计总体的特征，也可以利用总体中存在的某种特征通过抽样来发现具有该特征的项目。前者称属性估计抽样，后者称发现抽样。这两种方法经常运用于审计人员对内部控制的符合性测试工作中。

一、属性估计抽样的基本工作步骤

（一）确定审计测试的目的

符合性审计测试的目的是要验证内部控制制度的遵行情况，以便确定其可依赖程度。在具体工作中，具体的目的取决于内部控制的类型和目的。例如，测试销售业务控制的目的就应是销售内部控制制度的遵行程度。

（二）确定属性和偏离特征（差错）

确定属性和偏离特征既具体又重要，属性确定的合理与否直接影响到测试的成败和效率。这里所指的属性，是指符合内部控制制度规定的控制程序和手续。例如，把销售业务某些控制程序和手续确定为所要验证的属性，如发票上应有信用批准签字、发票应附发货单、发票数量应与发货单数量相符等。偏离特征是指实际执行情况不符合内部控制的规定，也即是差错，如发票上没有反映信用批准情况的签字、发票没有附发货单、发票数量与发货单数量不一致等。

（三）确定总体

总体是审计人员想要进行推断其情况的全部资料，如全部发票、全部应收账款明细账等。总体的确定要与审计测试的目的相一致，否则不能达到所确定的目的。对一类业务的检查也许需要确定几个总体才能达到其目的。例如，确定销售业务内部控制的执行情况时，应将销售订单、销售发票、发货单以及相关账簿等列作单独的测试总体。

（四）确定样本单位

样本单位是指组成总体的单个项目，它可以是一张原始凭证、一张记账凭证、一项记录、一个明细账等。样本单位的确定也要与审计测试的目的相一致。测试目的决定测试手续，进而决定总体,最后也就决定了样本单位。例如,某项测试目的是确定发票真实性,测试手续就是检查发票是否都附有发货单,总体则要确定发票和发货单,因此样本单位也就确定为一张发票和一张发货单。

(五) 确定可容忍的差错发生率

可容忍的差错发生率是指审计人员允许在总体中发生的但仍然愿意依赖内部控制的差错发生水平。可容忍的差错发生率的确定取决于审计人员的职业判断并依据重要性原则。对重要的属性,不允许存在太多的差错,因而可容忍的差错发生率就不能过高。可容忍度低需要较大的样本规模;反之,样本规模可适当减少。

(六) 确定可接受的风险

可接受的过分依赖内部控制的风险是指,尽管实际的总体差错发生率大于可容忍的差错发生率,审计人员依然认为内部控制是有效的风险水平。因为只要是抽样检查,就一定存在风险。在对内部控制的抽样检查过程中有两种风险存在:第一种是内部控制完善但检查结论是不可依赖的,此种风险是依赖不足风险;第二种是内部控制不完善,执行偏差十分严重,而检查结论是可依赖的,此种风险是过分依赖风险。审计人员对风险的控制重点在后者,因为前者只影响审计工作效率,后者则严重影响工作质量。

在确定可接受的过分依赖内部控制的风险时,要考虑审计人员对内部控制的依赖程度。如果审计人员特别需要依赖内部控制,以便减少实质性测试量,该风险就应确定得较低些,此时样本规模就可确定得较大些。在实际工作中,如果特别需要依赖内部控制,该风险可定为5%,适度依赖可定为10%。

(七) 估计总体差错发生率

估计总体差错发生率是指在测试开始前审计人员预计在总体中发生差错的程度。预先估计总体差错发生率有利于确定适当的样本规模。如果总体差错发生率估计得较低,样本规模就可相应减小;否则,就应适当加大。在实际工作中,审计人员可以利用以往年度审计结果来估计本年的总体差错发生率。如果没有以往年度的资料,审计人员可进行小规模的测试,根据测试的差错发生率作为估计总体差错发生率。

(八) 确定样本规模

可容忍的差错发生率、可接受的过分依赖内部控制的风险和估计总体差错发生率确定之后,审计人员便可利用样本规模确定表来确定样本规模(见表8-6)。

表8-6 样本规模确定表　　　　　　　风险水平5%

估计总体差错发生率(%)	可容忍差错发生率(%)										
	2	3	4	5	6	7	8	9	10	15	20
0.00	149	99	74	59	49	42	30	32	29	19	14
0.25	236	157	117	93	78	66	58	51	46	30	22
0.50		157	117	93	78	66	58	51	46	30	22

续表

估计总体差错发生率(%)	可容忍差错发生率(%)									
	2	3	4	5	6	7	8	9	10	15	20
0.75		208	117	93	78	66	58	51	46	30	22
1.00			156	93	78	66	58	51	46	30	22
1.25			156	124	78	66	58	51	46	30	22
1.50			192	124	103	66	58	51	46	30	22
1.75			227	153	107	88	77	51	46	30	22
2.00				181	127	88	77	68	46	30	22
2.25				208	127	88	77	68	61	30	22
2.50					150	109	77	68	61	30	22
2.75					173	109	95	68	61	30	22
3.00					195	129	95	84	61	30	22
3.25						148	112	84	61	30	22
3.50						167	112	84	76	40	22
3.75						185	129	100	76	40	22
4.00							146	100	76	40	22
5.00								158	116	40	30
6.00									170	50	30
7.00										68	37

在使用样本规模确定表时,应首先确定可接受的过分依赖内部控制的风险,如定为5%,此时也称可信水平为95%。然后,再确定可容忍的差错发生率,此发生率统计学上也称精确度。最后,确定估计总体差错发生率。确定这三个要素之后,便可从表中查到所要求的样本规模。例如,风险水平确定为5%,可容忍的差错发生率为9%,估计总体差错发生率为4%,则所需要的样本规模为100(见表8-6)。

在上例中,确定样本规模时并未考虑总体规模。统计理论证明,总体规模对确定样本规模的影响并不大。如果样本规模超过总体10%时,利用下述调整公式减少样本规模。该公式是:

$$n = \frac{n'}{1 + n'/N}$$

其中:n——调整后的样本规模;

n'——调整前的样本规模;

N——总体。

例如,前例总体规模为1 000,样本规模为100,运用上式调整后,样本规模调减到91,即:

$$n = \frac{100}{1 + 100/1\,000} = 90.909$$

考虑到总体因素后,影响样本规模的因素一共有四个,现汇总说明如表8-7。

表 8-7　影响样本规模的因素

因素变化	对样本的影响
增加风险水平	减少
增加可容忍的差错发生率	减少
增加估计总体差错发生率	增加
增加总体规模	增加

（九）选取样本项目

确定出样本规模后，审计人员就要采取某种方法从总体上选出样本项目。选样的方法参见本章第一节。

（十）样本检查与总体推断

无论采用何种方法选样，选出样本后都要实施必要的审计手续对其进行详细检查，以便确定偏离某种属性的差错发生水平。

在样本中找出差错后，便可求出样本的差错发生率。但是，样本差错发生率不一定就是总体差错发生率，因为此间存在着抽样风险。抽样风险虽然不可避免，但可以用数理统计方法予以控制，因此样本对总体的推断应根据统计原理来进行。在实际工作中，审计人员要根据抽样检查结果来确定总体差错发生率，如果总体差错发生率不高于可容忍的差错发生率，审计人员则认为内部控制是可依赖的。在确定总体差错发生率时，审计人员可利用样本结果评价表（见表 8-8）。

表 8-8　样本结果评价表　　　　风险水平 5%

样本规模	样本中发生的差错数										
	0	1	2	3	4	5	6	7	8	9	10
25	11.3	17.6									
30	9.5	14.9	19.5								
35	8.2	12.9	16.9								
40	7.2	11.3	14.9	18.3							
45	6.4	10.1	13.3	16.3	19.2						
50	5.8	9.1	12.1	14.8	17.4	19.9					
55	5.3	8.3	11.0	13.5	15.9	18.1					
60	4.9	7.7	10.1	12.4	14.6	16.7	18.8				
65	4.5	7.1	9.4	11.5	13.5	15.5	17.4	19.3			
70	4.2	6.6	8.7	10.7	12.6	14.4	16.2	18.0			
75	3.9	6.2	8.2	10.0	11.8	13.5	15.2	16.9	18.4	20.2	
80	3.7	5.8	7.7	9.4	11.1	12.7	14.3	15.8	17.3	18.8	
90	3.3	5.2	6.8	8.4	9.9	11.3	12.7	14.1	15.5	16.8	18.1
100	3.0	4.7	6.2	7.6	8.9	10.2	11.5	12.7	14.0	15.2	16.4
125	2.4	3.7	4.9	6.1	7.2	8.2	9.3	10.3	11.3	12.2	13.2
150	2.0	3.1	4.1	5.1	6.1	6.9	7.7	8.6	9.4	10.2	11.0
200	1.5	2.3	3.1	3.8	4.5	5.2	5.8	6.5	7.1	7.7	8.3

例如，审计人员检查发票总体，确定风险水平为5%，可容忍的差错发生率为9%，估计总体差错发生率为4%，据此确定出样本规模为100张。选样检查后，审计人员发现4张发票有差错，通过查阅样本结果评价表发现，此时的总体差错发生率估计为8.9%。此时，审计人员可以说，他有95%的把握认为总体差错发生率不高于8.9%，高于8.9%的风险只有5%。由于8.9%没有超出审计人员可容忍的差错发生率9%，因此该内部控制是可依赖的。

如果总体差错发生率高于可容忍的差错发生率，审计人员可采取适当措施加以解决。例如，前例检查结果是5张发票有差错，此时总体差错发生率是10.2%，超过了9%的限度，审计人员的处理方法有：

（1）提高风险度，降低可信度。如将风险水平提高到10%，再查表发现总体差错发生率是9.1%。

（2）提高可容忍的差错发生率。如提高到11%。

这两种处理方法增加了风险，因此不应视为优选方法。

（3）扩大样本规模，补充检查。如将样本量扩大到125张发票，即再选出25张发票补充检查，如没有发现新的差错，总体差错发生率就可由10.2%降到8.2%。

（4）扩大实质性测试量。符合性测试表明内部控制不可依赖，审计人员必须考虑增加实质性测试量。如上例5张发票差错都是计价、金额错误，审计人员应考虑适当增加日后的应收账款函证量。

二、实例分析

以审计人员对某企业销售与收款业务循环的内部控制进行检查为例，则需要进行以下工作。

（一）确定测试目的

销售业务控制的符合性测试目的是通过检查发票及相关记录来确定与销售业务有关的控制是否得到了正确执行。

（二）确定属性的偏离特征

审计人员根据审计程序和自身的经验确定出如下九种属性：

（1）销售日记账中应标明发票号；

（2）应收账款明细账中的记录应与销售日记账记录相符；

（3）发票中的记录应与销售日记账记录相符；

（4）发票金额和汇总金额应有人复核；

（5）发货单中的记录应与发票相符；

（6）销售订单中的记录应与发票相符；

（7）客户订单中的记录应与发票相符；

（8）信用应由财务经理审批；

（9）发票、发货单、销售订单和客户订单应归档保管。

确定属性后，偏离特征也就随之确定下来。例如，对第一个属性而言，若销售日记账中某分录没有标明发票号，那就是偏离特征，也即构成一种差错。

(三) 确定总体

审计人员将总体确定为2004年1月1日至2004年12月31日之间的全部发票,其序号是1888—6720。

(四) 确定样本单位

以发票序号所代表的每张发票为样本单位,即基本单位是一张发票。

(五) 确定样本规模

为了确定样本规模,审计人员必须首先为每种属性确定出可容忍的差错发生率、可接受的过分依赖内部控制的风险和估计总体差错发生率,然后再确定出各自的样本规模。审计人员将以上各步工作编入一张工作底稿,其格式内容如表8-9所示。

表8-9 确定样本规模时的工作底稿编制

客户名称:××公司　　　　　　　　　　　　　　结账日:2004年12月31日
审查内容:开票控制测试
审查目的:检查发票及相关记录,确定有关控制是否得到执行
总体:2004年1月1日—2004年12月31日的全部发票,其序号是1888—6720,总体规模为4 833张发票
样本单位:发票序号
选择方法:随机数表法

	可容忍的差错发生率(%)	可接受的风险	估计总体差错发生率(%)	样本规模	实际样本规模	差错数	样本差错发生率(%)	总体差错发生率(%)
(1) 销售日记账应标明发票号	4	10	0	57				
(2) 明细账记录与日记账记录应相符	4	10	0	96				
(3) 发票记录与日记账记录应相符	4	10	1	96				
(4) 发票金额、汇总金额应有人复核	4	10	1	96				
(5) 发货单记录与发票应相符	4	10	1	96				
(6) 销售订单与发票应相符	6	10	1	64				
(7) 客户订单与发票应相符	6	10	1	64				
(8) 信用应由财务经理审批	6	10	1	64				
(9) 各项凭证应齐全存档	6	10	1	64				
抽样结果对审计的影响:								
向管理部门提交建议:								

可容忍的差错发生率的确定依据于审计人员的经验和判断。该审计人员认为前5项比后4项更重要,因而将可容忍的差错发生率确定得较低。

审计人员认为该企业内部控制的设置比较合理,因而将风险确定得较高。

估计总体差错发生率的确定依据审计人员以前年度的审计经验,并根据变动情况做了修订。

为了方便起见,审计人员决定将属性(1)的样本规模确定为60,属性(6)—(9)的样本规模确定为70。

(六) 抽取样本

审计人员决定采用随机数表法选样。为了避免重复选择,审计人员选出60张发票适用于所有属性估计。再选出10张适用于属性(6)—(9),最后再选出30张适用于属性(2)—(5)。因此,审计人员实际上只选出100张发票作为样本,而不是为每一属性分别选样。选样过程也要编制工作底稿给予反映,其主要内容如表8-10所示。

表 8-10 选样过程中编制的工作底稿

	1	2	3	4	5	6
1	77339	1764605	83416	80511	09705	50561
2	61714	1857933	3237137	4626000	13715	67819
3	始点 15232	1948027	15863	00721	12890	14927
4	141447	2032427	10779	04513	00734	44934
5	223244	2143531	16382	01012	99989	49876
6	352360	83542	3325224	10210	6034672	56123
7	453442	16897	2361578	81450	始点 39187	41345
8	18185	2363327	04130	96783	40096	37876
9	02372	2456421	02340	4756001	51817	34001
10	551751	2535491	3538934	4843047	31450	35035
11	624717	16789	3661869	12350	28672	29106
12	78002	2632641	3742741	4966671	00576	27080
13	735995	08172	87295	5056792	08695	00901
14	829152	90150	3862450	5150850	00011	97657
15	955543	2724178	3931508	5245067	76832	49815
16	84192	05872	02904	5333991	86837	44416
17	1021791	11914	4053674	5449871	51600	43178
18	1163501	2821825	71881	5520189	86112	56009
19	07149	69285	4155482	10147	19860	90156
20	1259443	91275	74778	5622000	200024	55661
21	1339059	2952021	4228428	90005	33433	55617
22	73176	3058913	4322625	5726875	36706	40107
23	1419815	09016	96033	5827892	39817	30179
24	1537517	3125868	4455785	5934567	40806	29864
25	1645324	00016	4546818	89088	49717	22757

总体:1888—6720号发票
对应关系:表中各数的前4位数
选择路线:由上到下,由左到右
样本规模:60张发票,表示1—60
说明:

表 8-10 略去了表头,只反映主要内容。该表仅是对第一次选样(即 60 张发票)的记录,其他次选样从略。

(七) 样本检查

选取样本后,应对样本进行详细检查,检查后,审计人员发现了若干个差错项目,并将其记入工作底稿。样本检查工作底稿记录了各种属性的偏离情况,并将偏离所形成的差错项目按属性的类别分别予以汇总,以便计算样本差错发生率和总体差错发生率,如表 8-11 所示(只反映样本检查工作底稿的主要内容)。

表 8-11 样本检查

发票号	各种属性的偏离情况(差错项目数)								
	(1)	(2)	(3)	(4)	(5)	(6)	(7)	(8)	(9)
5175				×	×				
2179				×				×	
1981		×		×	×			×	
5367								×	
5578				×					
2789				×		×			
4274								×	
3150									
3467								×	
6332								×	
3549								×	
差错项目合计	0	1	0	5	2	1	0	7	0
样本规模	60	100	100	100	100	70	70	70	70

(八) 推断总体

根据样本检查所发现的差错项目数以及样本规模和规定的风险水平,审计人员可通过查阅样本结果评价表来确定总体差错发生率,并看其是否超过了审计人员所确定的容忍水平。进行样本检查和总体推断后,审计人员应完成表 8-9。这里将表 8-9 简略为表 8-12。

表 8-12 简化的样本规模确定工作底稿

属性	可容忍的差错发生率(%)	可接受的风险	估计总体差错发生率(%)	样本规模	实际样本规模	差错数	样本差错发生率(%)	总体差错发生率(%)
(1)	4	10	0	57	60	0	0	3.8
(2)	4	10	1	96	100	1	1	3.8
(3)	4	10	1	96	100	0	0	2.3
(4)	4	10	1	96	100	6	6	10.3
(5)	4	10	1	96	100	2	2	5.2

续表

属 性	可容忍的差错发生率(%)	可接受的风险	估计总体差错发生率(%)	样本规模	实际样本规模	差错数	样本差错发生率(%)	总体差错发生率(%)
(6)	6	10	1	64	70	1	1.42	5.4
(7)	6	10	1	64	70	0	0	3.2
(8)	6	10	1	64	70	7	11.43	17.9
(9)	6	10	1	64	70	0	0	3.2

抽样结果对审计的影响：对(1)、(2)、(3)、(6)、(7)和(9)的控制是可以依赖的，但由于对(4)、(5)和(8)的控制未达到预期效果，因而应在检查有关账务时增加函证量和核对工作。

向管理部门提交的建议：与管理部门讨论差错情况，建议改进发票的内部复核工作和信用审批控制。

(九) 差错分析

运用样本结果推断总体后，审计人员确定出有三种属性的总体偏离率大于可容忍的偏离率，即属性(4)、(5)和(8)。审计人员对这些情况要具体分析并确定要采取的措施。

在对属性(4)的分析中，审计人员发现6个差错中有4个是缺少复核人签字，有1个是计价错误，1个是加总错误。审计人员决定，要求被审计单位自抽500张发票，并在审计人员监督下进行检查。审计人员还决定扩大日后的应收账款函证量。

属性(5)的差错是发货单日期与发票日期不相符。审计人员决定扩大销售业务的截止日测试量(核对销售记录与发货单)。

属性(8)的情况是有7张发票没有信用审批签字，原因是财务经理出差期间没有授权他人审批信用。审计人员决定期末增加坏账备抵账户的检查工作量。差错分析也应记入工作底稿，其格式内容如表8-13所示。

表 8-13 差 错 分 析

属 性	差错数	差错性质	采取的措施
(4)	6	(略)	(略)
(5)	2		
(8)	7		

第三节 变量抽样

变量抽样旨在通过对样本的分析来推断总体数额的合理性，因而它经常被审计人员用来对账户金额进行实质性测试。变量抽样有许多种方法，如均值估计、比率估计和差额估计等。均值估计是通过确定样本的平均值来推断总体数值的方法。比率估计是通过计算样本的审定额与记录额的比率来推断总体数值的方法。差额估计是通过计算样本平均错误额来推断总体错误额或正确额的方法。本节以差额估计法为例说明变量抽样的工作原理。

一、确定测试目的

在进行变量抽样审计时,审计人员通常有两种目的:(1)确定账户总金额的合理性,如审计师利用统计方法而不是详查方法来确定存货金额的合理性;(2)确定账户金额记录是否正确。前者称为金额估计或计算置信区间,后者称为假设测试。在假设测试中,审计人员根据重要性原则确定可容忍错误限度,假设账户余额的记录如同账户所列示,并对这种假设进行审计验证。由于审计的主要目的就是验证账户余额的正确性,因而这里只介绍假设测试的工作原理。

二、确定样本规模

样本规模的确定需要掌握:总体规模、可靠性水平、精确限度(抽样误差)和预计总体标准差等资料。

为了解释差额估计法的应用,我们在此举一实例,并将其贯穿于运用该方法的各个步骤中去。本例假设审计人员要验证企业应收账款,该应收账款有5 000个明细账,总金额为550 000元。

(一)确定总体规模

总体规模的确定对变量抽样审计而言十分重要,因为总体规模确定得合理与否将直接影响样本规模的大小和对总体数值点估计与区间估计的正确性。在本例中,总体规模是5 000个应收账款明细账。总体的确定应注意同质性,如果应收账款中有预付账款则应予以剔除。

(二)确定可靠性水平

可靠性水平是指审计结论可信度,是审计抽样风险的另一种表达方式。抽样风险有两种类型:(1)误受险,即错误地接受被审计总体的风险,它是指审计人员检查未能发现财务报表中存在的重要性错误,因而签发了无保留意见;(2)误拒险,即错误地拒绝接受被审计总体的风险,它是指审计人员检查财务报表后签发了否定意见,而实际上并不存在重要性错误。在这两类风险中,审计师最关注误受险,因为它影响审计结果的合理性,因而是审计工作质量的关键控制点。误拒险也不能完全忽视,因为它至少影响审计工作效率。在实际工作中,确定样本规模时既可同时考虑误受险和误拒险,也可只考虑误受险,不考虑误拒险。

审计风险与审计结论的可靠性水平互为余数,如果风险水平是5%,可靠性水平就是95%。换句话说,审计人员确定95%的审计结论可靠性水平,同时就承担5%的审计结论不正确的风险。在确定样本规模时,审计人员要将审计风险表达为可靠性水平,然后再将可靠性水平转换为可靠性系数(也称置信度系数),最后将可靠性系数用于样本规模的计算。根据数理统计中的正态分布原理,可靠性水平与可靠性系数的关系如下:

可靠性水平: 70%　　75%　　80%　　90%　　95%　　99%
可靠性系数: 1.04　　1.15　　1.28　　1.64　　1.96　　2.58

本例中,审计人员将可靠性水平定为95%,可靠性系数为1.96,并且只考虑误受险。

(三) 确定精确限度

精确限度是指抽样检查的结论与实际数值之间的差异,因而也称抽样误差。只要是抽样检查就会出现抽样误差。样本规模越小,抽样误差就越大,精确度就越差。随着样本规模的扩大,抽样误差就逐渐变小,精确度就逐渐变好。如果采取 100% 的详查方法,误差就会消失。在实际工作中,审计师为了提高工作效率和降低审计费用,一般都愿意降低一些精确度,允许存在某种程度的误差,以求适当降低一些样本规模。在确定样本规模时审计人员采用如下方法来确定精确限度:确定可容忍的错误最高限额,预计总体中可能存在的错误金额,前者减除后者即为允许的精确限度。

本例假设审计人员可容忍的错误最高限额为 27 500 元,预计可能存在的错误金额为 8 000 元,因而精确限度就是 19 500 元。

可容忍的错误最高限额要根据重要性原则来确定,同时还要参考以前年度的实际情况。预计可能存在的错误金额要根据以前年度发现的问题以及本年度的变化情况来确定。

(四) 预计总体标准差

总体标准差反映总体各项目数值之间的差异,即总体项目数值偏离总体平均值的程度。

总体的真实标准差在检查以前是不可能知道的,因此,审计人员必须给予预计。预计的方法主要有:

(1) 根据以前年度的审计结果来估计。

(2) 通过抽取一个初始样本,以初始样本标准差作为总体标准差。在选取初始样本时应注意:① 初始样本应足够大,以便使其具有一定的代表性。根据概率论原理,样本为 30 以上时即为大样本,因此初始样本规模可定在 30—50 个项目之间。② 初始样本的选取方法应与整个样本的选取方法相一致,以便使初始样本能够作为正式样本的一部分。

总体标准差越大,说明总体项目间差异程度越大,因此要保证样本的代表性,样本的规模就应大一些;反之,则可小一些。在本例中,审计师根据以前年度的经验,将总体标准差定为 20 元。

上述四种因素对样本规模的影响汇总说明如表 8-14 所示。

表 8-14 因素变动对样本规模的影响

因素变动	对样本规模的影响
总体规模增加	增加
提高可靠性水平	增加
增强精确限度	增加
总体标准差比较大	增加

在确定了上述四种因素后,审计人员可根据下式计算所要求的样本规模。

$$n=\left(\frac{t \cdot S \cdot N}{P}\right)^2$$

其中:n——样本数额;

t——可靠性系数；
S——总体标准差；
N——总体规模；
P——精确限度。

$$n=\left(\frac{1.96\times20\times5\,000}{19\,500}\right)^2=101$$

三、选取样本项目

按照第一节选取样本方法选取样本。

四、样本的检查分析及对总体的推断

(一) 样本的检查分析

审计师从 5 000 个明细账中采用随机选样方法选出 101 个明细账，通过检查发现其中有 6 个明细账存在问题。审计师将有问题明细账的记录额、审定额及差额汇总如表 8-15 所示。

表 8-15 样本检查分析　　　　　　　　　　　单位：元

项目号	审定额	记录额	差　额
16	1 010	1 020	10
114	960	940	(20)
401	1 200	1 260	60
490	770	740	(30)
310	565	570	5
267	2 900	3 000	100
合　计	7 405	7 530	125

(二) 对总体错误额的点估计

确定出样本错误后，审计师可以计算样本项目的平均错误额，然后据以对总体错误额进行点估计。用下式计算：

$$\bar{e}=\frac{\sum e_i}{n}$$

其中：$\bar{e}$——样本平均错误额；
　　　e_i——有错误的样本项目差额；
　　　n——样本项目数。

$$\bar{e}=\frac{125}{101}=1.24$$

对总体的点估计是用总体项目数乘以样本平均错误额：

$$\bar{E}=N\cdot\bar{e}$$

其中：$\bar{E}$——对总体错误额的点估计。

$$\bar{E}=5\,000\times1.24=6\,200$$

（三）对总体错误额的区间估计

对总体错误额的区间估计受总体标准差的影响，总体标准差越大，对总体的估计就越困难；总体标准差越小，对总体的估计就会越准确。在实际工作中，审计人员不能取得总体标准差资料，因而还要运用样本资料来计算样本标准差，并用以确定总体错误额的区间。样本标准差可用下式计算：

$$s=\sqrt{\frac{\sum(e_i)^2-n(\bar{e})^2}{n-1}}$$

在计算本例样本标准差时要应用表 8-16 所整理出来的资料。

表 8-16 样本项目差额

项目号	e_i	e_i^2
16	10	100
144	(20)	400
401	60	3 600
490	(30)	900
310	5	25
267	100	10 000
合　计	125	15 025

$$s=\sqrt{\frac{15\,025-101\times(1.24)^2}{101-1}}=12.19$$

样本标准差应基本与估计总体标准差一致，此时说明样本规模确定得比较合理。如果样本标准差大于估计总体标准差很多，说明样本规模过小，应根据样本标准差重新计算样本规模并选样检查。在本例中，样本标准差小于估计总体标准差，说明样本规模偏大，但审计人员已无需重新计算样本规模。

计算样本标准差后，审计师可利用下述公式计算总体错误额的精确区间。

$$\begin{aligned}\Delta&=t\cdot N\cdot\frac{s}{\sqrt{n}}\cdot\sqrt{\frac{N-n}{N}}\\&=1.96\times5\,000\times\frac{12.19}{\sqrt{101}}\times\sqrt{\frac{5\,000-101}{5\,000}}\\&=11\,618.47\end{aligned}$$

总体错误额的点估计加减精确区间就可得出对总体错误额的区间估计，即

$$\begin{aligned}CL&=\bar{E}\pm\Delta\\&=6\,200\pm11\,618.47\end{aligned}$$

其中,区间估计上限是:
$$UCL = \bar{E} + \Delta$$
$$= 6\,200 + 11\,618.47$$
$$= 17\,818.47$$

区间估计下限是:
$$LCL = \bar{E} - \Delta$$
$$= 6\,200 - 11\,618.47$$
$$= -5\,418.47$$

上述三式中的 CL、UCL、LCL 分别代表区间估计、区间估计上限和区间估计下限。

由于区间估计上下限均未超过审计人员可容忍的错误最高限额 27 500 元,因此可接受该应收账款总体,并作结论如下:审计人员有 95% 的把握相信应收账款的错误额在 $-5\,418.47$ 元至 17 818.47 元之间。

第四节 金额单位抽样

以前介绍的抽样皆以实物为样本单位,如一张发票或一项明细账等。在实务中,还有一种抽样方法叫金额单位抽样,或称元单位抽样。它是属性抽样的变种,其基本特点就是将实物样本单位改换为金额样本单位,或元单位。

一、金额单位抽样

金额单位抽样将样本单位确定为 1 元,将总体确定为所有项目金额的累加合计数,然后再采取某种选样方法选取样本项目。

例如,审计人员要从 16 个应收账款明细账中选出 4 个明细账进行函证,账户余额如表 8-17 所示。

表 8-17 明细账函证账户余额   单位:元

总体项目	记录余额	累加金额	总体项目	记录金额	累加金额
1	410	410	9	640	4 930
2	550	960	10	660	5 590
3	1 100	2 060	11	2 000	7 590
4	200	2 260	12	900	8 490
5	150	2 410	13	280	8 770
6	270	2 680	14	340	9 110
7	890	3 570	15	510	9 620
8	720	4 290	16	220	9 840

审计人员采用系数选样法选取样本,计算的间隔数量是 2 460(9 840÷4,即总体累加金额被样本项目数去除),随机起始点定为 568,它代表第一个样本项目,后三个样本项目分别由 3 028(568+2 460)、5 488(3 028+2 460)和 7 948(5 488+2 460)来代表,相应的 4 个样本

项目是 2、7、10 和 12。

在选样问题上,金额单位抽样有自己的特点,即元单位被选进样本的机会是均等的,但金额所代表的真正样本项目被选中的机会并不均等。大金额的样本项目比小金额样本项目选中的机会大。这个特点同时也是优点,即金额单位抽样自动地将选样重点放在大金额项目上,这也正是审计人员所希望的。因此,金额单位抽样方法很受审计人员的欢迎。金额单位抽样的缺点主要有:(1) 零余额、小余额或负(贷项)余额被选中的机会小或无法被选中。审计人员可对其进行特殊处理。(2) 计算累加金额比较烦琐,尤其是明细账非常多的情况下,对此问题审计人员可利用计算机来处理。

二、样本评价

对样本检查后的评价,审计人员依然可以运用属性抽样的样本结果评价表。但评价时有两点不同:一是需要确定 1 元错误百分比;二是既要评价高估余额错误,又要评价低估余额错误。下面将结合实例分析说明。

例如,审计人员审查某企业应收账款,总计金额 1 800 000 元,运用金额单位选样法选出 100 个明细账作为样本。假设两种检查结果:(1) 在样本中没有发现错误项目;(2) 在样本中发现了三个错误项目,现分别分析如下。

(一) 没有发现错误项目

审计人员在确定样本规模时所确定的风险水平为 5%,样本规模为 100,检查后的错误项目为 0,查样本结果评估表可知,总体差错发生率为 3%。此时,审计人员不可能将 5 400 元(1 800 000×3%)作为对总体错误额的估计。由于审计人员采用了金额单位抽样法,因而还要估计 1 元错误百分比,然后再估计总体错误额上下限。1 元错误百分比的确定要根据审计人员的经验和职业判断,比较保守的估计是高估 100% 和低估 100%,也可以有其他水平的估计,如 10% 或 50% 等。

假设该审计人员估计 1 元错误百分比时将高估、低估都定为 100%,则总体的错误额上下限分别为:

错误额上限=1 800 000×3%×100%=54 000
错误额下限=1 800 000×3%×100%=54 000

这意味着审计人员有 95% 的把握说,该总体高估和低估余额错误不超过 54 000 元。如果审计人员认为高估比低估可能性大且重要,他可将高估定为 100%,将低估定为 50%,此时,总体错误额上下限分别为:

错误额上限=1 800 000×3%×100%=54 000
错误额下限=1 800 000×3%×50%=27 000

这意味着高估不超过 54 000 元,低估不超过 27 000 元。此时,如果错误额上下限不超过审计人员确定的可容忍限度,即可接受该总体。

(二) 发现了错误项目

本例假设发现了三个错误项目,其中两个为高估余额,一个为低估余额。此时,审计人员应分别估计总体中高估和低估错误的情况。

对高估而言,风险水平为5%,样本规模为100,错误项目数为2,查表8-8可知总体差错发生率为6.2%,若审计人员将1元错误百分比定为100%时:

错误额上限=180 000×6.2%×100%=116 000

对低估而言,风险水平、样本规模不变,错误项目数是1,查表8-8可知总体差错发生率为4.7%,设1元错误百分比仍为100%,则:

错误额下限=1 800 000×4.7%×100%=84 600

三、样本规模的确定

样本规模的确定也要运用属性抽样的样本规模确定表,但确定样本规模的因素有所变化,现分别说明如下:可容忍的错误额取代可容忍的差错发生率,误受险取代过分依赖内部控制的风险,以元取代项目数来表示总体,补充1元错误百分比因素。

例如,审计人员审查某账户余额,所确定的可容忍错误额高估与低估都是100 000元,被审计账户总金额为4 000 000元,1元错误百分比为高估50%,低估80%,误受险定为5%,估计总体差错发生率为零,样本规模确定步骤如下:

首先,要确定可容忍错误额百分比。

可容忍错误额百分比上限=(可容忍的高估错误额÷1元错误高估百分比)÷总体记录额

可容忍错误额百分比下限=(可容忍的低估错误额÷1元错误低估百分比)÷总体记录额

本例分别计算如下:

(100 000÷50%)÷4 000 000=5%

(100 000÷80%)÷4 000 000=3.125%

然后,查表确定样本规模。

对高估而言,风险水平为5%,可容忍错误额百分比上限为5%,估计总体差错发生率为零,查表8-6可知样本规模为59(可定为60)。

对低估而言,风险水平为5%,可容忍错误额百分比下限为3.125%,估计总体差错发生率为零,查表8-6可知规模为99(可定为100)。

选样时不必选一个60的样本和一个100的样本,本例样本规模为100。

思考与练习

1. 审计抽样方法用以解决哪些审计问题?
2. 属性估计抽样法的工作步骤有哪些?
3. 什么是属性和偏离特征?
4. 影响属性估计抽样样本规模的因素有哪些?
5. 怎样确定属性估计抽样的样本规模?
6. 随机选样方法的优点是什么?
7. 怎样评价属性估计抽样的样本检查结果?
8. 怎样以工作底稿反映属性估计抽样的工作过程?
9. 变量抽样的工作步骤有哪些?

10. 影响变量抽样样本规模的因素有哪些?
11. 什么是误受险和误拒险?
12. 怎样进行点估计?
13. 怎样进行区间估计?
14. 某审计人员要对 1 000 张销售发票使用随机数表法,抽取 10% 的样本进行检查,请说明他应采取的步骤。
15. 同样对上述业务进行系统选样,请说明采用两个随机起始点的做法。

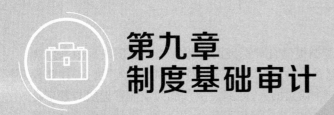

第九章 制度基础审计

【内容提示】

制度基础审计也称系统基础审计法,是当今世界各国审计人员普遍采用的一种现代审计方法。它与账目基础审计和风险基础审计共同构建了审计方法三种不同的模式。什么是内部控制,其目标、结构、程序、方法、责任如何;什么是制度基础审计,与账目基础审计有何不同;以及制度基础审计包括哪些内容,采用何种程序,使用哪些方法,这些均是本章所阐述的内容。

第一节 内部控制与制度基础审计

一、内部控制的含义与目标

内部控制是现代企业、事业单位和其他有关的组织在其内部对经济活动和其他的管理活动所实施的控制。具体地说,它是指一个组织为了提高经营效率和充分地获取和使用各种资源以达到既定的管理目标而在内部正式实施的各种制约和调节的组织、计划、方法和程序。它是有效执行组织策略的必备工具,是现代化企业重要的任务及管理方式与手段,是实现高效化、专业化、规范化和自动化的最基本条件。之所以要设置内部控制:一是促使企业在迈向获利目标的路上,达成其经营理念,并把意外损失减到最低程度;二是促使管理阶层有能力与日益变化的经济相适应,转移顾客的需求,改变需求的优先顺序,并为未来的成长而改组;三是有利于提高效率、减少损失资产的风险、保证财务报表的可靠性以及遵循法令。

美国职业会计师协会所属的审计程序委员会于1949年第一次提出了内部控制的概念:内部控制包括经济组织的计划及经济组织为保护其财产、检查其会计资料的准确性和可靠性、提高经营效率、保证既定的管理政策得以实施而采取的所有方法和措施。

《世界最高审计机关组织内部控制准则》中规定,内部控制是为达成管理目标、提供合理保证的管理工具。内部控制包括组织计划以及为达成配合组织任务、保护资源、遵循法律、规章及各项管理作业规定提供值得信赖的财务及管理资料而采取的管理的态度、方法、程序及评量措施。其控制目标:一是保护资源,以避免因浪费、舞弊、管理不当、错误、欺诈及其他违法事件而招致损失;二是配合组织任务,使各项作业均能有条不紊且更经济有效地运行,并提高产品与服务的质量;三是遵循法律、规章及各项管理作业规定;四是提供值得信赖的财务及管理资料,并能适时恰当地揭露有关资料。内部控制主要包括组织计划、管理的态度、方法与程序评量措施等。

1992年的美国COSO报告认为,内部控制是为达成某些特定目标而设计的过程,即内部控制是一种由企业董事会、管理层与其他人员执行,由管理层设计为达成营运的效果及效率,为财务报告的可靠性和相关法令的遵循提供合理保证的过程。该定义反映出的基本观念是:内部控制是一种"过程",内部控制是一种受"人"影响的过程,是由"人"执行,并非仅是政策手册与表格,而是来自组织内每一个阶层的人;内部控制只能为企业管理层与董事会提供"合理保证",而非绝对保证;不同类别的内部控制相互配合,以一种、多种或重叠性的类别达成多项管理目标。

COSO报告认为,每一个企业均要确定其管理理念,选定其欲达成的目标以及达成目标的策略。单位欲达成的目标可以是单位的整体目标,也可以是单位内某特定作业的目标。虽然有些目标是专门针对某特定单位而设,但还是有以下三个目标为大家所公认:

(1) 营运目标——与企业有效率及有效果地使用资源有关的目标;

(2) 财务报告目标——与编制可资信赖的对外财务报表有关的目标;

(3) 遵循法定目标——与企业个体遵循相关法令有关的目标。

《国际审计准则6》第9条规定,内部控制只能为管理人员达到其目标提供合理的确信,因为内部控制有其固有的限制,例如:

(1) 管理人员通常要求一项控制是有成本效果的,即一次控制程序的费用不应与因舞弊或错误所造成的可能损失不相称;

(2) 事实上,大多数的控制是借以指导会发生的那类经济业务,而不是针对非常的经济业务;

(3) 由于粗心、精力分散、判断失误或误解指示而造成人为错误的可能性;

(4) 可能会通过与单位的外部关系或本单位职员共谋而设法规避控制;

(5) 某一运用控制的负责人可能会滥用职权,例如,管理人员当中的某一成员会对控制置之不理;

(6) 可能会由于情况变化而使控制变得不适当,并使控制程序的遵守可能发生改变。

2008年5月22日,我国财政部、证监会、审计署、银监会、保监会所颁布的《企业内部控制基本规范》中规定,内部控制是由企业董事会、监事会、经理层和全体员工实施的旨在实现控制目标的过程。

内部控制的目标是合理保证企业经营管理合法合规、资产安全、财务报告及相关信息真实完整,提高经营效率和效果,促进企业实现发展战略。

内部控制存在成本限制、串通舞弊、人为错误、管理越权、跟不上变化等局限性,因此对目标实现只能提供合理的保证,而非绝对保证。

内部控制制度是指将内部控制的内容和方法以文字或流程形式作出具体规定,并付诸实施,使其连续执行且制度化。内部控制制度是组织内部管理工作的重要组成部分,是为满足该单位的组织、业务和管理目标的需要而设计的。它应当包括与保护资产安全、确保各种信息资料的可靠、有利领导决策、促进管理方针的传达和贯彻、提高工作效率和经济效益有关的管理控制。它的主要任务是控制单位内部一切经济活动严格按照计划规定的预期目标进行,以保证计划任务的完成以及经营效率的提高。内部控制制度只是内部控制的载体,它们的内涵是一致的,国外一些专家认为它们是一回事,不须作严格的界定。

二、内部控制结构与要素

美国职业会计师协会审计标准委员会在1988年颁布的《审计标准文告》第55号中,从财务报表审计考虑,认为内部控制结构由控制环境、会计制度和控制程序组成。根据美国COSO组织的研究成果《内部控制——整体架构》,内部控制包括五个相互有关联的组成要素,它们源自管理层经营企业的方式,且与管理的过程相结合。

(一) 控制环境

控制环境是内部控制组成要素的基础,是所有控制方式与方法赖以存在与运行的环境。它对塑造企业文化、提供纪律约束机制和影响员工控制意识有重要作用。影响控制环境的因素有四个方面:企业人员的操守、价值观及能力;管理阶层的管理哲学与经营风格;管理阶层的授权方式及组织人事管理制度;最高管理当局及董事会对单位管理关注的焦点及指引的方向,如他们对内部控制是否持肯定和支持态度等。

(二) 风险评估

每个单位均应评估来自内部和外部的不同风险。风险评估是指辨认并分析影响目标达成的各种不确定因素。风险评估是决定风险应如何管理的基础。由于经济、业务、主管机关和营运环境不断变化,风险也因变化而来,因此辨认并处理这些风险自然就有必要。

(三) 控制活动

控制活动是指确保管理阶层指令实现的各种政策和程序。它是指针对影响单位目标实现的各种风险而采取的各种措施和手段。单位各阶层和各种职能均渗透有不同的控制活动,如核准、授权、调节、审核营业绩效、保障资产安全以及职务分工等。由于单位性质、规模、组织方式等不同,其控制活动也有所不同。

(四) 资讯与沟通

每个单位必须按照一定的方式和时间规定辨识和取得适当的信息并加以沟通,以便于员工更好地履行其职责。单位资讯系统能产生各种报告,包括与营运、财务及遵循法令有关的资料和信息,这些资讯反映了单位业务运行状况,便于管理者采取控制措施。资讯系统不仅处理单位内部所产生的资讯,同时也处理与外部事项、活动及环境等有关的资讯,这些资讯同样是单位制定决策及对外报告所必不可少的。有效沟通的含义包括组织内部上下沟通及横向沟通,也包括与外界沟通。单位所有员工必须自最高管理阶层开始清楚获取须谨慎承担控制责任的各种信息;必须了解自己在内部控制制度中所扮演的角色以及个体的活动对他人工作的影响;单位必须有向上沟通重要资讯的方法,也应有与顾客、供应商、政府主管机关和股东等进行沟通的方式。

(五) 监督

监督是一种随着时间的推移而评估内部控制制度执行质量的过程。监督的方式有持续监督、个别评估及综合监督等。持续监督是指在营运过程中的监督,包括例行管理和监督活动以及职工为履行职务所采取的行为。个别评估的范围及频率应根据评估风险的大小及持续监督程序的有效性而定。持续监督和个别评估一起进行,称为综合监督。各种监督中发现的内部控制的缺失必须向上级呈报,严重者,则须向最高管理层及董事会呈报。

根据我国《企业内部控制基本规范》的规定，内部控制分为内部环境、风险评估、控制活动、信息与沟通和内部监督等五个要素。

内部环境是企业实施内部控制的基础，一般包括治理结构、机构设置及权责分配、内部审计、人力资源政策、企业文化等。

风险评估是企业内部控制的重要环节，主要是指企业及时识别、系统分析经营活动中与实现内部控制目标相关的风险并合理制定风险应对策略。

控制活动是企业内部控制的重要手段，是指企业根据风险评估结果，采用相应的控制措施，将风险控制在承受度之内。

信息与沟通是企业内部控制的重要条件，是指企业及时、准确地收集、传递与内部控制相关的信息，确保信息在企业内部、企业与外部之间进行有效沟通。

内部监督是企业内部控制的重要保证，是指企业对内部控制建立与实施情况进行监督检查，评价内部控制的有效性，发现内部控制缺陷，及时加以改进。

三、内部控制的程序与方法

（一）内部控制程序

任何单位的内部控制工作都包括设计制度、执行制度、测试评价、改进制度。其主要程序包括以下五个方面。

1. 确立标准

控制标准是控制的前提条件，没有标准就没有目标，也就无所谓控制。控制标准是指用来衡量实际绩效的预先确立的依据，标准包含了单位或某个部门的计划目标、规范制度等。每个单位在确立标准时，必须注意对关键的业务活动、关键的资源和关键的费用成本项目进行选择，作为关键的控制目标。

2. 衡量结果

衡量结果是根据已确立的标准，衡量所指定任务的执行轨迹和实际完成情况，以控制将来为基础。要做好衡量结果工作，平时应做好记录计算工作，以确认制度实际执行情况；将实际完成情况与计划、定额比较，计算出差异。

3. 分析差异

差异是指控制目标与实际执行结果的差额或差距（或者说是执行结果偏离控制目标的现象）。分析时，主要是找出形成差异的各项因素，以及分析各项因素对差异的影响程度。

4. 采取补救措施

通过造成差异的主、客观因素分析后，即应寻求纠正的办法：一是要根据存在问题的性质而采取适当的措施，二是要根据差异程度而决定采取措施的先后顺序，三是要充分考虑采取措施的成本问题。

5. 检查与评价

检查与评估是指对内部控制过程进行全过程地检查和评价,即包括适当性测试、符合性测试与综合评价等。

（二）内部控制方法

尽管各个单位的性质和经营特点有差异,但在建立内部控制制度时总是根据实际情况把各种控制方式、方法有机地组合起来形成一个系统的控制,以实现控制的目标。内部控制的方式、方法多种多样,但其基本的控制方式有目标控制、组织控制、人员控制、职务分离控制、授权批准控制、业务程序控制、措施控制与检查控制。有些内容在控制结构与要素中已作了介绍,在这里只阐述未介绍过的内容。

1. 目标控制

目标控制是指一个单位的内部管理工作应该遵循其创建的目标,分期对生产、经营、销售、财务、成本等方面制定切实可行的计划,并对计划执行情况进行控制的方式。目标控制是一种事前控制方式,其主要过程包括确定目标、执行控制、测查执行成果与目标比较、进行测查结论反馈。

2. 组织控制

组织控制是指对组织内部的组织机构设置的合理性和有效性所进行的控制。组织控制也是一种事前控制方式,其主要手段包括采用合理的组织方案,采用合理的组织结构和建立组织系统图等。

3. 人员控制

人员控制是指采用一定的方法和手段对职工的思想品德、业务技能和工作能力的控制,以保证组织各级人员具有与他们所负责的工作相适应的素质,从而保证任务的完成。工作质量和人员素质控制应做到：根据各级人员政治素质委派工作,使各级人员能胜任自己的工作；进行上岗前业务培训并建立职工技术业务的考核制度；建立管理人员业绩考核制度,调离不胜任本职工作的管理人员；建立职业道德和业务技术轮训制度；建立激励、奖惩制度；建立职务轮换控制等。

4. 职务分离控制

职务分离控制是指对组织内部的不相容职务必须分工负责,不能由一个人同时兼任,以减少差错和舞弊的发生。任何单位应做到授权批准与执行分离、执行与审查稽核分离、执行与记录分离、保管与记录分离、保管与清查分离、总账记录与明细账或日记账记录分离等。出纳人员不得兼任稽核、会计档案保管和收入、支出、费用、债权、债务账目的登记工作。

5. 授权批准控制

授权批准控制是指组织内部各级人员必须经过授权和批准才能对有关的经济业务进行处理,未经授权和批准,这些人员不允许接触和处理这些业务。这一控制方式使经济业务发生时就得到了有效的控制。

6. 业务程序控制

业务程序控制是指对重复发生的业务采用规范化、标准化的手段对业务处理过程进行控制,因此也叫标准化控制。程序控制也是一种事前控制,主要规定凭证传递程序、记账程序、供产销及主要经济业务处理程序等。程序控制还包括将业务处理过程的程序、要求、注意事项等编制成书面文件,便于有关人员执行。

7. 措施控制

措施控制是指以特定的控制目标为其控制对象的控制措施,如方针政策控制、信息质量控制和财产安全控制等。方针政策控制实质上是一种纪律控制,主要以单位的方针、政策、计划、预算、标准、定额等作为控制的手段,以保证单位合法、合规地经营。

信息质量控制是指采取一系列的措施和方法,以保证会计信息的真实、及时、可靠和准确,保证会计信息能够满足组织内部和外部使用人的需要。信息质量控制的手段主要包括凭证审核、凭证连续编号、复核、核对、签章、传递与分析等。

财产安全控制是指为了确保财产物资的安全、完整而采取的各项措施和方法。直接与财产安全有关的控制措施和方法有及时登记、限制接近、永续盘存制、财产清查制、出库入库手续、职务轮换制等。

8. 检查控制

检查控制是指对内部控制制度的贯彻、执行情况所进行的监督检查,以保证控制功能的充分发挥。内部审计即是一种专业检查,是指组织通过建立内部审计部门对组织的各项业务进行审计检查的一种监督手段。

我国《企业内部控制基本规范》中规定,内部控制措施包括不相容职务分离控制、授权审批控制、会计系统控制、财产保护控制、预算控制、运营分析控制与绩效考评控制等。

四、内部控制责任

组织中的每一个人对内部控制都负有一定的责任,单位最高负责人拥有内部控制制度的所有权,负责最终的责任。

(一) 管理层的责任

管理层对单位的所有活动都直接负责,其中也包括对内部控制直接负责。单位中不同阶层的负责人所担负的内部控制的责任当然不同,而在不同单位中同一部门的负责人所担负的责任也有显著的差异。

1. 单位主要负责人责任

单位主要负责人连同一些资源的负责人决定企业价值观及经营原则,制定重大经营政策,以形成单位内部控制的基础,如制定目标、制定政策、决定组织结构、决定沟通方式、决定规划与报告制度等。单位主要负责人应与重要职能的负责人沟通,复核他们责任的履行情况。由上可见,单位主要负责人在内部控制中应负领导和复核两大责任。

2. 部门负责人责任

组织内部部门负责人对内部控制的责任与其部门目标有关:一是负责制定和执行有利于部门目标实现的有关政策及程序,并确保部门目标与单位整体目标的一致性;二是对他人所负的责任还应负相关的责任。

由于单位财务(会计)主管及有关人员在内部控制中处于至关重要的地位,所以除负有一般部门的责任外,其主管应经常参与单位预算及计划的制定,记录营运绩效,并从营运、遵循法令及财务的观点分析这些绩效,预防及监察不实财务报告。

(二) 董事会的责任

企业董事会提供支配、引导及监督的功能。董事会经由选择管理层而说明它对操守、价值观的期望,并经由监督活动而确认其期望实现状况,董事会还通过保留某些关键决策及提供监督等大幅度地涉入内部控制。许多企业的董事会主要通过其所属委员会履行其责任。

1. 监督委员会的责任

监督委员会的责任包括就财务报告的责任质疑最高管理层,确保最高管理层所采取的行动正确,辨识与纠正最高管理层逾越内部控制的行为。

2. 薪给委员会的责任

检视薪给的约定是否有利于单位目标的实现,以及是否过分强调短期的绩效而伤及长期的绩效等。

3. 财务委员会的责任

控制对资金的重大承诺以及保证资本支出预算与营运计划相一致。

4. 提名委员会的责任

控制董事人选的选择,或许也控制最高管理层人选的选择。

5. 福利委员会的责任

监督员工福利办法是否与企业的目标相一致,以及受托的责任是否已适当解除。

(三) 内部审计人员的责任

内部审计人员对内部控制负有直接检查和提出建议的责任。内部审计的工作范围应检查与评价包括内部控制的适当性与有效性,也包括检查与评价员工在履行其指派责任的执行质量。其内容是:

(1) 复核财务及业务资讯的可靠性及完整性;复核用以辨认、衡量、分类及报告这种资讯的方法。

(2) 复核企业所制定的制度,决定企业是否遵循这些制度。

(3) 复核保障资产安全的方法。
(4) 评估资源使用的经济效益。
(5) 复核营运执行状况,确定其结果与既定目标是否相一致。

(四) 其他员工的责任

单位其他员工对内部控制均负有程度不同的责任。每位员工在促进内部控制产生效果方面应负有提供相关资讯和采取正确行动的责任;当营运出现问题时,每位员工应对自己行为越轨或采取非法行为负责。

根据我国《企业内部控制基本规范》的规定,必须以企业自身为主体,企业根据国家有关法律、法规的规定制定并组织实施内部控制制度;运用信息技术加强内部控制,实现自动控制,减少人为操纵;建立内部控制实施的激励约束机制,并纳入绩效考评体系。以政府监管为促进,政府应明确规范实施的具体要求;监督检查企业建立与实施内部控制的情况。以中介机构为重要组成部分,有资格的中介机构对内部控制有效性进行审计,并出具审计报告;事务所及签字人对发表的审计意见负责;提供内部控制咨询的事务所不得为同一个企业提供内部控制审计服务。

五、制度基础审计的含义

审计人员的审计工作建立在对内部控制制度评价的基础上,即为制度基础审计方法,或叫系统基础审计方法。具体地说,审计人员通过内部控制制度实际存在的强点和弱点,来确定进一步实施实质性测试的范围、重点、方法与数量。制度基础审计是审计风险模式应用于审计过程而形成的一种审计程式,从20世纪80年代以来风行于世界各国。

随着股份有限公司的出现和股票上市,以财务报表为主要对象的信用审计应运而生。如果审计人员还按照账目基础审计,采用账目基础审计方法,已不能满足社会公众的需要。同时,由于现代管理的需要,股份公司普遍加强了内部控制工作,审计人员也没有必要采用原有错弊审计的方法。为此,审计人员在实施账目审查以前,首先检查内部控制制度(或系统)的完善程度,确定审计目标、审计技术和进程,借以取得足以支持审计意见的审计证据,由此产生了制度基础审计的方法。由于制度基础审计采用了科学的统计抽样方法,不仅有利于减少审计工作量,也有利于提高审计质量。制度基础审计的主要缺陷是使审计人员对内部控制制度过分依赖而忽视了审计风险产生的其他环节。

与账目基础审计相比较,制度基础审计在审计基础、审计程序、抽样技术、审计重点等方面均有不同之处。制度基础审计以内部控制制度调查、评价为基础;以适当性测试、符合性测试、有效性评价和实质性测试为其审计程序;重点采用统计抽样技术,并结合使用判断抽样技术;以内部控制系统各关键控制点薄弱环节为其审计的重点。制度基础审计方法的出现,使审计工作从单个数据的验证发展到对整个内部控制制度的系统评价,促进了系统审计思想的形成。制度基础审计能广泛地采用统计抽样技术,不仅有利于节约审计资源,也有利于提高审计效率;制度基础审计能发现业务处理程序上的错误和控制系统上的不合理现象,不仅有利于避免重复差错的出现,而且有利于促进被审计单位不断完善内部控制机制和提高管理水平;制度基础审计能从薄弱环节入手,科学地掌握审计的重点和方向,既能保证审计工作质量,又能减少审计风险。制度基础审计能否普遍运用并能否取得良好的效果:一要看被审计单位是否具有良好的内部控制制度;二要看审计人员是否具有较高的业务素质及是否能运用内部控制的测试技术;同时还要充分考虑到内部控制制度本身的局限性。内部控制制度本身的局限性制约着制度基础审计方法不是万能的。

第二节 制度基础审计的内容与要点

制度基础审计具有一定的程式,其审计的主要内容:一是对内部控制制度的结构和功能进行检查和评价,二是对经济资料及经济业务处理的真实性进行实质性测试。一般所指的内部控制制度审计或评价,只是对内部控制制度进行测试和评价,如同货币资金审计、固定资产审计一样,不是一种完整的审计方法,而是按审计内容划分的一种审计类别。

制度基础审计的基本内容主要包括以下五个方面:

(1) 检查和评价会计控制制度、管理控制制度和内部审计制度的合理性、适应性与有效性;

(2) 确定经营活动及业务处理同方针政策、计划程序、手续规定的相符程度;

(3) 确定单位财务会计资料及其他经济资料的真实性、完整性与可靠性;

(4) 鉴定对各种资源获取、保护、使用控制的适当性;

(5) 检查和评价单位的管理业绩、经营效率和各部门完成本职工作的质量。

上述基本内容中第(1)、(2)、(4)项属于内部控制制度评价的内容,其他则属于实质性测试的内容。但是,不能把它们绝对分开,它们是相互联系的。

一、内部控制制度测评的主要内容

对内部控制进行审计,一般按照内部控制制度的种类来进行测试和评价。因此,其主要内容又可分为会计控制的审计内容、管理控制的审计内容和内部审计控制的审计内容。

(一) 会计控制的测评内容

1973年,美国在"审计标准文件第一号"中下的定义是:会计控制包括"组织的计划及保护该组织的财产和保证财务记录的可信性有关的程序和记录",以便确保经济业务的实施都可以得到管理部门的批准,经济业务都得到完整的记录,以便能根据公认的会计原则和其他有关规定来编制财务报表,未经管理部门批准,任何人不得随意接近单位的财产,以保证财产的安全和完善;账面记录和实物每隔一段时期应相互核对,并对差异进行合理的处理。

确切地说,内部会计控制主要是指单位内部应用会计方法和其他有关方法对财务、会计和有关经济业务所进行的控制。内部会计控制不仅包括内部牵制(即为了保护财产而实行的控制),而且还包括组织机构的设计(单位的计划),以及与财产保护和财务记录的可靠性有关的各种方法和程序。内部会计控制不仅包括了狭义的会计控制,还包括了资产控制和为保护财产而实行的内部牵制。把内部会计控制作为单位管理的一种主要手段,其目的在于保护单位资产,确保财务记录的真实可靠,为攫取最大限度的剩余价值服务。

内部会计控制的主要内容在资产管理方面包括资产收付保管业务、资产维护手续和资产维护手段等。资产收付保管业务是指应根据对现金、票据、支票、有价证券、商品、材料物资和固定资产等的收付、保管及其他业务所作的规定或已建立的手续来正确处理业务。资产维护手续是指从制度上保护资产和保证权利的各种手续。资产维护手段是指以确保资产的完整性而采取的人的维护手段或设施的维护手段,使资产免遭舞弊、差错、盗窃、火灾和其他损害。在会计管理方面,主要是健全并有效地运用会计制度,如健全会计核算规程和成本计算规程等;确立账簿组织、账目组织、凭证组织等;现金日报表、银行账户调节及各种报表的编制;现金、物资盘存的制度化等。

内部会计控制一般包括基础控制、纪律控制和实物控制三种。

1. 基础控制

基础控制是指通过设计程序来保证完整、正确记录一切合法的经济业务,及时觉察处理过程和记录中出现的错误。通过该种控制以实现会计控制的完整性、合法性、正确性和一致性的目标及保证获得可靠的财务信息。基础控制包括下述四种类型。

(1) 完整性控制——保证发生的一切合法性经济业务均记入控制文件。主要通过顺序号、总额控制、从不同的来源测定数据的一致性、登记账簿、掌握档案并运用备忘录等方法来保证记录的完整。

(2) 合法性控制——用各种方法检查所记录的经济业务以保证其能如实地反映经济事项。主要通过熟悉制度的人员审查会计文件,确定所记录的是否如实发生,其处理过程是否与规定的相一致;查明业务处理是否通过授权与批准,有无越权行事,有无进行严格的比较与核对等。

(3) 正确性控制——为了确保每笔经济业务的发生都能用正确的金额及时地记入账户的一种控制。主要通过建立发生额计算、转登及余额计算检查,账户分类检查,双重核对,事先控制与牵制等方法来保证其正确性。

(4) 一致性控制——保证会计记录一致性的控制。主要通过盘存、调账、追究不符原因、相互核对等方法来实现会计记录的一致性。

2. 纪律控制

纪律控制是指保证基础控制能充分发挥作用的控制。纪律控制具有监视、强制和约束会计工作的特征。严格的基础控制本身并不能说明会计控制的有效性,只有基础控制得到如实实施才能发挥作用。纪律控制能够确保会计程序和基础控制程序永远按设计的那样去发挥作用,同时也能保证及时发现错误与查明错误。纪律控制主要通过职务分工、监督检查的方法来实现。实行职务分工有利于不相容职务的彼此制约,有利于及时发现差错和防止串通舞弊;实行监督检查有利于查明会计制度中的弱点与及时纠正差错,没有适当的监督检查,再好的会计制度和基础控制也有发生差错的风险。

3. 实物控制

实物控制是指维护实物安全与完整的控制。它主要是通过限制非授权人员接近资产并采取有效的防范措施及实行永续盘存制等来实现的。不是所有的实物控制都是会计控制,有的实物控制属于管理控制的范畴,如果缺少某种实物控制,不引起计算方面的错误,这种控制就是管理控制。

会计控制的内容和会计控制方式决定了会计控制审计的主要内容是检查和评价会计控制是否适当,也即是否健全和有效以及是否能防止和发现会计制度执行中的错误和弊端。重点应审查会计控制是否保证记录在册的业务都是真实的,有无虚假的或未发生的业务被记入会计记录;会计控制是否能保证所有的经济业务都经适当授权,有无发生未经批准的业务;会计控制是否能保证已经发生的业务都记录在册,有无漏记或重记现象;会计控制是否能保证所有的业务在记录时都经正确地计价;会计控制是否能保证所有记录的业务都经正确地分类;会计控制能否保证所有业务都记录于正确的期间;会计控制是否能保证所有的业务都正确地记入日记账、明细账,是否能保证正确地进行汇总并过入总账,是否能保证正确地根据明细账、总账编制财务报表。审查时还应注意以下问题:

(1) 识别可能发生的会计错误与弊端的类型;
(2) 资产管理与会计程序是否有利于防止与发现错误与弊端;
(3) 测试资产管理与经济业务处理是否遵循了已规定的程序与手续;
(4) 查明导致错误与弊端的会计控制制度中的薄弱环节。

(二) 管理控制的测评内容

管理控制的审计内容同样包括了管理控制的内容。一个单位的管理部门不仅对会计和财务方面的控制感兴趣,同时对单位的生产经营、购销活动及人员组织等感兴趣。因此,单位内的管理部门应当建立管理制度,借以保持生产经营的效率以及保证各个部门贯彻执行既定的政策。根据一定的经营方针,为合理地并具有效率地进行经营活动而设定的各种管理即为内部管理控制。内部管理控制把经营效率和管理方针的程序和方法作为其特征,它是单位内部除会计控制以外的各种控制,它是建立会计控制的基础。

对于管理控制的概念,美国也曾有过两次论述,在"审计程序第33号文件"中指出,管理控制包括组织的计划和为提高经营效率、保证企业既定的管理方针的实施而采取的所有措施和方法。它与财务记录通常只有间接的联系。1973年美国发布的"审计标准文件第一号"又给管理控制下了新定义,即管理控制所包括的并不仅仅限于组织的计划和有关导致管理部门批准经济业务的决策过程和记录。这样的批准是与为达到该组织的目标这一责任直接有关的管理部门的功能,同时也是为经济业务建立会计控制的起点。从上述概念的演变可以看出,管理控制不仅包括单位的计划及有关措施、方法和记录,而且包括与该单位实现目标有关管理部门的一切功能。管理控制的主要目的是为了保证单位目标的实现、管理政策的实施、提高经营效率和为会计控制提供基础。

内部管理控制究竟包括哪些内容,目前尚无统一看法。有人认为应该侧重于督促经营目标的贯彻与促进业务效率提高方面的控制,有人认为应该侧重于控制人们的行为,还有人认为应侧重于组织和控制各类责任中心有效地进行生产和经营。不少人认为内部管理控制不能以单独制度形式出现,而应将内部控制原则寓于各种规章制度之中。例如,在下列制度中均要贯彻内部控制原则:

(1) 方法程式制度。如采购、生产、销售、财务等职责和方法和记录、复核、报告与分析、审核与观察等程式。
(2) 管理过程制度。如规划计划制度、组织经营制度、领导指挥制度、协调控制制度等。
(3) 控制过程制度。如确定目标方案制度、衡量比较制度、评估绩效制度、纠正偏差制度等。

(4) 各种功能制度。主要包括人管人的制度(如责任、考勤、考核制度)、人管事的制度(如成本、事务控制中心制度)、事管人及事管事制度(如技术、电算化中心制度等)。

如果从综合管理功能和经营过程考虑,内部管理控制主要包括六项内容:一是整体计划控制,包括策划、计划、预算等具体制度;二是人员控制,包括组织机构、协调关系、工作设计、人事控制等制度;三是领导指挥控制,包括领导素质要求、授权管理、激励机制、信息沟通等制度;四是资产存量控制,包括政策计划、职责分工、采购作业等制度;五是生产作业控制,包括生产作业控制、质量控制等制度;六是营销作业控制,包括营销标准、营销计划、营销管理等制度。

管理控制的内容和方式决定了管理审计的主要内容是检查和评价管理控制是否适当,也即是否适当和有效。其主要审计内容有以下四个方面:

(1) 通过对单位各部门相互关系的检查来评价其组织工作;

(2) 通过审阅组织系统图及有关说明来评价职务分工情况及对职工的监控是否适当;

(3) 通过信息系统检查来评价领导之间、部门之间、上下级之间、干部与群众之间的信息交流是否畅通;

(4) 通过对单位方针政策贯彻执行情况检查来评价单位决策及其贯彻情况,并提示其缺陷。

(三) 内部审计控制的测评内容

内部审计控制是内部控制的一个重要方面,它是用来检查、评价会计控制、管理控制是否健全、有效的重要手段。内部审计控制是根据系统的控制目标和既定的环境条件,按照一定的依据来审查、调节被审查单位经济活动的一种控制活动。它的主要过程是查明问题、对照标准、找出差距、分析可能、提出措施、监督纠正。内部审计控制是信息反馈控制,它既要反馈给被审计单位或个人,又要反馈给单位主要负责人及有关职能部门。内部审计机构和人员是审计控制的主体,被审计单位或经济业务是审计控制的客体,审计信息系统是审计控制的沟通渠道。

作为国家审计和社会审计来说,也有必要对被审计单位内部审计控制工作进行审计,其审计的主要内容是:

(1) 有无健全的内部审计组织,其地位如何,是否开展了正常的内部审计工作;

(2) 有无明确的内部审计职责和内部审计标准,内部审计的独立程度如何;

(3) 内部审计是否采取了有效措施及时查明与纠正偏差,其检查资料与报告是否可靠;

(4) 内部审计与单位管理部门、外部审计组织是否协调等。

二、制度基础审计测评要点

忽略必要的控制会导致单位目标难以达成;但控制过度同样会影响营运效率的提高。制度基础审计对内部控制要素测评的五大要点如下。

(一) 对控制环境的评估要点

1. 操守及价值观评估重点

(1) 管理阶层是否订有行为守则或类似规范?如有,该规范是否得到贯彻执行?如无,企业文化是否强调操守的重要性?

(2) 管理阶层在与员工、供应商、投资人、债权人、竞争对手及注册会计师等交往时,其行为显示出来的操守与价值观如何?

(3) 当员工违反既定政策及程序时,如何补救? 如何处罚?

(4) 管理阶层对逾越既定控制程序的态度如何?

2. 执行能力评估重点

(1) 是否制定有职务(或工作)说明书? 其清晰程度如何? 如无工作说明书,管理阶层如何告诉员工做什么工作及应该怎样做?

(2) 管理阶层是否认真分析负责某特定工作的员工需具备哪些知识、技术、能力与素质? 如何进行分析?

3. 董事会及监察人评估重点

(1) 董事会及管理阶层期待某些短期目标的达成及获取报酬的程度如何? 员工是否受到达成某些不切实际短期目标的压力? 他们的报酬依附于这些目标达成的程度如何?

(2) 董事会与管理阶层间独立性如何? 监察人与管理阶层间独立性如何? 向董事会、监察人负责的员工的任免及薪给如何决定?

(3) 董事们与监察人的知识及经验如何?

(4) 董事会成员与财务主管、主办会计、内部稽核、外部审计联系的情况如何? 提供指导及监督的程度如何? 监察人与这些人联系的情况如何? 提供指导及监督的程度如何?

(5) 董事及监察人获悉的资讯有多少? 其中,熟悉性资讯多少? 获悉的速度如何?

(6) 董事获悉的资讯是否与单位的目标与策略、财务状况、经营成果、现金流量、重大合约条款有关? 能否用于监督企业的营运?

4. 管理哲学及经营形态评估重点

(1) 管理阶层对承接风险的态度如何?

(2) 管理阶层与各营业主管间的互动情形如何?

(3) 当可供选择的会计政策超过一个时,管理阶层的态度如何? 选用的会计政策保守、稳健的程度如何? 揭露重要资讯的意愿如何? 编造或伪作书面记录的意向如何?

(4) 管理阶层是否对外提出内部控制声明书?

5. 组织结构评估重点

(1) 组织结构是否合适? 各重要主管负担的责任如何? 他们了解所负责任的程度如何?

(2) 各重要主管的知识及经验如何? 履行责任的能力如何?

6. 权责分派评估重点

(1) 单位规模与作业的复杂性如何? 权责如何划分,其适切性如何? 授给员工的权力与其担负的责任是否相称? 员工数量是否足够?

(2) 负责资讯处理、财务及会计职能的员工数量是否足够?

7. 人力资源的政策与实行评估重点

（1）如何聘雇员工？如何调查员工的背景？如何培养训练员工？

（2）员工升迁及薪资政策如何？员工的留任及晋升与其绩效间的关系如何？如何汇集用以评估员工绩效的资讯？员工的留任及晋升与行为守则间的关系如何？如何积累该方面资讯？

（二）对风险评估的评估要点

1. 单位整体目标的制定评估重点

（1）单位制定了哪些整体目标？

（2）如何使员工及董事会了解单位整体目标？他们了解的程度如何？

（3）如何制定策略？策略与整体目标间的关系如何？

（4）如何制定单位计划与预算？它们与整体目标、策略间的关系如何？目标是否合理可行？

2. 作业层级目标的制定评估重点

（1）如何制定作业层级目标？层级目标与整体目标、策略间的关系是否明确？层级目标与营业过程间的相关程度如何？

（2）各作业层级目标是否相一致？

3. 风险的分析评估重点

（1）引发单位整体风险的内、外因素有哪些？如何辨识？如何分析每一种因素发生的可能程度及其所引起后果的严重程度？

（2）引发单位层级风险的内、外因素有哪些？如何辨识？如何分析每一种因素发生的可能程度及其所引起后果的严重程度？

4. 对改变的管理评估重点

哪些改变会对单位产生重大影响？哪些情况需要高阶层主管加以注意？如何辨认？单位须对哪些改变做出回应？

（三）对控制作业的评估要点

对控制作业的评估重点：每一项作业的控制政策和程序如何？是否能有效降低已经辨认出来的风险？设计是否有效？控制政策和程序是否已经执行？执行的效果如何？评估时，不仅要注意各项控制作业的要求，还要与内部控制各组成要素联系；在各项作业活动评估结果的基础上，再汇总整体内部控制制度评估结果。

（四）对资讯和沟通的评估要点

1. 资讯评估重点

（1）如何取得内、外部资讯？

（2）如何制定和不断修正资讯系统？

(3) 管理阶层支持设置资讯系统的程度如何？投入了多少人力和物力？

2. 沟通评估重点

(1) 取得的资讯给谁用？什么时候给？详细程度如何？如何将绩效资讯提供给各相关部门？

(2) 如何告诉员工应负责的任务、应负责的控制作业，以及员工了解的程度？

(3) 如何把员工的不当行为或迹象告诉管理阶层？

(4) 管理阶层接纳员工建议的态度与能力如何？

(5) 单位内各部门如何进行沟通？资讯完整性如何？资讯传递时间与速度如何？

(6) 如何与顾客、供应商及其他外部进行沟通？得到资讯后如何告诉相关人员？管理阶层如何反应？采取何种性质的行动？

(7) 外界如何了解本单位的道德标准？了解程度如何？

(五) 对监督的评估要点

1. 持续性监督评估重点

(1) 主管如何监督员工进行营业活动？

(2) 是否借外界的资讯判断内部资讯的正确性？如有，如何做？

(3) 在哪些情况下，会计记录与实际资产比较？如何比较？多久比较一次？

2. 个别评估的评估要点

(1) 有无设立独立的内部审计机构或专职的审计人员？其人员能力、经验及资格是否符合要求？内部审计向谁负责？人数是否适当？是否兼有审计以外的任务？

(2) 审计人员如何执行审计任务？评估哪些事项？多长时间评估一次？评估的对象是什么？如何评估？评估的方法是否合乎逻辑？是否适当？

(3) 评估的结果是否做成书面记录？书面记录是否完备？何人及如何使用这些书面记录？

(4) 管理阶层对内、外部审计人员所提建议的态度如何？

3. 缺失的报告评估重点

(1) 如何报告已辨认的内部控制缺失？报告内容是否详细？报告是否迅速？向谁报告？

(2) 缺失报告之后有无采取后续行动？其有效性如何？

制度基础审计除了对五要素测评以外，还要对单位各项作业进行测评。单位内部的主要活动有与外界的互动、主要作业、基础作业、管理作业和控制作业等。企业与外界个体间的互动为最高的一个层次——环境层次。主要作业由进货、营运、出货、营销及销货、顾客服务五个基本价值链作业构成。价值链作业介于供应商与买主之间。这些主要作业又被四个基础作业所支持。这四个基础作业是管理、人力资源、科技发展和采购，每一项作业均接收商品、服务或资讯，均加以处理，并均依次作业。管理作业由财务管理、企业活动管理、外部关系管理、提供行政管理服务、资讯科技管理、风险管理、法律事务管理、企划管理所组成。

财务管理又可进一步分为控制、资金、税务、稽核,其中,控制作业又可以分为应付账款的处理、应收账款的处理、资金的处理、固定资产的处理、分析与调节、退休金、薪资处理、税务事务处理、生产成本处理、提出财务报告及管理报告等。对每一项作业进行测评时,首先要明确每一项作业控制的目标是什么,属于什么样的性质;其次要分析影响目标实现的各种风险因素;最后是检查和评价所采取措施的恰当性。

第三节 内部环境控制活动审计的要点

根据我国五部委 2010 年所发布的《企业内部控制配套指引》,我国对内部控制制度审计与评价的内容可以划分为三类,即内部环境类制度、控制活动类制度和控制手段类制度,基本涵盖了企业资金流、实物流、人力流和信息流等各项业务和事项。按内部控制五要素理论划分,均属于控制活动。

内部环境是单位实施内部控制的基础,支配着单位全体员工的内控意识,影响着全体员工实施控制活动和履行控制责任的态度、认识和行为。对其审计和评价的主要内容包括组织架构、发展战略、人力资源、企业文化和社会责任等方面制度的设计与运行情况。

一、组织架构的审计要点

组织架构是指单位按照国家有关法律法规、股东(大)会决议和企业章程,结合本单位实际,明确股东(大)会、董事会、监事会、经理层和企业内部各层级机构设置、职责权限、人员编制、工作程序和相关要求的制度安排。

审计与评价组织架构时,应关注的风险:是否因单位治理结构形同虚设、缺乏科学决策、良性运行机制和执行力而可能导致经营失败和难以实现发展战略;是否因内部机构设计不科学和权责分配不合理而可能导致机构重叠、职能交叉或缺失、推诿扯皮、运行效率低下。

(一)组织架构设计的审计要点

(1) 对单位管理高层的职责权限、任职条件、议事规则和工作程序是否有合法合规的规定。

① 单位是否根据国家有关法律法规的规定,明确董事会、监事会和经理层的职责权限、任职条件、议事规则和工作程序,明确决策、执行和监督相互分离、形成制衡。

② 董事会对股东(大)会是否负责,依法行使企业的经营决策权。董事会是否按照股东(大)会的有关决议,设立战略、审计、提名、薪酬与考核等专门委员会,并明确各专门委员会的职责权限、任职资格、议事规则和工作程序,为董事会科学决策提供支持。

③ 监事会对股东(大)会是否负责,监督单位董事、经理和其他高级管理人员依法履行职责。

④ 经理层对董事会是否负责,主持单位的生产经营管理工作;经理和其他高级管理人员的职责分工是否明确。

⑤ 董事会、监事会和经理层的产生程序是否合法合规,其人员构成、知识结构、能力素质是否能满足履行职责的要求。

(2) 单位的重大决策、重大事项、重要人事任免及大额资金支付业务等有无拟订具体的标准,是否按照规定的权限和程序实行集体决策审批或者联签制度,有无个人单独进行决策或者擅自改变集体决策意见。

(3) 单位内部职能设置是否合理,各机构的职能权限是否明确;能否避免职能交叉、缺失或权责过于集中,能否形成各司其职、各负其责、相互制约、相互协调的工作机制;是否综合考虑单位性质、发展战略、文化理念和管理要求等因素;是否符合科学、精简、高效、透明、制衡的设计原则。

(4) 单位是否对各机构的职能进行科学的分解,确立具体岗位的名称、职责和工作要求等,明确各岗位的权限和相互关系。

单位在确定职权和岗位分工过程中,是否体现了不相容职务相互分离的要求,特别是可行性研究与决策审批、决策审批与执行、执行与监督检查等重要职务是否得到分离。

(5) 单位有无制定必要的内部管理制度或相关文件,如组织结构图、业务流程图、岗(职)位说明书和权限指引等;单位有无拟订使员工了解和掌握组织架构设计及权责分配情况的办法,以促使员工正确履行职责。

(二) 组织架构运行的审计要点

(1) 单位是否根据组织架构的设计规范,对现有治理结构和内部机构设置进行梳理,以确保本单位的治理结构、内部机构设置和运行机制符合现代管理制度要求。

在梳理结构时,是否重点关注董事、监事、经理及其他管理人员的任职资格和履职情况以及董事会、监事会和经理层的运行效果。对治理结构中存在的问题是否及时采取有效措施加以改进。

在梳理内部机构设置时,是否重点关注内部机构设置的合理性和运行的高效性等,对职能交叉、缺失或运行效率低下等问题是否及时解决。

(2) 对单位拥有的子公司,是否建立科学的投资管理制度,通过合法有效的形式履行出资人职责,维护出资人权益;是否重点关注子公司特别是异地、境外子公司的发展战略、年度财务预决算、重大投融资、重大担保、大额资金使用、主要资产处置、重要人事任免、内部控制体系建设等重要事项。

(3) 单位是否定期对组织架构设计与运行的效率和效果进行全面评估,对存在的缺陷是否进行优化调整;组织架构调整是否充分听取董事、监事、高级管理人员和其他员工的意见,按照规定的权限和程序进行决策审批。

二、发展战略的审计要点

发展战略是指单位在对现实状况和未来趋势进行综合分析和科学预测的基础上,制定并实施的长远发展目标与战略规划。

审计与评价发展战略时,应当关注的风险:是否由于缺乏明确的发展战略或发展战略实施不到位而可能导致单位盲目发展、难以形成竞争优势以及丧失发展机遇和动力;是否由于发展战略过于激进以及脱离单位实际能力或偏离主业而可能导致企业过度扩张,甚至经营失败;是否由于发展战略因主观原因频繁变动而可能导致资源浪费,甚至危及单位的生存和持续发展。

(一)发展战略制定的审计要点

(1) 单位是否在充分调查研究、科学分析预测和广泛征求意见的基础上制定发展目标。

单位在制定发展目标过程中,是否综合考虑宏观经济政策、国内外市场需求变化、技术发展趋势、行业竞争对手状况、可利用资源水平和自身优势与劣势等影响因素。

(2) 单位是否根据发展目标制定战略规划。

战略规划是否明确发展的阶段性和发展程度,以及确定每个发展阶段的具体目标、工作任务和实施阶段。

(3) 单位是否在董事会下设立战略委员会,或指定相关机构负责发展战略管理工作,履行相应职责。

① 单位是否明确战略委员会的职责和议事规则,对战略委员会会议的召开程序、表决方式、提案审议、保密要求和会议记录等作出规定,能否确保议事过程规范透明、决策程序科学民主。

② 战略委员会是否组织有关部门对发展目标和战略规划进行可行性研究和科学论证,形成发展战略方案;必要时,有无借助中介机构和外部专家的力量为其履行职责提供专业咨询意见。

③ 战略委员会成员是否具有较强的综合素质和实践经验,其任职资格和选任程序是否符合有关法律法规和单位章程的规定。

(4) 董事会是否严格审议战略委员会提交的发展战略方案,有无重点关注其全局性、长期性和可行性。董事会在审议方案中如果发现重大问题,有无责成战略委员会对方案作出调整;董事会审议通过后,是否报经股东(大)会批准后才能实施。

(二)发展战略实施的审计要点

(1) 单位是否根据发展战略制定年度工作计划、编制全面预算、将年度目标进行分解和落实;是否同时完善发展战略管理制度,确保发展战略有效实施。

(2) 单位是否重视发展战略的宣传和贯彻工作,有无通过各层级会议和教育培训等有效方式将发展战略及其分解落实情况传递到内部各管理层级和全体员工。

(3) 战略委员会是否加强对发展战略实施情况的监控,是否做到定期收集和分析相关信息,对明显偏离发展战略的情况进行及时报告。

(4) 由于经济形势、产业政策、技术进步、行业状况和不可抗力等因素发生重大变化,确须对发展战略作出调整的,是否按照规定权限和程序进行调整。

三、人力资源的审计要点

人力资源是指单位组织生产经营活动而录(任)用的各种人员,包括董事、监事、高级管理人员和全体员工。现代单位竞争的关键在于人力资源的竞争,人力资源对实现单位发展战略起到重要的智力支持作用,实现人力资源的合理配置,可以全面提升单位核心竞争力。单位应当重视人力资源建设,根据发展战略,结合人力资源现状和未来需求预测,建立人力资源发展目标,制定人力资源总体规划和能力框架体系,优化人力资源整体布局,明确人力资源的引进、开发、使用、培养、考核、激励、退出等管理要求。

审计和评价人力资源管理时,应当关注的风险:由于人力资源缺乏或过剩,结构不合理,开发机制不健全,可能会导致单位发展战略难以实现;由于人力资源激励约束制度不合理、关键岗位人员管理不完善,可能会导致人才流失、经营效率低下或关键技术、商业秘密和国家机密泄露;由于人力资源退出机制不当,可能会导致法律诉讼或单位声誉受损。

(一)人力资源引进与开发的审计要点

(1) 单位是否按照人力资源总体规划,结合生产经营实际需求,制定年度人力资源需求计划,完善人力资源引进制度,规范工作流程,按照计划、制度和程序组织人力资源引进工作。

(2) 单位是否根据人力资源能力框架要求,明确各岗位的职责权限、任职条件和工作要求,遵循德才兼备、以德为先和公开、公平、公正的原则,通过公开招聘、竞争上岗等多种方式选聘优秀人才,重点关注选聘对象的价值取向和责任意识。

单位是否切实做到因事设岗、以岗选人,避免因人设事或设岗,确保选聘人员能够胜任岗位职责要求;单位选聘人员是否实行岗位回避制度。

(3) 单位确定选聘人员后,是否依法签订劳动合同,建立劳动用工关系。对在产品技术、市场、管理等方面掌握或涉及关键技术、知识产权、商业秘密或国家机密的工作岗位,是否与该岗位员工签订有关岗位保密协议,明确保密义务。

(4) 单位是否建立选聘人员试用期和岗前培训制度,对试用人员进行严格考察,促进选聘员工全面了解岗位职责,掌握岗位基本技能,适应工作要求。试用期满考核合格后,方可正式上岗;试用期满考核不合格者,是否及时解除劳动关系。

(5) 单位是否重视人力资源开发工作,建立员工培训长效机制,营造尊重知识、尊重人才和关心员工职业发展的文化氛围,加强后备人才队伍建设,促进全体员工的知识、技能持续更新,不断提升员工的服务效能。

(二)人力资源使用与退出的审计要点

(1) 单位是否建立和完善人力资源的激励约束机制,设置科学的业绩考核指标体系,对各级管理人员和全体员工进行严格考核与评价,以此作为确定员工薪酬,积极调整和解除劳动合同等的重要依据,确保员工队伍处于持续优化状态。

(2) 单位是否制定与业绩考核挂钩的薪酬制度,切实做到薪酬安排与员工贡献相协调,体现效率优先,兼顾公平。

(3) 单位是否制定各级管理人员和关键岗位员工定期轮岗制度,明确轮岗周期、轮岗方式等,形成相关岗位员工有序持续流动,全面提升员工素质。

(4) 单位是否按照有关法律法规规定,结合单位实际,建立健全员工退出(辞职、解除劳动合同、退休等)机制,明确退出的条件和程序,确保员工退出机制得到有效实施。

① 单位对考核不能胜任岗位要求的员工,是否暂停其工作,安排再培训,或调整转岗;仍不能满足岗位职责要求的,是否按照规定的权限和程序解除劳动合同。

② 单位是否与退出员工依法约定保守关键技术、商业秘密、国家机密和竞业限制的权限,确保知识产权、商业秘密和国家机密的安全。

③ 单位关键岗位人员离职前,是否根据有关法律法规的规定进行工作交接或离任审计。

(5) 单位是否定期对年度人力资源计划执行情况进行评估,总结人力资源管理经验,分析存在问题,完善人力资源制度。

四、社会责任审计要点

社会责任是指单位在经营发展过程中应当履行的社会职责和义务,主要包括安全生产、产品质量(含服务)、环境保护、资源节约、促进就业、员工权益保护等。单位应当重视履行社会责任,切实做到经济效益与社会效益、短期利益与长远利益、自身发展与社会发展相互协调,实现单位和员工、单位和社会、单位和环境的健康和谐发展。

审计与评价社会责任时,应关注的风险:由于安全生产措施不到位,责任不落实,可能会导致发生安全事故;由于产品质量低劣或服务不到位,侵害消费者利益,可能会导致单位巨额赔偿、形象受损、信誉下降,甚至破产;由于环境保护投入不足、资源耗费大,造成环境污染或资源枯竭,可能导致单位巨额赔偿、发展后劲不足,甚至停业;由于促进就业和员工权益保护不够,可能会导致员工积极性受挫,影响单位发展和社会稳定。

(一) 安全生产审计要点

(1) 单位是否根据国家有关安全生产的规定,结合本单位实际情况,建立严格的安全生产管理体系、操作规范和应急预案,强化安全生产责任追究制度,切实做到安全生产。

单位是否设立安全管理部门和安全监督机构,负责单位安全生产和日常监督管理工作。

(2) 单位是否实现安全生产投入,在人力、物力、资金、技术等方面提供必要的保障,健全检查监督机制,确保各项安全措施落实到位,不得随意降低保障标准和要求。

(3) 单位是否贯彻预防为主的原则,采取多种形式增强员工安全意识,重视岗位培训,对特殊岗位实行资格认证制度。单位是否加强生产设备的经常性维护管理,及时排除安全隐患。

(4) 单位如果发生生产安全事故,是否按照制度规定妥善处理,排除故障,减轻损失,追究责任。重大安全事故发生时是否启动应急预案,同时按照国家有关规定及时报告,严禁迟报和瞒报。

(二) 产品质量的审计要点

(1) 单位是否根据国家和行业相关产品质量的要求,从事生产经营活动,切实提高产品质量和服务水平,努力为社会提供优质安全健康的产品和服务,对社会和大众负责,接受社会监督,承担社会责任。

(2) 单位是否规范生产流程,建立严格的产品质量控制和检验制度,严禁缺乏质量保障、危害人民生命健康的产品流向社会。

(3) 单位是否加强产品的售后服务。对售后发现存在严重质量缺陷、隐患的产品,是否及时召回或采取其他有效措施,以降低或消除对社会的危害。单位是否妥善处理消费者提出的投诉和建议,切实保护消费者权益。

(三) 环境保护和资源节约的审计要点

(1) 单位是否按照国家有关环境保护与资源节约的规定,结合本单位实际情况,建立环境保护与资源节约制度,认真落实节能减排责任,积极开发和使用节能产品,发展循环经济,降低污染物排放,提高资源综合利用效率。单位是否通过有效的宣传形式,不断提高员工的环境保护和资源节约意识。

(2) 单位是否重视生态保护,加大对环境工作的人力、物力、财力的投入和技术支持,不断改进工艺流程,降低能耗和污染物排放水平,实现清洁生产。

单位是否加强对废气、废水、废渣的综合治理,建立废料回收和循环利用制度。

(3) 单位是否重视资源节约和资源保护,着力开发利用可再生资源,防止对不可再生资源进行掠夺性或毁灭性开发。

单位是否重视国家产业结构相关政策,特别关注产业结构调整的发展要求,加强革新技术开发和传统产业改造,转变发展方式,实现低投入、低消耗、低排放和高效率。

(4) 单位是否建立环境保护和资源节约的监控制度,定期开展监督检查,发现问题,及时采取纠正措施。污染物排放超过国家有关规定的,单位是否承担治理或相关法律责任。

发生紧急、重大环境污染事件时,单位是否采取应急机制,及时报告和处理,并依法追究相关责任人的责任。

(四) 促进就业与员工权益保护的审计要点

(1) 单位是否依法保护员工的合法权益,贯彻人力资源政策,保护员工依法享有劳动权利和履行劳动义务,保持工作岗位相对稳定,积极促进充分就业。单位是否避免在正常经营情况下批量辞退员工,增加社会负担。

(2) 单位是否与员工签订并履行劳动合同,遵循按劳分配、同工同酬的原则,建立科学的工薪制度和激励机制,不得克扣或无故拖欠员工薪酬。单位是否建立高级管理人员和员工薪酬的正常增长机制,切实保持合理水平,维护社会稳定。

(3) 单位是否及时办理员工社会保险,足额缴纳社会保险费,保障员工依法享受社会保险待遇。

单位是否按照有关规定做好健康管理工作,预防、控制和消除职业危害;是否按期对员工进行非职业性健康监护,对从事职业危害作业的员工进行职业性健康监护。

单位是否遵守法定的劳动时间和休息休假制度,确保员工的休息休假权利。

(4) 单位是否加强职工代表大会和工会组织建设,维护员工合法权益,创造平等发展机会。单位是否尊重员工人格、维护员工尊严,杜绝性别、民族、宗教、年龄等各种歧视,保障员工身心健康。

(5) 单位是否按照产学研用相结合的社会需求,积极创建实习基地,大力支持社会有关方面培养、锻炼社会需要的应用型人才。

(6) 单位是否积极履行社会公益方面的责任和义务,关心帮助弱势群体,支持慈善事业。

五、企业文化的审计要点

企业文化是指单位在生产经营实践中逐步形成的,并为整体团队所认同并遵守的价值观、经营理念和企业精神以及在此基础上形成的行为规范总称。

审计和评价企业文化时,应关注的风险:由于缺乏积极向上的企业文化,可能会导致员工丧失对单位的信心和认同感,单位缺乏凝聚力和竞争力;由于缺乏开拓创新、团队协作和风险意识，可能会导致单位发展目标难以实现，很难做到可持续发展；由于缺乏诚实守信的经营理念，可能会导致舞弊事件的发生，造成单位损失，影响单位信誉；由于忽视单位间的文化差异和理念冲突，可能会导致并购重组失败。

(一) 企业文化建设的审计要点

(1) 单位是否采取切实有效的措施，积极培育具有自身特色的企业文化，引导和规范员工行为，打造以主业为核心的企业品牌，形成整体团队的向心力，促进单位长远发展。

(2) 单位是否培育体现单位特色的发展愿景、积极向上的价值观、诚实守信的经营理念、履行社会责任和开拓创新的单位精神以及团队协作和风险防范意识。单位是否重视并购重组后的文化建设，平等对待被并购方的员工，促进并购双方的文化融合。

(3) 单位是否根据发展战略和实际情况，总结优良传统，挖掘文化底蕴，提炼核心价值，确定文化建设的目标和内容，形成单位文化规范，使其构成员工行为守则的重要组成部分。

(4) 董事、监事、经理和其他高级经理人员是否在单位文化建设中发挥主导垂范作用，以自身的优秀品格和脚踏实地的工作作风带动整个团队，共同营造单位积极向上的文化氛围。

(5) 单位是否促进文化建设在内部各层级的有效沟通，是否加强了单位文化的宣传贯彻，确保全体员工自觉遵守。

(6) 单位文化建设是否融入生产经营全过程，切实做到文化建设与发展战略的有机结合，有效地增强员工的责任感和使命感，规范员工行为方式，使员工的自身价值在单位发展中得到充分体现。

单位是否加强对员工文化教育的熏陶，全面提升员工的文化修养和内在素质。

(二) 企业文化评估的审计要点

(1) 单位是否建立企业文化评估制度，明确评估内容、程序和方式，落实评估责任制，避免文化建设流于形式。

(2) 单位是否重点关注董事、监事、经理和其他高级经理人员在单位文化建设中的责任履行情况、全体员工对单位核心价值观的认同感、单位经营管理行为与单位文化的一致性、单位品牌的社会影响力、参与合并重组的各方文化的融合度以及员工对单位未来发展的信心。

(3) 单位是否重视企业文化的评估结果，针对发现的问题，是否认真分析形成的原因和采取改进措施。

第四节 业务经营控制活动审计的要点

单位在改进和完善内部控制环境的同时，势必要对各项具体业务的经营实施相应的控制，对其审计和评价的内容主要有资金活动、采购业务、资产管理、销售业务、研究与开发、工程项目、担保业务、业务外包、财务报告等。

一、资金活动的审计要点

资金活动是指单位筹资、投资和资金运营等活动的总称。

审计与评价资金活动时,应关注的风险:是否因筹资决策不当,引发资本结构不合理或无效融资,可能导致企业筹资成本过高或债务危机;是否因投资决策失误,引发盲目扩张或丧失发展机遇,可能导致资金链断裂或资金使用效益低下;是否因资金调度不合理、营运不畅,可能导致企业陷入财务困境或资金冗余;是否因资金活动管控不严,可能导致资金被挪用、侵占、抽逃或遭受欺诈等。

单位应当根据自身发展战略,科学确定投融资目标和规划,完善严格的资金授权、批准、审验等相关管理制度,加强资金活动的集中归口管理,明确筹资、投资、营运等各环节的职责权限和岗位分离要求,定期或不定期检查和评价资金活动情况,落实责任追究制度,确保资金安全和有效运行。

单位财会部门负责资金活动的日常管理,参与投融资方案等可行性研究。总会计师或分管会计工作的负责人应当参与投融资决策过程。

有子公司的单位,应当采取合法有效措施,强化对子公司资金业务的统一监控。有条件的企业集团,应当探索财务公司、资金结算中心等资金集中管控模式。

(一) 筹资的审计要点

(1) 单位是否根据筹资目标和规划,结合年度全面预算,拟订筹资方案,明确筹资用途、规模、结构和方式等相关内容,对筹资成本和潜在风险作出充分估计。境外筹资是否考虑所在地的政治、经济、法律、市场等因素。

(2) 单位是否对筹资方案进行科学论证,是否依据已经论证的方案开展筹资活动。重大筹资方案是否形成可行性研究报告,全面反映风险评估情况。单位是否根据实际需要,聘请具有相应资质的专业机构进行可行性研究。

(3) 单位是否对筹资方案进行严格审批,是否重点关注筹资用途的可行性和相应的偿债能力。重大筹资方案是否按照规定的权限和程序实行集体决策或者联签制度。

筹资方案是否经有关部门批准,是否履行相应的报批程序。筹资方案发生重大变更的,是否重新进行可行性研究并履行相应审批程序。

(4) 单位是否根据批准的筹资方案,严格按照规定权限和程序筹集资金。银行借款或发行债券是否重点关注利率风险、筹资成本、偿还能力以及流动性风险等;发行股票是否重点关注发行风险、市场风险、政策风险以及公司控制权风险等。

① 单位通过银行借款方式筹资的,是否与有关金融机构进行洽谈,明确借款规模、利率、期限、担保、还款安排、相关的权利义务和违约责任等内容。双方达成一致意见后签署借款合同,据此办理相关借款业务。

② 单位通过发行债券方式筹资的,是否合理选择债券种类,对还本付息方案作出系统安排,确保按期、足额偿还到期本金和利息。

③ 单位通过发行股票方式筹资的,是否依照《中华人民共和国证券法》等有关法律法规和证券监管部门的规定,优化企业组织架构,进行业务整合,并选择具备相应资质的中介机构协助企业做好相关工作,确保符合股票发行条件和要求。

(5) 单位是否严格按照筹资方案确定的用途使用资金,防范和控制资金使用的风险。由于市场环境变化等确需改变资金用途的,是否履行相应的审批程序。

(6) 单位是否加强债务偿还和股利支付环节的管理,对偿还本息和支付股利等作出适当安排。

① 单位是否按照筹资方案或合同约定的本金、利率、期限、汇率及币种,准确计算应付利息,与债权人核对无误后按期支付。

② 单位是否选择合理的股利分配政策,兼顾投资者近期和长远利益,避免分配过度或不足。股利分配方案是否经过股东(大)会批准,并按规定履行披露义务。

(7) 单位是否加强筹资业务的会计系统控制,建立筹资业务的记录、凭证和账簿,按照国家统一会计准则制度,正确核算和监督资金筹集、本息偿还、股利支付等相关业务,妥善保管筹资合同或协议、收款凭证、入库凭证等资料,定期与资金提供方进行账务核对,确保筹资活动符合筹资方案的要求。

(二) 投资的审计要点

(1) 单位是否根据投资目标和规划,合理安排资金投放结构,科学确定投资项目,拟订投资方案,重点关注投资项目的收益和风险。单位选择投资项目是否突出主业,谨慎从事股票投资或衍生金融产品等高风险投资。境外投资是否考虑政治、经济、法律、市场等因素的影响。采用并购方式进行投资的,是否严格控制并购风险,重点关注并购对象的隐性债务、承诺事项、可持续发展能力、员工状况及其与本单位治理层及管理层的关联关系,合理确定支付对价,确保实现并购目标。

(2) 单位是否加强对投资方案的可行性研究,重点对投资目标、规模、方式、资金来源、风险与收益等作出客观评价。单位是否根据实际需要,委托具备相应资质的专业机构进行可行性研究,提供独立的可行性研究报告。

(3) 单位是否按照规定的权限和程序对投资项目进行决策审批,重点审查投资方案是否可行、投资项目是否符合国家产业政策及相关法律法规的规定、是否符合企业投资战略目标和规划、是否具有相应的资金能力、投入资金能否按时收回、预期收益能否实现,以及投资和并购风险是否可控等。重大投资项目是否按照规定的权限和程序实行集体决策或者联签制度。

投资方案是否经有关管理部门批准,是否履行相应的报批程序。投资方案发生重大变更的,是否重新进行可行性研究并履行相应审批程序。

(4) 单位是否根据批准的投资方案与被投资方签订投资合同或协议,明确出资时间、金额、方式、双方权利义务和违约责任等内容,按规定的权限和程序审批后履行投资合同或协议。

单位是否指定专门机构或人员对投资项目进行跟踪管理,及时收集被投资方经审计的财务报告等相关资料,定期组织投资效益分析,关注被投资方的财务状况、经营成果、现金流量以及投资合同履行情况,发现异常情况,是否及时报告并妥善处理。

(5) 单位是否加强对投资项目的会计系统控制,根据对被投资方的影响程度,合理确定投资会计政策,建立投资管理台账,详细记录投资对象、金额、持股比例、期限、收益等事项,妥善保管投资合同或协议、出资证明等资料。

单位财会部门对被投资方出现财务状况恶化、市价当期大幅下跌等情形的,是否根据国家统一的会计准则制度规定,合理计提减值准备、确认减值损失。

(6) 单位是否加强投资收回和处置环节的控制,对投资收回、转让、核销等决策和审批程序作出明确规定。

单位是否重视投资到期本金的回收。转让投资应当由相关机构或人员合理确定转让价格,报授权批准部门批准,必要时是否委托具有相应资质的专门机构进行评估。核销投资是否取得不能收回投资的法律文书和相关证明文件。单位对到期无法收回的投资是否建立责任追究制度。

(三) 营运的审计要点

(1) 单位是否加强资金营运全过程的管理,统筹协调内部各机构在生产经营过程中的资金需求,切实做好资金在采购、生产、销售等各环节的综合平衡,全面提升资金营运效率。

(2) 单位是否充分发挥全面预算管理在资金综合平衡中的作用,严格按照预算要求组织协调资金调度,确保资金及时收付,实现资金的合理占用和营运良性循环。单位是否严禁资金的体外循环,切实防范资金营运中的风险。

(3) 单位是否定期组织召开资金调度会或资金安全检查,对资金预算执行情况进行综合分析,发现异常情况,及时采取措施妥善处理,避免资金冗余或资金链断裂。

单位在营运过程中出现临时性资金短缺的,是否通过短期融资等方式获取资金。资金出现短期闲置的,在保证安全性和流动性的前提下,是否通过购买国债等多种方式提高资金效益。

(4) 单位是否加强对营运资金的会计系统控制,严格规范资金的收支条件、程序和审批权限。

① 单位在生产经营及其他业务活动中取得的资金收入是否及时入账,不得账外设账,严禁收款不入账和设立"小金库"。

② 单位办理资金支付业务是否明确支出款项的用途、金额、预算、限额、支付方式等内容,并附原始单据或相关证明,履行严格的授权审批程序后,方可安排资金支出。

③ 单位办理资金收付业务是否遵守现金和银行存款管理的有关规定,不得由一人办理货币资金全过程业务,严禁将办理资金支付业务的相关印章和票据集中一人保管。

二、采购业务的审计要点

采购业务是指单位购买物资(或劳务)及支付款项等活动。

审计与评价采购业务时,应关注的风险:是否因采购计划安排不合理,市场变化趋势预测不准确,造成库存短缺或积压,可能导致企业生产停滞或资源浪费;是否因供应商选择不当,采购方式不合理,招投标或定价机制不科学,授权审批不规范,可能导致采购物资质次价高,出现舞弊或遭受欺诈;是否因采购验收不规范,付款审核不严,可能导致采购物资、资金损失或信用受损。

单位应当结合实际情况,全面梳理采购业务流程,完善采购业务相关管理制度,统筹安排采购计划,明确请购、审批、购买、验收、付款、采购后评估等环节的职责和审批权限,按照规定的审批权限和程序办理采购业务,建立价格监督机制,定期检查和评价采购过程中的薄弱环节,采取有效控制措施,确保物资采购满足企业生产经营需要。

(一) 购买的审计要点

(1) 单位的采购业务是否集中,避免多头采购或分散采购,以提高采购业务效率,降低采购成本,堵塞管理漏洞。单位是否对办理采购业务的人员定期进行岗位轮换。重要和技术性较强的采购业务是否组织相关专家进行论证,实行集体决策和审批。单位除小额零星物资或服务外,是否安排同一机构办理采购业务全过程。

(2) 单位是否建立采购申请制度,依据购买物资或接受劳务的类型,确定归口管理部门,授予相应的请购权,明确相关部门或人员的职责权限及相应的请购和审批程序。

① 单位是否根据实际需要设置专门的请购部门对需求部门提出的采购需求进行审核,并进行归类汇总,统筹安排企业的采购计划。

② 具有请购权的部门对预算内采购项目是否严格按照预算执行进度办理请购手续,并根据市场变化提出合理采购申请。对超预算和预算外采购项目是否履行预算调整程序,由具备相应审批权限的部门或人员审批后,再行办理请购手续。

(3) 单位是否建立科学的供应商评估和准入制度,确定合格供应商清单,与选定的供应商签订质量保证协议,建立供应商管理信息系统,对供应商提供物资或劳务的质量、价格、交货及时性、供货条件及其资信、经营状况等进行实时管理和综合评价,根据评价结果对供应商进行合理选择和调整。单位是否委托具有相应资质的中介机构对供应商进行资信调查。

(4) 单位是否根据市场情况和采购计划合理选择采购方式。大宗采购是否采用招标方式,合理确定招投标的范围、标准、实施程序和评标规则;一般物资或劳务等的采购是否采用询价或定向采购的方式并签订合同协议;小额零星物资或劳务等的采购是否采用直接购买等方式。

(5) 单位是否建立采购物资定价机制,采取协议采购、招标采购、谈判采购、询比价采购等多种方式合理确定采购价格,最大限度地减小市场变化对企业采购价格的影响。

大宗采购等是否采用招投标方式确定采购价格,其他商品或劳务的采购是否根据市场行情制定最高采购限价,并对最高采购限价适时调整。

(6) 单位是否根据确定的供应商、采购方式、采购价格等情况拟订采购合同,准确描述合同条款,明确双方权利、义务和违约责任,按照规定权限签订采购合同。

单位是否根据生产建设进度和采购物资特性,选择合理的运输工具和运输方式,办理运输、投保等事宜。

(7) 单位是否建立严格的采购验收制度,确定检验方式,由专门的验收机构或验收人员对采购项目的品种、规格、数量、质量等相关内容进行验收,出具验收证明。涉及大宗和新、特物资采购的,是否进行专业测试。

验收过程中发现的异常情况,负责验收的机构或人员是否立即向单位有权管理的相关机构报告,相关机构是否查明原因并及时处理。

(8) 单位是否加强物资采购供应过程的管理,依据采购合同中确定的主要条款跟踪合同履行情况,对有可能影响生产或工程进度的异常情况,是否出具书面报告并及时提出解决方案。

单位是否做好采购业务各环节的记录,实行全过程的采购登记制度或信息化管理,确保采购过程的可追溯性。

(二) 付款的审计要点

(1) 单位是否加强采购付款的管理,完善付款流程,明确付款审核人的责任和权力,严格审核采购预算、合同、相关单据凭证、审批程序等相关内容,审核无误后按照合同规定及时办理付款。

① 单位在付款过程中,是否严格审查采购发票的真实性、合法性和有效性。发现虚假发票的,应查明原因,及时报告处理。

② 单位是否重视采购付款的过程控制和跟踪管理,发现异常情况的,应当拒绝付款,避免出现资金损失和信用受损。

③ 单位是否合理选择付款方式,并严格遵循合同规定,防范付款方式不当带来的法律风险,保证资金安全。

(2) 单位是否加强预付账款和定金的管理。涉及大额或长期的预付款项,是否定期进行追踪核查,综合分析预付账款的期限、占用款项的合理性、不可收回风险等情况,发现有疑问的预付款项,是否及时采取措施。

(3) 单位是否加强对购买、验收、付款业务的会计系统控制,详细记录供应商情况、请购申请、采购合同、采购通知、验收证明、入库凭证、商业票据、款项支付等情况,确保会计记录、采购记录与仓储记录核对一致。

单位是否指定专人通过函证等方式,定期与供应商核对应付账款、应付票据、预付账款等往来款项。

(4) 单位是否建立退货管理制度,对退货条件、退货手续、货物出库、退货货款回收等作出明确规定,并在与供应商的合同中明确退货事宜,及时收回退货货款。涉及符合索赔条件的退货,是否在索赔期内及时办理索赔。

三、资产管理的审计要点

资产是指单位拥有或控制的存货、固定资产和无形资产。

审计与评价资产管理时,应关注的风险:是否因存货积压或短缺,可能导致流动资金占用过量、存货价值贬损或生产中断;是否因固定资产更新改造不够、使用效能低下、维护不当、产能过剩,可能导致企业缺乏竞争力、资产价值贬损、安全事故频发或资源浪费;是否因无形资产缺乏核心技术、权属不清、技术落后、存在重大技术安全隐患,可能导致企业法律纠纷、缺乏可持续发展能力。

单位应当加强各项资产管理,全面梳理资产管理流程,及时发现资产管理中的薄弱环节,切实采取有效措施加以改进,并关注资产减值迹象,合理确认资产减值损失,不断提高企业的资产管理水平。

单位应当重视和加强各项资产的投保工作,采用招标等方式确定保险人,降低资产损失风险,防范资产投保舞弊。

(一) 存货的审计要点

(1) 单位是否采用先进的存货管理技术和方法,规范存货管理流程,明确存货取得、验收入库、原料加工、仓储保管、领用发出、盘点处置等环节的管理要求,充分利用信息系统,强化会计、出入库等相关记录,确保存货管理全过程的风险得到有效控制。

(2) 单位是否建立存货管理岗位责任制,明确内部相关部门和岗位的职责权限,切实做到不相容岗位相互分离、制约和监督。

单位内部除存货管理、监督部门及仓储人员外,其他部门和人员接触存货,是否经过相关部门特别授权。

(3) 单位是否重视存货验收工作,规范存货验收程序和方法,对入库存货的数量、质量、技术规格等方面进行查验,验收无误方可入库。

① 外购存货的验收是否重点关注合同、发票等原始单据与存货的数量、质量、规格等核对一致。涉及技术含量较高的货物,必要时是否委托具有检验资质的机构或聘请外部专家协助验收。

② 自制存货的验收是否重点关注产品质量,通过检验合格的半成品、产成品才能办理入库手续,不合格品是否及时查明原因、落实责任、报告处理。

③ 其他方式取得存货的验收是否重点关注存货来源、质量状况、实际价值是否符合有关合同或协议的约定。

(4) 单位是否建立存货保管制度,定期对存货进行检查,重点关注下列事项:

① 存货在不同仓库之间流动时是否办理出入库手续;

② 是否按仓储物资要求的储存条件贮存,并健全防火、防洪、防盗、防潮、防病虫害和防变质等管理规范;

③ 是否加强生产现场的材料、周转材料、半成品等物资的管理,防止浪费、被盗和流失;

④ 对代管、代销、暂存、受托加工的存货,是否单独存放和记录,避免与本单位存货混淆;

⑤ 是否结合单位实际情况,加强存货的保险投保,保证存货安全,合理降低存货意外损失风险。

(5) 单位是否明确存货发出和领用的审批权限,大批存货、贵重商品或危险品的发出应当实行特别授权。仓储部门是否根据经审批的销售(出库)通知单发出货物。

(6) 单位仓储部门是否详细记录存货入库、出库及库存情况,做到存货记录与实际库存相符,并定期与财会部门、存货管理部门进行核对。

(7) 单位是否根据各种存货采购间隔期和当前库存,综合考虑企业生产经营计划、市场供求等因素,充分利用信息系统,合理确定存货采购日期和数量,确保存货处于最佳库存状态。

(8) 单位是否建立存货盘点清查制度,结合本单位实际情况确定盘点周期、盘点流程等相关内容,核查存货数量,及时发现存货减值迹象。单位至少是否于每年年度终了开展全面盘点清查,盘点清查结果应当形成书面报告。

盘点清查中发现的存货盘盈、盘亏、毁损、闲置以及需要报废的存货,是否查明原因,落实并追究责任,按照规定权限批准后处置。

(二) 固定资产的审计要点

(1) 单位是否加强房屋建筑物、机器设备等各类固定资产的管理,重视固定资产维护和更新改造,不断提升固定资产的使用效能,积极促进固定资产处于良好运行状态。

(2) 单位是否制定固定资产目录,对每项固定资产进行编号,按照单项资产建立固定资产卡片,详细记录各项固定资产的来源、验收、使用地点、责任单位和责任人、运转、维修、改造、折旧、盘点等相关内容。

① 单位是否严格执行固定资产日常维修和大修理计划,定期对固定资产进行维护保养,切实消除安全隐患。

② 单位是否强化对生产线等关键设备运转的监控，严格操作流程，实行岗前培训和岗位许可制度，确保设备安全运转。

(3) 单位是否根据发展战略，充分利用国家有关自主创新政策，加大技改投入，不断促进固定资产技术升级，淘汰落后设备，切实做到保持本单位固定资产技术的先进性和单位发展的可持续性。

(4) 单位是否严格执行固定资产投保政策，对应投保的固定资产项目按规定程序进行审批，及时办理投保手续。

(5) 单位是否规范固定资产抵押管理，确定固定资产抵押程序和审批权限等。

① 单位将固定资产用作抵押的，是否由相关部门提出申请，经单位授权部门或人员批准后，由资产管理部门办理抵押手续。

② 单位是否加强对接收的抵押资产的管理，编制专门的资产目录，合理评估抵押资产的价值。

(6) 单位是否建立固定资产清查制度，至少每年进行一次全面清查。对固定资产清查中发现的问题，是否查明原因，追究责任，妥善处理。

单位是否加强固定资产处置的控制，关注固定资产处置中的关联交易和处置定价，防范资产流失。

(三) 无形资产的审计要点

(1) 单位是否加强对品牌、商标、专利、专有技术、土地使用权等无形资产的管理，分类制定无形资产管理办法，落实无形资产管理责任制，促进无形资产有效利用，充分发挥无形资产对提升企业核心竞争力的作用。

(2) 单位是否全面梳理外购、自行开发以及其他方式取得的各类无形资产的权属关系，加强无形资产权益保护，防范侵权行为和法律风险。无形资产具有保密性质的，是否采取严格保密措施，严防泄露商业秘密。

单位购入或者以支付土地出让金等方式取得的土地使用权，是否取得土地使用权有效证明文件。

(3) 单位是否定期对专利、专有技术等无形资产的先进性进行评估，淘汰落后技术，加大研发投入，促进技术更新换代，不断提升自主创新能力，努力做到核心技术处于同行业领先水平。

(4) 单位是否重视品牌建设，加强商誉管理，通过提供高质量产品和优质服务等多种方式，不断打造和培育主业品牌，切实维护和提升单位品牌的社会认可度。

四、销售业务的审计要点

销售业务是指单位出售商品（或提供劳务）及收取款项等相关活动。

审计与评价销售业务时，应当关注的风险：是否因销售政策和策略不当，市场预测不准确，销售渠道管理不当等，可能导致销售不畅、库存积压、经营难以为继；是否因客户信用管理不到位，结算方式选择不当，账款回收不力等，可能导致销售款项不能收回或遭受欺诈；是否因销售过程存在舞弊行为，可能导致企业利益受损。

单位应当结合实际情况，全面梳理销售业务流程，完善销售业务相关管理制度，确定适当的销售政策和策略,明确销售、发货、收款等环节的职责和审批权限,按照规定的权限和程序办理销售业务,定期检查分析销售过程中的薄弱环节,采取有效控制措施,确保实现销售目标。

(一) 销售的审计要点

(1) 单位是否加强市场调查,合理确定定价机制和信用方式,根据市场变化及时调整销售策略,灵活运用销售折扣、销售折让、信用销售、代销和广告宣传等多种策略和营销方式,促进销售目标实现,不断提高市场占有率。

① 单位是否健全客户信用档案,关注重要客户资信变动情况,采取有效措施,防范信用风险。

② 单位对境外客户和新开发客户,是否建立严格的信用保证制度。

(2) 单位在销售合同订立前,是否与客户进行业务洽谈、磋商或谈判,关注客户信用状况、销售定价、结算方式等相关内容。

① 重大的销售业务谈判是否吸收财会、法律等专业人员参加,并形成完整的书面记录。

② 销售合同是否明确双方的权利和义务,审批人员应当对销售合同草案进行严格审核。重要的销售合同是否征询法律顾问或专家的意见。

(3) 单位销售部门是否按照经批准的销售合同开具相关销售通知。发货和仓储部门是否对销售通知进行审核,严格按照所列项目组织发货,确保货物的安全发运。单位是否加强销售退回管理,分析销售退回原因,及时妥善处理。单位是否严格按照发票管理规定开具销售发票。有无开具虚假发票。

(4) 单位是否做好销售业务各环节的记录,填制相应的凭证,设置销售台账,实行全过程的销售登记制度。

(5) 单位是否完善客户服务制度,加强客户服务和跟踪,提升客户满意度和忠诚度,不断改进产品质量和服务水平。

(二) 收款的审计要点

(1) 单位是否有完善的应收款项管理制度,严格考核,实行奖惩。销售部门负责应收款项的催收,催收记录(包括往来函电)是否妥善保存;财会部门负责办理资金结算并监督款项回收。

(2) 单位是否加强商业票据管理,明确商业票据的受理范围,严格审查商业票据的真实性和合法性,防止票据欺诈。

单位是否关注商业票据的取得、贴现和背书,对已贴现但仍承担收款风险的票据以及逾期票据,是否进行追索监控和跟踪管理。

(3) 单位是否加强对销售、发货、收款业务的会计系统控制,详细记录销售客户、销售合同、销售通知、发运凭证、商业票据、款项收回等情况,确保会计记录、销售记录与仓储记录核对一致。

① 单位是否指定专人通过函证等方式定期与客户核对应收账款、应收票据、预收账款等往来款项。

② 单位是否加强应收款项坏账的管理。应收款项全部或部分无法收回的,是否查明原因,明确责任,并严格履行审批程序,按照国家统一的会计准则制度进行处理。

五、研究与开发的审计要点

研究与开发是指单位为获取新产品、新技术、新工艺等所开展的各种研发活动。

审计与评价研究与开发时,应当关注的风险:是否因研究项目未经科学论证或论证不充分,可能导致创新不足或资源浪费;是否因研发人员配备不合理或研发过程管理不善,可能导致研发成本过高、舞弊或研发失败;是否因研究成果转化应用不足、保护措施不力,可能导致企业利益受损。

单位应当重视研发工作,根据发展战略,结合市场开拓和技术进步要求,科学制定研发计划,强化研发全过程管理,规范研发行为,促进研发成果的转化和有效利用,不断提升单位自主创新能力。

(一)立项与研究的审计要点

(1)单位是否根据实际需要,结合研发计划,提出研究项目立项申请,开展可行性研究,编制可行性研究报告。单位是否组织独立于申请及立项审批之外的专业机构和人员进行评估论证,出具评估意见。

(2)研究项目是否按照规定的权限和程序进行审批,重大研究项目是否报经董事会或类似权力机构集体审议决策。在审批过程中,是否重点关注研究项目促进企业发展的必要性、技术的先进性以及成果转化的可行性。

(3)单位是否加强对研究过程的管理,合理配备专业人员,严格落实岗位责任制,确保研究过程高效、可控。

① 单位是否跟踪检查研究项目进展情况,评估各阶段研究成果,提供足够的经费支持,确保项目按期、保质完成,有效规避研究失败风险。

② 单位研究项目委托外单位承担的,是否采用招标、协议等适当方式确定受托单位,签订外包合同,约定研究成果的产权归属、研究进度和质量标准等相关内容。

(4)单位与其他单位合作进行研究的,是否对合作单位进行尽职调查,签订书面合作研究合同,明确双方投资、分工、权利义务、研究成果产权归属等。

(5)单位是否建立和完善研究成果验收制度,组织专业人员对研究成果进行独立评审和验收。对通过验收的研究成果,单位是否委托相关机构进行审查,确认是否申请专利或作为非专利技术、商业秘密等进行管理。对需要申请专利的研究成果,单位是否及时办理有关专利申请手续。

(6)单位是否建立严格的核心研究人员管理制度,明确界定核心研究人员范围和名册清单,签署符合国家有关法律法规要求的保密协议。单位与核心研究人员签订劳动合同时,是否特别约定研究成果归属、离职条件、离职移交程序、离职后保密义务、离职后竞业限制年限及违约责任等内容。

(二)开发与保护的审计要点

(1)单位是否加强研究成果的开发,形成科研、生产、市场一体化的自主创新机制,促进研究成果转化。研究成果的开发是否分步推进,通过试生产充分验证产品性能,在获得市场认可后方可进行批量生产。

（2）单位是否建立研究成果保护制度，加强对专利权、非专利技术、商业秘密及研发过程中形成的各类涉密图纸、程序、资料的管理，严格按照制度规定借阅和使用。有无无关人员接触研究成果。

（3）单位是否建立研发活动评估制度，加强对立项与研究、开发与保护等过程的全面评估，认真总结研发管理经验，分析存在的薄弱环节，完善相关制度和办法，不断改进和提升研发活动的管理水平。

六、工程项目的审计要点

工程项目是指单位自行或者委托其他单位所进行的建造、安装工程。

审计与评价工程项目时，应当关注的风险：是否因立项缺乏可行性研究或者可行性研究流于形式，决策不当，盲目上马，可能导致难以实现预期效益或项目失败；是否因项目招标暗箱操作，存在商业贿赂，可能导致中标人实质上难以承担工程项目、中标价格失实及相关人员涉案；是否因工程造价信息不对称，技术方案不落实，概预算脱离实际，可能导致项目投资失控；是否因工程物资质次价高，工程监理不到位，项目资金不落实，可能导致工程质量低劣，进度延迟或中断。是否因竣工验收不规范，最终把关不严，可能导致工程交付使用后存在重大隐患。

单位应当建立和完善工程项目各项管理制度，全面梳理各个环节可能存在的风险点，规范工程立项、招标、造价、建设、验收等环节的工作流程，明确相关部门和岗位的职责权限，做到可行性研究与决策、概预算编制与审核、项目实施与价款支付、竣工决算与审计等不相容职务相互分离，强化工程建设全过程的监控，确保工程项目的质量、进度和资金安全。

（一）工程立项的审计要点

（1）单位是否指定专门机构归口管理工程项目，根据发展战略和年度投资计划，提出项目建议书，开展可行性研究，编制可行性研究报告。

① 项目建议书的主要内容是否包括项目的必要性和依据、产品方案、拟建规模、建设地点、投资估算、资金筹措、项目进度安排、经济效果和社会效益的估计、环境影响的初步评价等。

② 可行性研究报告的内容是否包括：项目概况，项目建设的必要性，市场预测，项目建设选址及建设条件论证，建设规模和建设内容，项目外部配套建设，环境保护，劳动保护与卫生防疫，消防、节能、节水，总投资及资金来源，经济、社会效益，项目建设周期及进度安排，招投标法规定的相关内容等。

③ 单位是否委托具有相应资质的专业机构开展可行性研究，并按照有关要求形成可行性研究报告。

（2）单位是否组织规划、工程、技术、财会、法律等部门的专家对项目建议书和可行性研究报告进行充分论证和评审，出具评审意见，作为项目决策的重要依据。

在项目评审过程中，是否重点关注项目投资方案、投资规模、资金筹措、生产规模、投资效益、布局选址、技术、安全、设备、环境保护等方面，核实相关资料的来源和取得途径是否真实、可靠和完整。

单位是否委托具有相应资质的专业机构对可行性研究报告进行评审，出具评审意见。从事项目可行性研究的专业机构不得再从事可行性研究报告的评审。

（3）单位是否按照规定的权限和程序对工程项目进行决策，决策过程应有完整的书面记录。重大工程项目的立项是否报经董事会或类似权力机构集体审议批准。总会计师或分管会计工作的负责人是否参与项目决策。

任何个人不得单独决策或者擅自改变集体决策意见。工程项目决策失误是否实行责任追究制度。

(4) 单位是否在工程项目立项后、正式施工前依法取得建设用地、城市规划、环境保护、安全、施工等方面的许可。

(二) 工程招标的审计要点

(1) 单位的工程项目一般是否采用公开招标的方式,择优选择具有相应资质的承包单位和监理单位。

① 在选择承包单位时,单位是否将工程的勘察、设计、施工、设备采购一并发包给一个项目总承包单位,或将其中的一项或者多项发包给一个工程总承包单位,但不得违背工程施工组织设计和招标设计计划,将应由一个承包单位完成的工程肢解为若干部分发包给几个承包单位。

② 单位是否依照国家招投标法的规定,遵循公开、公正、平等竞争的原则,发布招标公告,提供载有招标工程的主要技术要求、主要合同条款、评标的标准和方法以及开标、评标、定标的程序等内容的招标文件。

③ 单位是否根据项目特点决定是否编制标底。需要编制标底的,标底编制过程和标底是否严格保密。

④ 在确定中标人前,单位是否与投标人就投标价格、投标方案等实质性内容进行谈判。

(2) 单位是否依法组织工程招标的开标、评标和定标,并接受有关部门的监督。

(3) 单位是否依法组建评标委员会。评标委员会由单位的代表和有关技术、经济方面的专家组成。评标委员会是否客观、公正地履行职务,遵守职业道德,对所提出的评审意见承担责任。单位是否采取必要的措施,保证评标在严格保密的情况下进行。评标委员会是否按照招标文件确定的标准和方法,对投标文件进行评审和比较,择优选择中标候选人。

(4) 评标委员会成员和参与评标的有关工作人员是否透露对投标文件的评审和比较、中标候选人的推荐情况以及与评标有关的其他情况,是否私下接触投标人,是否收受投标人的财物或者其他好处。

(5) 单位是否按照规定的权限和程序从中标候选人中确定中标人,及时向中标人发出中标通知书,在规定的期限内与中标人订立书面合同,明确双方的权利、义务和违约责任。单位和中标人不得再行订立背离合同实质性内容的其他协议。

(三) 工程造价的审计要点

(1) 单位是否加强工程造价管理,明确初步设计概算和施工图预算的编制方法,按照规定的权限和程序进行审核批准,确保概预算科学合理。单位是否委托具备相应资质的中介机构开展工程造价咨询工作。

(2) 单位是否向招标确定的设计单位提供详细的设计要求和基础资料,进行有效的技术、经济交流。初步设计是否在技术、经济交流的基础上,采用先进的设计管理实务技术,进行多方案比选。施工图设计深度及图纸交付进度是否符合项目要求,防止因设计深度不足、设计缺陷,造成施工组织、工期、工程质量、投资失控以及生产运行成本过高等问题。

(3) 单位是否建立设计变更管理制度。设计单位是否提供全面、及时的现场服务。因过失造成设计变更的,是否实行责任追究制度。

(4) 单位是否组织工程、技术、财会等部门的相关专业人员或委托具有相应资质的中介机构对编制的概预算进行审核,重点审查编制依据、项目内容、工程量的计算、定额套用等是否真实、完整和准确。工程项目概预算是否按照规定的权限和程序审核批准后执行。

(四)工程建设的审计要点

(1) 单位是否加强对工程建设过程的监控,实行严格的概预算管理,切实做到及时备料、科学施工、保障资金、落实责任,确保工程项目达到设计要求。

(2) 按照合同约定,单位自行采购工程物资的,是否按照采购业务规定,组织工程物资采购、验收和付款;由承包单位采购工程物资的,单位是否加强监督,确保工程物资采购符合设计标准和合同要求。是否严禁不合格工程物资投入工程项目建设。重大设备和大宗材料的采购是否根据有关招标采购的规定执行。

(3) 单位是否实行严格的工程监理制度,委托经过招标确定的监理单位进行监理。工程监理单位是否依照国家法律法规及相关技术标准、设计文件和工程承包合同,对承包单位在施工质量、工期、进度、安全和资金使用等方面实施监督。

① 工程监理人员是否具备良好的职业操守,客观公正地执行监理任务,发现工程施工不符合设计要求、施工技术标准和合同约定的,是否要求承包单位改正;发现工程设计不符合建筑工程质量标准或者合同约定的质量要求的,是否报告单位要求设计单位改正。

② 未经工程监理人员签字,工程物资是否在工程上使用或者安装,是否进行下一道工序施工,是否拨付工程价款,是否进行竣工验收。

(4) 单位财会部门是否加强与承包单位的沟通,准确掌握工程进度,根据合同约定,按照规定的审批权限和程序办理工程价款结算,有无无故拖欠。

(5) 单位是否严格控制工程变更,确需变更的,是否按照规定的权限和程序进行审批。

① 重大的项目变更是否按照项目决策和概预算控制的有关程序和要求重新履行审批手续。

② 因工程变更等原因造成价款支付方式及金额发生变动的,是否提供完整的书面文件和其他相关资料,并对工程变更价款的支付进行严格审核。

(五)工程验收的审计要点

(1) 单位收到承包单位的工程竣工报告后,是否及时编制竣工决算,开展竣工决算审计,组织设计、施工、监理等有关单位进行竣工验收。

(2) 单位是否组织审核竣工决算,重点审查决算依据是否完备、相关文件资料是否齐全、竣工清理是否完成、决算编制是否正确。单位是否加强竣工决算审计,未实施竣工决算审计的工程项目,是否办理竣工验收手续。

(3) 单位是否及时组织工程项目竣工验收。交付竣工验收的工程项目,是否符合规定的质量标准,有完整的工程技术经济资料,并具备国家规定的其他竣工条件。验收合格的工程项目,是否编制交付使用财产清单,及时办理交付使用手续。

（4）单位是否按照国家有关档案管理的规定，及时收集、整理工程建设各环节的文件资料，建立完整的工程项目档案。

（5）单位是否建立完工项目后评估制度，重点评价工程项目预期目标的实现情况和项目投资效益等，并以此作为绩效考核和责任追究的依据。

七、担保业务的审计要点

担保业务是指单位作为担保人按照公平、自愿、互利的原则与债权人约定，当债务人不履行债务时，依照法律规定和合同协议承担相应法律责任的行为。

审计和评价担保业务时，应当关注的风险：是否因对担保申请人的资信状况调查不深、审批不严或越权审批，可能导致企业担保决策失误或遭受欺诈；是否因对被担保人出现财务困难或经营陷入困境等状况监控不力，应对措施不当，可能导致企业承担法律责任；是否因担保过程中存在舞弊行为，可能导致经办审批等相关人员涉案或企业利益受损。

单位应当依法制定和完善担保业务政策及相关管理制度，明确担保的对象、范围、方式、条件、程序、担保限额和禁止担保等事项，规范调查评估、审核批准、担保执行等环节的工作流程，按照政策、制度、流程办理担保业务，定期检查担保政策的执行情况及效果，切实防范担保业务风险。

（一）调查评估与审批的审计要点

（1）单位是否指定相关部门负责办理担保业务，对担保申请人进行资信调查和风险评估，评估结果是否出具书面报告。单位是否委托中介机构对担保业务进行资信调查和风险评估工作。

单位在对担保申请人进行资信调查和风险评估时，是否重点关注以下事项：

① 担保业务是否符合国家法律、法规和本企业担保政策等相关要求。

② 担保申请人的资信状况，一般包括基本情况、资产质量、经营情况、偿债能力、盈利水平、信用程度、行业前景等。

③ 担保申请人用于担保和第三方担保的资产状况及其权利归属。

④ 单位要求担保申请人提供反担保的，还应当对与反担保有关的资产状况进行评估。

（2）单位对担保申请人出现以下情形之一的，是否还提供担保：

① 担保项目不符合国家法律、法规和本企业担保政策的；

② 已进入重组、托管、兼并或破产清算程序的；

③ 财务状况恶化、资不抵债、管理混乱、经营风险较大的；

④ 与其他企业存在较大经济纠纷，面临法律诉讼且可能承担较大赔偿责任的；

⑤ 与本单位已经发生过担保纠纷且仍未妥善解决的，或不能及时足额缴纳担保费用的。

（3）单位是否建立担保授权和审批制度，规定担保业务的授权批准方式、权限、程序、责任和相关控制措施，在授权范围内进行审批，不得超越权限审批。重大担保业务是否报经董事会或类似权力机构批准。

经办人员是否在职责范围内按照审批人员的批准意见办理担保业务。对审批人超越权限审批的担保业务，经办人员是否拒绝办理。

（4）单位是否采取合法有效的措施加强对子公司担保业务的统一监控。单位内设机构未经授权是否还办理担保业务。单位为关联方提供担保的,与关联方存在经济利益或近亲属关系的有关人员在评估与审批环节是否回避。对境外单位进行担保的,是否遵守外汇管理规定,并关注被担保人所在国家的政治、经济、法律等因素。

(5) 被担保人要求变更担保事项的,单位是否重新履行调查评估与审批程序。

(二) 执行与监控的审计要点

(1) 单位是否根据审核批准的担保业务订立担保合同。担保合同是否明确被担保人的权利、义务、违约责任等相关内容,并要求被担保人定期提供财务报告与有关资料,及时通报担保事项的实施情况。担保申请人同时向多方申请担保的,单位是否在担保合同中明确约定本单位的担保份额和相应的责任。

(2) 单位担保经办部门应当加强担保合同的日常管理,定期监测被担保人的经营情况和财务状况,对被担保人进行跟踪和监督,了解担保项目的执行、资金的使用、贷款的归还、财务运行及风险等情况,确保担保合同有效履行。在担保合同履行过程中,如果被担保人出现异常情况,是否及时报告,妥善处理。对被担保人未按有法律效力的合同条款偿付债务或履行相关合同项下的义务的,单位是否按照担保合同履行义务,同时主张对被担保人的追索权。

(3) 单位是否加强对担保业务的会计系统控制,及时足额收取担保费用,建立担保事项台账,详细记录担保对象、金额、期限、用于抵押和质押的物品或权利以及其他有关事项。

① 单位财会部门是否及时收集、分析被担保人担保期内经审计的财务报告等相关资料,持续关注被担保人的财务状况、经营成果、现金流量以及担保合同的履行情况,积极配合担保经办部门防范担保业务风险。

② 对被担保人出现财务状况恶化、资不抵债、破产清算等情形的,单位是否根据国家统一的会计准则制度规定,合理确认预计负债和损失。

(4) 单位是否加强对反担保财产的管理,妥善保管被担保人用于反担保的权利凭证,定期核实财产的存续状况和价值,发现问题及时处理,确保反担保财产安全完整。

(5) 单位是否建立担保业务责任追究制度,对在担保中出现重大决策失误、未履行集体审批程序或不按规定管理担保业务的部门及人员,是否严格追究相应的责任。

(6) 单位是否在担保合同到期时,全面清查用于担保的财产、权利凭证,按照合同约定及时终止担保关系。单位是否妥善保管担保合同、与担保合同相关的主合同、反担保函或反担保合同以及抵押、质押的权利凭证和有关原始资料,切实做到担保业务档案完整无缺。

八、业务外包的审计要点

业务外包是指单位利用专业化分工优势,将日常经营中的部分业务委托给本单位以外的专业服务机构或其他经济组织(以下简称承包方)完成的经营行为。外包业务通常包括研发、资信调查、可行性研究、委托加工、物业管理、客户服务、IT服务等。

审计与评价业务外包时,应当关注的风险:是否因外包范围和价格确定不合理,承包方选择不当,可能导致单位遭受损失;是否因业务外包监控不严、服务质量低劣,可能导致单位难以发挥业务外包的优势;是否因业务外包存在商业贿赂等舞弊行为,可能导致单位相关人员涉案。

单位应当建立和完善业务外包管理制度,规定业务外包的范围、方式、条件、程序和实施等相关内容,明确相关部门和岗位的职责权限,强化业务外包全过程的监控,防范外包风险,充分发挥业务外包的优势。应当权衡利弊,避免核心业务外包。

(一) 承包方选择的审计要点

(1) 单位是否根据年度生产经营计划和业务外包管理制度,结合确定的业务外包范围,拟订实施方案,按照规定的权限和程序审核批准。总会计师或分管会计工作的负责人是否参与重大业务外包的决策。重大业务外包方案是否提交董事会或类似权力机构审批。

(2) 单位是否按照批准的业务外包实施方案选择承包方。承包方是否具备下列条件:

① 承包方是依法成立和合法经营的专业服务机构或其他经济组织,具有相应的经营范围和固定的办公场所;

② 承包方应当具备相应的专业资质,其从业人员符合岗位要求和任职条件,并具有相应的专业技术资格;

③ 承包方的技术及经验水平符合本单位业务外包的要求。

(3) 单位是否综合考虑内外部因素,合理确定外包价格,严格控制业务外包成本,切实做到符合成本效益原则。

(4) 单位是否应当引入竞争机制,遵循公开、公平、公正的原则,采用适当方式,择优选择外包业务的承包方。采用招标方式选择承包方的,是否符合招投标法的相关规定。单位及相关人员在选择承包方的过程中,是否收受贿赂、回扣或者索取其他好处。承包方及其工作人员是否利用向单位及其工作人员行贿、提供回扣或者给予其他好处等不正当手段承揽业务。

(5) 单位是否按照规定的权限和程序从候选承包方中确定最终承包方,并签订业务外包合同。业务外包合同内容主要是否包括外包业务的内容和范围、双方权利和义务、服务和质量标准、保密事项、费用结算标准和违约责任等事项。

(6) 单位外包业务需要保密的,是否在业务外包合同或者另行签订的保密协议中明确规定承包方的保密义务和责任,要求承包方向其从业人员提示保密要求和应承担的责任。

(二) 业务外包实施的审计要点

(1) 单位是否加强业务外包实施的管理,严格按照业务外包制度、工作流程和相关要求,组织开展业务外包,并采取有效的控制措施,确保承包方严格履行业务外包合同。

(2) 单位是否做好与承包方的对接工作,加强与承包方的沟通与协调,及时搜集相关信息,发现和解决外包业务日常管理中存在的问题。对重大业务外包,单位是否密切关注承包方的履约能力,建立相应的应急机制,避免业务外包失败造成本单位生产经营活动中断。

(3) 单位是否根据国家统一的会计准则制度,加强对外包业务的核算与监督,做好业务外包费用结算工作。

(4) 单位是否对承包方的履约能力进行持续评估,有确凿证据表明承包方存在重大违约行为,导致业务外包合同无法履行的,是否及时终止合同。承包方违约并造成单位损失的,单位是否应当按照合同对承包方进行索赔,并追究责任人责任。

(5) 业务外包合同执行完成后需要验收的,单位是否组织相关部门或人员对完成的业务外包合同进行验收,出具验收证明。验收过程中发现异常情况,是否立即报告,查明原因,及时处理。

九、财务报告的审计要点

财务报告是指反映单位某一特定日期财务状况和某一会计期间经营成果、现金流量的文件。

审计与评价财务报告时,应当关注的风险:是否因编制财务报告违反会计法律、法规和国家统一的会计准则制度,可能导致企业承担法律责任和声誉受损;是否因提供虚假财务报告,误导财务报告使用者,造成决策失误,干扰市场秩序;是否因不能有效利用财务报告,难以及时发现企业经营管理中存在的问题,可能导致单位财务和经营风险失控。

单位应当严格执行会计法律、法规和国家统一的会计准则制度,加强对财务报告编制、对外提供和分析利用全过程的管理,明确相关工作流程和要求,落实责任制,确保财务报告合法合规、真实完整和有效利用。总会计师或分管会计工作的负责人负责组织领导财务报告的编制、对外提供和分析利用等相关工作。单位负责人对财务报告的真实性、完整性负责。

(一)财务报告编制的审计要点

(1)单位编制财务报告是否重点关注会计政策和会计估计,对财务报告产生重大影响的交易和事项的处理是否按照规定的权限和程序进行审批。单位在编制年度财务报告前,是否进行必要的资产清查、减值测试和债权债务核实。

(2)单位是否按照国家统一的会计准则制度规定,根据登记完整、核对无误的会计账簿记录和其他有关资料编制财务报告,做到内容完整、数字真实、计算准确,不得漏报或者随意进行取舍。

(3)单位财务报告列示的资产、负债、所有者权益金额是否真实可靠。各项资产计价方法是否随意变更,如有减值,是否合理计提减值准备,严禁虚增或虚减资产。各项负债应当反映单位的现时义务,是否提前、推迟或不确认负债,是否虚增或虚减负债。所有者权益是否反映单位资产扣除负债后由所有者享有的剩余权益,由实收资本、资本公积、留存收益等构成。单位是否做好所有者权益保值增值工作,有无虚假出资、抽逃出资、资本不实等。

(4)单位财务报告是否如实列示当期收入、费用和利润。各项收入的确认是否遵循规定的标准,有无虚列或者隐瞒收入,推迟或提前确认收入等。各项费用、成本的确认是否符合规定,有无随意改变费用、成本的确认标准或计量方法,虚列、多列、不列或者少列费用、成本。利润由收入减去费用后的净额、直接计入当期利润的利得和损失等构成。有无随意调整利润的计算、分配方法,编造虚假利润。

(5)单位财务报告列示的各种现金流量由经营活动、投资活动和筹资活动的现金流量构成,是否按照规定划清各类交易和事项的现金流量的界限。

(6)附注是财务报告的重要组成部分,对反映单位财务状况、经营成果、现金流量的报表中需要说明的事项,作出真实、完整、清晰的说明。单位是否按照国家统一的会计准则制度编制附注。

(7)应当编制合并财务报表的,是否明确合并财务报表的合并范围和合并方法,是否如实反映集团的财务状况、经营成果和现金流量。

(8)单位编制财务报告是否充分利用信息技术,提高工作效率和工作质量,减少或避免编制差错和人为调整因素。

(二) 财务报告对外提供的审计要点

(1) 单位是否依照法律、法规和国家统一的会计准则制度的规定,及时对外提供财务报告。

(2) 单位财务报告编制完成后,是否装订成册,加盖公章,由单位负责人、总会计师或分管会计工作的负责人、财会部门负责人签名并盖章。

(3) 财务报告需要经注册会计师审计的,注册会计师及其所在的事务所出具的审计报告是否随同财务报告一并提供。单位对外提供的财务报告是否及时整理归档,并按有关规定妥善保存。

(三) 财务报告分析利用的审计要点

(1) 单位是否重视财务报告分析工作,定期召开财务分析会议,充分利用财务报告反映的综合信息,全面分析单位的经营管理状况和存在的问题,不断提高经营管理水平。单位财务分析会议是否吸收有关部门负责人参加。总会计师或分管会计工作的负责人是否在财务分析和利用工作中发挥主导作用。

(2) 单位是否分析单位的资产分布、负债水平和所有者权益结构,通过资产负债率、流动比率、资产周转率等指标分析单位的偿债能力和营运能力;分析单位净资产的增减变化,了解和掌握单位规模和净资产的不断变化过程。

(3) 单位是否分析各项收入、费用的构成及其增减变动情况,通过净资产收益率、每股收益等指标,分析单位的盈利能力和发展能力,了解和掌握当期利润增减变化的原因和未来发展趋势。

(4) 单位是否分析经营活动、投资活动、筹资活动现金流量的运转情况,重点关注现金流量能否保证生产经营过程的正常运行,防止现金短缺或闲置。

(5) 单位定期的财务分析是否形成分析报告,构成内部报告的组成部分。财务分析报告结果是否及时传递给单位内部有关管理层,充分发挥财务报告在生产经营管理中的重要作用。

第五节　业务管理控制活动审计的要点

业务管理控制活动往往涉及单位整体业务或管理,偏重于"工具"性质。如全面预算、合同管理、内部信息传递和信息系统等。

一、全面预算的审计要点

全面预算是指单位对一定期间经营活动、投资活动、财务活动等作出的预算安排。

审计与评价全面预算管理时,应当关注的风险:是否因不编制预算或预算不健全,可能导致单位经营缺乏约束或盲目经营;是否因预算目标不合理、编制不科学,可能导致单位资源浪费或发展战略难以实现;是否因预算缺乏刚性、执行不力、考核不严,可能导致预算管理流于形式。

单位应当加强全面预算工作的组织领导,明确预算管理体制以及各预算执行单位的职责权限、授权批准程序和工作协调机制。

单位应当设立预算管理委员会履行全面预算管理职责,其成员由单位负责人及内部相关部门负责人组成。

预算管理委员会主要负责拟定预算目标和预算政策,制定预算管理的具体措施和办法,组织编制、平衡预算草案,下达经批准的预算,协调解决预算编制和执行中的问题,考核预算执行情况,督促完成预算目标。预算管理委员会下设预算管理工作机构,由其履行日常管理职责。预算管理工作机构一般设在财会部门。

总会计师或分管会计工作的负责人应当协助单位负责人负责全面预算管理工作的组织领导。

(一) 预算编制的审计要点

(1) 单位是否建立和完善预算编制工作制度,明确编制依据、编制程序、编制方法等内容,确保预算编制依据合理、程序适当、方法科学,避免预算指标过高或过低。单位是否在预算年度开始前完成全面预算草案的编制工作。

(2) 单位是否根据发展战略和年度生产经营计划,综合考虑预算期内经济政策、市场环境等因素,按照上下结合、分级编制、逐级汇总的程序,编制年度全面预算。单位是否选择或综合运用固定预算、弹性预算、滚动预算等方法编制预算。

(3) 单位预算管理委员会是否对预算管理工作机构在综合平衡基础上提交的预算方案进行研究论证,从单位发展全局角度提出建议,形成全面预算草案,并提交董事会。

(4) 单位董事会审核全面预算草案,是否重点关注预算的科学性和可行性,确保全面预算与单位发展战略、年度生产经营计划相协调。单位全面预算是否按照相关法律、法规及单位章程的规定报经审议批准。批准后,是否以文件形式下达执行。

(二) 预算执行的审计要点

(1) 单位是否加强对预算执行的管理,明确预算指标分解方式、预算执行审批权限和要求、预算执行情况报告等,落实预算执行责任制,确保预算刚性,严格预算执行。

(2) 单位全面预算一经批准下达,各预算执行单位是否认真组织实施,将预算指标层层分解,从横向和纵向落实到内部各部门、各环节和各岗位,形成全方位的预算执行责任体系。单位是否以年度预算作为组织、协调各项生产经营活动的基本依据,将年度预算细分为季度、月度预算,通过实施分期预算控制,实现年度预算目标。

(3) 单位是否根据全面预算管理要求,组织各项生产经营活动和投融资活动,严格预算执行和控制。

① 单位是否加强资金收付业务的预算控制,及时组织资金收入,严格控制资金支付,调节资金收付平衡,防范支付风险。对超预算或预算外的资金支付是否实行严格的审批制度。

② 单位办理采购与付款、销售与收款、成本费用、工程项目、对外投融资、研究与开发、信息系统、人力资源、安全环保、资产购置与维护等业务和事项,是否符合预算要求。涉及生产过程和成本费用的,是否执行相关计划和定额、定率标准。

③ 对于工程项目、对外投融资等重大预算项目,单位是否密切跟踪其实施进度和完成情况,实行严格监控。

(4) 单位预算管理工作机构是否加强与各预算执行单位的沟通,运用财务信息和其他相关资料监控预算执行情况,采用恰当方式及时向决策机构和各预算执行单位报告、反馈预算执行进度、执行差异及其对预算目标的影响,促进单位全面预算目标的实现。

(5) 单位预算管理工作机构和各预算执行单位是否建立预算执行情况分析制度,定期召开预算执行分析会议,通报预算执行情况,研究、解决预算执行中存在的问题,提出改进措施。

单位分析预算执行情况,是否充分收集有关财务、业务、市场、技术、政策、法律等方面的信息资料,根据不同情况分别采用比率分析、比较分析、因素分析等方法,从定量与定性两个层面充分反映预算执行单位的现状、发展趋势及其存在的潜力。

(6) 单位批准下达的预算是否保持稳定,有无随意调整。由于市场环境、国家政策或不可抗力等客观因素,导致预算执行发生重大差异确须调整预算的,是否履行严格的审批程序。

(三) 预算考核的审计要点

(1) 单位应当建立严格的预算执行考核制度,对各预算执行单位和个人进行考核,切实做到有奖有惩、奖惩分明。

(2) 单位预算管理委员会是否定期组织预算执行情况考核,将各预算执行单位负责人签字上报的预算执行报告和已掌握的动态监控信息进行核对,确认各执行单位预算完成情况。必要时,实行预算执行情况内部审计制度。

(3) 单位预算执行情况考核工作是否坚持公开、公平、公正的原则,考核过程及结果是否完整地记录。

二、合同管理的审计要点

合同是指单位与自然人、法人及其他组织等平等主体之间设立、变更、终止民事权利义务关系的协议。

审计和评价合同管理时,应当关注的风险:是否因未订立合同、未经授权对外订立合同、合同对方主体资格未达要求、合同内容存在重大疏漏和欺诈,可能导致单位合法权益受到侵害;是否因合同未全面履行或监控不当,可能导致单位诉讼失败、经济利益受损;是否因合同纠纷处理不当,可能损害单位利益、信誉和形象。

单位应当加强合同管理,确定合同归口管理部门,明确合同拟定、审批、执行等环节的程序和要求,定期检查和评价合同管理中的薄弱环节,采取相应控制措施,促进合同有效履行,切实维护单位的合法权益。

(一) 合同订立的审计要点

(1) 单位对外发生经济行为,除即时结清方式外,是否订立书面合同。合同订立前,是否充分了解合同对方的主体资格、信用状况等有关内容,确保对方当事人具备履约能力。对影响重大、涉及较高专业技术或法律关系复杂的合同,是否组织法律、技术、财会等专业人员参与谈判,必要时是否聘请外部专家参与相关工作。谈判过程中的重要事项和参与谈判人员的主要意见是否予以记录并妥善保存。

(2) 单位是否根据协商、谈判等的结果拟订合同文本,按照自愿、公平原则明确双方的权利义务和违约责任,做到条款内容完整、表述严谨准确、相关手续齐备,避免出现重大疏漏。合同文本一般由业务承办部门起草、法律部门审核。重大合同或法律关系复杂的特殊合同是否由法律部门参与起草。国家或行业有合同示范文本的,可以优先选用,但对涉及权利义务关系的条款是否进行认真审查,并根据实际情况进行适当修改。合同文本须报经国家有关主管部门审查或备案的,是否履行相应程序。

(3) 单位是否对合同文本进行严格审核,重点关注合同的主体、内容和形式是否合法,合同内容是否符合单位的经济利益,对方当事人是否具有履约能力,合同权利和义务、违约责任和争议解决条款是否明确等。单位对影响重大或法律关系复杂的合同文本,是否组织内部相关部门进行审核。相关部门提出不同意见的,是否认真分析研究,慎重对待,并准确无误地加以记录;必要时是否对合同条款作出修改。内部相关部门是否认真履行职责。

(4) 单位是否按照规定的权限和程序与对方当事人签署合同。正式对外订立的合同是否由单位法定代表人或由其授权的代理人签名或加盖有关印章。授权签署合同的,是否签署授权委托书。

属于上级管理权限的合同,下级单位不得签署。下级单位认为确有需要签署涉及上级管理权限的合同,是否提出申请,并经上级合同管理机构批准后办理。上级单位是否加强对下级单位合同订立、履行情况的监督检查。

(5) 单位是否建立合同专用章保管制度。合同经编号、审批及单位法定代表人或由其授权的代理人签署后,方可加盖合同专用章。

(6) 单位是否加强合同信息安全保密工作,未经批准,不得以任何形式泄露合同订立与履行过程中涉及的商业秘密或国家机密。

(二) 合同履行的审计要点

(1) 单位是否遵循诚实信用原则严格履行合同,对合同履行实施有效监控,强化对合同履行情况及效果的检查、分析和验收,确保合同全面有效履行。

合同生效后,单位就质量、价款、履行地点等内容与合同对方没有约定或者约定不明确的,是否以协议补充;不能达成补充协议的,是否按照国家相关法律法规、合同有关条款或者交易习惯确定。

(2) 在合同履行过程中发现有显失公平、条款有误或对方有欺诈行为等情形,或因政策调整、市场变化等客观因素,已经或可能导致单位利益受损,是否按规定程序及时报告,并经双方协商一致,按照规定权限和程序办理合同变更或解除事宜。

(3) 单位是否加强合同纠纷管理,在履行合同过程中发生纠纷的,是否依据国家相关法律法规,在规定时效内与对方当事人协商并按规定权限和程序及时报告。合同纠纷经协商一致的,双方是否签订书面协议。合同纠纷经协商无法解决的,是否根据合同约定选择仲裁或诉讼方式解决。单位内部授权处理合同纠纷的,是否签署授权委托书。纠纷处理过程中,未经授权批准,相关经办人员不得向对方当事人作出实质性答复或承诺。

(4) 单位财会部门是否根据合同条款审核后办理结算业务。未按合同条款履约的,或应签订书面合同而未签订的,财会部门是否拒绝付款,并及时向单位有关负责人报告。

(5) 合同管理部门是否加强合同登记管理,充分利用信息化手段,定期对合同进行统计、分类和归档,详细登记合同的订立、履行和变更等情况,实行合同的全过程封闭管理。

(6) 单位是否建立合同履行情况评估制度,至少于每年年末对合同履行的总体情况和重大合同履行的具体情况进行分析评估,对分析评估中发现合同履行中存在的不足,是否及时加以改进。

单位是否健全合同管理考核与责任追究制度。对合同订立、履行过程中出现的违法违规行为是否追究有关机构或人员的责任。

三、内部信息传递的审计要点

内部信息传递是指单位内部各管理层级之间通过内部报告形式传递生产经营管理信息的过程。

审计与评价内部信息传递时,应当关注的风险：是否因内部报告系统缺失、功能不健全、内容不完整,可能影响生产经营有序运行；是否因内部信息传递不通畅、不及时,可能导致决策失误、相关政策措施难以落实；是否因内部信息传递中泄露商业秘密,可能削弱企业核心竞争力。

单位应当加强内部报告管理,全面梳理内部信息传递过程中的薄弱环节,建立科学的内部信息传递机制,明确内部信息传递的内容、保密要求及密级分类、传递方式、传递范围以及各管理层级的职责权限等,促进内部报告的有效利用,充分发挥内部报告的作用。

（一）内部报告的审计要点

（1）单位是否根据发展战略、风险控制和业绩考核要求,科学规范不同级次内部报告的指标体系,采用经营快报等多种形式,全面反映与单位生产经营管理相关的各种内外部信息。内部报告指标体系的设计是否与全面预算管理相结合,并随着环境和业务的变化不断进行修订和完善。设计内部报告指标体系时,是否关注单位成本费用预算的执行情况。内部报告是否简洁明了、通俗易懂、传递及时,便于单位各管理层级和全体员工掌握相关信息,正确履行职责。

（2）单位是否制定严密的内部报告流程,充分利用信息技术,强化内部报告信息集成和共享,将内部报告纳入单位统一信息平台,构建科学的内部报告网络体系。单位内部各管理层级是否指定专人负责内部报告工作,重要信息是否及时上报,并直接报告高级管理人员。单位是否建立内部报告审核制度,确保内部报告信息质量。

（3）单位是否关注市场环境、政策变化等外部信息对单位生产经营管理的影响,广泛收集、分析、整理外部信息,并通过内部报告传递到单位内部相关管理层级,以便采取应对策略。

（4）单位是否拓宽内部报告渠道,通过落实奖励措施等多种有效方式,广泛收集合理化建议。单位是否重视和加强反舞弊机制建设,通过设立员工信箱、投诉热线等方式,鼓励员工及单位利益相关方举报和投诉单位内部的违法、违规、舞弊和其他有损单位形象的行为。

（二）内部报告使用的审计要点

（1）单位各级管理人员是否充分利用内部报告管理和指导单位的生产经营活动,及时反映全面预算执行情况,协调单位内部相关部门和各单位的运营进度,严格绩效考核和责任追究,确保单位实现发展目标。

（2）单位是否有效利用内部报告进行风险评估,准确识别和系统分析生产经营活动中的内外部风险,确定风险应对策略,实现对风险的有效控制。单位对内部报告反映出的问题是否及时解决；涉及突出问题和重大风险的,是否启动应急预案。

(3) 单位是否制定严格的内部报告保密制度，明确保密内容、保密措施、密级程度和传递范围，防止泄露商业秘密。

(4) 单位是否建立内部报告的评估制度，定期对内部报告的形成和使用进行全面评估，重点关注内部报告的及时性、安全性和有效性。

四、信息系统的审计要点

信息系统是指单位利用计算机和通信技术，对内部控制进行集成、转化和提升所形成的信息化管理平台。

审计与评价信息系统时，应当关注的风险：是否因信息系统缺乏或规划不合理，可能造成信息孤岛或重复建设，导致企业经营管理效率低下；是否因系统开发不符合内部控制要求，授权管理不当，可能导致无法利用信息技术实施有效控制；是否因系统运行维护和安全措施不到位，可能导致信息泄漏或毁损，系统无法正常运行。

单位应当重视信息系统在内部控制中的作用，根据内部控制要求，结合组织架构、业务范围、地域分布、技术能力等因素，制定信息系统建设整体规划，加大投入力度，有序组织信息系统开发、运行与维护，优化管理流程，防范经营风险，全面提升单位现代化管理水平。

单位应当指定专门机构对信息系统建设实施归口管理，明确相关单位的职责权限，建立有效工作机制。单位也可委托专业机构从事信息系统的开发、运行和维护工作。单位负责人对信息系统建设工作负责。

（一）信息系统开发的审计要点

(1) 单位是否根据信息系统建设整体规划提出项目建设方案，明确建设目标、人员配备、职责分工、经费保障和进度安排等相关内容，按照规定的权限和程序审批后实施。

① 单位信息系统归口管理部门是否组织内部各单位提出开发需求和关键控制点，规范开发流程，明确系统设计、编程、安装调试、验收、上线等全过程的管理要求，是否严格按照建设方案、开发流程和相关要求组织开发工作。

② 单位开发信息系统，是否采取自行开发、外购调试、业务外包等方式。选定外购调试或业务外包方式的，是否采用公开招标等形式择优确定供应商或开发单位。

(2) 单位开发信息系统，是否将生产经营管理业务流程、关键控制点和处理规则嵌入系统程序，实现手工环境下难以实现的控制功能。

① 单位在系统开发过程中，是否按照不同业务的控制要求，通过信息系统中的权限管理功能控制用户的操作权限，避免将不相容职责的处理权限授予同一用户。

② 单位是否针对不同数据的输入方式，考虑对进入系统数据的检查和校验功能。对于必需的后台操作，是否加强管理，建立规范的流程制度，对操作情况进行监控或者审计。

③ 单位是否在信息系统中设置操作日志功能，确保操作的可审计性。对异常的或者违背内部控制要求的交易和数据，是否设计由系统自动报告并设置跟踪处理机制。

(3) 单位信息系统归口管理部门是否加强信息系统开发全过程的跟踪管理，组织开发单位与内部各单位的日常沟通和协调，督促开发单位按照建设方案、计划进度和质量要求完成编程工作，对配备的硬件设备和系统软件进行检查验收，组织系统上线运行等。

(4) 单位是否组织独立于开发单位的专业机构对开发完成的信息系统进行验收测试，

确保在功能、性能、控制要求和安全性等方面符合开发需求。

(5) 单位是否切实做好信息系统上线的各项准备工作,培训业务操作和系统管理人员,制定科学的上线计划和新旧系统转换方案,考虑应急预案,确保新旧系统顺利切换和平稳衔接。系统上线涉及数据迁移的,是否制定详细的数据迁移计划。

(二) 信息系统运行与维护的审计要点

(1) 单位是否加强信息系统运行与维护的管理,制定信息系统工作程序、信息管理制度以及各模块子系统的具体操作规范,及时跟踪、发现和解决系统运行中存在的问题,确保信息系统按照规定的程序、制度和操作规范持续稳定运行。

单位是否建立信息系统变更管理流程,信息系统变更是否严格遵照管理流程进行操作。信息系统操作人员有无擅自进行系统软件的删除、修改等操作;有无擅自升级、改变系统软件版本;有无擅自改变软件系统环境配置。

(2) 单位是否根据业务性质、重要性程度、涉密情况等确定信息系统的安全等级,建立不同等级信息的授权使用制度,采用相应技术手段保证信息系统运行安全有序。

① 单位是否建立信息系统安全保密和泄密责任追究制度。委托专业机构进行系统运行与维护管理的,是否审查该机构的资质,并与其签订服务合同和保密协议。

② 单位是否采取安装安全软件等措施防范信息系统受到病毒等恶意软件的感染和破坏。

(3) 单位是否建立用户管理制度,加强对重要业务系统的访问权限管理,定期审阅系统账号,避免授权不当或存在非授权账号,禁止不相容职务用户账号的交叉操作。

(4) 单位是否综合利用防火墙、路由器等网络设备,漏洞扫描、入侵检测等软件技术以及远程访问安全策略等手段,加强网络安全,防范来自网络的攻击和非法侵入。

单位对于通过网络传输的涉密或关键数据,是否采取加密措施,确保信息传递的保密性、准确性和完整性。

(5) 单位是否建立系统数据定期备份制度,明确备份范围、频度、方法、责任人、存放地点、有效性检查等内容。

(6) 单位是否加强服务器等关键信息设备的管理,建立良好的物理环境,指定专人负责检查,及时处理异常情况。未经授权者有无接触关键信息设备的现象。

第六节 制度基础审计的程序与方法

一、制度基础审计的程序

制度基础审计包括内部控制审计和真实性审计两个部分,而内部控制审计仅仅是对内部控制制度恰当性与有效性的审计。这种审计到底在真实性审计之前进行还是在真实性审计中间进行,应视具体情况而定。如果与审计项目有关的内部控制制度,过去未作过评价或已作过评价而又发生了重大变化时,这种检查工作应当在制定审计项目计划时进行,这样有利于确定审计的要点及其检查范围和方法;如果与审计项目有关的控制制度,过去已作过系统检查而现在又未发生变化或变动不大时,这种检查应在制定审计项目方案时进行;如果要对整个内部控制制度进行系统检查,一般均在实施审计开始时进行。制度基础审计的步骤一般包括以下四个方面。

(一) 适当性测试

适当性测试主要是对内部控制制度的调查与描述,评价其应有控制环节是否业已规定齐全,有无欠妥之处。其主要步骤如下。

1. 确定理想的控制模式

审计人员应通过收集资料与查阅文件等手段,充分了解单位经营管理情况,通过调查了解明确管理风险与控制要点,明确各项控制措施的目标与功能,明确为特定控制目标而需要设计的控制措施与方法,明确如何将内部控制与主要经营环节及业务相互衔接配套,构成有机的系统。总之,根据调查了解的情况,应清楚控制什么?怎样控制?达到设定目标的理想控制模式应该是什么?从而确定对现行制度进行评估的标准。

2. 描述现行内部控制制度

当理想的控制模式确定以后,审计人员就应该审查正在行使的内部控制制度。首先,应充分收集各种成文的制度资料;其次,了解主要业务处理的受控过程、受控成效与存在的薄弱环节;最后,审查鉴别控制方法实施与控制职责实现是否有效地防止或降低了错误与舞弊的风险。上述审查可通过文字说明、调查表及流程图等形式来描述。

3. 将现行制度描述情况与理想模式进行比较并对现行制度的有效性及其控制进行评估

比较时,应注意现行控制程序与理想控制目标是否相联系;现行控制方法是否适合于既定的控制目标,能否满足控制标准的需要;现行制度与理想模式的差距等。进行分析初评时,主要识别出关键的控制以及控制的强点和弱点。所谓关键性控制,是指假如执行这些控制,就会避免错误或弊端的滋生,就会使人们深信这个制度能产生正确的结果。对内部控制的弱点,应寻找解救性的控制措施。

对内部控制制度进行初评,可通过下列调查表和评价表进行反映,见表9-1和表9-2。

表9-1 内部控制制度问题调查表

运用期限:　　　　　　　　　　　　　　　　　　　　　　　　　　编号:

问题	A 评价 是/否	B 流程图 出处	C 关键控制 是/否	D 需要测试 是/否	E 测试工作 底稿编号
1.					
2.					
3.					
4.					
……					

编制人:　　　　　日期:　　　　　复核人:　　　　　日期:

表 9-2　内部控制评价表

运用期限：　　　　　　　　　　　　　　　　　　　　　　　　　　　　编号：

评 价 内 容	签复 是/否	理　　　由
1.		
2.		
3.		
4.		
……		

编制人：　　　　　日期：　　　　　复核人：　　　　　日期：

(二) 符合性测试

对内部控制制度的系统、功能及优缺点有了初步了解之后，便可据此确定对内部控制大概可依赖利用的程度。但是，可予依赖利用的确切程度还取决于内部控制制度的执行情况与结果，即各项活动及项目的执行是否遵循了合适的法律和规定以及是否处于经济性、效率性和效果性的方式之中。因此，审计人员还有必要对单位现行内部控制进行认真的审查或符合性测试，以确定其是否实际存在、其执行情况符合制度规定的程度以及是否发挥作用。根据规定的控制制度对实际生产、技术、经营或是会计、财务活动进行检查，以确定这些控制环节是否确实存在、是否始终相符、有无失控之处等。把这种符合性测试同这些控制的辨认结合起来，就可以确定该制度产生正确结果的可依赖程度。

符合性测试旨在检查现行制度是否充分有效或能否取得预定结果。由于单位业务繁杂，不可能进行全面检查，只能根据生产经营活动的特点以及不同业务环节进行抽样检查。抽样检查的重点要根据业务性质与控制目的的重要性而定。一般测试步骤如下。

1. 业务测试

业务测试是指审计人员按照业务每个类型编号对单位重要经济业务所作的检查，借以判明内部控制系统中不应缺少的几个控制在业务处理过程中是否确实存在。在进行业务测试时，一般要根据单位的经营环节或重要业务划分成若干类型或子系统。每个类型中的有关业务应具有内在联系，否则没有必要归属为一个子系统；对每一种类型或子系统的业务进行抽样检查，检查其业务有没有按既定的方式处理，如果没有，则说明该控制系统出了故障，凡经该系统处理过的业务都存在误差的可能。

2. 功能测试

功能测试是指对内部控制功能进行抽样检查，也即是对关键控制点作用发挥的情况进行检查。测试的目的是为了查明关键控制是否切实存在，是否有效地发挥了作用而有利于预期目的的实现，其有效程度是否令人满意，该控制点有无漏过不正确的业务。功能测试根据各种控制功能及其作用可划分为合法性、有效性、完整性、估算或计价、分类、截止期、过账与汇总七个方面的测试,但主要是合法性、有效性及完整性测试。功能测试方法主要有检查文件资料记录、重复必要的手续进行重新处理、实地观察手续履行情况等。值得提出的是,功能性测试不同于实质性测试(真实性或正确性审计)。前者是为评价内部控制系统是否健全有效,作为确定审计范围、重点和方法的依据;后者则是实施审计的范围中,进行实质性检查,用以获取审计证据,作出审计结论。

(三) 制度总评

审计人员进行内部控制制度评价的最终目的,在于确定被审计单位内部控制制度的可靠性,从而决定对它的依赖程度,确定实质性测试的性质、范围、重点及时间安排。内部控制制度评价一般分为初评和总评两个阶段。

初评在内部控制制度健全性测试以后进行,主要目的是为了决定是否需要进行符合性测试。例如,有些控制制度可依赖,应进行符合性测试;有些控制制度根本不存在或极不健全,则无须进行符合性测试;有些控制制度虽然存在,也很健全,但进行符合性测试很不经济。初评主要考虑的问题是:根据一般规律和被审计单位的具体情况,分析被审计单位可能会发生哪些方面的差错、舞弊、浪费、低效、失职等不良行为;按照内部控制的管理要求,被审计单位应该建立哪些方面的控制制度,才能有效地防止和纠正各种失控现象;被审计单位是否具有应有的控制制度,如果没有,是否存在相应的补救措施,这些补救措施是否可以依赖;如果依赖这些控制制度或补救措施,对它们进行符合性测试是否合算,也即是依赖某一控制制度(措施)而减少的实质性测试工作量是否大于符合性测试的工作量,否则就不合算。

总评或称进一步评价、再评价、综合评价,是指对内部控制制度可信赖程度的评价,当然也可以进一步开展薄弱环节(易损部门)的分析。可信赖程度的评价结果可分为以下三种情况:

(1) 可信赖程度高。这是指内部控制制度恰当,并且都能有效地发挥作用;经济业务或会计记录发生差错和舞弊的可能性很小。在这种情况下,审计人员可以较多地信赖与利用内部控制制度,减少对业务和会计资料的实质性测试。

(2) 可信赖程度一般。这是指内部控制制度较为恰当,大多数制度均能发挥作用,但有差错和舞弊行为的发生,可能会影响到财产的安全与记录的正确性。在这种情况下,审计人员必须扩大实质性测试的范围。

(3) 可信赖程度低。这是指内部控制制度明显地不恰当和无效,大部分经济业务及资产记录处于失控状态,差错发生频繁。在这种情况下,审计人员应进行详细的检查,收集足够的审计证据。

薄弱环节评价主要是指对控制不足或存在有缺陷的部门进行分析和研究。在分析时,应将不足或缺陷与标准结构进行比较,借以发现差距,评价人员还应根据自己的经验,提出自己的见解,进行有价值的判断。对薄弱环节的研究,主要是对存在缺陷所导致的后果影响进行研究:一是要查明造成薄弱环节的原因,二是要寻求克服缺陷的措施。薄弱环节评价不仅对实质性测试的重点确定有其重要意义,关键是要根据其评价结果来改善控制制度。

总评工作完成后,应编制如下内部控制制度总评表,见表9-3。

表 9-3　内部控制制度总评表

被审计单位：　　　　　　　　　　　　　　　　　　　　　　　　　　　编号：

决定依赖的控制制度	符合性测试的结果	符合性测试底稿编号	总　评
1.			
2.			
3.			
4.			

填表人：　　　　　日期：　　　　　复核人：　　　　　日期：

(四) 实质性测试

对内部控制制度进行总评后,便可按照原定的审计方案执行实质性测试,或者对原定审计方案修改以重新安排实质性测试的性质、范围、内容、重点、顺序和时间。实质性测试也叫正确性测试,其总目标是检查财务会计信息是否真实、正确和完整,当然也可以按照会计要素的内容确定具体的测试目标。

实质性测试有两个重点。一是财务报表所列的资产、负债、所有者权益、费用(成本)和利润的金额是否真实,有无虚列?是否完整,有无遗漏?所列各项资产是否确属被审计单位所有?报表所列全部项目的分类是否恰当,是否完整地反映了每个会计账户的内容?财务报表及其附注说明是否充分地反映了应予揭示的全部项目,是否符合企业会计准则和制度的要求?二是会计资料中对各项资产、负债、所有者权益、收入、费用(成本)和利润的计算和记录是否正确、合理、合法?各项收入、费用(成本)和利润的计算是否按照权责发生制和配比原则?是否划清资本性支出与经营性支出的界限、划清各期收支和盈亏的界限?有无人为地调节盈亏水平、掩饰财务状况和经营成果的现象?纯属机械性计算和处理是否准确无误,例如,账、证、表相关记录是否相符?会计记录中小计、合计、乘积、除商、总计等数字计算是否准确?

究竟采用什么样的方法进行实质性测试:一是取决于审计具体项目的不同要求,二是取决于审计人员从事审计工作的实践经验。总之,以前有关章节中所述的审计方法均适用于实质性测试。

二、制度基础审计方法

在审计技术方法一章中所介绍的各种方法均适用于制度基础审计,但在对内部控制制度调查与测试过程中还要使用以下六种方法。

(一) 调查法

无论是初次审计还是多次审计,对内部控制的目的与功能、内部控制的要素及内部控制的系统联系均要进行必要的调查,即要了解:各项控制措施的目的是什么,能发挥哪些方面的控制职能;为实现特定目的采取了哪些控制措施或方法,其设计是否合法而有效,可能存在哪些弱点;主要经营环节与业务的内部控制能否互相衔接与配套等。通过调查,以得到制度好坏的全面概念。调查方法主要包括查阅、观察与询问等手段。

审计人员首先应查阅被审计单位有关文件资料,以获得概括的整体印象。例如,查阅组织机构的设置、分工与职责的有关资料,查阅经营计划与管理决策的有关资料,审阅会计资料、统计资料、以往的审计资料与其他管理资料,查阅各项管理制度与业务处理程序的所有资料。

其次,审计人员应通过实地观察来印证最初的印象。例如,到办公室、车间、仓库等观察主要操作与流程,了解其经营特征及实际应用的内部控制措施,了解业务文件资料(特别是会计资料)的种类、作用、编制单位或人员、传送方式与保管使用状态。通过观察,可以判明被审计单位管理的有序性、组织的优劣与控制的有效性。

然后,审计人员应通过对管理人员和职工的询问来进一步了解内部控制措施的内容与实施情况、各项职务的分工与有关岗位人员的能力。

上述调查虽然只是表面的,但对一个有经验的审计人员来说已足以形成他对内部控制的大致印象,据此应对内部控制系统进行描述,形成文字记入有关工作底稿。

(二) 文字描述法

文字描述法是指用文字形式简要描述被审计单位内部控制制度的方法,一般是按照不同经营环节和主要业务分别说明其特征、经办的部门及人员、有关的控制措施、凭证及业务文件流向、编制要求与归档等情况,并说明各经营环节与主要业务处理过程中的有效控制与可能存在的问题。

文字描述法适用于规模小、内部控制制度简单的企业,使用方便、灵活、全面,不受任何限制。对内部控制复杂的内容和经营环节复杂的情况难以描述,往往由于繁杂而不利于理解和直观。

(三) 调查表法

调查表法是指审计人员利用首先设计好的标准化表格进行调查询问的一种方法,它以提问的方式向直接从事业务经营的人员了解内部控制状况,然后视回答情况判断内部控制的强、弱点。这种调查分别对各个经营环节或主要业务的关键控制点提出一系列问题,然后要求调查者作出"是"、"否"与"不适用"等答案。"是"表示肯定;"否"表示否定,也可根据否定的程度再分"轻微"与"严重"两种答案;"不适用"一般表示根本不适用或在现在条件下无法适用,如果出现既不肯定也不否定的情况,也可填入该栏。问题调查表中的备注栏一般是填写答案的资料来源或补充解释等。审计人员可以在通过直接询问、实地观察和查阅表中有关资料后,逐一填到调查表,一般只要在相应的答案栏中标上"√"的符号即可。当所有问题答案得出后,即可据此了解各种经营环节或主要业务的内部控制实际情况。见表9-4和表9-5。

内部控制制度调查表的优点是简便易行,有利于一般审计人员使用;同时,因为标准化表格适用于同类型单位使用,有利于节省审计工作量;再者,"否"栏集中反映了内部控制的弱点,能够引起审计人员的关注,便于明确进一步测试方向。然而,调查表是根据具体业务内容设计的固定格式:一是不利于整体进行评价;二是缺乏弹性,不适用特殊需要;三是用"是"、"否"回答,会导致表面化、例行公事地处理问题。所以,调查表应与流程图、文字说明结合使用,才能发挥更好的作用。

表 9-4 内部控制制度调查表示例

被审计单位:××机械厂
调查问题:产品销售内部控制制度
调查部门:销售科、财务科、仓库、车队
内部控制目标:产品销售有严格手续,做到收入及时入账,账账、账实相符

调 查 内 容	调查结果			回答"是"后测试结果	回答"否"后处理意见
	是	否	不适用		
1. 销售产品是否按合同进行?	√				
2. 销货发票是否经会计部门审核?	√				
3. 发票的印刷保管、领用是否有严格手续?	√				
4. 仓库是否根据发票发货?	√				
5. 发货后保管员是否及时登记产成品卡片?		√			
6. 产成品明细账是否由保管员以外的专人登记?	√				
7. 产成品是否定期盘点?	√				
8. 盘点是否由保管员以外的人负责?		√			
9. 明细账与卡片是否定期核对?		√			
10. 销售部门是否定期编制销售汇总表送会计部门?	√				
11. 会计部门是否登记发出商品明细账?	√				
12. 发出商品明细账是否与总账定期核对?		√			
13. 会计部门是否定期编制产成品发出汇总表?	√				
14. 会计部门是否核对发出汇总表与销售汇总表?	√				
15. 总账与有关明细账是否定期核对?		√			
16. 产成品盈亏处理是否经过批准?	√				

审计小组负责人:×××　　　　　　　　被调查人:×××
审计员:×××　　　　　　　　　　　　　　　　×××
调查日期:1999 年 3 月 12 日

表 9-5　内部控制制度调查问卷

被审计单位名称：_____
会 计 期 间：_____

	签名	日期	索引号
编制人			
复核人			页　次

问　　题	回　　答
一、内部控制环境	是　　否　　不适用　　说明
1. 客户是否有当前组织结构图，如有，复印存档	
2. 客户是否有内审机构	
3. 客户是否定期编制会计报表等呈报管理部门	
……	
二、内部控制程序	
1. 现金收入	
……	
2. 现金支出	
……	
3. 采购或存货管理	
A. 采购存货是否由生产部门或仓库管理部门提出申请	
B. 是否设有永续盘存记录	
4. 销货及应收账款、应收票据	
……	

编制说明：

1. 本问卷根据被审计单位业务特点设置内控环节调查关键点(问题)。
2. 本问卷应在符合性测试和实质性测试前完成。
3. 对每项业务内控调查完成后，对被审计单位内控是否适当发表意见，对内控弱点提出客户应采取的改进方法，并评价内控弱点对实质性测试的影响。
4. 审计结束后，就被审计单位执行内控情况作出评价。

（四）流程图法

将调查了解到的有关制度用图解形式描述的方法即为流程图法。通过绘图，能够将文字说明减少到最低限度，还能将各项业务的职责分工、授权、批准和复核验证等控制措施与功能完整地显示出来，便于审计人员评价企业的控制状况和进行符合性测试。一般而言，在对制度进行审计时，无论原来有无对制度用图解表示，审计人员均应根据调查了解到的情况重新绘图。绘图可以用两种不同方式。一种方式是按照业务处理的先后顺序绘制成纵式的流程图，基本做法是：将每一项业务的处理按先后次序用直线垂直串联起来，再对每一处理步骤的具体做法用图式进一步描绘，包括处理业务时发生的凭证及对凭证的分类、记录、归集等。这种纵式的图解虽简明扼要，便于阅读，但难以反映部门之间的联系。另一种方式是以业务处理过程涉及的部门为基础绘制成横式的流程图，基本做法是：将每一业务处理所涉及的所有部门原则上按先后顺序从左到右排列，再对每一部门的业务处理内容及顺序从上至下排列，最后用流程线将各部门之间的联系连接起来。横式流程图虽可完整地反映每项业务在各部门之间的相互联系,但不便于阅读,尤其是业务比较复杂时,往往因符号过多而难以了解整个系统的情况。无论是绘制纵式流程图还是绘制横式流程图,对其中业务凭证及账表的形成、传递与保管可用两种不同方式来描述:一种方式是一次反映,即凭证、账表只在形成时反映,以后的传递、保管都不再显示,这种描绘方式简单,但阅读比较困难;另一种方式是多次反映,即对凭证、账表在形成、传递与保管过程中多次重复显示,这种描绘方式同实际处理结果几乎一致,便于阅读和理解,但绘图花费的时间多,而且因符号太多而使绘出的图不够清晰,甚至有零乱之感。用绘图法描述制度虽有许多优点,但要求审计人员有较高的技术,还要花费较多的时间,并且不能揭示实际执行的情况及其薄弱环节。绘制流程图的具体方法如下。

1. 充分了解业务处理程序

绘图前应做好详细调查,熟悉每一个经营环节或业务的内容与处理程序及其与前后环节的相互联系,有关文件凭单的填制、传递和处理应反复核实。

2. 用线条来描绘整个过程

在设计图例说明时,一定要预先规定每一个符号、每一条线条所代表的意义。一般地说,图例说明要尽量标准化,以便在一个系统内统一掌握和方便检查控制(见图 9-1 和图 9-2)。

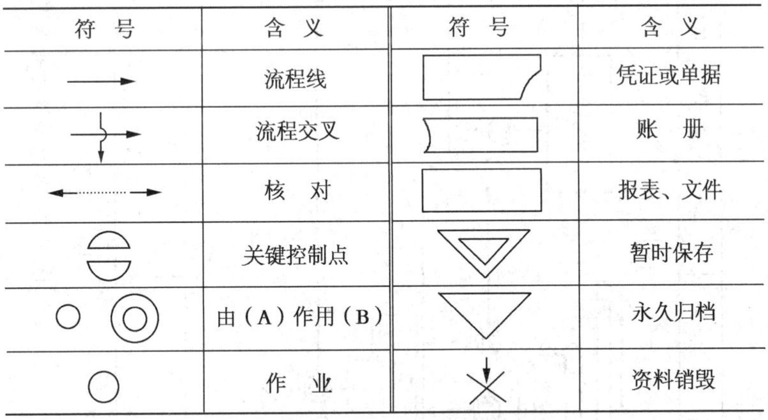

符　号	含　义	符　号	含　义
→	流程线	▱	凭证或单据
↓	流程交叉	▱	账　册
←----	核　对	▭	报表、文件
⊖	关键控制点	▽	暂时保存
○ ⊙	由(A)作用(B)	▽	永久归档
○	作业	✕	资料销毁

图 9-1　常用流程图符号

3. 标明不同环节或业务流程线

流程图绘制一般是以每个业务环节为一单元。在图内划分为若干栏,分别代表经办业务的部门或人员。每栏上端标明涉及的部门或人员,以明确岗位职责。流程线始于左上角,从上至下,从左到右。线条、符号之间的关系要尽量表述清楚,尽量少用交叉线,交叉时,要尽量保持线条含义清楚。

4. 列示职责分工及相关控制措施

在流程图中必须标明各项业务处理的分工,以便测试分析业务的授权、批准、执行、记录等控制措施是否合理有效,既要注意流程图的合理性,又要注意简便易行与适当的控制。

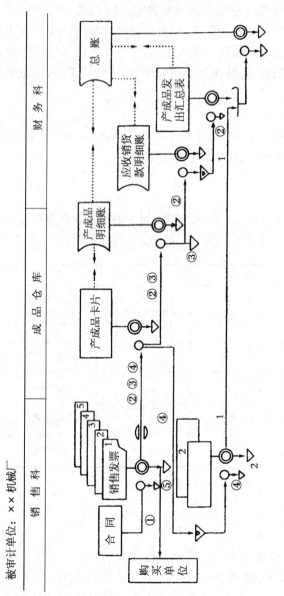

图9-2 成品销售业务流程图(非托收)

5. 注明每张文件凭证的出处与去向

各业务环节的文件通常来自或流向企业外部、不同业务环节以及本环节有关部门。这些都要在流程图中加以描绘,如果有关文件已归档或正常销毁,均应作出说明。

6. 说明会计记录编制

利用特定符号标出会计记录的有关凭证、账册及其监制人员,而且要说明它们的保管与存放地点,便于查阅。

7. 附加图解注释

流程图内的符号或线条往往可以代表不同的文件、凭证、账册或报表,而且某些控制措施又难以用图例显示,因此要附上注释或文字说明,以便于理解。

(五) 强弱点记录法

审计人员在通过各种调查和描述的基础上,经过进一步分析和归纳,就可以编制被审计单位各项内部控制制度强点记录表和弱点记录表。该表可以直观地表达内部控制制度强点所在及薄弱之处,便于阅读和评价。内部控制制度弱点记录表(表 9-6)"弱点情况"栏填列没有控制制度的地方;"管理人员意见"栏填列被审计单位有关人员对未能进行控制的看法;"可能出现问题"栏填列不控制将产生的影响及后果,该栏可等初步评价后填写,也可在最后评价阶段填写;"改进控制意见"栏填列加强控制的措施及办法,一般应在最后评价阶段填写。内部控制制度强点记录表(表 9-7)"强点情况"栏填列被审计单位已经实行控制的地方;"控制目标"栏填列单位实施控制希望达到的目的,即防止出现哪些可能的问题;"功能的发挥"情况栏填单位的控制制度实际是否达到了预期的目标,一般等符合性测试完毕后再填写;"完善控制意见"栏填列需要进一步改进的具体措施与办法,一般在最后评价阶段填列。但如果在调查制度时采用的是调查表法,则描述制度时可用调查表代替。

表 9-6 内部控制制度弱点记录表示例

被审计单位:××机械厂　　　　　　　　　　　　　　　　　　编号:
调查问题:产品销售内部控制制度
调查部门:销售科、财务科、仓库、车队

序号	弱点情况	管理人员意见	可能出现问题	改进控制意见
1	发货后保管员不及时登记产成品卡片	承认是工作中的缺点		
2	产成品的盘点由保管员自己负责清点	因其他同志没有时间参加		
3	产成品明细账与产品卡片没有定期核对	认为不是存在的问题		
4	发出商品明细账与总账没有定期核对	认为不是问题		
5	总账与有关明细账未定期核对	承认是工作上的缺点		
⋮				

审计小组负责人:×××　　　　　　　　　　　　被调查人:×××
审计员:×××　　　　　　　　　　　　　　　　　　　　　×××
制表时间:2005 年 3 月 14 日　　　　　　　　　　　　　×××

表 9-7　内部控制制度强点记录表示例

被审计单位：××机械厂　　　　　　　　　　　　　　　编号：
调查问题：产品销售内部控制制度
调查部门：销售科、财务科、仓库、车队

序号	强点情况	控制目标	功能的发挥	完善控制意见
1	销售产品一般都按合同进行	防止错发		
2	销货发票均要经过会计部门审核	防止错计、错收和人为舞弊		
3	发票的印刷、保管领用有严格的手续	防止发票的滥用		
4	仓库发货均根据发票发货联进行	防止任意发货而导致舞弊		
⋮				

审计小组负责人：×××　　　　　　　　　　　被调查人：×××
审计员：×××
制表时间：2005 年 3 月 14 日

(六) 测试与质疑法

审计人员在对内部控制进行审计时，必须运用多种审计技巧来获得充分而有效的证据，对内部控制制度的恰当性与有效性进行客观全面的评价。审计人员必须充分运用事项复查、事项测试来获得基本证据。

1. 事项复查

事项复查是指从已经处理过的业务事项中抽出一项，追溯它的处理过程，以加深对该项控制制度的正确理解。事项复查是在制度调查和描述之间进行的，其主要目的是用来确证制度的描述是否完整和正确。

例如，审计人员为了确证对销售业务控制的理解程度，可以取出一笔销售记录，与有关凭证和账簿记录进行比较。对每个类型的事项，一般只要取一个例子进行检查就可以了，因为事项复查的目的只在于了解制度及其控制作用，而不是为了查找制度中的错误和印证每一件事情。

2. 事项测试

事项测试是指从某一类型事项中抽取相当数量事项的文件进行详细检查，然后根据样本检查结果，对某一类型事项的总体作出正确程度的判断。事项测试的主要目的是证实制度是否按照审计人员所理解应该执行的那样来执行。事项测试一般采取统计抽样来审查。

思考与练习

1. 什么是内部控制？为什么要设置内部控制？
2. 为什么说建立内部控制制度是现代化企业重要的任务及管理方式与手段？

3. 什么是内部控制目标？内部控制有何局限性？
4. 内部控制结构包括哪五要素？COSO二十项控制标准包括哪些内容？
5. 内部控制包括哪些程序和方法？
6. 管理阶层、董事会、审计部门及一般员工在内部控制中应负哪些责任？
7. 什么是制度基础审计？它和账目基础审计有何不同？
8. 制度基础审计包括哪些基本内容？
9. 对会计控制和管理控制应审查哪些内容？
10. 制度基础审计如何对内部控制五要素进行测评？
11. 制度基础审计应该对哪些作业进行测评？
12. 内部环境控制活动包括哪些内容？其审计要点分别是什么？
13. 业务经营控制活动包括哪些内容？其审计要点分别是什么？
14. 业务管理控制活动包括哪些内容？其审计要点分别是什么？
15. 制度基础审计包括哪些程序？符合性测试和实质性测试有何不同？
16. 如何进行适当性测试和符合性测试？
17. 怎样进行可信赖程度评价和薄弱环节评价？
18. 怎样进行实质性测试？其测试重点包括哪些方面？
19. 简述调查法、文字描述法、调查表法、强弱点记录法的具体做法。
20. 怎样绘制和审查业务流程图？

第十章
风险基础审计

【内容提示】

什么是风险与风险管理,什么是风险基础审计,风险基础审计有何特征,怎样进行风险基础审计,风险基础审计与账目基础审计、制度基础审计有何不同、有何联系等,这些是本章阐述的主要内容。

第一节 风险与风险管理

一、风险及相关概念

企业管理者管理企业的动机主要在于追求最大的长期利润。企业在追求利润的存续期间随时会有风险,如果对风险处理不当,则将导致企业经营的失败。

任何组织的营运均可能因为未预期的不利事件发生而影响其绩效品质及目标达成。企业经营与风险如影随形,可努力减轻,却无法消除。因此,最高经营者均应建立风险管理机制,对风险加以有效控管,以确保下列三项目标的达成:

(1) 营运活动的效率及效果;

(2) 财务报告的可靠性;

(3) 相关法令的遵循。

风险是指一项行动或事件发生对组织造成不利影响的或然率。简单地说,对组织目标未能达成的可能性,也即是使价值受损的不确定性,就叫做风险。在 2017 年 COSO 发布的最新的《风险管理整合框架》(2017)中认为:风险是事项发生并影响战略和业务目标之实现的可能性。

风险的基本含义有以下四个方面。

(1) 风险是以一定的发生概率的潜在危机形式存在的可能性,而不是已经存在的客观结果或既定事实。

(2) 风险中计算其可能的损失,不计算其可能的附带收益,所以从直接意义上说,风险的效果是净负面的,为风险的承担者、相关者所不需要的,它具有程度不等的危害性,即可能给当事人造成损失,这种威胁是现实的。

(3) 风险具有一定的可度量性,测定风险立足于风险转化为现实的危害和损失之前,而不是在其之后;也就是风险是损失的机会和概率,风险会在一定范围、一定时期、以一定形式出现。风险出现的概率总是在 0—1 之间波动,概率越接近于 0,表明风险发生的可能性越小;概率越接近于 1,说明风险发生的可能性越大。

（4）由以上三点可以引申出：研究和控制风险的目标应是设法压缩风险出现的概率值，阻止风险的潜在性转变为现实性，阻止可能的危机转化为现实的损失。

由以上风险的定义可能引出一些新的概念，这些概念有些是近义，有些可以补充或支撑风险的基本定义，从不同的角度、不同的侧面解释和说明风险的内涵。

"风险事件"：有时也称为风险事故。风险之所以导致损失，是因为风险事故的作用，即风险事故的发生引起潜在的危险转化为现实的损失，因此风险事故是损失的媒介。

"风险因素"：增加或引起风险事故发生的机会或增加损失后果程度的因素。风险因素从不同的角度理解有许多类型。

（1）实质性风险因素。这一因素主要针对物质条件、设施等客观方面，故也称物质因素、有形因素，它主要指能够引起或增加风险事件发生和发展的现实客观因素，如建筑物的新旧程度、气象条件、交通设计、机器的性能等。

（2）道德风险因素。这是一种无形因素，指个人和社会基本成员的品德、行为规范、修养、素质等，这些因素在一定条件下能引发或增加风险事件的发生和发展。

（3）心理风险因素。这也是一种潜在的无形因素，指人们的心态、思维、对事物的看法等因素所可能引起或增加风险事件的发生和发展的程度。

"损失"：风险及管理中所说的损失不等同于一般损失，如进行正常的生产经营活动，为取得生产成果必须作出一定的投入，造成一定的损失，这种损失是有计划、有目的地放弃或换取，这是一种自愿的或临时性的损失。风险中的损失不同于此，它是指风险的结果，是风险承担人不愿看到的后果，是指非计划（无目标）的、非故意的和无回报的经济价值的减少。这种损失既包括直接损失也包括间接损失。直接损失又称为实质损失，是风险结果的直接产物，是可以观察、计量和测定的经济价值的丧失；间接损失是由于风险导致的直接损失以外的损失，一般指额外的费用损失、收入的减少和责任的追究。

二、风险特征

将以上三个概念联系起来正好构成所给出的风险的概念；风险因素增加而引发风险事故，风险事故导致损失的可能，而这种具有不确定性的损失就是风险。风险具有如下四个特点。

（一）风险的客观性

风险的存在独立于人们的主观意识之外，风险的发生，无论其范围、程度、频率，还是形式、时间等都可能表现各异，但它总会以各自独特的方式表现自己的存在，是一种必然会出现的事件，风险的客观性是风险的第一大特征。

（二）风险的或然性

风险的另一个重要特性是或然性。风险及所致损失的后果往往是以偶然和不定的形式呈现在人们面前的。也就是说，何时、何处、发生何种风险及程度如何完全是一种或然的、杂乱无章的组合和不定的结果。

风险的或然性包含两层意义：其一是风险存在的可能性，其二是风险存在的不确定性。就风险的可能性而言，风险的存在作为一种随机现象具有发生和不发生两种可能，它表明风险存在的趋向性。无论人们认识与否，风险的存在或不存在都是一种客观状态，在一定条件下人们可以根据经济数据的统计发现,某一风险的存在或发生的可能性存在较规则的变化趋势。这种变化趋势为人们预测风险提供了可能。

风险存在的或然性的另一表现是风险存在的不确定性,也即人们对风险事件发生的时间、地点、规模、后果难以确定,无法作出正确的判断与估计,风险发生的时间无法确定,往往带有突发性,风险的程度及后果事先也难以估计,有时甚至是灾难性的后果和全局性的损失,风险存在与发生的不确定性往往比风险存在与发生本身对人们的影响更大,因为它不仅对社会物质财产和人身安全直接构成威胁,而且在人们的精神和心理上构成很大的忧虑和痛苦。因而,风险的或然性是风险的第二大特征。

(三) 风险的普遍性

人类的文明是在与风险的斗争中得以发展的。随着科学技术的发展和社会的进步,风险不是减少了,而是增加了,风险事故造成的损失也是越来越大。在今天的社会,无论是单位或个人都面临着各种各样的风险,如企业面临着自然风险、市场风险、技术风险、破产风险;个人则面临着疾病、失业、意外事故等风险。可以说,风险渗入到社会、个人生活的方方面面,风险真可谓无时不在、无时不有。

(四) 风险的可变性

风险的可变性是指风险在一定条件下可转化的特征。一方面,由于人们识别风险、认识风险、抗御风险能力的增加,就能在一定程度上降低风险所致损失的范围和程度及风险的不确定性,减少风险存在与发生的可能性和不定性,从而使某些风险不再存在,或风险即使存在,也已为人们所控制。另一方面,随着社会进步和生产发展,现代科学技术的迅猛发展及其应用无疑也给人们带来了新的风险和新的损失机会,新的风险事件与风险因素也会增加;而且,这些新的风险可能导致的损失往往是惊人的巨大,远远超越一般意义上的自然灾害和意外事故所引起的风险损失。

三、企业风险来源

企业风险来源一般可分为组织层级及作业层级。组织层级的风险又可分为外来因素造成及内在因素造成两种。

(一) 组织层级风险

依照COSO的研究报告,属于组织层级风险的外来因素造成者包括:
(1) 科技发展可能影响公司研究的性质及时机,或导致原料采购的改变。
(2) 顾客需要与期望的改变可能影响公司产品的开发、生产过程、顾客服务、定价及售后保证。
(3) 同业竞争可能改变公司营销服务的作业。
(4) 新的法令规定,如环保、税务及劳工等法令,可能迫使公司改变营运政策及策略。
(5) 自然灾害的发生可能改变公司的作业或资讯系统,可能须采取应变措施。
(6) 经济情况的改变可能影响公司有关融资、资本支出及扩充的决策。
属于组织层级风险的内在因素造成者包括:

(1) 资讯处理系统的故障或中断可能影响组织的营运活动。

(2) 新雇用的员工的品质及训练与考核方式可能影响员工士气,进而影响组织内部的控管意识。

(3) 管理阶层人员或职责的变动可能影响某些控管的执行成效。

(4) 组织个体的活动性及员工接近资产的机会可能导致公司资源遭受挪用或侵占。

(5) 董事会由少数一两个人把持或监察人员未发挥监督功能可能使决策草率,或孤注一掷;或对公司的不佳业绩及重大的控管缺失未给予适当的关注及监督。

(二) 作业层级风险

作业层级风险是指组织内各单位在其日常例行的营运活动过程中所遭受不利事件或行动影响的可能性。一般均依企业管理机能评估其可能的风险,如生产风险和营销及销售风险。

1. 生产风险

(1) 合格供应商数量不足的风险。

(2) 产品品质未能符合市场需求的风险。

(3) 产能调整需求时间太长的风险。

(4) 设备损坏后高维修成本的风险。

(5) 人工短缺的风险。

2. 营销及销售风险

(1) 客户取消订单的风险。

(2) 应收账款呆账的风险。

(3) 销售目标未能达成的风险。

(4) 销售策略失败的风险。

(5) 价格高度竞争的风险。

任何风险对企业财务损失的影响最后都会显示在财务及会计资讯上。但是,并不是所有风险的不利影响都能够予以量化,而且有些影响也非短期内就会浮现。

每一种风险对企业财务影响(包括收入、成本、盈余)的敏感性及程度很难一概而论,如丧失商机、成本提高、产品售价下滑、意外灾害损失及营业中断等。

四、风险种类

风险可以分为静态风险与动态风险。静态风险是指由于自然力量的非常变动或人类行动的错误导致损失发生的风险。例如,水灾、旱灾、地震、瘟疫、雷电等自然原因发生的风险;火灾、爆炸、员工伤害、破产等由疏忽意外责任发生的风险;放火、破坏、欺诈等由于不道德、违法违纪造成的风险。静态风险是导致企业成败安危的主要风险,风险管理重心应是对静态风险的管理。动态风险是指以社会经济结构变动为直接原因的风险。起因于经济变动、战争、技术改进、市场变化、法令变更等,如流行款式和消费者需求变化引起的风险以及生产方式、生产技术变化带来的风险。

(一) 企业的动态风险

动态风险是由于人类需要的改变和机器或制度的改造所引起的,它的损失非常普遍。动态风险大致分为以下三类。

1. 管理上的风险

企业在执行管理上虽然是由人来管理、由人来决定,但实际上企业的决定是在"可能"、"或然率"以及"是"与"不是"之间选择。一个企业由于错误的决策会导致损失;相反,正确的决策让企业获取利润。遗憾的是,企业在作决定前不可能获得确定的信息以选择对的决定。因此,管理决策上的不确定性就构成了管理上的风险。管理上的风险有市场风险、财务风险、生产风险及人事风险等。

(1) 市场风险。产品在市场上能否获得合理的利润与收益是不确定的,因此导致了市场风险的产生。产品市场大小和性质的改变、消费者偏好和市场总供需的变化及同业竞争策略的改变等均属于市场风险来源。

(2) 财务风险。财务上的风险与企业资金的筹措、管理及安全息息相关,主要来源于财务管理的不确定性,如财务控制的优劣与否在于财务管理机构组织是否得当、方案设计是否确定、预测制度和成本是否运用得当、费用分配方法是否合理等。

企业财务风险是企业经营中最重要的风险,它可以决定企业的生死存亡。企业财务风险包括狭义的财务风险和广义的财务风险。

狭义的财务风险是指运用财务杠杆不当可能带来的风险。财务杠杆是指企业全部负债对全部资产的比率。

当企业全部负债为零时,就意味着财务杠杆比率为零,企业完全用自有资本经营,不存在狭义的财务风险。在市场经济体制下,企业一般都要举债经营,否则会影响其发展速度和盈利能力。举债经营虽然能碰到成功的机会,但也有失败的风险。因为债务人不仅要到期支付本金,还要支付利息,以补偿债权人资金的时间价值和风险价值,同时还要支付一定的手续费。由利息和手续费构成的债务成本必须由企业用这笔债务资金去创造利润进行补偿。企业如果能在预定的时间内,正确运用这笔债务资金多创造利润超过这笔债务成本,企业就成功地运用了财务杠杆;反之,企业将会亏损,构成举债风险。值得注意的是,举债经营必须在"预先规定的时间内"及时还债,否则债务人就必须承担法律责任。市场经济是契约经济,债权债务关系复杂,为了保证正常的经济秩序,按时偿还债务是每个企业应尽的责任,否则就要承担法律后果。

广义的财务风险包括企业财务风险、企业员工的人身风险、企业责任风险、企业筹资风险、企业投资风险、流动资金运作风险、市场经营风险等。广义的财务风险主要是指对企业财务核算有重大影响的上述一些风险。

(3) 生产风险。生产上的风险与人员、制造技术和原料的取得有密切关系,也来源于生产管理上的不确定性,如生产产品利用何种不同的原料和劳动力资本、存货政策是否应发生变动、原材料能否以其他的替代品取代、劳动合同的磋商、罢工的排除能否圆满解决、机器设备提早陈旧废弃以及制造技术亟待改进等。

2. 政治上的风险

政治上的风险是指由于战争、内乱、暴动、产业竞争、关税及税率或税法的改变所引起的政治上及社会上的风险。政府的力量或政治情况的变动既可以帮助企业,也可能危害企业。例如,新税的增设和税率的提高无疑会使企业收入减少、费用提高。

3. 创新的风险

新产品尚未占领市场和新技术的推广应用同样存在风险。

从总体上看,动态的风险不会导致企业家的损失,因为一个企业家遭受了损失,可能使其他的企业家获利。如果企业家能进行正确决策和计划,均可能获利。正因为动态风险存在相反的性质,所以又称为投机风险。

(二) 企业的静态风险

企业在经济稳定情况下,虽然拥有忠实的顾客、忠诚的员工、稳定的政策环境及供需市场,仍免不了会遭遇到许多不可预料、不可抗拒的风险,这些风险称为静态风险或纯粹危险,大多数静态风险是具有好恶相克的性质,仅有损失而无获利的机会。

(1) 资产实质上的损害。由于天灾或人员的疏忽行为或故意行为(如洪涝、干旱、爆炸、暴行、暴力、战争及盗窃等)造成实质财产、个人有形财产和不可转让的请求权等直接或间接损失。

(2) 欺诈或犯罪暴行所致的所有权损失。可能由于本身不懂法律和别人的非法行为以致丧失对财产的控制和所有权;或由于不正确的判决造成了财产损失。

(3) 因法律责任所造成的财产损失。由于疏忽行为而造成他人经济上或精神上的损失,企业应负赔偿责任,如顾客接受服务时遭到伤害、顾客使用企业产品受到了伤害或企业司机肇事等。

(4) 财货遭受损害致使所得能力减低。企业遭受实质损害时,可能也会遭受到净收益损失。净收益损失还会因火灾使材料损失而导致停产、倒闭等。

(5) 重要员工或所有权者的死亡或伤残所致收益减少的损失。员工生存与健康状况是不确定的,过早的死亡或伤残会导致企业损失,这些损失必须以增加营业费用或减少收入净额来补偿。

无论是狭义的财务风险还是广义的财务风险,从其成因看,可以分为利率风险、汇率风险、购买力风险、经营风险、市场风险、流动性风险、政治风险、违约风险、道德风险等。

五、风险管理的含义

企业风险管理是组织在创造、保存、实现价值的过程中赖以进行风险管理的,与战略制定和实施相结合的文化、能力和实践。

成功的管理风险可以使企业达成其绩效和利润目标,防止资源的损失并确保财务报告及法令遵循的有效性。就短期而言,企业风险管理可以协助企业在追求目标实现的同时避免隐藏的危险及意外事件的发生。

COSO 所提出的企业风险管理架构有利于强化风险辨识能力,降低营运相关损失。COSO《风险管理整合框架》(2017)指出风险管理有如下 20 条原则。

1. 董事会执行风险监督——董事会对战略进行监督,执行治理责任,支持管理实现战略和业务目标。
2. 建立运营机构——组织在追求战略和业务目标方面建立运营机构。
3. 定义崇尚的文化——组织定义期望的行为来描述所崇尚的文化。
4. 展示对核心价值的承诺——组织表现出对核心价值观的承诺。
5. 吸引、发展和保留有能力的个体——组织致力于建立符合战略和业务目标的人力资本。
6. 分析业务环境——组织考虑业务环境对风险状况的潜在影响。
7. 定义风险偏好——组织在创造,维护和实现价值的背景下定义风险偏好。
8. 评估替代策略——组织评估替代策略,并对其潜在影响进行风险预测。
9. 制定业务目标——组织在确定协调和支持战略的各个层次的业务目标的同时,应考虑风险。
10. 识别风险——组织应确定影响战略和业务目标绩效的风险。
11. 评估风险的严重程度——组织评估风险的严重程度。
12. 风险排序——组织将风险优先排序,作为选择风险应对的基础。
13. 实施风险响应——组织识别并选择风险响应措施。
14. 建立风险组合观——组织开发和评估风险组合观。
15. 评估实质性变化——组织识别和评估可能严重影响战略和业务目标的变更。
16. 评估风险和绩效——组织评价绩效并考虑风险。
17. 企业风险管理持续改进——组织应追求企业风险管理的不断完善。
18. 利用信息系统——组织利用信息技术系统来支持企业风险管理。
19. 沟通风险信息——组织使用沟通渠道来支持企业风险管理。
20. 风险、文化和绩效报告——组织在内部各个层次进行风险、文化和绩效的报告。

六、风险管理要素

企业风险管理并非限于特定的事件或情况,它是一个持续不断进行的过程,而且会牵涉整个企业各方面的资源及营运作业。企业风险管理关系到每个层级的人员,并且应用全面性的观点来检视风险。

以程序而言,企业风险管理有八个相互关联的要素,这八个要素形成了一个全面性的行动架构。

(一) 内部环境

企业的内部环境是其他所有风险管理要素的基础,为其他要素提供规则和结构。内部环境影响企业战略和目标的制定、业务活动的组织和风险的识别、评估和执行,等等。它还影响企业控制活动的设计和执行、信息和沟通系统以及监控活动。内部环境包含很多内容,包括企业员工的道德观和胜任能力、人员的培训、管理者的经营模式、分配权限和职责的方式等。董事会是内部环境的一个重要组成部分,对其他内部环境的组成内容有重要的影响。企业的管理者也是内部环境的一部分,其职责是建立企业的风险管理理念、确定企业的风险偏好,营造企业的风险文化,并将企业的风险管理和相关的行动计划结合起来。

(二) 目标制定

根据企业确定的任务或预期,管理者确定企业的战略目标,选择战略方案,确定相关的子目标并在企业内层层分解和落实,各子目标都应遵循企业的战略方案并与战略方案相联系。

(三) 事项识别

管理者意识到了不确定性的存在,即管理者不能确切地知道某一事项是否会发生、何时发生或者如果发生其结果如何。作为事项识别的一部分,管理者应考虑会影响事项发生的各种企业内外部的因素。外部因素包括经济、商业、自然环境、政治、社会和技术因素等,内部因素反映出管理者所做的选择,包括企业的基础设施、人员、生产过程和技术等事项。

(四) 风险评估

风险评估可以使企业了解潜在事项如何影响企业目标的实现。管理者应从两个方面对风险进行评估——风险发生的可能性和影响。

(五) 风险反应

管理者可以制定不同风险反应方案,并在风险容忍度和成本效益原则的前提下,考虑每个方案如何影响事项发生的可能性和事项对企业的影响,并设计和执行风险反应方案。考虑各风险反应方案并选择和执行一个风险反应方案是企业风险管理不可分割的一部分。有效的风险管理要求管理者选择一个可以使企业风险发生的可能性和影响都落在风险容忍度范围之内的风险反应方案。

(六) 控制活动

控制活动是帮助保证风险反应方案得到正确执行的相关政策和程序。控制活动存在于企业的各部分、各个层面和各个部门。控制活动是企业努力实现其商业目标的过程的一部分。通常包括两个要素:确定应该做什么的一个政策;影响该政策的一系列过程。

(七) 信息和沟通

来自于企业内部和外部的相关信息必须以一定的格式和时间间隔进行确认、捕捉和传递,以保证企业的员工能够执行各自的职责。有效的沟通也是广义上的沟通,包括企业内自上而下、自下而上以及横向的沟通。有效的沟通还包括将相关的信息与企业外部相关方的有效沟通和交换,如客户、供应商、行政管理部门和股东等。

(八) 监控

对企业风险管理的监控是指评估风险管理要素的内容和运行,以及一段时期的执行质量的一个过程。企业可以通过两种方式对风险管理进行监控——持续监控和个别评估。持续监控和个别评估都是用来保证企业的风险管理在企业内各管理层面和各部门持续得到执行。

企业风险管理是一个相互关联的程序,只有八个要素同时存在并能顺利地运作才能发挥其作用。当然,任何一种风险管理程序,不论其设计及执行多少,都不能对结果加以保证,但一定有助于管理阶层增加实现目标的信心。

COSO风险管理架构是在内部控制架构基础上发展起来的,虽然企业风险管理的八要素也反映了内部控制与要素的相关内容,但不能替代内部控制要素,因为各要素的目的及具体内容是不相同的。

第二节 风险基础审计的含义与特征

一、风险基础审计的含义

20世纪60年代后,科学技术的飞速发展促进了经济的迅猛增长,社会经济多维化趋势显著,由此,企业经营的不确定性大大增加。受到企业内部及外部多方面因素的影响,仅以被审计单位自身的内部控制制度为核心的制度基础审计显然已不能适应社会经济发展的需要。从风险评估入手,综合分析影响被审计单位目标实现的各种因素及探求风险管理的风险基础审计已势在必行。

所谓风险基础审计,是指以对被审计单位的风险识别为基础,全面分析影响被审计单位管理目标实现的各种因素,并据此确定实施进一步审计的性质、范围、时间,进而进行控制测试和实质性检查的一种审计方法。

以风险为基础的审计方式是以制度为基础的审计方式的发展,代表了现代审计方法发展的最新趋势。风险基础审计立足于对风险进行系统的分析和评价,并以此为出发点。它强调审计战略,要求制定适合被审计单位状况的审计计划,要求不仅应检查与内部控制制度有关的因素,而且应检查企业内外的多种因素,不仅应进行与会计事项有关的个别分析,而且应进行涉及各种环境因素的综合风险分析。再者,与以制度为基础的审计方式所强调的内部控制制度与审计测试之间的关系不同,以风险为基础的审计方式要求从被审计单位目标确认与分析开始,进一步研究影响单位目标实现的固有风险和控制风险,而且要对产生风险的各个环节进行评价,用以确定审计人员实质性测度的重点和测试水平,确定如何收集、收集多少和收集何种性质证据的决策,最后引导出管理风险的办法。

风险基础审计方法是正在探索、尚未完善的一种新方法,国内外审计职业界对其认识存在很大差异。例如,社会中介审计认为,注重从企业宏观层面了解会计报表存在的重大错报风险,就是风险基础审计。然而,不少内部审计组织和人员却认为,对影响单位目标实现的各种风险因素分析与预测并对管理层提出管理风险的措施,即为风险基础审计。他们的观点不能说是错的,但只是局限在自己本身工作的范围方面,没有从建立一种完整的审计方法体系方面去认识问题和解释问题。风险基础审计作为一种新的审计理念和方法,随着国内外审计失败事件连续不断地爆发,引发了业内外新的关注和两种截然不同的看法。一种意见认为,安然事件中安达信会计公司失败很大程度上可以归结于风险基础审计理念和方法的失败,因此要求反思甚至停止采用风险基础审计方法。还有一种意见认为,我国中天勤会计事务所出现的问题是因为没有采用风险基础审计方法。由上可见,人们对风险基础审计还缺乏全面的认识,甚至心存疑虑。反映在审计实践中,国内外一些会计师事务所及内部审计机构对风险基础审计方法进行了探索,但存在很多局限性,隐藏着一定的审计风险:有的只注重对企业的目标、经营战略及其业务流程的了解,忽视了对重要的各类交易、账户、余额、列报与披露的实质性测试,将实质性测试集中在例外事项;有的只注重对企业一般情况及其环境的了解,忽视了对内部控制的了解和测试,认为内部控制测试已经过时了。由于实施的实质性程序有限,当不实施内部控制测试或没有发现内部控制失效时,审计人员就不能发现业务交易中的问题及会计报表存在的重大错报。再者,有的只注重使用分析性复核方法,忽视了传统的审阅、核对、复核等方法的使用。要想使风险基础审计方法有效实施,必须将其与制度基础审计方法及账目基础审计方法有机地结合起来。在风险评估中必须进行内部控制恰当性与有效性测试,在实质性测试时同样要使用账目基础审计的各种方法。

二、风险基础审计产生的原因

风险基础审计是迎合高度风险社会的产物,其产生与兴起的原因主要有以下三个方面。

(一) 社会对审计期望的提高

审计始终处于一种被动与不断调整适应的状态,始终在为满足社会经济发展的需求而不断努力,但也无法达到完全满足社会需求的程度。因为社会在不断地前进与发展,审计服务对象的期望也在不断地改变与提高。特别是 20 世纪 60 年代以来,世界范围内科学技术和政治经济的变化,激化了企业之间的竞争,增加了企业目标实现的不确定性,并导致了企业纷纷倒闭破产。因此,社会对审计提供风险管理服务的需求越来越迫切。1999 年,国际内部审计师协会新修改的内部审计的最新定义中强调指出,内部审计要通过系统化、规范化方法评价和提高单位风险管理、控制和管理程序的效果,帮助完成其目标。要求内部审计为单位风险管理提供专家的保证与咨询服务;强调内部审计主要关心组织整体目标的实现,强调评估风险的责任,未来内部审计的趋势为确认风险之所在,内部审计必须预期并掌握机会以适应组织的需要。美国注册会计师协会科恩委员会调查表明,社会公众(包括会计报表的使用者)认为审计人员应对舞弊行为的揭露,以及关于受审企业管理人员欺诈和违法行为的报告负有更大的责任;审计人员应增进审计的有效性,即提高对影响会计报表真实性的察觉能力;审计人员应向有关利害各方详尽报告审计过程的发现;为使已审会计报表更具有实用价值,审计人员应向报表使用者提供更多的关于企业持续经营能力方面的信息。

面对企业及社会公众的需求,审计职业界不能视而不见,否则,不仅会令需求者失望,审计还会失去生存与发展的基础,这是风险基础审计产生的根本原因。

(二) 制度基础审计不能满足需求

在过去数十年中,制度基础审计是增进审计绩效与管理组织风险的主要工具之一,审计人员已被训练为内部控制制度评估、建议的专业人员,并将审计焦点置于单位作业流程内部控制的规划、测试与报告,造成审计人员均将审计工作偏向于单位可审计的内部控制系统,而忽视了被审计单位本身的目标。风险基础审计可以答复许多控制基础审计所不能解决的疑问,无疑是增进审计绩效与组织风险管理的一项重要观念。

没有风险就没有控制,控制只为管理风险而存在,不分析风险而想有效地评价控制是不可能的。在尚未检查组织程序的目标与所处风险前就直接评估控制程序,其结果应无意义。因为审计人员无法了解哪些是最重要的控制系统、哪些控制对风险而言是重要的,以及缺少哪些控制。制度基础审计导致了过度控制日益严重,限制了组织发展和无效率控制的增加。风险基础审计能改变审计人员对控制与风险的思考,使审计人员对组织所面临的风险开始关心,而审计报告的重点也转移至目前及对未来精心的规划,审计报告将目前作业控制的确保与策略计划风险评估连接起来。风险导向审计将决定应设计的控制扩大为管理风险,审计先确认组织目标,再评估风险,最后管理风险。正因为制度基础审计不能满足现代企业及社会对风险管理的需求,风险基础审计便有了产生与发展的基础。

(三)审计生存与发展的需要

现代审计的产生与发展,无一不是以被审计单位有各种利益关系的第三方面的需求和需求的变动为轴心的。审计要想存续与发展,理应围绕社会公众利益的需求,不断地开拓新的审计领域和探索新的审计方法,这是风险基础审计兴起的第三方面原因。现代公司的管理者要求把企业有限资源集中投放在核心竞争力方面,要求单位所有部门和人员都要为增加企业价值服务。同样要求内部审计要帮助组织达成目标,其关注的焦点应由财务及遵循性控制转换为管理控制、管理程序及风险评估,并希望每一个内部审计人员均要成为单位内部风险评估的专家,为单位风险管理提供预测、咨询服务。认为判断内部审计是否成功最重要的标准是其服务给组织提供的价值;如果对独立性的强调损害了内部审计价值的增加,就应当优先考虑内部审计价值的增加问题。内部审计部门及内部审计人员必须认真思索管理性的这种需求,调整审计内容,探索新的方法,以尽量满足管理层的需求,否则,内部审计机构就难以存在,更不可能得到发展和地位的提高。社会审计组织要在激烈的市场竞争中保持自己的一席之地和维持一定的经济收入,更要满足于社会大众的需求,否则,就更容易被淘汰出局。同时,社会中介审计组织要想维持期望的边际收益,在竞争愈演愈烈的环境中增加审计费用是不可能的事,唯一的出路是降低审计成本。降低成本又要保证审计质量,那只能提高审计效率。因此,寻求适当的审计方法就成为关键所在。审计人员必须在保持各项具体审计活动必要效果的同时,努力追求最高的审计效率。风险基础审计能够将有限的审计资源集中在高风险领域,这样既能保证审计效果,又不至于增加审计费用。

三、风险基础审计的特征

风险基础审计不是凭空而来的,它是为了适应特定的环境,以其前一种审计方法(即制度基础审计)为基础发展变化而来。制度基础审计是风险基础审计的基础,而风险基础审计是制度基础审计的深化。

(一)风险基础审计与制度基础审计的差异

1.审计基础不同

制度基础审计以内部控制制度为基础,仅根据对被审计单位内部控制制度适当性及符合性评审的结果确定实质性测试的范围、重点和方法;而风险基础审计则以风险评估为基础,根据对影响被审计单位经济活动的内外多种风险因素的评估确定审计范围、重点和方法。

2. 运用方法不同

制度基础审计与风险基础审计都运用抽样审计技术,但风险基础审计对风险加以量化,相对于制度基础审计来说,风险基础审计中的抽样技术是更为完全意义上的审计抽样。另外,风险基础审计更着重运用分析性测试方法。

3. 对内部控制制度的运用不同

制度基础审计与风险基础审计均涉及对内部控制制度的运用。所不同的是:制度基础审计以内部控制为核心,依靠对内部控制制度的评审结果决定实质性审查;风险基础审计则仅通过内部控制制度的调查了解,评估控制风险,而这只是影响审计风险水平的因素之一,它还要结合其他风险因素综合考虑,才能确定实质性审查的范围和重点。

4. 测试的重点不同

制度基础审计的测试重点是内部控制制度,但它仅对内部控制制度进行测试;风险基础审计除对内部控制制度进行测试外,对影响风险水平的内外因素均要进行测试,测试范围更为广泛、全面。

(二)风险基础审计的主要特征

同制度基础审计相比较,风险基础审计更系统地研究了审计授权、委托人内外环境,更切实地保证了审计质量。另外,它以被审计单位的经营活动为出发点,综合运用内部控制制度评审、分析性测试等高效率审计方法,兼顾了审计质量与审计效率。

(1) 风险基础审计从确认被审计单位管理目标入手,分析内外风险因素,评估风险影响程度及发生的或然率,在高风险区域展开深入检查,最后提出管理风险的措施,能够有效地协助被审计单位进行风险管理,不仅使审计走出了与管理者不相协调的困境,而且使审计更加符合增加管理价值的需要。

(2) 风险基础审计不仅要求审计人员关注被审计单位影响目标实现的内部管理和内部控制因素,而且要分析与预测影响目标实现的外部环境及其他方面的风险因素,这就使审计人员不仅要具有风险意识,而且要全面地思考来自被审单位内、外的现实因素与潜在因素,否则就难以提出有针对性的管理风险措施。

(3) 风险基础审计以评价风险作为突破口,有利于寻找高风险区域及项目,从而有利于集中力量,把有限的审计资源投放到高风险项目,以最大限度地降低审计人员的检查风险,更好地揭示出重大差错和舞弊,同时也有利于节约审计人力和时间,节约审计费用。

(4) 风险基础审计在保证审计质量要求的前提下,统筹符合性测试、实质性测试、分析性检查方法的运用,尽可能地灵活运用各种审计手段,以提高审计工作效率。

第三节 风险基础审计的程序与方法

审计的一般程序可分为准备阶段、实施阶段和报告阶段,但不同的审计方法模式的具体程序内容和强调的侧重点都有所不同,如账目基础审计强调实质性检查程序,制度基础审计强调内部控制测试程序,而风险基础审计则强调风险评估程序。风险基础审计程序主要包括风险评估程序、总体应对措施、进一步审计程序和评价审计证据等四个步骤,具体包括风险识别、风险分析、应对决策、内部控制测试、实质性检查、证据评价和风险管理建议。一般认为前三项属于准备计划阶段,中间两项属于实施检查阶段,而后两项属于终结报告阶段。

一、风险识别

风险评估是识别与分析达成目标的风险,用以构成决定该如何进一步审计的基础。风险识别是指对有可能破坏达成目标的事物的识别。识别风险包括对目标的确认和识别影响目标实现的内部和外部风险。

无论是管理工作中的风险评估还是审计程序中的风险评估,首先都应该进行目标确认。管理评估中目标确认应视评估目的而定,而审计评估中目标确认应视审计目的而定。假如社会中介审计机构对财务报表审计主要目的是查明有无重大错报问题,那么对"重大错报"就要进行定位,分析"重大错报"定位的明确性和恰当性,否则就无法对影响重大错报风险进行识别和分析。假如内部审计人员对某个领导进行经济责任审计,首先就应该对该领导应负的经济责任进行确认,即确认应负的经济责任是否恰当、是否明确、是否以书面表达等。只有确认了这些审计目标准确无误,才能进行对影响目标实现的各种因素识别。如果目标本身就有问题,那么对影响目标实现的因素进行识别和分析就毫无意义了。

在目标确认的基础上进行风险识别,即识别实现目标的过程中可能会遭遇的风险。要进行风险识别:一是要意识到风险的存在;二是要识别风险的特征和类别,也即是在认清风险不利结果发生的原因和条件的基础上,进一步区分类别。风险识别实质上是对风险进行定性研究,主要采用调查方法,了解被审计单位及其环境。

(1) 审计人员应询问被审计单位管理当局和财务、生产、销售及内部审计等其他人员,以获取对识别风险有用的信息。

(2) 审计人员应实施分析程序有助于识别异常的交易或事项,以及对会计报表和审计产生影响的金额、比例和趋势。在实施分析程序时,审计人员应当预期可能存在的合理关系,并与实际情况相比较,如发现异常或未预期到的关系,审计人员应当考虑是否存在重大风险。

(3) 审计人员应当实施下列观察和检查程序,获取被审计单位及其环境的信息,即印证对管理当局和内部其他相关人员询问的结果:① 观察被审计单位的生产经营活动;② 检查文件、记录和内部控制手册;③ 阅读由管理当局和治理当局编制的报告;④ 实地察看被审计单位的生产经营场所和设备;⑤ 追踪交易通过与财务报告相关的信息系统的过程(穿行测试)。

(4) 审计人员应当从被审计单位外部获取有助于识别风险的信息。

(5) 审计人员应当考虑利用以前所获取的信息,但要考虑到被审计单位及其环境的变化。

在上述调查的基础上,审计人员就应该认真分析影响被审计目标实现可能面临来自哪些方面的风险。

为了更好识别风险,应针对每一项目标注意下列问题:

(1) 哪些方面最容易出错?

(2) 最大的漏洞可能在哪里?

(3) 可能会失败的方式是什么?

(4) 有哪些资产没有得到应有的保护?

(5) 可能遭窃的方式是什么？
(6) 营运可能遭他人中断的方式是什么？
(7) 最依赖的资讯和最可能中断的资讯是什么？
(8) 最大的开销是什么？
(9) 最不稳定的收入是什么？
(10) 最需要高度判断的决策是什么？
(11) 性质最复杂的活动有哪些？
(12) 有哪些活动受到法律规范？
(13) 最大的合法性暴险是什么？

最为重要的是全面识别风险，既要考虑内部风险因素，又可考虑外部风险因素；既要考虑高层管理决策风险因素，又要考虑中、基层执行风险因素。风险识别还应从因果两个方面去进行分析。如果不找出风险发生的原因，就无法判定风险发生的或然率（或频率）或找出进一步审计和预防方法；如果不知道其结果，就无法判定风险的重大性，就无法决定查明进一步检查的顺序和检查的控制风险。

二、风险分析

风险分析是风险评估的重要阶段。也就是说，在风险识别的基础上，通过对所收集的大量风险信息，运用数量化方法，估计和预测风险发生的可能性和损失的严重程度。或是说，通过风险原因、风险性质和风险后果分析，以确定风险发生的或然率（L）和重大性（S），为应对决策提供依据。

风险原因是指引起暴险（风险造成的冲击，如收入受损、顾客不满意等）事件发生的人或事：这可能为某一类型的人，如员工或外人；也可能是事件，如火灾、水灾；或者可能是未采取适当的行动。

风险性质是指风险或暴险的类型。最好的表达方式是实际发生的事情，如舞弊、盗窃资料损失等。西欧一些企业把风险划分为八种类型，如财务咨询与准度、财务管理与结果、法令与规章遵行、授信品质、内部舞弊与越权、犯罪与外部舞弊、系统/营业、管理等。

经过上述分析确定每种风险发生的可能性及发生造成的后果影响，有助于对进一步审计程序的性质、时间和范围的确定。

注册会计师在识别和评估重大错报风险时，应当注意：

(1) 在了解被审计单位及其环境的整个过程中识别风险，并考虑各类交易、账户余额、列报与披露；

(2) 将识别的风险与认定层次可能发生错报领域相联系；

(3) 考虑识别的风险是否重大，足以导致会计报表发生重大错报；

(4) 考虑识别的风险导致会计报表发生重大错报的可能性。

注册会计师应当确定识别的重大错报风险是与特定的某类交易、账户余额、列报与披露的认定相关还是与会计报表整体广泛相关，进而影响各项认定。

注册会计师应确认重大错报风险是否源于薄弱的控制环境，并进一步认定控制对防止或发现并纠正认定错报的相关性。

如果注册会计师通过对内部控制的了解，发现管理当局缺乏诚信，被审计单位会计记录的状况和可靠性存在重大问题,不可能获取充分、适当的审计证据,就应当考虑发表保留意见或无法表示意见或解除业务约定。

在分析风险时,审计人员还应该运用职业判断,确定识别的风险哪些是需要特别考虑的重大风险(特别风险)。从理论上说,经评等为双高(或然率高、重大性高)的风险当然是特别风险,但还要考虑风险的性质。如注册会计师在确定风险的性质时,应考虑下列问题:

(1) 风险是否是舞弊问题;
(2) 风险是否与近期经济环境、会计核算和其他方法的重大变化有关;
(3) 交易的复杂程度;
(4) 风险是否涉及重大的关联方交易;
(5) 财务信息计量的主观程度,特别是对不确定事项的计量存在宽广的区间;
(6) 风险是否涉及异常或超出正常业务范围的重大交易。

对风险评估后,应按照或然率和重大性从大到小进行排列,以便于进行应对决策。如果是风险管理,这种应对决策是指决定如何进行风险管理;如果是审计工作,这种应对决策是指决定如何进行下一步的审计,也即是如何去进行证据的收集。但是,无论是什么样的情况,应就风险分析中发现的一些主要问题与管理当局进行沟通。风险评估过程及其结果也应收入审计工作底稿。

三、应对决策

审计人员在进行风险评估后,应根据风险排列的结果确定总体应对措施以及考虑进一步审计程序的性质、时间和范围,即为应对决策。

(一) 总体应对措施

总体应对措施是指根据风险评估结果确定进一步审计的基本思路。例如:
(1) 双高(或然率高、重大性高)的风险重点审计;
(2) 双低(或然率低、重大性低)的风险一般不予审计或作少量抽查;
(3) 介于高或低之间的风险,具体问题具体对待;
(4) 风险发生的可能性高,但风险发生后重大性低,可作少量抽查或不予检查;
(5) 风险发生的可能性低,但风险发生后重大性高,应引起足够的注意,重点抽查。

此外,审计人员在收集和评价证据过程中始终要保持职业谨慎态度;应根据被检查事项选择有经验、有特殊技能的审计人员;根据需要利用专家的工作;提供更多的现场督导;排除被审计单位或管理当局的干预;要全面考虑进一步审计的程序等。

(二) 决定进一步审计程序

当进一步审计基本思路明确后,审计人员应根据风险发生的可能性与重要性、被审计事项特征、被审计单位的控制性质及有效性考虑进一步审计程序的性质、时间和范围。

1. 进一步审计的性质

进一步审计程序的性质是指审计程序的目的和类型。进一步审计程序的目的是进行控制测试或实质性的检查;进一步审计程序的类型包括检查、观察、询问、函证、重新计算、重新执行或分析程序等。

审计人员应当根据评估的风险选择审计程序。评选的风险越高,通过实质性程序获取的审计证据的相关性和可靠性的要求就越高。审计人员在执行审计程序时,如果要利用被审计单位信息系统生成的信息,必须证实这些信息的准确性和完整性。

2. 进一步审计的时间

进一步审计程序的时间是指何时实施审计程序或审计证据适用的期间地点。

在确定何时实施审计程序时,审计人员应当考虑控制环境、何时能得到相关信息、风险的性质与重大性、与审计证据相关的期间和时点等。

如果对会计报表审计,审计人员可在期中或期末实施控制测试或实质性检查。如果错报风险较高时,审计人员应当考虑在期末或接近期末实施实质性程序,或采用不通知的方式,或在管理当局不可预见的时间实施审计程序。如果在期末实施控制测试或实质性检查,审计人员应针对剩余时间获取额外的审计证据。

3. 进一步审计的范围

进一步审计程序的范围是指实施某项审计程序的数量,如抽取的样本量或对某项控制活动的观察效率。

在确定审计程序的范围时,审计人员应当考虑事项重要性、评估的风险和计划取得的保证程度等。随着风险的增加,审计人员应当考虑扩大审计程序的范围。但是,要注意审计程序本身与特定风险的相关性。

审计人员使用计算机辅助审计,可以对电算化的交易和账户文档进行更广泛的测试,从主要电子文档中选取交易样本,或按类别选取样本,或对总体而非样本进行测试。

使用抽样检查时,如从总体中选择的样本量过小,或选用的抽样方法不适当,或未对发现的例外进行恰当的检查,样本检查结论与总体抽查结论可能不同,应注意调整。

四、内部控制测试

对风险的评估预期控制的运行是有效的和实质性检查不足以提供充分、适当的审计证据时,就应当实施控制测试,以获取控制运行有效性的审计证据。应当获取的控制有效运行的审计证据有:

(1) 控制在所审计期间的不同地点是如何运用的;

(2) 控制是否得到一贯执行;

(3) 控制由谁执行;

(4) 控制以什么方法执行。

如果被审计单位在所审计期间内的不同时期使用了不同的控制,审计人员应当考虑不同时期控制运行的有效性。审计人员可考虑在进行控制设计恰当性测试时测试控制运行的有效性,以提高审计效率。

(一) 控制测试的性质

(1) 审计人员应当选择不同类型的审计程序以获取有关控制运行有效性的保证。计划的保证水平越高,获取的审计证据就更加可靠;如以控制测试为主,应获取具有更高保证水平的反映有关控制运行有效性的审计证据。

(2) 审计人员应当根据特定控制的性质选择适当的审计程序的类型。如采用检查文件程序、询问和其他程序,以获取有关控制运行有效性的审计证据。询问和观察、检查或重新执行审计程序结合使用,才会更为有效。

(3) 在设计控制测试时,审计人员应当考虑与审计目标直接相关控制及间接相关控制有效运行的审计证据的获取。

(4) 对于自动化的应用控制,审计人员可以利用该项控制得以执行的审计证据和信息技术一般控制运行有效性的审计证据,作为支持该项控制在相关期间运行有效的审计证据。

(5) 审计人员在实施控制测试的同时,可考虑对同一交易实施细节测试。

(6) 如果审计人员实施实质性检查发现了重大风险而被审计单位没有识别,通常表明被审计单位的内部控制存在重大缺陷,审计人员应与管理当局和治理当局进行沟通。

(二) 控制测试的时间

控制测试的时间取决于审计人员的目的,并决定了依赖相关控制的时间。如果只测试特定时期的控制,则仅能得到该时点控制有效运行的审计证据;如果测试某一期间的控制,就能获取控制在该期间有效运行的审计证据。

(1) 如果已获取有关控制在期中有效运行的审计证据,审计人员应当考虑下列因素,以确定对剩余时间有效运行的额外审计证据的获取:

① 评估的风险重要程度;
② 在期中测试的特定控制;
③ 对有关控制运行有效性获取的审计证据的程度;
④ 剩余时间的长度;
⑤ 在依赖控制的基础上拟减少进一步实质性程序的范围;
⑥ 控制环境;
⑦ 在剩余期间内部控制发生重大变化的性质和范围。

(2) 审计人员如果拟依赖以前审计获取的有效的审计证据,应当通过实施询问并结合观察或检查程序,获取这些控制是否已经发生变化的审计证据;审计人员信赖自上次测试后已发生变化的控制,应当在当期审计中测试这些控制的运行有效性;审计人员拟信赖自上次测试后发生变化的控制,应当至少每三年对这些控制的运行有效性测试一次。

(3) 审计人员在确定以前有关控制运行有效性的审计证据是否适当以及再次测试控制时间间隔时,应当考虑以下因素:

① 内部控制其他要素的有效性,包括控制环境、监督、风险评估等;
② 控制特征(人工控制还是自动化控制)产生的风险;
③ 信息技术一般控制的有效性;
④ 控制设计及其运行的有效性,包括过去测试中发现的控制偏离的性质和程度;
⑤ 特定控制未适应环境变化,是否构成风险;
⑥ 重大风险和对控制信赖的程度。

(4) 审计人员可根据下列情况,缩短再次测试控制的时间间隔或完全不信赖以前所获取的审计证据：
① 控制环境薄弱；
② 对控制监督乏力；
③ 相关控制中人工控制的成分较大；
④ 对控制运行产生重大影响的人事变动；
⑤ 环境的变化表明需要对控制作出相应的变动；
⑥ 信息技术一般控制薄弱。

面对一些控制：如果认为利用以前的审计证据是适当的，审计人员在每次审计时可分散抽取部分进行测试；审计人员如确认是特别风险时，并拟信赖旨在减轻特别风险的控制，应当从当期测试中获取有效性运行的审计证据。

(三) 控制测试的范围

审计人员在控制测试中，应获取控制在拟信赖的整个期间有效运行的充分、适当的审计证据。在确定某项控制的测试范围时，审计人员通常应考虑下列因素：

(1) 在所审计期间，被审计单位执行控制的频率；
(2) 在所审计期间，审计人员拟信赖控制运行有效性的时间长度；
(3) 为证实控制能够防止或发现并纠正重大差错时，所需获取审计证据的相关性与可靠性；
(4) 通过测试与认定相关的其他控制所获取的审计证据的范围；
(5) 在风险评估时拟信赖控制运行有效性的程度；
(6) 控制的预期偏差。

审计人员在风险评估时，对控制运行有效性拟信赖程度越高，实施控制测试的范围就越大。控制的预期偏差越高，控制测试和范围就越大。由于信息技术处理具有内在一贯性，审计人员通常不需要增加自动化控制的测试范围。

五、实质性检查

审计人员应当根据评估的重大风险设计与实施实质性检查程序，以发现和认定风险。实质性检查程序包括对各类交易、账户余额、列报与披露的细节测试以及实质性分析程序。也就是说，实施所有的账目基础审计方法，有目的地检查与重大风险相关的账项和资产。例如，进行会计报表审计时，应将会计报表与其所依据的会计记录核对；检查会计报表编制过程中作出的重大会计分录和其他调整。检查会计分录和其他会计调整的内容和范围，取决于被审计单位财务报告编报过程的性质和复杂程度以及相伴而生的重大错报风险。

如果认定是特别风险，应将细节测试和实质性分析程序结合使用，以获取充分、适当的审计证据。

(一) 实质性检查的性质

审计人员应实施细节测试获取充分、适当的审计证据，查明问题所在，以确保审计水平。如对会计报表审计时，针对存在或发生应当选择报表金额中的项目进行检查，针对完整性应当选择检查报表金额中的项目有无漏洞等。设计实质性检查时，应当考虑下列事项：

（1）对既定的认定使用实质性检查的适当性；
（2）对已记录的金额或比率进行预期时，所依据的内部或外部数据的可靠性；
（3）在计划保证水平上，作出的预期是否足以准确识别重大错报；
（4）已记录金额与预期值之间可接受的差异额。

在实质性检查时，如果使用被审计单位编制的信息，应注意是否经过审计或应测试与编制该信息相关的控制。

（二）实质性检查的时间

审计人员对期中实质性检查，可能会增加期末被发现的风险，并会随着剩余时间的延长而增加。因此，审计人员在期中实施实质性检查时，应考虑下列因素：

（1）控制环境和其他相关的控制；
（2）实质性检查所需信息在期中之后的可获得性；
（3）实质性检查的目标；
（4）评估的重大风险；
（5）各类交易或账户余额以及相关认定和性质；
（6）针对剩余期间，能否通过实质性检查或结合控制测试降低期末存在而未被发现的风险。

如果在期中实施实质性检查，审计人员应当针对剩余期间实施进一步实质性检查，或结合控制测试使用，或将期中测试的结论延伸至期末。如果作出的是舞弊风险评估，审计人员应考虑在报告期末或临近报告期末实施实质性检查。

审计人员通常将与期末余额有关的信息和期中的可比信息进行比较、调节，识别和调查出现的异常金额，并针对剩余期间实施实质性检查和细节测试。

如利用以前审计获得的证据，审计人员应在当期实施实质性检查，以确定这些审计证据具有持续相关性。

（三）实质性检查的范围

审计人员评估的风险越高，实施实质性检查的范围就越广。实质性检查应集中于高风险区域。如果对控制测试结果不满意，审计人员应当考虑扩大实质性检查的范围。

在设计细节测试时，审计人员除了从样本量的角度考虑测试范围以外，还要考虑其他选择样本的方法是否更为有效。在实施实质性检查时应考虑重要性要求。

对会计报表审计时，审计人员应实施必要的审计程序以评估会计报表总体列报与相关披露是否符合国家颁布的企业会计准则和相关会计制度的规定，应当考虑有无重大错报的风险，应当考虑报表是否正确反映财务信息的分类和描述以及对重大事项的披露是否适当。

六、证据评价

在形成审计意见时，审计人员应当确定是否已经获取充分、适当的审计证据，包括印证证据和与之相矛盾的证据。同时，评价审计证据的充分性和适当性及考虑下列因素的影响：

（1）认定发生潜在风险的可能性与重大性；
（2）管理当局应对与控制风险的有效性；

(3) 在以前审计中获取关于类似潜在风险的经验；
(4) 实施审计程序的结果，如是否识别出舞弊或错误的具体情形；
(5) 可获得信息的来源与可靠性；
(6) 审计证据的说服力；
(7) 对被审计单位及其环境（包括内部控制）的了解。

社会中介审计组织在会计报表审计中，如果对重大的会计报表认定不能获取充分、适当的审计证据，注册会计师应当发表保留意见或无法表示意见，并要在审计工作底稿中记录下列事项：
(1) 对评估风险后采取的总体应对措施；
(2) 实施进一步审计程序的性质、时间和范围；
(3) 实施进一步审计程序与重大风险的联系；
(4) 实施进一步审计程序的结果。

七、风险管理建议

风险基础审计终结阶段，在审计报告中均要针对风险评估和进一步审计中发现与查明的风险问题提出风险管理的建议。风险管理建议包括减少风险发生和减少风险发生后的损失等两方面建议，建议被审计单位应从加强控制风险、分散与中和风险、转移风险、集中风险和承担风险等方面采取措施加强风险管理。

思考与练习

1. 什么是风险？风险的基本含义包括哪些内容？
2. 风险具有哪些方面特征？
3. 组织层级风险来源于哪些方面？
4. 企业生产风险、营销及销售风险来源于哪些方面？
5. 什么是纯粹风险和投机风险？
6. 什么是静态风险和动态风险？企业有哪些方面的动态风险与静态风险？
7. 什么是广义的财务风险和狭义的财务风险？企业有哪些方面的财务风险？
8. 什么是风险管理？风险管理有何作用？
9. COSO 风险管理架构有何特征？
10. 风险管理有哪八大要素？
11. 什么是风险基础审计？其产生的原因是什么？
12. 风险基础审计与制度基础审计有何区别？风险基础审计有何特征？
13. 风险基础审计包括哪些阶段？具体程序方法包括哪些内容？
14. 什么是风险识别？怎样进行风险识别？
15. 风险识别中如何使用调查表法？
16. 进行风险识别应注意哪些问题？
17. 什么是风险分析？怎样进行风险分析？

18. 注册会计师在识别和评估重大错报风险时应当注意哪些问题？
19. 注册会计师在确定风险性质时，应考虑哪些问题？
20. 什么是应对决策？如何进行应对决策？
21. 风险评估后，如何确定进一步审计的基本思路？
22. 审计人员如何确定进一步审计的性质、时间和范围？
23. 什么是控制测试？在什么情况下应当采用控制测试？
24. 控制测试应获取控制有效运行方案的哪些证据？
25. 怎样确定控制测试的性质、时间和范围？
26. 在确定获取剩余期间有效运行的额外审计证据时应考虑哪些因素？
27. 审计人员在确定以前控制运行有效性的审计证据是否适当与再次测试控制时间间隔应考虑哪些因素？
28. 审计人员可根据什么情况缩短再次测试控制的时间间隔或完全不信赖以前所获取的审计证据？
29. 在确定某项控制的测试范围时，审计人员通常应考虑哪些因素？
30. 什么是实质性检查？如何确定实质性检查的性质、时间和范围？
31. 审计人员在确定实质性检查的性质、时间和范围时应分别考虑哪些问题？
32. 评价审计证据应考虑哪些因素？
33. 风险管理建议包括哪些方面内容？

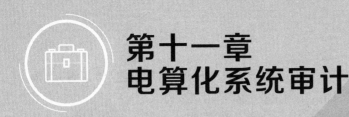

第十一章 电算化系统审计

【内容提示】

随着计算机在会计领域及其他管理领域中的普遍应用,审计对象发生了巨大变化。随着审计对象的变化,审计的方式和手段也必然要发生变化。现代审计不仅要应用电子计算机作为其审计手段,更重要的是要把电算化系统作为其审计的对象。电算化系统有何特点,电算化系统审计有何特征,电算化系统审计有哪些内容,其基本方法如何,这些是本章所要阐述的主要内容。

第一节 电算化系统概述

一、电算化系统

人们将应用计算机进行数据处理的过程称为电子数据处理(Electronic Data Processing,简称为EDP),把人机共同构成的系统称为电子数据处理系统(EDPS),我国则称之为电算化系统。

计算机在企业管理中首先被用于会计领域。会计数据具有输入量大、计算过程繁杂、转抄环节多等特点,采用计算机处理可以提高会计工作效率和质量,避免了手工处理经常出现的错误,并将会计人员从日常单调、繁重的计算抄录工作中解脱出来,更多地从事信息的解释、利用和决策活动。在会计应用方面,最初只是在工资、账务等方面单项应用,后来逐步推广到包括簿记、分析、预测、决策等领域,形成了功能完备的会计信息系统。此外,企业管理的其他方面,如人事、统计、销售、生产等也迅速引入计算机,并在整个企业中建立了包括会计信息系统在内的,不仅能够对各项业务数据进行常规处理,同时还能够为管理人员提供多方面信息,有助于管理人员履行其职能的管理信息系统。近年来,国内外还出现了更高层次的具备智能服务功能的决策支持系统。电算化系统由计算机硬件、软件和人等要素构成,其运行过程可分为输入、处理和输出三个基本阶段。

（一）*数据输入*

数据输入又包括数据采集、数据准备和数据输入三个环节。数据采集是指原始业务文档的手工编制过程。这些业务文档(如销售订单、材料请购单等)一般记录着有关业务的细节。数据准备是指在将数据输入计算机前对数据进行汇总、转换的脱机工作过程。其中,汇总即将一定时期内(如1周或10个月等)的业务数据汇集成批以供集中输入处理;转换则是指将业务数据转换为机器可读的形式,一般按照事先规定的编码将数据转换成机器可读的编码形式。数据输入则是指将数据输入计算机内存。就整个输入过程来看,数据输入可采用两种方式：

（1）联机输入，也称直接输入或交互式输入，是指通过联机设备（如键盘、终端等）将数据直接输入计算机内存的输入方式。目前，我国企业大都采用这种方式。

（2）脱机输入，也称间接输入或成批输入，是指首先将数据录入到适当的外围存储器上，然后利用输入设备将记录在外存上的数据输入内存。

要指出的是，在联机输入方式下，数据输入过程包括数据采集和输入两个环节，数据准备和输入实际上合二为一。此外，在有些高级系统中，数据采集和输入也可合在一起进行。如将顾客的要求输入计算机，同时由计算机输出业务凭证，此时数据采集工作也由计算机代替了。

（二）数据处理

数据处理是指由计算机对数据自动执行的一系列操作。

（1）数据检验。数据输入内存后或其他处理操作开始前，由计算机程序对数据的正确性进行测试。如检验记录顺序是否符合预先规定、数据分类与编码是否正确等。

（2）计算。对数据进行的算术运算操作。如在工资应用中以每日工资标准乘以出勤天数等。

（3）比较。对数据进行逻辑运算，以确定下一步处理的操作内容。如在应收账款应用中，可将某一顾客的订货额与事先为其规定的赊销限额进行比较，以决定是否发货。

（4）汇总。对多个相同或相关数据求和以确定其合计数的操作。例如，将所有职工的工资总额求和，以得出整个企业或各部门工资总额等汇总信息，一般用于报告或对数据处理的准确性、完整性进行控制等目的。

（5）更新。为反映业务处理过程中的计算和比较的最新结果而对文件内容的更改。由于大多数磁性载体上的文件在更新之后原来的数据并不保留，因此对文件更新操作一般需加以严格控制。

（6）维护。这是指为反映数据中的固定项目及参数值的变化而对文件内容的更改，包括追加新的记录和删除原有记录等。如职工工资文件中职工职务、工资级别的改动，以及增加一个调入职工数据等。

（7）排序。为了进行进一步的处理或输出而对业务记录按事先规定的先后次序进行的排列。

（8）查询。这是指为信息的需求而进行的终端显示或文件打印输出。经查询后的文件内容并不发生变化。

数据处理的基本方式有批处理和实时处理两种。批处理是电算化系统最早采用的数据处理方式，它是指将需要处理的数据首先以机器可读的方式存储起来，而后定期集中处理，在处理过程中，用户一般不须介入，处理速度快，可以最有效地利用计算机的高速运行能力。其缺点是业务从发生到处理后信息输出的周期较长，难以满足某些业务的时间要求。实时处理是指在业务发生、采集数据的同时，即将其输入并即刻进行处理的方式，它克服了批处理系统的缺点，但同时对系统软件、硬件配置提出了更高的要求，系统设置成本较高。

（三）数据输出

电算化系统的输出方式主要有卡片输出、纸带输出、显示输出、磁带输出、磁盘（软盘）输出等。目前,我国应用如下三种输出形式。

(1) 纸带输出,即打印输出,通过打印机将要输出的数据信息的内容打印到纸带上,是目前最普遍的一种输出方式。由于完全采用磁性载体输出信息并加以保存对环境要求较高,一般单位不容易做到;加之我国计算机专业人才短缺,政府管理和监督部门还不具备普遍阅读磁性文件的条件,因此财政部规定各种账簿和报表以打印形式输出。

(2) 显示输出,即用字符、图形等形式将有关数据信息通过终端设备输出。输出的信息无法长期保存,一般只用于信息查询。

(3) 软盘输出,即将有关数据信息拷贝到软盘中输出的方式。该种输出容量较之打印输出大得多,而且携带方便,是一种很好的输出方式。但是,目前大多用于保存中间信息,不做最终信息输出。

二、电算化系统的特点

将计算机引入数据处理领域,使得电算化系统较之手工系统表现出许多特点。了解这些特点对理解电算化系统审计的特定环境及重要意义是非常重要的。

(一) 系统配置

在系统配置(即系统运行的构成要素)方面,电算化系统的特点表现为复杂性和设置成本高。

1. 复杂性

电算化系统的配置除包括人和一定的物资资源(即硬件设备)之外,还需要大量高质量、高性能的软件支持。计算机软件涉及名目繁多而又飞速发展的程序设计语言、操作系统、实用程序及应用程序等诸多内容。计算机输入、输出设备多种多样,每种设备都有其复杂的工作机理;计算机处理设备更是体现了现代高科技的核心之一——集成电路的发展和应用。计算机作为一种信息处理工具,其技术上的复杂性必然带来理解和使用的困难,这就要求与系统运行效率及其产生的信息具有职责和利害关系的团体和个人学习掌握新知识、接受新训练,以履行其应尽的职责,维持各方的合法权益。

2. 设置成本高

与计算机的高效率及其所蕴含的高技术相联系,计算机系统的设置成本要远远高于手工系统的成本。一台微机的价格较一只算盘或一只计算器要高出几十倍甚至上百倍,而且软件购置和开发成本在设置成本中还占有重要地位。高昂的初始设置成本要求电算化单位必须充分挖掘计算机潜力,通过提高工作效率等手段来补偿其初始投资,同时,也意味着电算化以后,企业的经营风险增大。

(二) 系统处理

电算化系统表现在其处理的自动化、集中化及信息载体等方面。

1. 处理自动化

人机结合的电算化系统中,数据处理的各个环节被不同程度地交由计算机自动进行。

计算机的高速运行能力和精确性使数据处理的速度和准确性大大提高,从而可提高工作效率和信息的及时性。另一方面,自动化处理也意味着理性判断能力、灵活性和应变能力的丧失。一项在手工系统中显而易见的错误在电算化系统中却可能不被察觉。例如,工资计算表中某职工月工资 20 000 元,显然是不大可能的,手工处理时很容易发现这样的错误,但倘若计算机检验程序设计不当,电算化系统很可能忽略这样的错误。此外,自动化还意味着如果软件、硬件运行无误,系统会一贯给出正确的处理结果,但倘若系统某一环节,尤其是软件方面出现问题而没有被察觉,则计算机会在短时间内重复同一操作,或将错误结果迅速延伸进各个文件系统,或者多次给出错误信息。

2. 处理集中化

在手工系统中,一项经济业务从申请、授权到执行、记录、复核、保管,要分别由不同部门或人员来办理,通过职责分工达到有效的内部控制的要求。在电算化系统中,上述各步骤业务将不同程度地集中于电算化系统来处理,从而可能会使同一部门或人员执行几项不相容的职责。集中化的处理使手工系统中的凭证路径缩短,更有可能导致舞弊的发生。同时,手工系统中需分别记录的总账、明细账和日记账也集中由计算机进行记录。在国外某些系统中,计算机还可以自动授权和办理某些业务。这说明,手工系统中原有的某些职责分工和控制手段在电算化系统中受到削弱。

3. 信息载体

在手工系统中,各类数据主要以纸张为载体。以纸张作为信息载体,易读、不易更改,而且即便更改也往往留有痕迹等优点,但其存储容量十分有限。在电算化系统中,计算机的各种内外设备提供在磁盘或磁带之中,以磁性为载体的数据是肉眼无法辨认的,并且数据易遭损毁,可以不留痕迹地更改。磁性载体巨大的存储容量也意味着相对于手工系统而言,数据存储同样具有集中化的特点。一张磁盘损毁所导致的数据损失要比几十本账簿丢失带来的损失大得多。

(三) 系统组织结构

在一般的电算化系统中,常设如下的五个岗位。

(1) 系统分析员。负责分析建立新系统或更新原有系统的必要性,并从事相关的总体设计,明确规定新系统的基本要求及各项细节,为设计员的工作提供指导性文件。

(2) 系统设计员。负责具体设计工作,包括软件的结构、模块的划分、功能的分析以及处理流程及应用程序的设计。系统设计员又可分为系统程序员和应用程序员两类。

(3) 操作员。负责日常的数据处理操作工作。

(4) 文档管理员。负责保管程序文档及各种数据文件。

(5) 控制人员。负责控制经电算化系统处理的所有数据,工作包括检查输入数据和输出数据的正确性并负责输出文件的发送。

当然,根据电算化系统规模的大小和管理上的特点,上述人员和岗位可增可减,但一般说来,系统分析与设计人员不能参与日常的操作工作;数据处理操作、文档保管和控制岗位分别设立是必不可少的。

(四) 系统内部控制

在手工系统中常用的各种内部控制手段，如职责分离、核对、授权等，在电算化系统中，基本原则依然适用，但采取的具体实现方式往往有所变化。如前所述，电算化系统中的数据处理集中于电算化部门或小组，并导致某些传统的职责分离的方式失去意义，因此需要采用不同的方式使不相容的职责重新加以分离。例如，在较高级的存货管理系统中，当存货存量低于事先规定的重新订货量以下时，可由计算机自动打印出订货订单，表现为记录与授权职能合一，但只要存货控制程序中的重新订货的标准由采购部门核准，或订单发出前必须经采购部门批准后才能办理，则可认为授权职能仍在采购部门。如前所述，电算化系统数据处理和存储上的种种特点说明，除了手工系统中经常使用的控制手段外，电算化系统还应采取一些新的内部控制措施。这一切决定了电算化系统在内部控制方面的特点。首先，控制手段由手工系统中的人工控制转变为人工控制与程序化控制相结合。如建立在计算机应用程序中的各种控制（包括对系统操作的限制和由程序进行的各种检验、核对、判断等）对数据处理的可靠性和系统安全起着重要的作用。其次，控制的内容更加丰富，并渗透到数据及其处理过程本身。如对文档资料增设专职保管人员管理，以防止数据文体的丢失与非法改动；对系统开发过程通过授权、多部门参与、系统投入使用前的测试等各种措施加以控制等。最后，控制的重点转移到电算化部门或小组。这是电算化系统处理、存储集中化对内部控制的必然要求。在电算化系统中，增加的控制措施内容与措施中绝大部分是针对电算化部门或数据处理的具体环节的，如强调电算化部门内部的职责分工、电算化系统运行的安全措施，以及数据输入、处理及输出各环节的控制等。

第二节 电算化系统审计的基本特征

电算化系统审计是电子数据系统审计的简称，是审计的一个分支学科。它是研究被审计单位采用计算机进行数据处理这一特定环境下审计活动规律的一门新兴应用学科。作为一种独立性的经济监督活动，审计与计算机的联系可能有两种方式：一种方式是作为审计对象的被审计单位的经济活动及其资料采用了计算机来执行和处理；另一种方式是计算机作为一种工具被应用到审计工作中来。一般将前一种联系下的审计称为电算化系统审计，也可叫 EDP 审计（电子数据处理的简称）；而后一种联系下的审计称为计算机辅助审计。由于这两类审计具有一个共性——和计算机发展相联系，即处于计算机环境下，因此这两类审计又可纳入外延更广的范畴——计算机审计，或称电算化审计。电算化系统审计是一个独立的学科，而计算机辅助审计则只是一种审计技术。因此，作为审计的一门分支学科而言，计算机审计与电算化系统审计应是相同的。

如上节所述，计算机的应用使电算化系统比手工系统发生了很多的变化，这意味着作为审计检查对象的有关信息的产生过程的重大变化，因此电算化系统审计必然有许多不同于手工系统审计之处。在电算化系统审计中，审计的总体目标与手工系统审计相同，但数据处理方法的改变势必会影响收集审计证据的过程，从而带来了电算化系统审计的特殊问题。

一、审计线索特征

所谓审计线索,是指一项经济业务的发生及有关数据的处理所留下的各类文档资料(如原始凭证、记账凭证、账册等)之间的一系列联系。在手工系统中,各种书面文档信息所构成的审计线索为企业管理、内部控制和审计工作提供了极大的方便。在电算化系统中,为利用计算机的高效能及适应电算化处理的要求,原始数据和其他数据文件的生成方式、传递路径和传递方向发生了变化,审计线索依电算化程序和系统的不同而或多或少地有所改变。例如,在手工系统中,需根据原始凭证编制记账凭证,然后登记明细账和总账,电算化以后,某些转账业务可以由计算机自动生成记账凭证,某些自制原始凭证可以留有适当空间,直接由会计人员在原始凭证上进行会计科目处理,从而取代了记账凭证。另外,在手工系统中,常根据记账凭证登记明细账,根据汇总记账凭证或科目汇总表登记总账,这些明细账是审计线索中的重要一环,对防错防弊起着至关重要的作用。然而,在电算化系统中,总账、明细账和日记账都由计算机一次性根据记账凭证文件登记完成,已失去控制与核对关系,其根据都直接来源于记账凭证,因此从凭证到报表的审计线索缩短了。更为重要的是,电算化系统中的大量审计线索以肉眼不可见的机读形式存储于磁盘中,这样势必造成可见审计线索的中断。当然,在审计过程中可以要求被审计单位将要审查的凭证、账簿、报表等审计线索全部打印出来,但如果系统在开发和设计时没有考虑审计的要求,没有设置详细的账簿体系并保留必要的审计线索,则会严重降低系统的可审性。在有些高级电算化系统中,某些传统的原始凭证可能由于采用了联机输入设备而流失。例如,销售员可以通过便携式微机终端输入客户的订货而无订单输出。有些系统中没有设置完整的业务备查,如一定要求保留这一线索,则需耗费一定的人力和物力资源。存储于磁性载体中的各类数据文件,只有采用计算机并利用计算机程序才能阅读。

二、审计内容特征

在手工系统环境下,审计的内容限于手工处理的各种凭证、账表、资料及其所反映的经济活动,而在电算化系统中,数据处理的准确性、完整性不仅取决于输入数据的真实性和手工操作步骤的正确性,更主要地取决于计算机程序的正确性及其运行的可靠性。加之电算化系统的内部控制中很大一部分采用了程序化的控制方式,因此,审计中仅仅依靠审阅、核对等方法来检查经济活动及其资料是远远不够的,还应花费很大一部分时间和人力检查计算机程序的控制及处理功能,这样才能对系统数据信息的性质作出科学的结论。此外,由于电算化系统的初始设置成本较高,并且运行后系统维护及改进费用也较高,因此,无论是内部审计还是外部审计,对电算化系统的开发过程进行审查,考察系统分析、设计和运行的组织情况及系统开发过程是否规范化,评价开发出的系统是否符合国家有关电算化方面法规的要求并能满足企业管理的需要,将成为重要的工作内容。

三、审计方法与技术特征

如前所述,电算化系统中信息存储方式及审计线索发生了变化,内部控制也部分地程序化了,尽管手工系统中常用的一些方法(如审阅、核对、调查、盘点等)仍部分地适用,但单纯采用传统的这些手工审计方法已远远不能满足审计的需要,审计人员需要开发出新的方法和运用新的手段来对系统内部控制的充分性、有效性及数据账表的可靠性进行解和测试。例如,对复杂的实时系统的凭证、账簿、报表的检查,有时它们之间的关系很难用核对、审阅、打印输出资料的方式来确定其正确与否,审计时往往需要借助计算机辅助审计技术,运用审计软件直接检查以磁性方式存储于被审计算机系统中的数据文件。对计算机程序的检查也往往需要运用计算机来进行。要指出的是,审计作业过程本身的计算机化只是电算化系统审计方法的一个方面,还存在很多手工审计方法(如判定表法、决策树法等)特别适用于电算化系统审计的某些方面。总的说来,电算化系统审计方法较之手工系统审计要丰富得多、复杂得多,既包括大量的手工方式进行的方法,也有很多方法需借助计算机来进行。

四、审计人员特征

计算机环境下审计对象及与其相适应的审计方法本身的变化,要求审计人员的知识结构适应这种变化的需要。计算机系统数据处理集中化,要求电算化单位采用特别控制手段,保证数据处理过程中的职责分离和资产的安全、完整;电算化系统的高度复杂性,要求数据输入、处理和输出各环节的操作必须标准化,并设有充分的应用控制以保证数据处理准确、可靠。内部控制方式与内部的巨大变化,要求审计人员对电算化系统的控制原理有足够的知识,借以评价内部控制的充分性和有效性,并相应地确定实质性测试的范围、时间和重点。电算化系统审计方法和技术的改变,要求审计人员对有关程序设计、系统分析与设计、计算机操作等知识具有相当的了解。

由此可见,电算化系统审计对审计人员素质提出了更高的要求。它要求审计人员具有复合型的知识结构,除应具备手工系统审计所必备的会计、审计、法律、企业管理等方面的知识外,还要具备一定程度的计算机结构与操作、系统开发设计、电算化会计以及电算化系统控制与审计的有关知识。在国外电算化系统审计开展的早期,大部分审计人员对计算机知识了解甚少,审计过程中或只能采用与手工系统审计中同样的方法进行审查,或是依赖审计小组中的计算机专家对系统的和谐作出评价。但是,由于计算机专家往往只了解系统的技术方面,对审计和控制的要求知之不多,结果导致审计与计算机两方面知识的脱节,使审计结论出现偏颇,出现了许多审计责任问题。为此,一些国家的政府机构和职业组织开始对审计人员的知识结构和电算化系统审计提出了规范化的要求。例如,美国注册公共会计师协会(AICPA)在其发布的《审计准则说明书》第3号及第48号中要求审计人员必须了解电子数据处理系统,并且在整个审计过程中,充分考虑计算机的影响,以采用适当的方法进行符合性测试和实质性测试。

第三节 电算化系统的内部控制及其评审

电算化系统的内部控制评审是电算化系统审计的一项重要的、也是技术性很强的工作。如前所述,计算机引入数据处理系统后,电算化系统呈现出许多不同于传统的手工系统的特征,这些特征表明,相对于手工系统而言,电算化系统的控制风险大大增加,电算化系统需要设置多种新的控制措施以保证系统的有效运行和数据、信息的完整性、正确性。了解电算化系统内部控制结构并采用合适的方法加以评审,是现代审计在变化的审计环境中生存与发展的前提。

一、电算化系统内部控制的主要内容

在电算化系统内部,依据控制对象的范围,应将控制区分为一般控制和应用控制两类。一般控制是指对系统构成要素(人、机器、数据文件)及环境的控制,通常适用于系统进行的大部分数据处理,其主要内容包括组织控制、系统开发控制、硬件及系统软件控制、系统安全控制等。应用控制是对特定应用项目的数据处理过程本身的控制,其具体内容往往因应用项目而异,包括输入控制、处理控制和输出控制。一般控制是应用控制的基础,为数据处理提供良好的处理环境;应用控制则可看成是一般控制的深化,它在一般控制的基础上,进一步深入具体的业务处理过程,为数据处理的准确性提供直接的保证。

(一) 一般控制

1. 组织控制

组织控制是指通过人员管理和职权与责任的分配以保证有效果、高效率地实现组织的目标。其主要措施有:(1)数据处理与使用部门职责分离。数据处理部门负责记录业务并进行相应的数据处理,数据使用部门负责批准和执行业务,两者属不相容职责,必须分离。(2)数据处理部门内部职责分离。要求系统开发与数据日常处理职能分离,系统开发人员不得参与日常处理操作,同时日常数据处理也应安排多人共同完成,如可设操作员、文档管理员、复核员等岗位。

2. 系统开发控制

系统开发控制是指对新系统开发使用及原有系统的任何改进活动进行的控制。电算化系统不仅初始设置成本高,而且如果投入运行后才发现系统的不适用之处而进行改动,则需耗费很多的人力、物力和财力。因此,有必要采取控制措施保证及时发现和修正错误,以使投入运行后系统能满足用户的需要。主要措施包括:(1)系统开发前,进行必要的可行性研究;(2)开发小组应有使用部门人员参加并参与设计和测试;(3)系统投入使用前先与原系统并行运行一段时间,以进一步验证新系统的可靠性和适用性;(4)在可能的情况下,系统开发应有审计人员(尤其是内审人员)参与,以保证系统保留必需的控制措施和审计线索;(5)系统投入使用后,任何程序的改变或系统配置的变化必须经过批准、调试并保留文字记录后才能投入运行,系统维持应视同系统开发加以控制。

3. 硬件及系统软件控制

这是指与计算机随机配备的为防止硬件运行失灵和系统软件中具有的保证计算机运行可靠性的一些控制功能。例如,为防止硬件运算出错,很多计算机配备了重复处理校验功能,由两个运算器对同一批数据执行同一运算,通过比较运算结果是否一致来判定运算是否准确。常见的硬件控制有冗余校验、重复处理校验、回波校验、设备校验、有效性校验等;系统软件控制主要有错误处理、程序保护、文件保护等功能。

4. 系统安全控制

这是指为保证计算机系统资源的实物安全,免受影响系统连续性和导致系统实物资源损失的种种因素干扰而采取的各种控制手段。主要措施包括：(1) 接触控制,只有经过批准的人员才能接触电脑系统的硬件、软件和数据文件,可采用机房、机器加锁、口令控制等多种方法;(2) 后备控制,对重要的系统硬件、软件配置后备设备,对数据文件进行备份,在系统资料损毁的情况下能够恢复处理功能;(3) 环境安全控制,如计算机房应配有防火、防尘、不间断电源、稳压等设备。

(二) 应用控制

应用控制针对具体的应用项目而设置,因此涉及的业务种类繁多,各种业务应用与处理流程中要求差别极大。根据设置的控制所涉及的数据处理环节,可将其分为以下三类。

1. 输入控制

由于计算机处理结果对输入的正确与否具有极高的敏感性,并且很多计算机舞弊还是通过在输入环节作弊而实现的,因此输入控制在电算化系统控制中占有极为重要的地位。常见的输入控制措施有:(1) 复核控制。由不同的操作人员或同一操作人员两次键入需输入的数据,如果结果不一致,则需纠正后才能进行下一步的处理。(2) 分批控制。输入计算机前,由人工汇集凭证并编制批号,计算控制总数(如输入金额合计)输入计算机后,由程序计算后再次给出结果以与人工计算的总数相核对。(3) 计算机编辑校验,即计算机按照程序指令通过计算机逻辑比较,检查数据的正确性与完整性,如对数据编码有效性、数值符号、数据类型、字段长度、数值限度等均可利用计算机程序进行校验。(4) 平衡校验。利用数据间应有的平衡关系(会计账务处理中,如本期借方发生额－本期贷方发生额等)在数据输入环节,利用事先编制的检验程序进行校验,如平衡关系被打破,则说明输入过程有误。其他的输入控制措施还有数码校验等。

2. 处理控制

处理控制的目的在于合理保证计算机按照既定的指令处理正确的文件,并确保处理结果正确。处理控制都采用程序化方式进行。常见的有:(1) 文件标签校验。为防止处理的文件不是预定的文件,在处理文件前,操作员应认真检查文件的外部标签,确定该文件确实是所要处理的文件;内部标签的校验则需靠程序执行,如发现不相符,则给出错误信息。(2) 控制总数校验。计算机处理后,自动计算出总数并与输入的控制总数核对,以保证处理的正确性。另外,还有限值校验、平衡校验等控制手段。

3. 输出控制

输出控制的目的:一是要验证输出结果的正确性;二是要保证输出信息能够及时发送到指定的人员手中。主要手段有:(1) 对输出结果进行检查,如检查各项数字的合理性,将输入过程中手工计算的控制总数与输出的控制总数核对等;(2) 设置专门人员负责输出文件的发送并设置相应的记录。

二、电算化系统内部控制的评审

电算化系统内部控制的评审与手工系统内部控制评审有许多共同之处,其基本目的都是确定系统是否设置了合理保证数据处理可靠性的控制手段以及这些控制手段是否实际发挥了预期作用,并进而确定审计人员下一步实质性测试的范围和重点。除此之外,内控评审也可以成为被审计单位提出有关内部控制建设方面的建议的依据。但是,由于电算化系统的控制内容、方法和具体措施有别于手工系统,因此评审方法也应适应其特殊性而有所改变。

一般说来,对电算化系统内部控制的了解和描述可采用手工系统中常用的方法,如调查表、流程图、查询等方法仍是非常有效的。但是,在对内部控制的执行情况进行符合性测试时,由于电算化系统的控制有很多是程序化控制,单纯依靠传统的方法是无法胜任的,需采用一些计算机辅助审计技术或通过计算机审计技术才能得出确切的结论。对于电算化系统中的手工控制手段,如组织控制、系统安全控制、系统开发控制等内容,广泛运用于手工系统的各种符合性测试方法仍然是有效的。

第四节 电算化系统审计的基本方法

电算化系统审计测试包括符合性测试与实质性测试两种。这里从两种测试的共性出发探讨审计的方法。依据是否对计算机系统内部的文件、程序和控制功能进行直接审查,可将审计的基本方法分为绕过计算机审计和通过计算机审计两种方法。依据审计过程中是否利用计算机进行审计工作,可以分为手工审计和计算机辅助审计两种方法。另外,还涉及大数据审计。

一、绕过计算机审计法

绕过计算机审计方法又称为"黑盒法",它是将电算化系统中的计算机系统作为一个不可知的黑盒子看待,无需对计算机的处理过程和程序化控制加以直接、详细的了解,只需对计算机的输入和输出资料加以检查,将一定时期内的输入、输出资料全部打印出来,从已由计算机处理过的业务中选择部分业务,由审计人员对其进行手工重复处理,然后将预期结果与计算机处理结果相比较。根据比较的一致程度来评价系统处理及控制的功能。

绕过计算机审计方法依据下列假定:若系统的输入、输出是正确的,则可以认为数据处理的过程也是正确的。因此,审计人员可以绕过计算机,在不知道计算机数据处理具体的内容和方法的前提下,通过检查肉眼可见的输入、输出数据形成判断和结论。如果输入正确而输出有错,则可以肯定计算机处理过程存在问题。采用绕过计算机方法进行审计测试,工作的重点在于检查核对,以验证输出结果的正确性。

绕过计算机审计方法一般适用于如下环境:

(1) 审计线索完整、可见。所有的业务均保留原始凭证,并在有关的输出账簿中留有详细记录。

(2) 处理过程简单、明了。在某些情况下,计算机输入与输出的关系较为简单直接,检查核对比较容易,如应收账款等账项的账务处理;在另外的情况下,输入与输出的关系则相当复杂,如工资、产品成本计算等,相应的检查核对工作量很大,甚至相当困难。

(3) 审计人员可以得到完整的系统文档资料,如系统分析说明书、系统设计说明书。否则,审计人员对系统的处理逻辑与控制功能一无所知,审计证据缺乏证明力,审计风险较大。

(4) 系统使用的软件被广泛使用并经过严格测试。在这种情况下,系统的功能一般较为齐全可靠,审计人员不直接对计算机系统内部进行检查,也不会遗漏重大的控制弱点。

(5) 该方法一般用于对批处理系统的审查。对实时系统,在不影响正常业务处理的前提下是很难应用的。

绕过计算机进行审计,审计人员即使不懂计算机的运行与操作知识、不了解被审计电算化系统的具体情况,同样可以进行审计测试。这与我国目前审计人员一般的素质状况是相适应的,因此绕过计算机审计法是目前实践中使用较为普遍的一种方法。但是,该方法存在着如下的严重缺陷:(1)用手工方式验证输出结果耗费时间较多。(2)输出结果中如果发现错误,往往无法判定产生的原因,因为导致计算机数据处理出错的因素很多,既可能是操作人员的失误,也可能是计算机硬件或软件中出现问题。由于审计人员对处理过程和程序化控制情况只能从系统文档中作一般性的了解,而无从判断实际处理和控制与文档说明的相符程度,这将进一步影响审计结论和建议质量。(3)该方法适用范围有限,只是在电算化水平较低、把计算机作为一个大计算器使用时,计算机输入与输出的关系才保持手工系统的形态,即手工系统下的肉眼可见审计线索仍然保留。但是,随着计算机技术的发展和应用及开发水平的不断提高,由计算机完成的处理内容将日趋丰富、复杂,中间结果一般不再打印出来,最终输出也只有很少的部分形成书面文件。在此种情况下仍绕过计算机进行审计,其质量与效率都会受影响。实践中经常出现这样的情况,即审计人员发现输出有错或与输入不符时,只能接受被审计单位有关人员的解释而无法辨识其真伪。

二、通过计算机审计法

通过计算机审计法又为"白盒法",是指将计算机的处理过程本身作为审计测试的直接对象的一种审计方法。通过计算机审计的名称与黑箱理论有关。计算机处理过程技术上的复杂性使某些审计人员对之产生了畏惧心理,认为这一过程是不可知的,并提出了很多理由,人们称之为"黑箱理论"。在电算化系统审计中直接检查计算机处理过程,其意义在于破除了不可知论,穿透、打开了计算机处理的黑箱,故称为通过计算机审计法。

如果说,电算化的早期绕过计算机审计尚具备其应用的条件,并可满足履行审计职能的需要的话,那么随着电算化水平的提高,绕过计算机审计方法的应用则日益受到限制。其原因在于:

(1) 联机输入越来越普遍。在有些系统中,可由工作人员在收到顾客订货电话后,直接通过终端输入有关数据,而不必编制原始凭证。

(2) 打印输出减少甚至消失。在国外的有些企业,输出形式越来越多地采用屏幕显示的方式,通过联机查询直接获取有关资料,系统只打印输出一些例外报告。

(3) 实时系统的大量采用。在实时系统中,业务发生后立即更新有关文件,审计人员单纯依靠打印资料无法了解系统数据和文件的现时情况。

此外,如果操作人员做了手脚的话,可能导致打印资料与机内存储的数据、文件不一致,从而使输入、输出的核对失去意义。所有这些都要求审计人员直接对计算机系统的运行过程和系统的处理与控制功能进行检查、测试,即通过计算机进行审计。要指出的是,通过计算机审计一般需借助计算机来完成,但并不排除手工操作的可能性与必要性。例如,检查程序控制功能时,可直接经肉眼检查程序逻辑及编码的正确性,即是用手工方式进行的通过计算机的审计。

通过计算机审计的最大优点是大大提高了电算化系统审计的深度,扩大了审计范围。由于电算化系统审计线索变化带来的问题基本上被克服,对输出中发现的问题可以进行深入的分析,为审计结论的形成提供了充分、有力的审计证据。此外,通过计算机审计还可动态地评价系统适应变化的能力,并可节省详细的验证输出的人力、物力和时间的耗费,为建立在内控评审基础上的抽样审计应用于电算化系统提供了科学的依据。由于它适应了会计及管理信息系统发展的特点要求,因此应成为电算化系统审计方法的主体。

通过计算机审计对审计人员素质提出了更高要求。审计人员必须懂得计算机及数据处理方面的知识,以全面和深入细致地了解被审计单位电算化系统硬件、软件、数据结构等方面的情况。审计机构要配置一定的计算机设备。有些情况下还要求开发便于使用的审计软件。审计计划和实施过程中需充分考虑被审计系统的特殊条件。通过计算机审计是国外电算化系统审计的主流,各种具体的应用技术(如测度数据法、小型公司法、并行模拟法等)已得到广泛的应用。在我国,由于种种原因和条件的限制,其应用不很普遍,各方面应创造条件推进该方法的应用与发展。

三、计算机辅助审计

计算机辅助审计也称利用计算机审计,是指审计人员在审计过程和审计管理活动中,以计算机为工具,来执行和完成某些审计程序和任务的一种新兴审计技术。它并非电算化系统审计特有的一种方法,对手工系统的审计也可应用这些技术。由于计算机辅助审计与电算化系统审计之间有着密切的联系,这里只对这方面的情况作一综合介绍。

利用计算机进行审计不仅仅是审计手段的改变,它必将带来审计领域里新的革命,从目前来看,利用计算机进行审计工作仍然处于探索阶段,但它已展示出光明的未来。在审计的各个领域和各个阶段,计算机都可以发挥巨大的作用。

(一) 信息统计与检索

充分利用计算机存储容量大、计算速度快并具有远程联网能力的优点进行有关审计资料的收集、整理、分析与传递,会大大改善信息的质量和利用程度,更好地满足审计工作的要求。通过建立各地区、各行业及各单位审计情况的档案以及审计常用的各种法律、制度、规定、准则等审计依据数据库,不仅便于及时获得有关的宏观信息,也便于审计人员检索使用。我国目前已开发了多个审计法规检索系统。

(二) 文书处理

由于近年来计算机在文字与图形处理技术方面的飞跃发展,利用字处理或表处理软件可以明显地提高工作效率。例如,利用计算机撰写审计报告,可将初稿存于磁盘中,修改时可随时调出,段落结构重新安排和文字删改都可以方便迅速地完成。打印报告时,可以根据需要将重要的文字段用黑体字打印,其效果是手工文书无法比拟的。审计通知书、审计计划、审计工作底稿等审计文书均可采用计算机完成。

(三) 实施审计检查

可以利用计算机直接检查、核对有关数据,以确定数据的正确性。一般是通过审计软件的应用来实施的。审计软件是根据审计的需要而设计开发的,能够对数据进行一定的处理和分析的一组计算机程序。依据软件适用的范围,有通用审计软件和专用审计软件之分。

在国外,通用审计软件种类繁多,可以从市场上买到。我国目前也已开发出多种适用于不同行业、不同审计项目的软件。通用审计软件一般具有访问文件、数据查询、抽样、文件合并与比较及分析预测等功能。利用审计软件实施审计检查,能够使审计人员在电算化系统审计中直接访问以机读形式存储的数据,且能访问到远较其他方法为多的数据。如果被审计单位电算化程度较高,利用审计软件检查数据常可以节约审计时间,降低审计费用。同时,使用审计软件一般不要求审计人员具有较高的计算机知识。审计软件的出现不仅为电算化系统审计提供一条新的途径,而且以其操作方便、功能多样等优点大大减轻了审计人员的工作负荷,它代表着审计工作的未来。

近年来,国外还将计算机用于审计决策领域,将审计工作中的经验进行归纳、总结并编入计算机程序,由计算机自动完成审核检查、弄清事实、选择对照标准形成审计意见的全过程。这就是所谓的审计专家系统。当然,这方面的实际应用还有一定的困难,但这种探索无疑是非常有效的。

四、大数据审计

《"十三五"国家信息化规划》明确要求,推动各部门业务系统互通对接、信息共享和业务协同,2018年要形成公共数据资源开放共享的法规制度和政策体系,建成国家政府数据统一共享交换和开放平台,跨部门数据资源共享共用格局基本形成。

国务院于2015年8月印发了《促进大数据发展行动纲要》,明确提出"大数据是以容量大、类型多、存取速度快、应用价值高为主要特征的数据集合,正快速发展为对数量巨大、来源分散、格式多样的数据进行采集、存储和关联分析,从中发现新知识、创造新价值、提升新能力的新一代信息技术和服务业态"。《促进大数据发展行动纲要》的核心是推动数据资源共享开放,推动各部门、各地区、各行业、各领域的数据资源共享开放。

在时代背景下,审计环境发生了翻天覆地的变化,审计数据呈现出数据体量大、数据类型多样性、数据价值密度低、数据处理速度快等大数据独有的特点。审计手段也由原来的查看账表进入了大数据式审计。如何更快地适应审计工作环境的变化,更迅速、更准确地处理数据,积极探索和创新大数据时代审计信息化建设的方式方法,应对海量信息给审计带来的机遇和挑战,是摆在审计人员面前亟待解决的重要课题。

审计署"十三五"规划中指出,我国将推进以大数据为核心的审计信息化建设,到2020年实现对经济社会各类主要信息数据的全归集,基本建成数字化审计指挥平台、大数据综合分析平台、审计综合作业平台、模拟仿真实验室和综合服务支撑系统,构建国家和省级审计数据系统,形成"国家审计云",推动实现审计全覆盖。中办、国办《关于完善审计制度若干重大问题的框架意见》要求,构建大数据审计模式推进审计监督全覆盖,并明确提出创新审计管理模式和组织方式,大力推行现代审计综合模式,全面推广"总体分析、发现疑点、分散核实、系统研究"的数字化审计方式。

思考与练习

1. 电算化系统较之手工系统有什么特点?

2. 简述电算化系统基本要素及其运行过程。
3. 电算化系统审计有何特征?
4. 何谓一般控制?何谓应用控制?两者有什么关系?各包括哪些内容?
5. 如何评审电算化系统的内部控制?
6. 什么是绕过计算机审计法?其适用哪些主要的环境?
7. 什么是通过计算机审计法?通过计算机审计法有何优点?对审计人员有何要求?
8. 什么是计算机辅助审计?计算机在审计工作中可以应用于哪些方面?

第十二章 审计程序

> 【内容提示】
>
> 审计活动不仅是一种有目的的活动,而且是一种有组织、有步骤的过程。为了达到审计目标和完成审计任务,为了保证审计工作质量和减少审计风险,审计工作必须遵循一定的程序。什么是审计工作程序,审计程序有何作用,国家审计在审计三个阶段中应做哪些工作,社会审计在三个阶段中应做哪些工作,内部审计程序有何特点,这些是本章所要阐述的主要内容。

第一节 审计程序概述

一、审计程序的含义

审计作为一种独立的经济监督活动,是由各种存在着内在逻辑关系的工作所组成的一个完整的运动过程。在对任何一个审计项目的完整审计过程中,先做什么工作,后做什么工作,必须按照一定的顺序进行。

所谓审计程序,是指在审计监督活动中,审计机关和被审计单位双方必须遵循的顺序、形式和期限等。这是实现审计规范化和使审计监督有条不紊地顺利进行的重要保证,也是依法审计原则和独立审计原则的基本要求。审计程序说明在一定时期内审查具体的对象或项目所需要的步骤,一般包括准备阶段、实施阶段和终结阶段三个阶段,有时还包括行政复议阶段和后续审计阶段。每个阶段又分别包括若干具体工作内容。

正确理解审计程序的含义,要注意以下三点。

(1) 审计程序是项目审计的工作程序,在实际的审计业务活动中,任何审计活动都是通过实施一定的审计项目来进行的。因此,审计程序主要是指从审计机构确定审计项目开始直到全面完成项目审计为止的全过程中所经历的工作步骤,是与一个完整的项目审计过程相联系和相匹配的概念。它既非审计机构所有工作的程序,也非审计过程中某一阶段某一项工作的程序。

(2) 审计程序包括的范围大小因事而异。在审计程序所包括的三个阶段中,不论审计主体是国家审计、内部审计还是社会审计,也不论审计的目的和内容是财政财务审计、经济效益审计还是经济责任审计,一般都要经过准备阶段、实施阶段和终结阶段。因此,准备阶段、实施阶段和终结阶段是审计程序包括的基本阶段。

对一般的审计项目,审计组提交审计报告,审计机关出具审计意见书和依法作出审计处理决定,即意味着审计任务的结束,但对一些重大的审计事项,则还要进一步地了解被审计单位对审计意见书和审计处理决定中要求纠正的问题以及提出的改进建议和意见是否得到落实,因而需要进行后续审计。在审计处理决定下达一定时期后,进行后续审计时,如果发现被审计单位对单位处理决定执行不认真,则要责成被审计单位采取措施强制执行。

当审计处理决定发出后,如被审计单位不服,则可向作出审计处理决定的审计机关的上一级审计机关申请行政复议。因此,行政复议也是审计程序的一个重要内容。

(3) 审计程序在不同情况下的含义不同。对审计程序这一概念,要分别从实际的、理论的和规范的三个角度去理解。

实际的审计程序是在审计实践活动中,完成某项具体审计项目所实际经历的工作步骤。不同的审计项目实际经历的工作步骤就有所不同。

理论上的审计程序是对从事一般审计活动所经历的工作步骤的一种理论上的概括和总结,它抽象地、概括地反映了普遍的审计工作步骤,它来源于各种审计实践活动。

规范的审计程序是由具有权威性的机构所规定的、要求在审计实践活动中遵照执行的工作步骤。它反映了审计工作步骤的科学顺序,因而实际工作的审计程序应该尽量符合规范的审计程序,这样才能最大限度地保证审计工作的高效率和高质量。

按照审计主体种类的不同,审计程序的三个阶段具体内容也有所不同。国家审计机关的审计程序在《中华人民共和国审计法》及其一系列审计规章中有明确的规定。中国注册会计师协会发布的《独立审计准则》按照审计行业界公认的审计业务规则制定了一系列具体准则,对社会审计的整个程序作出了规定,充分体现了社会审计工作的行业特点。内部审计工作程序既不同于社会审计,也与国家审计工作程序存在着一定的区别,其三个阶段的具体内容主要取决于单位内部管理阶层根据需要作出的具体规定。

二、审计程序的作用

由权威性机构制定出的规范而科学的审计程序,不仅是分配审计工作的具体依据,也是控制审计工作的有效工具。

(一) 有利于保证审计质量

审计程序规定了为实现目的所必须实施的各项具体步骤,不仅可使审计负责人随时掌握审计工作的进度,还可以保证审计人员不至于忽略重要的审计步骤和主要事项,以便从审计程序的角度,保证审计工作质量。

(二) 有利于提高工作效率

严格而灵活的审计程序有利于提高工作效率,保证审计人员在较短的时间内取得充分有效的审计证据,从而正确表达意见,作出恰当的结论,避免可能发生的失误。

(三) 有利于提高熟练程度

规范而科学的审计程序可以使审计工作有条不紊地进行,这对审计工作经验不多的审计人员来说,可以较好地把握审计工作的基本环节;对审计工作经验较多的审计人员来说,可以腾出更多的时间,考虑审计中随时可能遇到的更为复杂的问题。

(四) 有利于审计工作规范化

规范而科学的审计程序也是使审计工作逐步实现规范化、制度化、法制化的一项重要内容。法定的审计工作程序是保证审计法律关系主体正确地行使权利、承担义务的基本保证,是贯彻依法审计原则的主要形式,审计人员和被审计单位必须严格遵循。自律性的行业规范确认的审计程序是保证审计业务工作按照公认的规则正常开展的基本步骤。正确地实施审计程序是保证审计业务质量、提高审计工作信誉的前提条件,是社会审计工作者依法执业的具体表现。

总之,严格而灵活、规范而科学的审计程序对审计实践活动意义重大,我国的国家审计机关早在 1985 年 10 月 4 日就颁发了《审计工作试行程序》,1995 年 1 月 1 日起开始施行的《审计法》第 5 章又对审计工作程序作了详细的规定。随着社会主义市场体制的建立和发展,审计程序将会更加科学和规范,特别是适应市场经济需要的内部审计和社会中介审计的审计程序将会更加完善。

第二节 国家审计的程序

按照审计法规定的基本原则和《审计法实施条例》第 36 条至 48 条的具体规定,审计机关和审计人员在实施项目审计时,应当遵循的审计程序主要分审计准备阶段、实施阶段、审计组提出报告阶段和审计机关审定审计报告,以及做出处理、处罚阶段。

一、审计准备阶段

审计的准备阶段是指审计机关从审计项目计划开始到发出审计通知书为止的这一段时间。准备阶段是整个审计过程的起点和基础,准备阶段的工作做得是否充分细致,对整个项目审计工作都会产生很大的影响。准备阶段一般可分为审计机关的准备工作和审计组的准备工作两个方面。

(一) 审计机关的准备工作

1. 编制审计项目计划,确定审计事项

审计机关应当根据法律、法规和国家其他有关规定,按照本级人民政府和上级审计机关要求,确定年度审计工作重点,对审计对象进行预测和分类,科学地编制审计计划,并确定审计事项。审计项目计划一般是年度计划,也就是审计机关本年度对辖区内哪些部门和单位进行审计监督的统筹安排。审计事项就是指审计项目计划中确定的具体审计事项。

2. 委派审计人员组成审计组

审计组是审计机关特派的实施审计活动的基本单位。审计事项确定以后,审计机关应根据审计事项的特点和要求,组织一定数量和质量的审计人员组成审计组。审计组实行组长负责制,其他组员在组长的领导和协调下开展工作,并对分担的工作各负其责。审计组长对审计组工作全面负责,包括制定审计方案和具体实施审计检查、组织撰写审计报告等。

3. 签发审计通知书

审计机关签发的《审计通知书》是审计指令,不仅是对被审计单位进行的书面通知,而且也是审计组进驻被审计单位执行审计任务、行使国家审计监督的凭据和证件。根据《审计法》和《实施条例》的规定,审计机关在实施审计3日前,向被审计单位送达审计通知书。特殊情况下,经本级人民政府批准,审计机关可以直接持通知书实施审计。审计机关发送审计通知书时,应附审计文书送达回证。被审计单位收到审计通知书后,填好审计文书送达回证送(寄)审计机关。直接送达的,以被审计单位在回执上注明的签收日期为送达日期;邮寄送达的,以回执上注明的收件日期为送达日期。

审计通知书的内容:被审计单位名称;审计的依据、审计范围、内容、方式和时间;审计组长及其他成员的名单;对被审计单位配合审计工作的要求;审计机关公章及签发日期。审计机关认为需要被审计单位自查的,应当在审计通知书中写明自查内容、要求和期限。其格式如表12-1和表12-2所示。

表12-1 审计通知书格式

××(审计机关全称)
审计通知书
审通×[××]×号

关于对×××进行审计的通知

_____:
根据×××,决定派出审计组,自××年××月××日起,对你单位××进行审计。请予积极配合,提供有关资料和必要的工作条件。
审计组长:
审计组员:

××(审计机关全称印章)
××年××月××日

抄送:××

表12-2 专项通知书格式

××(审计机关全称)
专项审计调查通知书
审×调通[××]×号

_____:
根据×××,决定派出专项审计调查组,自××年××月××日起,对你单位××情况进行调查。请予配合,并提供必要的工作条件。
调查组组长:
调查组成员:

××(审计机关全称印章)
××年××月××日

主题词:××
抄 送:××

审计通知书在发送被审计单位的同时,还应抄送被审计单位的上级主管部门和有关部门。

审计机关发送审计通知书时附的审计文书送达回证是为了适应《审计法》关于审计程序中有关时限的规定,以及行政复议的要求而设的。它主要适用于审计机关发送审计通知书、审计报告征求意见和复议决定等审计文书时使用。审计文书送达回证应写明受送达人、送达文书名称、送达时间、送达方式。其格式如表12-3所示。被审计单位在接到审计通知书后,应当积极配合审计机关工作,并提供必要的工作条件;审计机关本身也应当提高审计工作效率。

表 12-3　送达回证格式

××（审计机关全称）
送达回证

受送达人：
送达文书名称：
送达时间：
送达方式：

------------------审×复送[××]×号------------------
送达回证
审×复送[××]×号

送达文书：
送达人：
送达时间：××年××月××日
送达方式：
受送达人：（签名）　　　　　　　　　　　　　　　××年××月××日
代收人：（签名）　　　　　　　　　　　　　　　　××年××月××日
备注

审计机关向被审计单位送达审计通知书时，应当书面要求被审计单位法定代表人和财务主要人员就与审计事项有关的会计资料的真实性、合法性作出承诺（表 12-4）。在审计过程中，审计组还可以根据情况向被审计单位陆续提出书面承诺要求。审计组应将承诺书列入取证清单，作为证据编入工作底稿。

表 12-4　被审计单位承诺书

索引号：

被审计单位名称				法定代表人	
根据《中华人民共和国审计法》第 31 条和《中华人民共和国审计法实施条例》第 28 条，《中华人民共和国会计法》第 4 条、第 20 条，《国家审计基本准则》第 8 条之规定，在审计期间，我单位愿给予积极配合，并提供下列资料和情况：					
项　目	单　位	数　量	内　容		备　注
账簿					
报表					
凭证					
承诺	以上资料为我单位　　年　月　日至　　年　月　日财政、财务收支的全部资料，并保证其真实性和合法性。如发现有虚假、隐匿的会计资料，愿承担由此引起的全部法律责任。				
主管领导签字 及签字日期：			财务负责人签字 及签字日期：		
备　注			（被审计单位盖章） 年　月　日		
审计组组长签字：					

（二）审计组的准备工作

1. 明确审计任务，学习法规，熟悉标准

审计负责人接到任务后，应召集全组审计人员，说明该次审计的主要任务、目的和要求，提出自己的认识和打算，引导大家思考，集思广益。审计组成员还要组织学习完成审计任务可能涉及的财经法纪、审计法规及审计工作纪律，准确掌握审计法规标准，以便恰如其分地评价被审计单位的经济活动。

2. 进行初步调查，了解被审计单位基本情况

审计组成员在其负责人的组织下，根据审计任务的要求，通过收集查阅被审计单位平时上报的资料，走访有关部门，如主管部门、财税部门、工商、银行、物价等部门，听取各方面情况介绍，初步了解被审计单位的业务性质、生产经营特点、组织机构设置等。如系再次审计，可以通过查阅原来的审计工作底稿、审计报告、审计决定等档案资料，了解被审计单位过去的经济情况、发生过哪些问题以及是如何处理的。

3. 拟订审计工作方案

审计工作方案是实施审计的总体安排，是保证审计工作取得预期效果的有效措施，也是审计机关据以检查、控制审计工作质量和进度的依据。审计工作方案是在综合已经取得的资料和掌握的情况以及明确审计的重要问题的基础上形成的。其主要内容包括：审计项目名称、被审计单位名称；审计目标；审计方式；编制依据；审计的范围和内容；审计要点、步骤和方法；时间进度和人员分工等。审计方案的格式如表12-5所示。

表12-5 审计方案格式

被审计单位名称		审计方式	
审计项目名称		编制人员	
编制依据		编制日期	
被审计单位基本情况：			
审计目标、范围、内容与重点：			
审计方法与实施步骤：			
预定时间：			

续表

审计组组长及成员：
人员分工：
部门负责人审批：
主管领导审批：

编制审计方案应当根据重要性原则，围绕审计目标，确定审计的范围、重点。审计工作方案在制定时还应留有适当余地，以便实际情况发生变化时，做出相应的调整。审计工作方案经审计组所在部门领导或审计机关主要领导批准后，由审计组负责实施。

审计组成员需准备好审计时所必需的各种物品，如审计工作记录、计算工具等。

二、审计实施阶段

审计实施阶段是指审计组进驻被审计单位后，就地审查会计凭证、会计账簿、财务会计报告，查阅与审计事项有关的文件、资料，检查现金、实物、有价证券，并向有关单位和个人调查，以取得证明材料的过程。它是将审计工作方案付诸实施、化为实际行动的阶段，是审计全过程的最主要阶段。审计实施阶段主要应做好以下几项工作。

（一）深入调查研究，调整审计方案

审计组实施审计时，首先应深入了解被审计单位的管理体制、机构设置、职责或经营范围、业务规模、资产状况等；其次是对内部控制制度进行评估，根据评估结果，确定审计范围和采用的方法。必要时，修改原来制定的审计方案。其主要步骤如下。

(1) 听取被审计单位情况介绍。审计组进驻被审计单位后，应与被审计单位领导取得联系，说明本次审计的范围、内容与目的要求，争取他们的支持；约请被审计单位领导和有关部门负责人共同确定工作部署，确定与审计组的联系人和提供必要的资料等问题，听取被审计单位负责人及有关职能部门对单位情况的介绍；并采用适当方式，使单位职工了解审计的目的和内容，以取得支持和协助。

(2) 索取、收集必要的资料。审计组应当根据情况介绍和审计工作需要，向被审计单位索取有关资料，要求其提供银行存款账户，进行必要的资料收集工作。常规审计一般需要索取、收集的资料主要是：被审计单位有关的规章、制度、文件、计划、合同文本；被查期间的各种审计资料、分析资料，上年度财务报表、分析资料以及以往接受各种检查、审计的资料；各种自制原始凭证的存根，未粘附在记账凭证上的各种支票、发票、收据等存根，以及银行账户、银行收账单、备查簿等相关的经济信息资料。

在索取、收集资料时，一定要做好登记、清点和移交工作。收集的资料要当面清点，注意残缺页码，并列表登记，注明资料来源。移交与接收双方都要在移交表或调阅单上签名。

(3) 深入调查研究,全面了解内部控制状况。为了全面深入地了解被审计单位业务活动的一些具体规定、手续,以及内控制度的执行情况,审计组在收集资料以后,应当通过查阅资料、观察、咨询等方式了解被审计单位的有关情况。特别是了解被审计单位的各项业务处理手续、有关财务会计业务处理和现金、物资管理方面的内控制度建立完善情况和实际贯彻执行情况。审计人员向有关单位和个人进行调查时,应当出示审计人员的工作证件和审计通知副本。

(4) 必要时,调整原审计方案。在深入调查确定、初步评价被审计单位内控制度的基础上,审计组应当重新审查原拟订的审计方案,如发现原方案确定的审计范围、重点具体实施步骤和方法等与实际情况相差太远,必须修改审计方案时,应按规定的程序进行修改,经派出审计组的审计机关主管领导同意后组织实施。

(二) 进行符合性测试

现代审计的最大特征是以评价内部控制制度为基础的抽样审计,实行的是制度基础审计。因此,在审计实施阶段,必须全面了解被审计单位的内控制度,并进行评价。其目的是进一步确定审计的范围、内容重点以及有效的方法。

评价内控制度,一是进行内控制度健全性调查,二是进行内控制度符合性测试,三是对内控制度的有效性进行综合评价,从中发现内控制度的强点和弱点,并分析原因。根据内部控制的强弱点对审计方案进行适当调整。将审查重点放在内部控制制度的弱点上,对强点则进行一般审查,以尽可能高效、高质量地取得审计证明材料,提高审计工作效率。

如果采取的是风险基础审计模式,该步骤主要是进行风险评估,以确定进一步审计程序的性质、时间和范围。

(三) 实施实质性测试

1. 分析经济业务特点

为了把有限的审计力量花在更有价值的审计内容上,审计人员先要对经济业务进行一般分析。

(1) 经济业务的重要性分析。通过对被审计单位经济活动全过程的了解,审计人员可以确定各类业务的重要程度,以便审计中加强对重要业务的注意。

(2) 业务处理复杂程度分析。在一般情况下,业务处理比较复杂的环节更容易发生错误,审计人员应该更注意对业务处理比较复杂的环节的审查。

(3) 业务发生频率分析。业务发生越频繁,发生错误的可能性就越大,审计人员就越应该倍加注意。

(4) 业务处理人员素质分析。业务素质不高的人员所经手的业务较易发生问题,这也应是审计人员审查的重点。

2. 审查有关的会计资料和经济活动,收集、鉴定审计证据

《审计法》第 38 条规定:"审计人员通过审查会计凭证、会计账簿、会计报表,查阅与审计事项有关的文件、资料,检查现金、实物、有价证券,向有关单位和个人调查等方式进行审计,并取得证明材料。"根据以上规定,审计人员应做以下各项工作:

(1) 审查分析会计资料。对会计资料的审查分析包括对会计凭证、账簿和报告的分析,

主要包含以下内容:

第一,审查分析财务会计报告。一是要对其外观形式进行审查,看被审计单位所编制的各种财务报告是否符合规定和要求,表页、表内项目、指标是否齐全;二是要审阅各报表之间勾稽关系;三是要审查各报表内相关数字间的勾稽关系;四是要审查报告说明、附注等。

第二,审查分析各类账户。一是判断容易发生差错或易于弄虚作假的账户;二是审查分析各类账户记录的增减变动情况,判断业务的真实性和数据的真实性,如果材料账户的记录长期无变动,则应考察材料是否确实存在或是否能利用;三是核实账户余额,包括总账和明细账,特别是结算类账户和跨期摊配账户。

第三,抽查有关凭证,以确定账簿记录的真实性以及数据所反映的经济业务是否合理、合法。

第四,复算。审计人员要对被审计单位所计算的结果进行复算,以确定是否有故意歪曲计算结果的弊端或无意造成的计算差错。

第五,询证。审计人员在审查中,发现有疑点时,可向有关单位和个人以函询或面询的方式进行调查。询证时,审计人员不少于两人。

(2) 实物盘点与资产清查。审计人员在审查分析有关书面资料后,还应对有关盘存的账户所记录的内容进行实物盘点,以取得实物证据,如库存现金盘点、库存材料盘点、低值易耗品盘点、在产品盘点、产成品盘点、固定资产盘点等。如果实物较多,审计人员应按可能性、必要性、重要性的原则,有选择地进行重点盘点。

审计人员实施实质性测试时,应当按照下列规定办理:

(1) 收集、取证能够证明审计事项的原始资料、有关文件和实物等;不能取得原始资料、有关文件和实物的,可以采取复制拍照等方法取得证明材料。

(2) 对与审计事项有关的会议和谈话内容要做出记录,或者根据审计工作需要,要求提供会议记录。

(3) 审计人员向有关单位和个人调查取得的证明材料,应当有提供者的签名或者盖章。未取得提供者签名或者盖章的,审计人员应当注明原因。

(四) 编制审计工作底稿

对审计中发现的问题,应做出详细、准确的记录,并注明资料来源。在审计过程中,审计人员必须有详细的工作记录,以便反映出审计工作的全部过程。有些记录可以直接作为正式的审计工作底稿,有些则要重新编写。审计工作底稿是审计证明材料的汇集,在汇集证明材料时,应注明证明材料的来源。审计工作底稿是撰写审计报告的基础,是检查审计工作质量的依据,也是行使复议乃至再度审计时需要审阅的重要资料。

审计组及其审计人员实施审计时,可以利用经检查后的内部审计机构或者社会中介审计组织的审计成果。审计组在利用社会中介审计组织审计成果前,应当依照有关法律、法规和规章的规定,对社会中介审计组织的审计业务质量进行监督检查。

三、审计报告阶段

审计报告阶段也叫审计终结阶段,是审计工作的总结阶段,这一阶段的工作主要是编制审计报告和作出审计决定,其主要步骤如下所述。

（一）整理和分析审计工作底稿

审计组长应当对审计人员的审计工作底稿进行必要的检查和复核，对审计组成员的工作质量和审计工作目标完成情况进行监督。审计工作就是不断收集审计证据、整理分析证据和运用审计证据的过程。通过检查、复核和整理审计工作底稿，对汇集的审计证据要进行认真审查，鉴定证明材料的客观性、相关性和合法性，检查审计组是否已经收集到足以证明审计事实真相的证明材料，以便及时采取补救措施，保证审计组收集的证明材料的充分性。

（二）审计组编写审计报告

按照《审计法》规定，审计组对审计事项实施审计后，应当向审计机关提出审计组的审计报告。审计组编写的审计报告应当征求被审计单位的意见，被审计单位应当自接到审计组的审计报告起10日内，将其书面意见送交审计组或者审计机关，由审计组长签字后，连同被审计单位的书面意见等一同报送审计机关。

（三）审计机关审议、出具审计报告

按照《审计法》及《审计法实施条例》的规定，审计机关有关业务机构和专门机构或者人员对审计组的审计报告以及相关审计事项进行复核、审理后，由审计机关办理下列三项事项。一是提出审计机关的审计报告，内容包括：对审计事项的审计评价；对违反国家规定的财政收支、财务收支行为提出的处理、处罚意见；移送有关主管机关、单位的意见；改进财政收支、财务收支管理工作的意见。二是对违反国家规定的财政收支、财务收支行为依法应当给予处理、处罚的，在法定职权范围内作出处理、处罚的审计决定。三是对依法应当追究有关人员责任的，向有关主管机关、单位提出给予处分的建议；对依法应当由有关主管机关处理、处罚的，移送有关主管机关；涉嫌犯罪的，移送司法机关。审计机关应当将审计报告、审计决定书送达被审计单位和有关单位（如表12-6、表12-7和表12-8所示），审计决定书自送达之日起生效。

表12-6　审计决定书格式

××（审计机关全称）
审计决定书
审×决[××]×号

_____

××关于××的审计决定

_____：

自××年××月××日至××年××月××日，我××（署、厅、局、办）对你单位×××进行了审计。现根据《中华人民共和国审计法》第四十条和其他有关法律法规，作出如下审计决定：

_____
_____

本决定自送达之日起生效。如果对本决定不服，可以在收到本决定之日起60日内，向××申请复议。复议期间本决定照常执行。
本决定在××年××月××日前执行完毕。

××（审计机关全称印章）
××年××月××日

主题词：××
抄　送：××

表 12-7　审计处罚决定书格式

××（审计机关全称）
审计处罚决定书
审×罚［××］×号

××关于××的审计处罚决定

_____：

你单位的××行为，违反了××第××条的规定，根据××条的规定，决定给予你单位××的处罚。

本决定自送达之日起生效。如果对本决定不服，可以在收到本决定之日起60日内，向××申请复议。复议期间本决定照常执行。

本决定在××年××月××日前执行完毕。

××（审计机关全称印章）
××年××月××日

主题词：××
抄　送：××

表 12-8　移送处理书格式

××（审计机关全称）
移送处理书
审×移［××］×号

××关于××的移送处理书

_____：

我们在对××的审计过程中，发现××有下列行为：

_____

我们认为××的行为涉嫌犯罪，依法应追究刑事责任。现移送你××（院、厅、局）依法处理。请将结果及时书面告知我××（署、厅、局、办）。

附件：证明材料××份

（审计机关全称印章）
××年××月××日

主题词：××
抄　送：××

在完成审计报告审定工作后，就要进行资料处理和审计小结工作。例如，全部归还借阅的资料，整理审计过程中形成的资料，将需要永久保存的资料、需要长期保存的资料和需要短期保存的资料立卷归档，移交档案部门管理；将无保存价值的资料造册登记后销毁。

所有工作结束后，审计组应及时进行总结，以利于工作水平不断地提高。

四、审计听证

审计机关对违反国家规定的财政收支、财务收支行为以及违反《审计法》的行为应当进行处理、处罚，不得委托其他组织或者个人代理，并且应当遵循公正、公开的原则。

审计处理是指审计机关对违反国家规定的财政收支、财务收支行为采取的纠正措施。审计处理的种类：(1) 责令限期缴纳、上缴应当缴纳或上缴的财政收支；(2) 责令限期退还被侵占的国有资产；(3) 责令限期退还违法所得；(4) 责令按照国家统一的会计制度的有关规定进行处理；(5) 依法采取的其他处理措施。

审计处罚是指审计机关依法对违反国家规定的财政收支、财务收支行为和违反《审计法》的行为采取的处罚措施。

如果被审计单位或有关责任人有下列情形之一的违法行为,审计机关应依法从重处罚:(1)单位负责人强制下属人员违反财经法规的;(2)挪用或克扣救灾、防灾、抚恤、救济扶贫、教育、养老、下岗再就业等专项资金和物资的;(3)违反国家规定的财政收支、财务收支行为且数额较大、情节严重的;(4)阻挠、抗拒审计或者拒绝纠正错误的;(5)拒不提供或者故意提供虚假会计资料的;(6)屡查屡犯的;(7)其他依法应当从重处罚的。

对违反国家规定的财政、财务收支行为,经审计查出,认真检查错误并及时纠正的;或违反数额较小、情节轻微、自行纠正的;或能认真自查,并主动消除或者减轻违反行为危害后果;或受他人胁迫的等,应酌情从轻、减轻或者免予处罚。

审计机关在进行审计处理和审计处罚时,应当充分听取被审计单位和有关责任人员的陈述和申辩,不得因被审计单位和有关责任人员的申辩而加重处罚。审计机关在进行审计处罚前,对符合审计听证条件的,应当告知被审计单位和有关责任人员有要求审计听证的权利;被审计单位或者有关责任人要求审计听证的,审计机关应当组织审计听证。

对被审计单位处以违反国家规定的财务收支金额5%以上,且金额在10万元以上罚款;对违反国家规定的财务收支行为负有直接责任的有关责任人员处以2 000元以上罚款的,应当向当事人送达审计听证告知书(如表12-9),告知当事人在收到告知书之后3日内有权要求举行审计听证会。举行审计听证会,应向审计机关提出书面申请,列明听证要求,并由申请人签名盖章。逾期不提出审计听证要求的,视为放弃审计听证权利。

审计机关收到审计听证申请后,应当进行审核。对符合审计听证条件的,应当组织审计听证,并在举行听证会7日前向当事人送达审计听证会通知书,告知当事人举行审计听证会的时间、地点(如表12-10)。对不符合条件的,裁定不予审计听证,并作出不予审计听证裁定书,载明理由告知当事人(如表12-11)。

表12-9　审计听证告知书格式

　　　　　　　××(审计机关全称)
　　　　　　　　审计听证告知书
　　　　　　　审×听告[××]××号

　　　　　　××关于××的审计听证告知书

　　————————:

　　经审计发现××行为违反了国家有关规定,拟依法对××处以××元的罚款,现根据《中华人民共和国行政处罚法》第四十二条的规定和《审计机关审计听证的规定》第××条的规定,××有权要求举行听证会。××自收到本告知书之日起3日内,可以向××提出审计听证要求。

　　附件:审计处罚依据的事实和适用的法律、法规

　　　　　　　　　　　　　　　　　　　　××(审计机关全称印章)
　　　　　　　　　　　　　　　　　　　　　××年××月××日

主题词:××
抄　送:××

表 12-10　审计听证会通知书

　　　　　　　　　××（审计机关全称）
　　　　　　　　　审计听证会通知书
　　　　　　　　　审×听通［××］××号

――――――――――――――――――――――――――――――――

　　　　　　　　××关于××的审计听证会通知书

　————————：

　　你单位于××年××月××日提出的听证要求收悉。经研究，决定于××（时间）在××（地点）举行审计听证会，请届时参加。
　　审计听证会的主持人为××，你单位法定代表人可以亲自参加听证，也可以委托一至二人代理，如果你单位认为主持人与本案有直接利害关系，有权在举行审计听证会之前申请其回避。

　　　　　　　　　　　　　　　　　　　　　　　　××（审计机关全称印章）
　　　　　　　　　　　　　　　　　　　　　　　　　　　××年××月××日

　　主题词：××
　　抄　送：××

表 12-11　不予审计听证裁定书格式

　　　　　　　　　××（审计机关全称）
　　　　　　　　　不予审计听证裁定书
　　　　　　　　　审×听裁［××］××号

――――――――――――――――――――――――――――――――

　　　　　　　　××关于××的不予审计听证裁定书

　————————：

　　你单位于××年××月××日提出的听证要求收悉。根据《中华人民共和国行政处罚法》第××条的规定和《审计机关审计听证的规定》第××条的规定，该事项不符合审计机关进行审计听证的法定条件，裁定不予审计听证。

　　　　　　　　　　　　　　　　　　　　　　　　××（审计机关全称印章）
　　　　　　　　　　　　　　　　　　　　　　　　　　　××年××月××日

　　主题词：××
　　抄　送：××

　　除涉及国家秘密、商业秘密或者个人隐私外，审计听证会应当公开举行。审计听证会应当由审计机关指定非本案审计人员主持。主持人及书记员均由审计机关确定。一般审计事项的审计听证会由一人主持，重大审计事项的听证会由三人主持，但审计机关应指定首席主持人，主持人负责听证会的组织、主持工作。书记员由一至两人组成，书记员负责审计听证会的记录工作。当事人认为主持人或者书记员与本案有直接利害关系的，有权申请其回避并说明理由。

　　主持人在审计听证会主持过程中，有权对听证会参加人的不当辩论或者其他违反审计听证会纪律的行为予以制止、警告；对违反审计听证会纪律的旁听人员予以制止、警告、责令退席；对违反审计听证纪律的人员制止无效的，移交公安机关依法处置。

　　审计听证会的进行程序：主持人宣布听证会开始；主持人宣布案由，宣读参加听证会的主持人、书记员、听证参加人的姓名、工作单位和职务；主持人宣读听证会纪律及应注意的事项；主持人告知当事人有申请书记员回避的权利并询问是否有申请回避；参与审计的人员提出当事人违法违规的事实、证据、建议作出的审计处罚及其法律依据；当事人进行陈述、申辩；在主持人允许下，双方进行质证、辩论，双方作最后陈述；书记员将笔录交听证双方当场确认并签字或者盖章；主持人宣布审计听证会结束。

审计听证会结束后,听证主持人应当根据审计听证情况和有关法律、法规的规定,向审计机关提交审计听证报告。审计听证报告内容应阐明:听证案由;主持人、书记员和听证参加人的姓名、工作单位和职务;审计听证会的时间、地点;审计听证建议;听证主持人签章。审计听证建议主要内容是:确有受审计处罚的违法行为的,根据情节轻重及具体情况,建议作出审计处罚;违法事实不成立或者有处罚的法律、法规依据的,建议不给予审计处罚;违法行为情节轻微,依法可以不予审计处罚的,建议不予审计处罚。

审计听证报告连同听证笔录、案卷材料一并报送审计机关。审计机关作出处理后,归入审计档案。

五、审计行政复议

根据《审计法》有关规定:"上级审计机关认为下级审计机关作出的审计决定违反国家有关规定的,可以责成下级审计机关予以变更或者撤销,必要时也可以直接作出变更或者撤销的决定。被审计单位对审计机关作出的有关财务收支的审计决定不服的,可以依法申请行政复议或者提起行政诉讼。被审计单位对审计机关作出的有关财政收支的审计决定不服的,可以提请审计机关的本级人民政府裁决,本级人民政府的裁决为最终决定。"对地方审计机关作出的审计决定不服的,应当先向上一级审计机关或者本级人民政府申请复议;对审计署作出的审计决定不服的,应当先向审计署申请复议。审计机关应当自受理申请之日起60日内作出复议决定。遇有特殊情况的,作出复议决定的期限可以适当延长;但是,延长期限最长不得超过30日,并应当将延长的期限和理由及时通知复议申请人。

被审计单位认为审计机关的具体行政行为侵犯其合法权益的,可以依照有关法律、法规和规定,向审计复议机关申请复议。所谓审计复议机关,是指有权受理复议申请,依法对审计具体行政行为进行审查并作出决定的审计机关。

向审计机关申请复议的审计具体行政行为包括:审计机关作出的责令限期缴纳、上缴应当缴纳或者上缴的收入、限期退还违法所得、限期退还被侵占的国有资产等审计处理行为;审计机关作出的罚款、没收违法所得等审计处罚行为;审计机关采取的通知有关部门暂停拨付有关款项、责令暂停使用有关款项等强制措施行为;以及法律、法规规定可以申请复议的其他具体行政行为。申请人在申请复议时可一并提出行政赔偿请求。

被审计单位可以自知道审计具体行政行为之日起60日内提出审计复议申请。申请人应提供书面申请,其内容应写明申请人的基本情况、复议请求、申请复议的主要事实和理由、申请时间等。

对审计署及其派出机构的具体行政行为不服的,向审计署申请审计复议;对地方审计机关或其派出机构的具体行政行为不服的,可以向上一级审计机关或者本级人民政府,或设立派出机构的审计机关或者该审计机关的本级人民政府申请审计复议;对地方审计机关办理地方政府授权交办的事项和依照地方性法规作出的具体行政行为不服的,应当向本级人民政府申请复议;对审计机关与其他行政机关以共同名义作出的具体行政行为不服的,应向其共同的上一级行政机关申请复议。

审计复议机关收到审计复议申请后,应当在5日内进行审查,对不符合法定条件的决定不予受理,并书面告知被审计单位;对符合法定条件,但不属于本机关受理范围的,应当告知被审计单位向有关单位提出申请(如表12-12)。

表 12-12　不受理审计复议裁定书格式

××(审计机关全称)
不受理审计复议裁定书
审×复裁[××]××号

××关于不受理××复议申请的裁定

_____：

你单位(或个人)对××不服的复议申请书已于××年××月××日收悉。经审查,此项申请不符合《中华人民共和国行政复议法》第××条的规定,裁定不予受理。

××(审计机关全称印章)
××年××月××日

主题词：××
抄　送：××

审计复议机关的审计复议机构具体办理审计复议事项。其职责是：审查、受理复议申请,查阅文件和资料,向有关组织和人员调查取证;复查申请审计复议的审计具体行政行为是否合法、适当,拟订审计复议决定;向审计复议机关提出对《行政复议法》第七条所列有关规定的处理意见;对被申请人违反《行政复议法》和有关规定的行为依照法定的权限和程序提出处理建议;办理因不服审计复议决定提起行政诉讼的应诉事项;法律、法规和规章规定的其他职责。

审计复议机关履行复议职责,应当遵循合法、公正、公开的原则,坚持依法行政、有错必纠,保障法律、法规的正确实施。

审计复议期间,审计具体行政行为一般不会停止执行,如被申请人认为需要停止执行,或审计复议机关认为需要停止执行,或申请人停止执行审计复议机关认为要求合理的,可决定停止执行。

审计复议机关办理审计复议事项原则上采取书面审查办法,必要时可采用调查方式。审计复议机构应当自复议受理之日起 7 日内,将复议申请书副本发送被申请人。被申请人应当自收到申请书副本之日起 10 日内,提出复议答辩书,并提交作出审计具体行政行为的证据。依据和其他有关材料,申请人及其委托人可以查阅被申请人提出的答辩书、作出审计具体行政行为的证据、依据和其他有关材料,除涉及国家秘密、商业秘密或者个人隐私外,审计复议机关、被申请人不得拒绝。在审计复议过程中被申请人不得自行向申请人和其他有关组织或者个人收集证据。审计复议决定前,申请人可以说明理由撤回复议申请。

审计复议机构应当对被申请人作出的具体行政行为进行审查,拟订审计复议决定稿,经复议机关负责人同意或集体讨论后,制作复议决定书(如表 12-13),分别作出下列审计复议决定：

(1) 审计具体行政行为认定事实清楚、证据确凿、适用依据正确、程序合法、内容适当的,决定维持;

(2) 审计具体行政行为有下列情况之一的,决定撤销、变更或者确认该行为违法;决定撤销或确认违法的,可以责令被申请人重新作出审计具体行政行为：① 主要事实不清、证据不足的；② 主要依据错误的；③ 违反法定程序的；④ 超越或滥用职权的；⑤ 审计具体行政行为明显不当的。

(3) 被申请人不按照规定提出书面答复、提交当初确定行政行为的证据、依据和其他有关材料的,视为该行政行为没有证据,依据决定撤销该行政行为。

表 12-13　审计复议决定书格式

××(审计机关全称)
审计复议决定书
审×复裁[××]××号

××关于××的审计复议决定

　　申请人：法人或者其他组织的名称、地址、邮政编码、法定代表人姓名和职务(公民的姓名、性别、年龄、单位、职业、住址、邮政编码)
　　被申请人：名称、地址、邮政编码、法定代表人姓名和职务
　　申请人不服被申请人××(具体行政行为)，申请审计复议，其请求是：
_____
_____
_____

　　其理由如下：
_____
_____
_____

　　被申请人答辩如下：
_____
_____
_____

　　经复议查明：
_____
_____
_____

　　根据《中华人民共和国行政复议法》第××条的规定，作出以下审计复议决定：
_____
_____
_____

　　申请人如果不服本审计复议决定，可以在收到本决定之日起15日内，向××人民法院起诉。(适用于地方审计机关)
　　申请人如果不服本审计复议决定，可以在收到本决定之日起15日内，向××人民法院起诉或者向国务院申请裁决。(适用于审计署)

××(审计机关全称印章)
××年××月××日

　　主题词：××
　　抄　送：××

　　审计复议机关应当自受理审计复议申请之日起 60 日内作出审计复议决定；如情况复杂，可经批准适当延长，但最多不超过 30 日(如表 12-14)。
　　2003 年修订的《美国政府审计准则》分别规定了财务审计、鉴证业务和绩效审计现场工作准则和报告准则。也就是说，对财务审计、鉴证业务和绩效审计规定了不同的工作程序。例如，在绩效审计现场工作准则中充分强调了计划工作、督导工作、收集证据工作、记录审计底稿工作等。随着国家审计领域的不断拓宽，对不同的审计内容规定不同的审计程序自然越来越必要。我国审计署对专项审计调查工作也规定了相应的程序。

表 12-14 审计复议延期通知书格式

××（审计机关全称）
审计复议延期通知书
审×复延[××]××号

×× 关于延期作出 ×× 复议决定的通知

─────────：

由于××延期原因，根据《中华人民共和国行政复议法》第三十一条的规定，决定将作出审计复议决定的期限延长××日（30 日以内）。

××（审计机关全称印章）
××年××月××日

主题词：××
抄　送：××

第三节　社会审计的程序

注册会计师审计的程序与国家审计的程序有很多相似之处，但也有自身的特点。

一、接受业务委托

会计师事务所应当按照执业准则的规定，谨慎决策是否接受或保持某客户关系和具体审计业务。在接受委托前，注册会计师应当初步了解审计业务环境，包括业务约定事项、审计对象特征、使用的标准、预期使用者的需求、责任方及其环境的相关特征，以及可能对审计业务产生重大影响的事项、交易、条件和惯例等其他事项。

只有在了解后认为符合专业胜任能力、独立性和应有的关注等职业道德要求、并且拟承接的业务具备审计业务特征时，注册会计师才能将其作为审计业务予以承接。如果审计业务的工作范围受到重大限制，或者委托人试图将注册会计师的名字和审计对象不适当地联系在一起，则该项业务可能不具有合理的目的。接受业务委托阶段的主要工作包括了解和评价审计对象的可审性、决策是否考虑接受委托、商定业务约定条款、签订审计业务约定书等。

提出业务委托并与社会中介审计组织签订审计业务约定书的可以是单位，也可以是个人。签订审计业务约定书应由会计师事务所和委托人双方的法定代表人或其授权的代表签订，并加盖委托人和会计师事务所的印章。审计业务约定书应当包括签约双方的名称、委托目的、审计范围、会计责任与审计责任、签约双方的义务、出具审计报告的时间要求、审计报告的使用责任、审计收费、审计业务约定书的有效时间、违约责任、签约时间，以及签约双方认为应当约定的其他事项等内容。

二、计划审计工作

计划审计工作十分重要，计划不周不仅会导致盲目实施审计程序，无法获得充分、适当的审计证据以将审计风险降至可接受的低水平，影响审计目标的实现，而且还会浪费有限的审计资源，增加不必要的审计成本，影响审计工作的效率。因此，对任何一项审计业务，注册会计师在执行具体审计程序之前，都必须根据具体情况制定科学、合理的计划，使审计业务以有效的方式得到执行。一般来说,计划审计工作主要包括在本期审计业务开始时开展的初步业务活动、制定总体审计策略、制定具体审计计划等。计划审计工作不是审计业务的一个孤立阶段,而是一个持续的、不断修正的过程,贯穿于整个审计业务的始终。

三、实施风险评估程序

审计准则规定,注册会计师必须实施风险评估程序,以此作为评估财务报表层次和认定层次重大错报风险的基础。所谓风险评估程序,是指注册会计师实施的了解被审计单位及其环境并识别和评估财务报表重大错报风险的程序。风险评估程序是必要程序,了解被审计单位及其环境特别是为注册会计师在许多关键环节做出职业判断提供了重要基础。了解被审计单位及其环境是一个连续和动态地收集、更新与分析信息的过程,贯穿于整个审计过程的始终。注册会计师应当运用职业判断确定需要了解被审计单位及其环境的程度。一般来说,实施风险评估程序的主要工作包括:了解被审计单位及其环境;识别和评估财务报表层次以及各类交易、账户余额、列报认定层次的重大错报风险,包括确定需要特别考虑的重大错报风险(即特别风险),以及仅通过实质性程序无法应对的重大错报风险等。

四、实施控制测试和实质性程序

注册会计师实施风险评估程序本身并不足以为发表审计意见提供充分、适当的审计证据,注册会计师还应当实施进一步审计程序,包括实施控制测试(必要时或决定测试时)和实质性程序。因此,注册会计师评估财务报表重大错报风险后,应当运用职业判断,针对评估的财务报表层次重大错报风险确定总体应对措施,并针对评估的认定层次重大错报风险设计和实施进一步审计程序,以将审计风险降至可接受的低水平。

五、编制审计工作底稿

审计工作底稿是指注册会计师在审计过程中形成的审计工作记录和获取的资料。审计工作底稿应如实反映审计计划的制定及其实施情况,包括与形成和发表审计意见有关的所有重要事项以及注册会计师的专业判断。

(一)编制与复核

注册会计师编制审计工作底稿,应当包括被审计单位名称、审计项目名称、审计项目时点或期间、审计过程记录、审计标识及其说明、审计结论、索引号及页次、编制者姓名以及编制日期、复核者姓名及复核日期以及其他应说明事项。审计工作底稿中由被审计单位、其他第三者提供或代为编制的资料,注册会计师除应注明资料来源外,还要在实施必要的审计程序过程中形成相应的审计记录。

会计师事务所应当建立审计工作底稿复核制度。各复核人在复核审计工作底稿时,应做出必要的复核记录,书面表示复核意见并签名。在复核中,各复核人如发现已执行的审计程序和做出的审计记录存在问题,应指示有关人员予以答复、处理,并形成相应的审计记录。

(二)所有权和保管

审计工作底稿的所有权属于接受委托进行审计的会计师事务所。

审计工作底稿一般分为综合类工作底稿、业务类工作底稿和备查类工作底稿。注册会计师应对审计工作底稿进行分类整理,形成审计档案。审计档案分为永久性档案和当期档案。会计师事务所应当建立审计档案保管制度,以确保审计档案的安全和完整。

(三) 保密与查阅

会计师事务所应当建立审计工作底稿保密制度,对审计工作底稿中涉及的商业秘密保密。法院、检察院以及其他部门依法查阅并按规定办理了必要手续的,不属于泄密。注册会计师协会对执行情况进行检查时,查阅审计工作底稿也不属于泄密。因审计工作需要,并经委托人同意,不同会计师事务所的注册会计师可以按照规定要求查阅审计工作底稿。拥有审计工作底稿的会计师事务所应当对要求查阅者提供适当的协助,并根据审计工作底稿的内容及性质决定是否允许要求查阅者阅览其审计工作底稿及复印或摘录有关内容。

六、完成审计外勤工作

在审计报告编制之前,注册会计师应当向被审计单位介绍审计情况,如有必要,应以书面形式向其提出调整会计报表等建议。最后,注册会计师应当根据审计外勤工作获取的审计证据撰写审计总结,概括地说明审计计划的执行情况以及审计目标是否实现。

七、出具审计报告

注册会计师应当在实施必要的审计程序后,以经过核实的审计证据为依据,形成审计意见,出具审计报告。审计报告应说明审计范围、会计责任与审计责任、审计依据和已实施的主要审计程序等事项。审计报告应当说明被审计单位会计报表的编制是否符合国家有关财务会计法规的规定、在所有重大方面是否公允地反映了其财务状况、经营成果和资金变动情况以及所采用的会计处理方法是否遵循了一贯性原则。注册会计师根据情况,出具无保留意见、保留意见、否定意见和无法表示意见审计报告时,应当明确说明理由,并在可能情况下,指出其对会计报表的影响程度。

最近几年,国内外一些公司相继出现了会计舞弊事件,提供审计服务的会计事务所,有的陷入旷日持久的法律诉讼,有的被迫关闭。注册会计师如何最大限度地降低审计风险已成为注册会计师及其会计事务所面临的最大课题。我国注册会计师行业借鉴国际审计风险导向审计的经验,对部分准则进行了修订和重新起草。其基本思路是:通过修订审计风险模型,积极推进风险导向审计方法(详见第十章),强调从宏观上了解被审计单位及其环境(包括内部控制),以充分识别和评估会计报表重大错报的风险,针对评估的重大错报风险设计和实施控制测试和实质性程度。《中国注册会计师审计准则第 1211 号》——了解被审计单位及其环境并评估重大错报风险,进一步明确了注册会计师了解被审计单位及其环境并评估重大错报风险程序,明确风险评估程序与信息来源;组织讨论会计报表存在重大错报的可能性;应当从行业状况、监管环境、被审计单位性质、目标、战略和经营风险、内部控制等方面了解被审计单位及其环境;应当识别和评估会计报表层次以及各类交易、账户余额、列报与披露认定层次的重大错报风险;应当将实施识别和评估程序的重要环节形成审计工作记录。《中国注册会计师审计准则第 1231 号》——针对评估的重大错报风险实施的程序,进一步明确了针对评估的重大错报风险实施的程序:针对会计报表层次的重大错报风险制定总体应对措施;针对认定层次的重大错报风险设计和实施进一步审计程序,应当评价风险评估的结果是否适当,并确定已获取的审计证据是否充分与适当;应当将实施的关键程序形成审计工作记录。上述内容的规定,无疑会促进我国现行的社会审计程序和方法的改进。

第四节　内部审计的程序

内部审计程序既不同于社会审计程序,也与国家审计程序存在着一定的区别。从形式上看,内部审计工作程序的几个基本阶段同国家审计程序大体相同,但其工作程序的具体繁简程度,则主要取决于单位内部管理层根据需要作出的具体规定。本节拟从一般的情况阐述内部审计程序的特点。

一、国际内部审计程序

根据国际内部审计师协会在其《内部审计实务标准》中的规定,内部审计工作应包括制定计划、审查和评价证据资料、报告审计结果和进行后续审计等。

(一) 制定审计计划

根据管理层的审查和批准,内部审计机构应负责计划和执行委托的审计任务。内部审计机构应对每一个审计项目做出计划,并要编写成文。

(1) 拟订审计目的和审计范围。审计目的是内部审计人员所拟订的总结说明和确定的应完成的审计目标。审计程序是实现审计目的的方法。审计目的和审计程序应结合在一起,明确内部审计人员的工作范围。审计目的和程序应说明被审计的活动的有关风险,内部审计人员对每个委托的审计进行风险评价,以确定被审计的活动中的主要领域。

(2) 取得有关进行审计的活动的背景资料。应审查背景资料以确定其对审计工作的影响。例如,审查任务说明、目标和计划;审查组织机构及有关人员资料;审查与审计活动相关的预算资料、经营成果以及财务数据;审查以前的审计工作底稿和其他审计结果;审计有关的档案资料及适用于该活动的权威性和技术性有关文件。

应确定的其他审计要求,如委托的审计期限、预计的完成日期,以及最终审计报告的格式等。

(3) 确定进行审计工作所需要的资料来源。每次审计活动所需的人员数量和经验水平应取决于审计工作任务的性质、复杂程度以及时间限制和可能的资料来源。例如,根据审计委托的任务,确定审计人员应需的专业知识、技能和专业训练;如需从外部获取资料,还必须具有另外的知识、技能和专业训练。

(4) 与有关人员进行交流。与所有需要了解有关审计工作的人员进行交流。例如,与负责被审计活动的管理层举行会议,讨论交流审计目的和范围、审计工作时间安排、审计过程中的交流程序和方法、被审计的经营活动和营业条件、审计报告程序和后续审计等,讨论后达成共识的结论应编写成纪要,分送有关人员并存档于审计工作底稿。

(5) 进行现场观察,确定审计重点并征求被审计者意见和建议。为了解审计活动,明确主要领域的审计重点,应通过调查获取充分的信息资料。调查应确定调查的重点、工作范围和时间、调查程序以及编写调查总结。

(6) 编写审计方案。审计方案应当说明审计目的,每个阶段需要检查的范围和深度,确定应审查的技术性方面的问题、风险、程序和交易事项,说明所需检查对象的性质和范围。审计方案可在审计工作进行中修订。

(7) 确定如何、何时、向何人通报审计结果。内部审计负责人应决定如何、何时、向何人通报审计结果,并向管理层进行报告。

(8) 取得对审计工作计划的批准。审计工作计划必须在审计实施之前取得内部审计负责人或指定者的书面批准。调整的计划也必须及时得到批准。

(二) 审查和评价证据资料

内部审计人员应收集、分析和解释所审计的证据资料,并将审计意见编写成文,以说明审计结果。

(1) 应收集与审计目的和审计范围有关的所有资料。内部审计人员应使用分析性审计程序审查和评价证据资料,尚未得到充分解释的结果或联系时,应向有关管理层报告,并根据具体情况建议采取适当的措施。

(2) 证据资料应是足够的、有法律效力的、相关的和有用的、能为审计结果和建议提供一个可靠的基础。足够性是指证据资料是真实的、恰当的和有说服力的,可以使他人得出与审计人员相同的结论;法律效力是指证据资料是可靠的,而且通过使用适当的审计技术就能得到;相关性是指证据资料符合审计目的的需要,能为审计发现问题和提出建议提供依据;有用性是指证据资料有助于组织去完成其目标。

(3) 事先选定检查和抽样技术,在审计过程中,根据需要进行扩展和变更。

(4) 监控证据资料收集、分析、解释和把审计意见编写成文的过程,以保证审计人员保持客观性和完成审计目标。

(5) 编写与审查审计工作底稿。

(三) 通报审计结果

(1) 审计检查工作完成之后,应提交签认的书面报告。如果审计持续时间较长,可提供书面的或口头的中期报告,中期报告可用来通报需要立即引起注意的情况或审计范围的变动情况。

总结报告主要突出审计结果,以适合被审计者上级管理层的需要。总结报告可以单独发出,也可与最终报告一起报告。

被授权的内部审计人员既可以在报告中用手签写自己的姓名,也可以在封面的书信上签写,假如审计报告用电子手段发送,内部审计档案中应保留一份签名的报告原文本。

(2) 最终书面报告发出前,应在适当的管理层中征求对结论和建议的意见。

(3) 报告必须客观、清楚、简明、富有建设性而且要及时。

(4) 报告应说明审计的目的、范围和结论,而且报告中应适当地表明审计人员的意见。

(5) 报告中可以包括可能采取的改进措施的建议和令人满意的执行情况和纠正行动。

(6) 报告中还包括被审计者对审计结论或建议的意见。

(7) 内部审计负责人或指定者在最终报告发出前进行审批,并决定发送的对象。

(四) 进行后续审计

内部审计必须进行后续审计，以确保对报告报出的审计结果采取适当的行动。

内部审计人员所进行的后续审计是指他们用以确认管理人员针对报告的审计结果而采取的行动是否合适有效和及时的一个工作过程。

后续审计的责任应在内部审计的书面章程中明确。后续审计应评价管理层为解决审计发现而采取的行动，应通报高层管理不采取行动的情况。内部审计负责人应负责确定后续审计的性质、时间和范围，应制定后续审计的程序。

二、我国内部审计程序

我国内部审计程序要求内部审计人员在审计过程中应充分考虑重要性与审计风险的问题。内部审计人员应当保持应有的职业谨慎，合理运用专业判断，确定重要性，评估审计风险。内部审计人员在编制项目审计计划、实施审计程序及评价审计结果时，应当合理考虑并运用重要性标准。

(一) 制定审计计划

内部审计人员应在考虑组织风险、管理需要及审计资源的基础上制定审计计划，对审计工作作出合理安排。

审计计划一般分为年度审计计划、项目审计计划和审计方案三个层次。年度审计计划是对年度的审计任务的事先规划，项目审计计划是对具体审计项目实施的全过程所作的综合安排，审计方案是对具体审计项目的审计程序及其时间等所作的详细安排。

审计项目计划的内容包括审计目的和审计范围、重要性和审计风险的评估、审计小组构成和审计时间分配、对专家和外部审计工作结果的利用和其他有关内容。审计方案内容包括具体审计目的、具体审计方法和程序、预定的执行人及执行日期及其他有关内容。不同层次的审计计划应得到不同层次的批准，方可实施。

内部审计机构应根据经过批准后的审计计划编制审计通知书。审计通知书内容包括被审计单位及审计项目名称、审计目的及审计范围、审计时间、被审计单位应提供的资料和应协助的工作、审计小组名单、负责人签章和签发日期。通知书可在实施审计前送达被审计单位，特殊审计业务可在审计时送达。

(二) 实施审计程序

(1) 调查与测试。内部审计人员应深入调查、了解被审计单位的情况，采用抽样审计等方法对经营活动及内部控制的适当性、合法性和有效性进行测试。更为重要的是进行风险管理的审查和评价。

(2) 实质性检查。内部审计人员在内部控制测试及风险评估的基础上运用审核、观察、询问、函证和分析复核等方法进行实质性检查，以获取充分、相关、可靠的审计证据，为形成审计结论和建议提供依据。

(3) 记录审计工作底稿。内部审计人员应将审计程序的执行过程及收集和评价的审计证据记录于审计工作底稿。

(三) 出具审计报告

内部审计人员在实施必要的审计程序后,出具审计报告。审计报告的编制应当以经过核实的审计证据和审计工作底稿为依据,做到客观、完整、清晰、及时,具有建设性,并体现重要性原则。

审计报告应说明审计目的、范围,提出结论和建议,并包括被审计单位的反馈意见。报告应经过复核,方能报送。

(四) 后续审计

内部审计人员应进行后续审计,促进被审计单位对审计发现的问题及时采取合理、有效的纠正措施。后续审计是指内部审计机构为检查被审计单位对审计发现的问题所采取的纠正措施是否及时、合理和有效。

内部审计机构应在规定或约定的期限内执行后续审计。如被审计单位基于成本或其他考虑,决定对审计发现的问题不采取纠正措施,并作出书面的承诺时,内部审计负责人应向组织的适当管理层报告。

内部审计负责人应根据被审计单位的反馈意见,确定后续审计的时间和人员安排,编制后续审计方案。在编制后续审计方案时应考虑原审计决定和建议的重要性、纠正措施的复杂性、落实纠正措施所需要的期限和成本、纠正措施失败可能产生的影响、被审计单位的业务安排和时间要求等。同时,应分析原审计决定和建议是否仍然可行,如果被审计单位内控及其他因素发生了变化,应对原决定和建议进行修订。

内部审计人员应根据后续审计的执行过程和结果,向被审计单位及组织的适当管理层提交后续审计报告。

三、内部审计程序的特点

(一) 准备阶段的特点

部门、单位内部审计机构所进行的内部审计,在准备阶段的工作内容与国家审计大体相同,但审计项目的确定和审计计划制定的依据更多的是本部门、本单位实际经济情况以及本部门、本单位领导交办的案件。内部审计人员一般熟悉本部门、本单位的内部情况,因此,可以不需要做很多的准备工作便能迅速地转入实施阶段。同时,因内部审计人员是本部门、本单位内部的成员,所以审计工作方案可以比较机动灵活,并且可以随时补充修改。

(二) 实施阶段的特点

内部审计实施具体的审计工作,一般应事先通知被审计单位,但无须做初步调查,也无须对内控制度进行适当性调查、符合性测试和有效性评价。审计人员依靠自己对本部门、本单位的了解,已经积累了对审计环境的认识,一般足以使他们于实施阶段一开始便可以径直着手深入地审核检查工作。即便有些一般情况需要了解,也可与审核检查工作结合进行。对审计中发现的问题,可随时向有关单位和人员提出改进的建议。

(三) 终结阶段的特点

内部审计的审计报告需由经办理内部审计的审计人员提出后,征求被审计单位意见,并报送本部门、本单位领导审批。经批准的审计决定,送达被审计单位。被审计单位必须执行审计决定。对主要项目要进行后续审计,检查采纳审计意见后执行审计决定的情况,被审计单位对审计意见书和审计决定如有异议,可以向内部审计机构所在单位负责人提出,该负责人应当及时处理。国家审计机关派驻部门的审计机构代行所驻部门内部审计机构的职能,其作出的审计报告还应报送派出的审计机关。

思考与练习

1. 什么是审计程序?怎样正确理解审计程序的含义?
2. 审计程序有何作用?审计程序一般包括哪三个步骤?
3. 国家审计程序主要包括哪几个阶段?
4. 审计机关和审计组应做哪些准备工作?如何拟订审计工作方案?
5. 审计实施阶段主要包括哪些工作?
6. 如何进行深入调查和调整审计工作方案?
7. 为什么要进行内部控制制度测评?怎样进行测评?
8. 如何分析经济业务特点?怎样收集审计证据材料?
9. 什么是审计听证?在什么情况下应进行审计听证?
10. 什么是审计处理?审计处理有哪些种类?
11. 什么是审计处罚?审计处罚有哪些种类?
12. 审计机关在什么情况下可以从重或从轻处罚?
13. 审计机关如何办理审计听证?
14. 什么是审计行政复议?在什么情况下可以进行行政复议?
15. 向审计机关申请复议的审计具体行政行为包括哪些?
16. 被审计单位怎样提出复议申请?
17. 审计机关如何办理审计行政复议?
18. 社会审计程序包括哪些内容?
19. 国际内部审计程序和我国内部审计程序包括哪些内容?
20. 与国家审计、社会审计相比,内部审计程序有何特点?

第十三章 审计报告

> 【内容提示】
>
> 审计报告是审计人员根据审计准则的要求,在完成预定的审计程序之后出具的对被审计单位被审计事项表示意见的书面文件。什么是审计报告?审计报告有何作用?如何进行审计报告分类?审计报告应包括哪些基本内容?怎样编写审计报告?怎样审定审计报告?这些是本章所要阐述的主要内容。

第一节 审计报告及其种类

一、审计报告的概念与作用

《审计法》第 40 条规定,审计组对审计事项实施审计后,应当向审计机关提出审计组的审计报告。

《中国注册会计师审计准则第 1501 号——审计报告》第 2 条规定,审计报告"是指注册会计师根据中国注册会计师审计准则的规定在实施审计工作的基础上对被审计单位财务报表发表审计意见的书面文件"。

总之,审计报告是审计人员在对审计事项实施审计后,向审计授权人或委托人提出的、反映审计结果、阐明审计意见和建议的书面文件。审计报告作为审计工作的成果,是审计活动的结晶和客观描述,是审计工作质量的主要标志。审计报告不仅是审计人员对审计经过和审计结果的全面总结,也是审计机关对审计事项作出评价以及对违反国家规定的行为在法定职权范围内作出审计决定或者向其他有关部门移送的依据。依据审计法规定,审计机关应出具审计报告。这就使审计报告成为审计结果的最终载体,变为了对外发布的审计法律文书。审计报告的作用具体表现在以下七个方面:

(1) 审计报告全面地总结了审计过程和结果;

(2) 审计报告表明了审计人员的审计意见和建议;

(3) 审计报告是审计机关据以出具审计决定书的主要依据;

(4) 审计报告是审计机关据以出具审计移送处理书的主要依据;

(5) 审计报告是具有法律效力的审计法律文书,是向社会公布的审计结果,可以起到公证或鉴证的作用,是被审计单位的利害关系人(即审计报告的使用者)作出决策的主要依据;

(6) 审计报告对被审计单位是一份指导性文件,便于被审计单位纠错防弊、改善经营管理和提高经济效益;

(7) 审计报告是评价审计人员工作业绩、控制审计质量的重要依据,也是重要的审计档案,是今后查考审计工作的依据。

二、审计报告的种类

审计报告可以按不同的标准进行分类,熟悉各类审计报告的特点,有助于我们根据审计报告的不同要求写好和用好审计报告,使审计报告发挥更大的作用。

(一)按审计报告行文形式分类

按审计报告行文形式的不同来划分,审计报告可分为简式审计报告和详式审计报告两种。

简式审计报告又称短式审计报告,在西方又称为标准报告。简式审计报告通常采用较为简洁的语言来说明审计范围和表达审计意见,文体比较短小、内容比较概括。一般不罗列发现的问题,只就全面的或最重要的问题加以说明或归类解释。如遇有例外情况,则需另增加一部分保留事项。简式审计报告往往是公证式或鉴证式的,如查账报告、鉴定报告、验资报告和资产评估报告等。简式审计报告根据审计人员所发表审计意见的不同,又可分为无保留意见报告、保留意见报告、否定意见报告和拒绝表示意见报告。

详式审计报告又称长式审计报告,是一种比较详尽而带有评论性的审计报告。它与简式审计报告的不同在于对审计结果部分要点进行详细评述、分析、解释,并按问题的性质分类提出审计意见和改进建议。使审计报告使用者能够详细地了解被审计单位的财务状况、经营成果及其变动原因以及今后如何改进经营管理。我国国家审计机关、内部审计机构所进行的财政、财务审计、经济效益审计及经济责任审计等一般都编写详式审计报告。

(二)按审计报告撰写主体分类

按审计报告撰写主体的不同来划分,审计报告可分为内部审计报告和外部审计报告。

内部审计报告是由内部审计机构或人员撰写的审计报告。内部审计的性质决定了其权威性不如外部审计,内部审计人员的地位也决定了内部审计报告具有一定的局限性,一般只供部门、单位领导人了解情况和经营决策之用,对外不起公证作用。内部审计报告内容庞杂,其深度和广度一般都超过外部审计报告,表达意见也比较直率。

外部审计报告按其撰写主体不同,又可分为国家审计机关的审计报告和社会中介审计组织的审计报告。国家审计机关的审计报告权威性较高。社会审计报告多数是为了鉴定和证明,对审计人员的独立性要求很高,而且要求审计人员提出的审计意见必须客观公正。此外,社会审计报告还可以提供咨询意见,这就要求报告语气要委婉,措辞平和,态度诚恳,建议切实可行,切忌居高临下,泛泛而谈。

此外,还可以根据审计的内容和目的进行审计报告分类。例如,美国政府审计就按其不同的业务内容提供财务审计报告、鉴证业务报告和绩效审计报告,这些报告的形式、内容、质量要求、出具和分发都有不同的要求。

第二节 审计报告的内容和格式

一、审计报告的基本结构和内容

由于审计的类型多种多样,各种审计的目标和任务也不尽相同,因而审计报告所反映的内容、表现的形式也有所区别,但其基本结构应该是一致的。审计报告的基本结构一般应包括五方面的内容。

(一)审计报告的标题

标题表明审计报告属于何种类型或为什么目的而编写。审计报告的标题应放在显要的位置,应能准确地反映出审计活动的主题,让读者对被审计单位、审计的时间、审计的内容范围一目了然。报告的标题一般由报告事由加文名组成,如"关于××单位××年度经济效益的审计报告",反映出审计活动的主题是审查和评价被审计单位××年度的经济效益情况。

(二)报告的接受者

报告接受者因审计授权人、委托人不同而有所不同。如果是授权审计,则审计报告主要由授权机关提出;如果是委托审计,则审计报告应向委托审计的单位、部门提出。同时,审计报告因审计目的不同,其具体接受者也应有所不同。如果审计目的在于向交办单位或委托单位汇报有关情况,则报告的接受者就是交办单位或委托单位;如果审计的目的在于根据发现的问题提出改进建议以帮助被审计单位改进工作,则应向被审计单位报告;若审计的目的在于对被审计单位做出经济处理,则应向其他监督部门报告;若审计的目的在于让被审计单位的主管部门掌握情况,则应向主管部门报告。

(三)审计报告的具体内容

根据审计报告的类型不同,审计报告的具体内容和形式应有所区别,但任何审计报告一般应具有被审计单位的基本情况、审计概括、审计结果、审计意见和审计建议五个部分内容。例如,审计组在对审计事项实施审计后,向审计机关提出的审计报告应包括下列七项内容:
(1)审计的范围、内容、方式、起讫时间;
(2)被审计单位的基本情况、财政财务隶属关系、财政财务收支状况等;
(3)将审计单位对提供的会计资料的真实性和完整性的承诺情况;
(4)实施审计的步骤和采取的方法及其他有关情况说明;
(5)被审计单位财政收支、财务收支的真实、合法、效益情况及其评价意见;
(6)审计查出的被审计单位违反国家规定的财政收支、财务收支行为的事实以及定性、处理、处罚的法律、法规规定;
(7)对被审计单位提出改进财政收支、财务收支管理的意见和建议。

(四)审计附件

审计附件是指必须附于审计报告后面的证据资料,如报表、账证和有关的证明材料。

(五)审计报告人及报告日期

在审计报告中,应明确由谁对审计报告承担责任;同时,应该写明于什么时间提出报告。根据《审计机关审计报告准则》第 4 条规定,审计报告包括下列五个基本要素:

(1) 标题;
(2) 主送单位;
(3) 审计报告的内容;
(4) 审计组组长签名;
(5) 审计组向审计机关提出审计报告的日期。

内部审计报告准则规定了内部审计报告的基本要素有标题、收件人、正文、附件、签章和报告日期等。

二、简式审计报告的内容和格式

简式审计报告一般分为两个部分,即文字说明部分(正文)和附件部分。文字说明部分是审计报告的主要部分,记载审计报告需要说明的全部事项。文字说明部分包括审计概况、审查发现问题的说明、审计意见、有关审计人员的签章及审计报告日期,其文字说明必须做到有理有据。附件部分包括主要会计报表或与调整后的会计报表有关的说明或解释资料。

根据《中国注册会计师审计准则 1501 号——对财务报表形成审计意见和出具审计报告》(2019 年 2 月颁布)中规定,审计报告应当包括 10 个要素。

(一)标题

审计报告应当具有标题,统一规范为"审计报告"。

(二)收件人

审计报告应当按照审计业务约定的要求载明收件人。

(三)审计意见

审计报告的第一部分应当包含审计意见,并以"审计意见"作为标题。
审计意见部分还应当包括下列五个方面:
(1) 指出被审计单位的名称;
(2) 说明财务报表已经审计;
(3) 指出构成整套财务报表的每一财务报表的名称;
(4) 提及财务报表附注,包括重要会计政策和会计估计;
(5) 指明构成整套财务报表的每一财务报表的日期或涵盖的期间。

(四)形成审计意见的基础

审计报告应当包含标题为"形成审计意见的基础"的部分。该部分应当紧接在审计意见部分之后,并包括下列四个方面:

(1) 说明注册会计师按照审计准则的规定执行了审计工作;
(2) 提及审计报告中用于描述审计准则规定的注册会计师责任的部分;
(3) 声明注册会计师按照与审计相关的职业道德要求独立于被审计单位,并履行了职业道德方面的其他责任。声明中应当指明适用的职业道德要求,如中国注册会计师职业道德守则;
(4) 说明注册会计师是否相信获取的审计证据是充分、适当的,为发表审计意见提供了基础。

(五) 管理层对财务报表的责任

审计报告应当包含标题为"管理层对财务报表的责任"的部分。审计报告中应当使用特定国家或地区法律框架下的恰当术语,而不必限定为"管理层"。在某些国家或地区,恰当的术语可能是"治理层"。

管理层对财务报表的责任部分应当说明管理层负责下列两个方面:
(1) 按照适用的财务报告编制基础的规定编制财务报表,使其实现公允反映,并设计、执行和维护必要的内部控制,以使财务报表不存在由于舞弊或错误导致的重大错报;
(2) 评估被审计单位的持续经营能力和使用持续经营假设是否适当,并披露与持续经营相关的事项(如适用)。对管理层评估责任的说明应当包括描述在何种情况下使用持续经营假设是适当的。

当对财务报告过程负有监督责任的人员与履行上述责任的人员不同时,管理层对财务报表的责任部分还应当提及对财务报告过程负有监督责任的人员。在这种情况下,该部分的标题还应当提及"治理层"或者特定国家或地区法律框架中的恰当术语。

(六) 注册会计师对财务报表审计的责任

审计报告应当包含标题为"注册会计师对财务报表审计的责任"的部分。

注册会计师对财务报表审计的责任部分应当包括下列三个内容:
(1) 说明注册会计师的目标是对财务报表整体是否不存在由于舞弊或错误导致的重大错报获取合理保证,并出具包含审计意见的审计报告;
(2) 说明合理保证是高水平的保证,但并不能保证按照审计准则执行的审计在某一重大错报存在时总能发现;
(3) 说明错报可能由于舞弊或错误导致。

在说明错报可能由于舞弊或错误导致时,注册会计师应当从下列两种做法中选取一种:
(1) 描述如果合理预期错报单独或汇总起来可能影响财务报表使用者依据财务报表作出的经济决策,则通常认为错报是重大的;
(2) 根据适用的财务报告编制基础,提供关于重要性的定义或描述。

注册会计师对财务报表审计的责任部分还应当包括下列两个方面的内容:
(1) 说明在按照审计准则执行审计工作的过程中,注册会计师运用职业判断,并保持职业怀疑;
(2) 通过说明注册会计师的责任,对审计工作进行描述。这些责任包括下列五项内容。
① 识别和评估由于舞弊或错误导致的财务报表重大错报风险,设计和实施审计程序以

应对这些风险,并获取充分、适当的审计证据,作为发表审计意见的基础。由于舞弊可能涉及串通、伪造、故意遗漏、虚假陈述或凌驾于内部控制之上,未能发现由于舞弊导致的重大错报的风险高于未能发现由于错误导致的重大错报的风险。

② 了解与审计相关的内部控制,以设计恰当的审计程序,但目的并非对内部控制的有效性发表意见。当注册会计师有责任在财务报表审计的同时对内部控制的有效性发表意见时,应当略去上述"目的并非对内部控制的有效性发表意见"的表述。

③ 评价管理层选用会计政策的恰当性和作出会计估计及相关披露的合理性。

④ 对管理层使用持续经营假设的恰当性得出结论。同时,根据获取的审计证据,就可能导致对被审计单位持续经营能力产生重大疑虑的事项或情况是否存在重大不确定性得出结论。如果注册会计师得出结论认为存在重大不确定性,审计准则要求注册会计师在审计报告中提请报表使用者关注财务报表中的相关披露;如果披露不充分,注册会计师应当发表非无保留意见。注册会计师的结论基于截至审计报告日可获得的信息。然而,未来的事项或情况可能导致被审计单位不能持续经营。

⑤ 评价财务报表的总体列报(包括披露)、结构和内容,并评价财务报表是否公允反映相关交易和事项。

(七) 按照相关法律法规的要求报告的事项(如适用)

(八) 注册会计师的签名和盖章

审计报告应当由项目合伙人和另一名负责该项目的注册会计师签名和盖章。

(九) 会计师事务所的名称、地址和盖章

审计报告应当载明会计师事务所的名称和地址,并加盖会计师事务所公章。

(十) 报告日期

审计报告应当注明报告日期。审计报告日不应早于注册会计师获取充分、适当的审计证据,并在此基础上对财务报表形成审计意见的日期。

在确定审计报告日时,注册会计师应当确信已获取下列两方面的审计证据:
(1) 构成整套财务报表的所有报表(含披露)已编制完成;
(2) 被审计单位的董事会、管理层或类似机构已经认可其对财务报表负责。

标准审计报告的参考格式如下所示。

审 计 报 告

ABC 股份有限公司全体股东:

一、对财务报表出具的审计报告

如果审计报告中不包含"按照相关法律法规的要求报告的事项"部分,则不需要加入此标题。

(一) 审计意见

我们审计了 ABC 股份有限公司(以下简称 ABC 公司)财务报表,包括 20×1 年 12 月 31 日的资产负债表,20×1 年度的利润表、现金流量表、股东权益变动表以及相关财务报表附注。

我们认为,后附的财务报表在所有重大方面按照企业会计准则的规定编制,公允反映了ABC公司20×1年12月31日的财务状况以及20×1年度的经营成果和现金流量。

(二)形成审计意见的基础

我们按照中国注册会计师审计准则的规定执行了审计工作。审计报告的"注册会计师对财务报表审计的责任"部分进一步阐述了我们在这些准则下的责任。按照中国注册会计师职业道德守则,我们独立于ABC公司,并履行了职业道德方面的其他责任。我们相信,我们获取的审计证据是充分、适当的,为发表审计意见提供了基础。

(三)关键审计事项

关键审计事项是我们根据职业判断,认为对本期财务报表审计最为重要的事项。这些事项的应对以对财务报表整体进行审计并形成审计意见为背景,我们不对这些事项单独发表意见。

(四)其他信息

(五)管理层和治理层对财务报表的责任

ABC公司管理层(以下简称管理层)负责按照企业会计准则的规定编制财务报表,使其实现公允反映,并设计、执行和维护必要的内部控制,以使财务报表不存在由于舞弊或错误导致的重大错报。

在编制财务报表时,管理层负责评估ABC公司的持续经营能力,披露与持续经营相关的事项(如适用),并运用持续经营假设,除非管理层计划清算ABC公司、终止运营或别无其他现实的选择。

治理层负责监督ABC公司的财务报告过程。

(六)注册会计师对财务报表审计的责任

我们的目标是对财务报表整体是否不存在由于舞弊或错误导致的重大错报获取合理保证,并出具包含审计意见的审计报告。合理保证是高水平的保证,但并不能保证按照审计准则执行的审计在某一重大错报存在时总能发现。错报可能由于舞弊或错误导致,如果合理预期错报单独或汇总起来可能影响财务报表使用者依据财务报表作出的经济决策,则通常认为错报是重大的。

在按照审计准则执行审计工作的过程中,我们运用职业判断,并保持职业怀疑。同时,我们也执行以下工作:

(1)识别和评估由于舞弊或错误导致的财务报表重大错报风险,设计和实施审计程序以应对这些风险,并获取充分、适当的审计证据,作为发表审计意见的基础。由于舞弊可能涉及串通、伪造、故意遗漏、虚假陈述或凌驾于内部控制之上,未能发现由于舞弊导致的重大错报的风险高于未能发现由于错误导致的重大错报的风险。

(2)了解与审计相关的内部控制,以设计恰当的审计程序,但目的并非对内部控制的有效性发表意见2。

(3)评价管理层选用会计政策的恰当性和作出会计估计及相关披露的合理性。

(4)对管理层使用持续经营假设的恰当性得出结论。同时,根据获取的审计证据,就可能导致对ABC公司持续经营能力产生重大疑虑的事项或情况是否存在重大不确定性得出结论。如果我们得出结论认为存在重大不确定性,审计准则要求我们在审计报告中提请报表使用者注意财务报表中的相关披露;如果披露不充分,我们应当发表非无保留意见。我们的结论基于截至审计报告日可获得的信息。然而,未来的事项或情况可能导致 ABC 公司不能持续经营。

(5) 评价财务报表的总体列报、结构和内容,并评价财务报表是否公允反映相关交易和事项。我们与治理层就计划的审计范围、时间安排和重大审计发现等事项进行沟通,包括沟通我们在审计中识别出的值得关注的内部控制缺陷。

我们还就已遵守与独立性相关的职业道德要求向治理层提供声明,并与治理层沟通可能被合理认为影响我们独立性的所有关系和其他事项,以及相关的防范措施(如适用)。

从与治理层沟通过的事项中,我们确定哪些事项对本期财务报表审计最为重要,因而构成关键审计事项。我们在审计报告中描述这些事项,除非法律法规禁止公开披露这些事项,或在极少数情形下,如果合理预期在审计报告中沟通某事项造成的负面后果超过在公众利益方面产生的益处,我们确定不应在审计报告中沟通该事项。

二、按照相关法律法规的要求报告的事项

××会计师事务所　　　　　　　　中国注册会计师:×××(项目合伙人)
　　（盖章）　　　　　　　　　　　　　　　（签名并盖章）
　　　　　　　　　　　　　　　　中国注册会计师:×××
　　　　　　　　　　　　　　　　　　　（签名并盖章）
　　　　　　　　　　　　　　　中国××市 20×2 年×月×日

三、详式审计报告的内容和格式

详式审计报告的内容主要包括如下六个方面。

(一) 被审计单位基本情况

单位基本情况一般包括被审计单位的名称、性质、法人代表、隶属关系、组织机构设置、资产情况和经营状况、财务情况(包括主要经济指标以及其他情况等)。审计报告中的基本情况是必不可少的,其作用是使审计人员了解被审计单位情况,全面分析和研究审计问题,供提出审计报告、出具审计意见书和作出处理、处罚决定时参考。

(二) 审计概况

审计概况主要说明审计的任务及依据、审计的种类及目的、审计的对象及范围、审计组的组成及分工、审计的起讫日期以及审计的程序、方法和简要经过等。

(三) 审计结果

审计结果是指审计结束后对被审计单位作出的全面评价。一方面,要对被审计单位取得的成绩给予充分的肯定;另一方面,要指出被审计单位存在的问题,反映审计人员在审计过程中查明的问题,并按问题的性质进行归类,按问题的重要程度编排,说明问题产生的原因,明确责任部门和责任人。

(四) 审计意见

审计意见主要是指在对被审计单位作出全面评价的基础上对存在的问题提出的处理意见。审计处理意见的提出必须以事实为依据、以法律为准绳,严格区分不同界限,做到有理有据、宽严适度、合法合理,既要有原则性,又要有灵活性,认真做好定性处理工作。

(五) 审计建议

审计建议是审计人员针对被审计单位存在的各种问题,联系其实际情况提出的改善经营管理、克服弱点与缺点、提高经济效益的措施。审计建议要有针对性和可行性。提出的审计建议必须紧密联系被审计单位的实际情况,切忌空谈理论。

(六) 审计附件

附件是将审计报告所必需的证据资料(如账、表、证和其他有关证明材料)附于审计报告后,以增强审计报告的说服力。由于在审计过程中取得的资料内容繁多,在选用资料时应注意资料有无针对性、有无代表性以及性质是否重要,一般性的证据资料就不必选用。

以上各项内容是指完备的详式审计报告而言的,并非所有的审计报告都必须如此,应根据审计的任务和具体情况而定。

内部审计报告正文主要包括以下内容:

(1) 审计概况。说明审计立项依据、审计目的和范围、审计重点和审计标准等。

(2) 审计依据。应声明审计是按照内部审计准则的规定实施,若存在未遵循该准则的情形,应对其作出解释和说明。

(3) 审计结论。根据已查明的事实,对被审计单位经营活动和内部控制所作的评价。

(4) 审计决定。针对审计发现的主要问题提出的处理、处罚意见。

(5) 审计建议。针对审计发现的主要问题提出的改善经营活动和内部控制的建议。

国际内部审计师协会认为内部审计报告的主要内容包括审计目的、审计范围和审计结果三个部分。审计目的主要说明为什么要进行审计,要达到什么样的预期目标;审计范围应明确所审计的活动及审计期限,指明应审与未审的界限,明确审计工作的性质和范围;审计结果包括审计发现、审计结论和审计建议。审计发现是通过应该怎样做和实际怎样做对比出来的,也就是将期望事物(应该是什么)和发现的事实(确实存在的事实)比较出差异所在及对其形成原因和造成的影响分析,但不包括被审者的成就以及对其的建议;审计结论是对审计结果的评价,如经营项目的任务和目标与单位整体项目和目标是否一致、单位的任务和目标是否完成以及被审查的管理控制活动是否如预期的那样起作用等;审计建议必须以审计发现和结论为根据,要求采取纠正行动改变现状或改进经营,建议既可以提出具体的纠正和加强的方法,也可以概括地提出问题。

四、审计报告的形式

(一) 叙述式审计报告

叙述式审计报告是指文字分段叙述被审计单位的基本情况、审计概况、审计结果、审计意见和建议等。通常对审计对象牵涉面广、情况比较复杂、需要详细叙述其具体情况的财政审计、经济效益审计和财经法纪审计多采用这种报告形式。简式审计报告和详式审计报告也多采用这种形式。

(二) 条文式审计报告

条文式审计报告是指将被审计单位基本情况、审计概况、审计结果、审计意见和建议等用文字简明扼要地概括成几条，依次叙述，使报告使用者一目了然。条文式审计报告的优点是条目清楚，便于引用报告的内容，通常对审计对象情况较为单纯、无需详细说明的多采用这种形式。

(三) 表格式审计报告

表格式审计报告是指选用审计组织设计的一套审计报告表格，列示被审计单位的名称、审计内容范围、审计的目的和要求、审计结果、审计意见和建议、审计人员姓名和所附的证据材料等项目，在审计工作结束后逐一填列清楚，报送审计授权人、委托人。这种形式的报告在一张表格上反映了审计的基本情况，便于报告使用者了解和使用；同时，也大大简化了行文、打印等手续。对一些经常性和一般性问题的检查多采用这种形式。

(四) 综合式审计报告

综合式审计报告是根据被审计单位和审计的具体情况，在审计报告中既有文字叙述审计的情况，又有归纳发生情况的条文，并附有反映审计情况的表格。其实是上述各种形式的综合体。它综合了上述各种形式的优点，应用灵活。在对被审计单位的各种经济活动进行全面审查时，通常采用这种形式的审计报告。

以上介绍的是审计报告的各种形式，但须指出的是，各种审计报告只要能揭示事实、说明情况、分析问题、表达意见、提出建议，不一定拘泥于某一种形式，而应根据具体情况灵活运用。

第三节 审计报告的编写

一、编写审计报告的要求

(一) 编写审计报告的基本要求

不同的审计种类的审计的目标和对象范围不同，审计报告的写法也有所不同。就其基本要求而言，有以下四个方面。

1. 逻辑结构方面的要求

一份好的审计报告必须结构严谨，逻辑关系清楚。就一般审计报告而言，应有如下要求：

(1) 审计报告的标题必须反映被审计单位的名称和审计类型和主要目标；

(2) 基本情况和审计概况要写明审计的授权人或委托人、审计具体目标和任务、审计内容和范围、审计的具体程序和方法以及被审计单位基本情况的概述；

(3) 审计报告的具体内容要对审计结果进行全面的陈述，并提出审计人员对被审计单位的处理意见、审计建议和其他需要说明的问题，并且应该按重要性排列反映审计的结果、审计意见、审计建议和其他问题。

2. 内容方面的要求

审计报告的内容主要是指审计报告所反映的情况和提出的审计意见和建议等。审计报告反映内容的四个基本要求如下。

(1) 事实清楚，证据确凿。审计报告中的一切事实材料必须经过反复查证，来龙去脉清楚；所用证明被审计事项的证据必须做到充分有力。未证实的材料不能写入审计报告，以免引起审计纠纷，影响审计的声誉和权威。

(2) 内容完整，反映全面。审计查实的问题，除了相关性不强的细小问题外，审计人员有责任作全面的反映，但要注意分清主次，突出重点问题，做到全面性和重点性相结合。

(3) 评价公正，定性准确。审计作出的评价，一要正确、公正，二要经过审计查证。审计报告的评价不能将"据闻"、"据说"的情况不经审计核实就作出审计评价，也不能将别的部门的评价不经分析查证就转引。审计评价要实事求是、客观公正，要一分为二地评价被审计单位，既肯定成绩，又指出存在的问题和不足。

审计人员要对评价的准确性和公正性负责。准确性是指要用正确的标尺来衡量事实，就是要以法律、法规、政策规定，以及会计准则、财务通则和其他理论为依据进行定性。在定性比较困难的情况下，可将其危害性、造成的后果用写实的方法进行表达，以助于他人正确理解其性质。

根据《中国注册会计师审计准则第1501号——审计报告》第二章的规定，注册会计师应当评价根据审计证据得出的结论，以作为对财务报表形成审计意见的基础；在对财务报表形成审计意见时，注册会计师应当根据已获取的审计证据评价是否已对财务报表整体不存在重大错报获取合理保证。在评价财务报表编制合规性时应考虑：选择和运用的会计政策是否符合适用的会计准则和相关会计制度，并适合于被审计单位的具体情况；管理层作出的会计估计是否合理；财务报表反映的信息是否具有相关性、可靠性、可比性和可理解性；财务报表是否作出充分披露，使财务报表使用者能够理解重大交易和事项对被审计单位财务状况、经营成果和现金流量的影响。在评价财务报表是否作出公允反映时应考虑：经管理层调整后的财务报表是否与注册会计师对被审计单位及其环境的了解一致；财务报表的列报、结构和内容是否合理；财务报表是否真实地反映了交易和事项的经济实质。

(4) 处理恰当，建议可行。审计处理要谨慎恰当，要从实际出发，实事求是，宽严适度，并对照审计标准提出恰如其分的审计意见。审计建议应明确、具体，具有针对性、可行性，便于被审计单位认真执行。

3. 行文方面的要求

审计报告的行文要力求做到规范化。根据审计报告的特点，行文方面主要有以下三个方面的规范要求。

(1) 文题相符，概念清楚。审计报告中审计组织名称、被审计单位的名称、审计内容、审计文书名称等要素俱全。同时，审计报告不应是简单的概念罗列，更不能偷换、混淆概念，在列举同一对象概念时，在审计报告中保持一致。

(2) 措辞恰当，有理有据。对事实表达方面的措辞及对问题定性时用的措辞要适当、确切。措辞要符合法规上的统一提法以及一些约定俗成的习惯用法，要从实际出发，区分具体情况。对审查出来的问题，不能先入为主，不能无限上纲和乱扣帽子。

(3) 层次清楚，行文简练。审计报告要注意撰写技巧，要做到简洁明了、层次清楚、表达准确、行文简练，做到有话则长，无话则短。

4. 时间方面的要求

审计组应于实施审计终了后15日内提出审计报告；在特殊情况下，经批准，提出审计报告的时间可以适当延长。

(二) 各种审计报告的不同要求

不同的审计报告除了其共性，还具有各自的特殊性。财政审计、财务审计、经济效益审计、财经法纪审计报告和经济责任审计报告的写法都有不同的侧重点和表达方式。

1. 财政审计报告

财政审计报告的重点是预算的执行情况和决算。要着重指出预算收入、预算支出和预算外收支是否合规、合法、有效益；有无将预算内资金转为预算外资金，财政结余是否正确，结转是否正确等。对存在的问题也要提出审计意见和审计建议。

2. 财务审计报告

财务审计报告的重点是证明被审计单位的财务报表是否可信，财务状况和经营成果是否真实、正确，经济活动是否合规、合法、有效益。同时，根据审计报告的接受者不同，其重点也有所不同。如果是向被审计单位的投资者、债权人等利害关系人提供公证（鉴证）信息，则其重点是对被审计单位的财务报表表明审计意见。例如，要指出财务报表是否遵循了会计准则和有关规定；会计方法是否前后一致；财务报表是否公正地反映了财务状况和经营成果等。如果是向被审计单位领导或其上级主管部门提供，则除了证明财务报表外，还要提出改进管理和提高经济效益的建议。国家审计机关对被审计单位的财务审计报告，除了重点说明其财务收支的真实性外，还要着重指出财务收支的合规和合法性、是否有截留和转移利润、偷税、漏税及其他违反财经法纪的情况，并在审计报告中提出审计意见和建议。

3. 经济效益审计报告

经济效益审计报告的内容主要包括审计概况、基本评价、主要经验、存在问题、审计意见和改进建议五个方面。在审计报告中着重肯定成绩、总结经验、提出问题、提出建议。撰写时要避免数字成堆、表格繁杂；要有情况、有分析、数据确凿、逻辑合理，文字尽可能生动活泼。审计建议可提出一个或几个改进方案，计算其得失，考察其提高经济效益的前景。经济效益审计报告一般都是详式审计报告。这种审计报告的主要作用是提供给被审计单位或上级主管部门作为改善经营管理、挖掘内部潜力、提高经济效益的参考。

4. 财经法纪审计报告

财经法纪审计通常为专案审计，因此审计报告的具体内容应根据案情而定。其一般内容可分为审计概况、查实的违反法纪事实、审计意见和审计附件四个部分。在审计报告中着重说明的是违纪事实、性质、造成的危害以及审计意见。这种报告如果案情简单可用简式报告，案情复杂则用详式报告。撰写这类报告，要坚持原则、分清是非、证据确凿。报告通常涉及对人的处理，定性要准确，措辞要适当，意见要慎重。

5. 经济责任审计报告

经济责任审计报告主要内容包括审计基本情况、审计发现（包括主要问题和应负责任）、审计意见和建议。应突出的内容是被审计领导干部的职责范围和其所在单位在其任职期间目标完成情况；被审计领导干部及其所在单位违反国家法规及廉政规定的主要问题；被审计领导干部应负的主管责任和直接责任；对被审计领导干部及其所在单位的处理、处罚意见和改进建议等。值得注意的是，每一项经济责任审计，审计机关审定审计报告后，向本级党委或人民政府还应提交一份审计结果报告，为组织人事、纪检监察机关考核、任用干部提供参考依据。

美国政府审计准则对不同的审计类型的报告内容也提出了不同的要求。例如，财务审计报告应写明审计师遵循审计准则的情况；对内部控制和对法律、规章和合同条款或拨款协议遵循情况进行报告；对内部控制缺陷、舞弊、违法、违反合同条款或拨款协议以及滥用进行报告；报告被审计单位官员的看法；对特别规定的和保密信息的报告。对鉴证的业务，报告应该确认被鉴证事项或陈述，同时说明鉴证的性质；报告应该说明执行者（审计师）对照评价被鉴证事项的标准，有关被鉴证事项或陈述的结论；报告将说明执行者（审计师）对鉴证业务、被鉴证事项，适当时还包括有关陈述的所有的重要保留意见；在有特定情况下，应说明报告的作用限制情况。

二、审计报告的编写步骤和方法

（一）汇总整理审计证据

审计报告是依靠审计证据支持的，而审计证据由审计人员在实施审计过程中，按照法定程序、运用科学的审计方法取得并记录在审计工作底稿中。因此，审计实施阶段结束后，审计人员首先应汇总整理审计工作底稿，同时应对审计工作底稿中记录的审计证据进行审查核对。审查审计工作的平时记录和各项经济业务的工作底稿是否完备齐全；所查出的问题是否都已列出，有无遗漏之处；审计证据的充分性、有效性以及审计评价意见和建议的适当性。审查核对的过程实质上是对审计工作的复核过程，也是审计证据继续收集的过程。

（二）分析提炼审计证据

在汇总整理审计证据的基础上，审计人员对审计工作底稿中审计证据要按其反映的内容进行分类。分类时既可以按相同的性质进行，也可以按审计工作进行的顺序进行分类。在分类的基础上要对审计证据进行分析，去粗取精、去伪存真、由此及彼、由表及里，分清问题的主次和重要程度，确定要写入审计报告的事项。经过提炼后的审计证据，要做到事实清楚、数字真实、分析有据、定性准确、表达严谨。

（三）拟订审计报告提纲

拟订报告提纲就是要确定审计报告的框架结构。事实上，审计报告提纲的主要部分是根据整理分析后的审计证据拟订的。有哪方面的证据，才能拟订哪一方面的提纲。拟定提纲一般由主审提出初步意见，而后经集体讨论决定。主要内容是分几个部分、阐述什么问题、依靠哪些证据、怎样撰写等。拟订审计报告提纲时，在每个大小标题后面应详细列出所需证据和证据的来源。提纲的内容必须针对审计的目的和范围以及审计授权人、委托人的要求，根据已掌握的证据分清主次，适当排列次序。

（四）撰写审计报告初稿

审计报告提纲拟订以后，审计人员就可以撰写审计报告初稿。审计报告初稿形成后，审计组应充分讨论，反复推敲，认真研究，修改定稿。

（五）征求被审计单位意见

按照审计法及实施条例的规定，审计组向审计机关提出审计报告前应征求被审计单位意见。被审计单位应当自接到审计报告之日起 10 日内，提出书面意见；自接到审计报告 10 日内未提出书面意见的，视同无异议。征求意见主要是为了进一步核对事实，同时交换双方对审计结果、意见和建议的看法。审计报告征求被审计单位意见不仅体现了审计机关的务实精神，而且也进一步增加了审计报告的真实性，从而提高了审计报告的质量。审计人员对被审计单位的意见应认真分析研究，认为事实不清或有出入的，应进一步核实。对审计结果和审计意见有异议的，对正确合理的意见应采纳并修改补充审计报告，甚至重新进行审核检查再提出审计结果和审计意见。如果被审计单位对报告中提出的对被审计单位处以较大数额的罚款的建议有异议，并依法提出举行听证的要求时，审计组应当及时报告审计机关，由审计机关的法制机构或审计机关内比较超脱的其他机构主持听证。审计组对被审计单位提出的意见或听证裁定的意见要认真分析研究，对其正确合理的部分应采纳并适当地修改审计报告。被审计单位对审计报告不得拒绝签署意见。同时，应注意审计报告在没有最后定稿以前，不应将审计报告内容向其他任何人泄露。

（六）修改定稿报出报告

审计报告征求被审计单位意见后，作适当修改后即可定稿打印，并上报给审计授权人或委托人。审计报告实行主审或组长负责制，未经主审或组长签章的审计报告无效。对审计组定稿的审计报告，如审计组成员有不同意见，组长或主审应以书面形式连同审计报告一同报出。审计报告中不便写明的情况和问题，可另写报告和材料报送有关部门。审计报告、书面意见、听证裁定书面材料、审计组书面证明等可一同上报（相关格式如表 13-1 和表 13-2 所示）。

表13-1　审计报告征求意见书格式

××(审计机关全称)

审计报告征求意见书

_____

_____：

　　根据《中华人民共和国审计法》第××条的规定,现将××年××月××日至××年××月××日对你单位××的审计报告送给你们征求意见。请在收到审计报告之日起十日内提出书面意见,送交审计组或者审计机关。如果在规定期限内没有提出书面意见,视为无意见。

　　附：审计报告

××审计组长签名
××年××月××日

表13-2　审计报告封面格式

××(审计机关名称)

审计报告

××年第××号

被审计单位：××

审计项目：××

××审计机关(盖章)
××年××月××日

第四节　审计报告的审定

　　根据《审计法》规定,审计机关按照审计署规定的程序对审计组的审计报告进行审议,并对被审计对象对审计组的审计报告提出的意见一并研究后,提出审计机关的审计报告;对违反国家规定的财政收支、财务收支行为依法应当给予处理、处罚的,在法定职权范围内作出审计决定或者向有关主管机关提出处理、处罚的意见。审计机关应当将审计机关的审计报告、审计决定送达被审计单位和有关主管机关单位,并自送达之日起生效。

一、审定审计报告

　　审定审计报告是审计机关对审计组提出的审计报告所列的审计事项,以及提出的建议进行复核、审定并作出最终裁定和评价的活动。为了做好审计报告的审定工作,审计机关普遍实行审计报告复核制度,由专门机构或人员对审计组提出的重要审计事项的审计报告进行复核。复核机构或复核人员主要对审计报告中所列与审计事项有关的事实是否清楚;收集的证明材料是否具有客观性、相关性、充分性和合法性;适用的法律、法规、规章和具有普遍约束力的决定、命令等是否正确;审计评价意见是否恰当;定性、处理、处罚建议是否适当;审计程序是否符合规定等进行审核,并提出复核意见。根据《审计机关审计报告编审准则》的规定,审计组所在部门收到审计报告后应对审计报告及审计工作底稿进行审核,提出书面审核意见。审计组所在部门负责人对审计报告的审核意见负责。审计组所在部门根据审计报告及审核意见对由审计机关出具的审计报告、审计决定书、移送处理书代拟稿连同原审计报告及审核意见报送复核机构或者专职复核人员复核。

审计报告经复核后,由审计机关审定。一般审计事项的审计报告,可以由审计机关主管领导审定;重大审计事项的审计报告,应当由审计委员会审定。审定的内容是:

(1) 与审计事项有关的事实是否清楚、证据是否确凿;
(2) 被审计单位对审计报告的意见和复核机构或者复核人员提出的复核意见是否正确;
(3) 审计评价意见是否正确;
(4) 定性、处理、处罚建议是否准确、合法、适当;
(5) 提出的改进财政收支、财务收支管理的意见和建议是否恰当。

审计机关审定审计报告必须以各种事实和审计标准为依据,应该详细审阅审计工作底稿及有关文件资料,同时充分考虑被审计单位意见。对不合格的审计报告,审计机关应退回审计组重新编写或修改。

审计报告的审定工作专业性强,不同于一般的行政工作,应由专门的机构负责,并且决策时应采取合议制,一人一票,投票决定出具的审计报告、审计决定书和移送处理书。

二、出具审计决定

根据规定,审计机关出具审计报告、出具审计决定和出具审计移送处理书。

审计决定是审计机关作出的对被审计单位违反国家规定的财政收支、财务收支行为依法进行处理、处罚的法律文书。对被审计单位作出的处理、处罚决定,具有强制性,被审计单位和有关单位必须执行。审计决定主要包括下列内容:

(1) 审计的范围、内容、方式和时间;
(2) 被审计单位违反国家规定的财政收支、财务收支的行为;
(3) 定性、处理、处罚决定及其依据;
(4) 审计处理、处罚决定执行的期限和要求;
(5) 被审计单位不服审计决定,依法申请复议的期限和复议机关。

根据有关规定,审计处理的种类主要有责令限期缴纳,上缴应当缴纳的财政收入,责令限期退还违法所得;责令限期退还被侵占的国有资产;责令冲转或者调整有关会计科目;依法采取的其他处理措施。

审计机关应当在收到审计报告之日起 30 日内,将审计决定送达被审计单位,同时抄送被审计单位的上级主管部门和其他有关部门,以便监督执行,重大问题还应抄报上级审计机关和本级人民政府。

审计决定是有法律效力的体现国家强制力的法律文件,自送达之日起生效。也就是说,接到审计决定的被审计单位和有关单位必须按照审计决定的要求在一定期限内执行审计决定。审计机关应当自审计决定送达之日起 3 个月内,了解审计意见采纳情况,监督审计决定的执行情况。被审计单位和有关单位在法定的行政复议和行政诉讼期间内,既不对审计决定申请复议或者不向人民法院提起诉讼,又不执行审计决定的,审计机关可根据我国《行政诉讼法》第 36 条的规定,申请人民法院强制执行。

根据《审计法》规定,上级审计机关认为下级审计机关作出的审计决定违反国家有关规定的,可以责成下级审计机关予以变更或者撤销,必要时也可以直接作出变更或者撤销的决定。

三、提出审计结果报告或提出审计工作报告

对每个项目的审计来说,审计机关出具了审计报告和审计决定即标志着该项审计工作已基本结束,但对审计机关的整个审计工作来说尚未结束。《审计法》明确规定:"国务院和县级以上地方人民政府应当每年向本级人民代表大会常务委员会提出审计机关对预算执行和其他财政收支的审计工作报告。"审计工作报告应当重点报告对预算执行的审计情况。必要时,人民代表大会常务委员会可以对审计工作报告作出决议。国务院和县级以上地方人民政府应当将审计工作报告中指出的问题的纠正情况和处理结果向本级人民代表大会常务委员会报告。对审计工作中发现的宏观经济管理中与财政收支、财务收支有关的重要问题,审计机关应当向本级人民政府和上一级审计机关提出专题报告。审计机关还应当按照本级人民代表大会常务委员会的安排,受本级人民政府的委托,每年向本级人民代表大会常务委员会提出审计机关对预算执行和其他财政收支的审计工作报告。这一规定,确立了各级政府向本级人大常委会作审计工作报告的制度。

实行审计工作报告制度,一是要求审计机关要加强对预算执行和其他财政收支的审计监督;二是要求审计机关每年应当向本级政府提出对预算执行和其他财政收支的审计工作报告;三是要求政府审核审计机关的审计工作报告,并向本级人大常委会作对预算执行和其他财政收支的审计工作报告。

为充分发挥审计监督作用,政府审计机关除了向人大常委会提出审计结果报告外,还应向社会公众公开审计管辖范围内重要事项的审计结果,即审计报告和审计决定等审计结论性文书所反映的内容。对外公布的形式有广播、电视、报纸、杂志等出版物;互联网;新闻发布会;公报、公告;其他形式。审计机关向社会公布审计结果,必须经审计机关主要负责人批准;涉及重大事项的,应当经本级人民政府同意。审计机关向社会公布审计结果应当客观公正、实事求是。审计机关按照审批程序向社会公布的审计事项有本级人民政府或者上级审计机关要求向社会公布的、社会公众关注的以及其他需要向社会公布的。审计机关向社会公布审计结果应在审计结论性文书生效后进行。公布时,应当依法保守国家秘密和商业秘密,要充分考虑到社会的影响。对擅自向社会公布审计结果的,应当依法追究有关人员的责任。

思考与练习

1. 什么是审计报告?审计报告有何作用?
2. 审计报告有哪几种分类?什么是简式审计报告和详式审计报告?
3. 内部审计报告和外部审计报告有何不同?
4. 审计报告基本格式应包括哪些内容?
5. 简式审计报告一般包括哪些内容?根据不同的审计结果可以出具哪几种不同的审计报告?
6. 什么是标准审计报告和非标准审计报告?
7. 详式审计报告一般包括哪些内容?
8. 审计报告有哪几种形式?

9. 编写审计报告有哪些基本要求?
10. 怎样编写审计报告?
11. 如何审定审计报告?审计报告复核与审定有何区别?
12. 什么是审计决定?它包括哪些内容?
13. 什么是审计结果报告或审计工作报告?实行审计工作报告制度有何意义?
14. 预算执行和其他财政收支的审计工作报告应包括哪些内容?
15. 国家审计机关怎样向社会公布审计结果?应公布哪些内容?
16. 练习标准审计报告的写法。
17. 练习企业财务审计详式报告的写法。

第十四章 审计管理

【内容提示】

要减少或避免审计风险、保证审计工作的质量、提高审计工作的效率、充分而有效地使用审计资源,加强审计工作全过程和全方位的管理是必不可少的。什么是审计管理?审计管理包括哪些内容?采取哪些管理方法?什么是审计计划管理、审计质量管理、审计信息管理以及如何进行审计计划管理?什么是审计质量管理和审计信息管理?这些是本章所阐述的主要内容。

第一节 审计管理概述

一、审计管理的含义

广义的审计管理应该包括对审计主体和审计业务的管理。审计主体管理主要是对审计机构和审计人员的管理,如机构设置、定岗定编、职责设计、人员选拔、培训及考核等。审计业务管理主要是指审计主体运用现代管理手段对审计业务活动及其所体现的审计关系所进行的计划、组织、指挥、协调和控制,如计划管理、质量管理、信息管理等。

从审计管理主体看,必须把审计机关同审计业务管理机构区分开来。审计机关作为政府机构的组成部分,执行着政府管理行政事务的行政职能,是一个行政管理机关。作为审计行政管理机关,同其他行政管理机关一样,它不必执行具体的审计业务。但是,在我国审计机关不同于其他行政机关的特点之一就是它管理审计行政事务,而且还要组织各项具体的审计业务。所以,我们日常所说的审计机关实际上执行了审计行政事务和审计业务管理的双重职能。从理论上说,这两种职能是完全不同的。作为执行审计业务管理的机构,其内部结构一般按照审计业务的性质不同而予以设计,其职能是组织实施各项具体的审计任务。而作为执行审计行政管理的机关,其内部结构一般按照国家审计行政事务管理的要求设计,其任务是制定有关审计工作的方针、政策、法规条例,并组织监督实施。因此,我们所说的审计管理主体(即审计业务管理机构)在性质上是完全不同于经济管理机构和行政管理机构的。这是审计管理区别于经济管理和行政管理的特征之一。

从审计管理客体看,不同管理的根本区别就在于管理客体(即对象)的差别。

按照法国著名管理学家法约尔的一般管理理论(即职能论),管理活动一般具有计划、组织、指挥、协调和控制等五种基本职能,不论是审计管理、经济管理还是行政管理都具有这五种职能。但是,这三种管理在实现五种职能的手段上存在着一定的差别。经济管理必须遵循经济活动规律,更多的是采用经济手段实现其管理职能。行政管理是通过管理国家事务来贯彻国家职能的,它属于一种以强制力作为后盾的管理,它较多地是采用行政手段来实现其管理职能。审计管理是对经济监督活动的管理，因这种管理与经济活动没有直接联系，因此一般不能采用经济手段，而且也不能完全以行政命令的方式强制执行。因此，国家以宪法、法律、法规的手段规定要实现审计监督制度。而且，在很大程度上实施审计业务是每个审计人员的独立行为，审计任务完成的数量和质量主要取决于每个审计人员的主观能动性和是否保持超然独立的态度。因此，强调审计人员素质，培养审计人员的审计责任感，较之经济刺激和行政命令的方式更为有效。所以，在审计管理中，为了保证审计质量和完成审计任务，较多地采取直接控制的方式。

无论是狭义的审计管理还是广义的审计管理，最终都能强化审计监督。这不仅有利于加速我国审计工作的规范化、制度化和法制化的进程，也有利于审计机关独立、权威和公正形象的确立。具体地说，加强审计管理，有利于减少或避免审计风险、保证审计工作的质量、提高审计工作的效率、有效地使用审计资源等。

2013年5月审计署印发的《审计署审计现场管理办法(试行)》中指出审计现场管理，是指自审计组进入被审计单位开始工作至向派出审计组的审计机关提交审计结果文书期间，对执行审计业务及相关事项进行计划、组织、协调和控制等一系列活动。审计组实行审计组组长负责制。审计组组长是审计现场业务、廉政、保密、安全等工作的第一责任人。审计署领导或者司(局、特派办)领导担任审计组组长的，根据工作需要，可以指定审计现场负责人。审计现场负责人根据审计组组长的委托，履行审计现场管理职责，对审计组组长负责，并承担相应责任。审计组设审计小组的，审计小组的审计现场管理应当遵守本办法的相关规定，具体要求由审计组组长视实际情况确定。审计组成员应当根据审计分工，认真履行职责并承担相应责任。计组组长对审计实施方案的质量负责。审计组组长应当及时组织编制审计实施方案，并采取以下措施提高方案的科学性和可操作性：充分调查了解被审计单位及其相关情况，确保调查了解的深度和效果；根据审计项目总体目标、被审计对象实际情况和审计人力及时间资源等，合理确定审计内容和重点；将审计内容和重点细化到具体审计事项，提出审计步骤方法和时限要求，必要时可确定审计信息要点并作出相应安排；合理配置审计资源，将审计事项分解落实到人，明确审计组成员各自承担的工作任务和相关要求。审计组应当根据审计进展及相关情况变化，按规定权限和程序及时调整审计实施方案。

二、审计管理的内容

以审计业务为中心进行管理的主要过程与内容是预测与计划、组织与人事、实施与控制、考核与评价以及后勤与服务等。

（一）预测与计划管理

审计预测是审计活动的开始，只有正确的审计预测，才能为正确的审计决策和编制审计计划提供依据。审计计划管理主要是指审计机关每年审计项目计划管理，包括制定计划、确定任务、执行计划和考核计划的完成情况。只有加强计划管理，才能保障科学、有序和高效运行，避免审计工作的盲目性、随意性和低效无序。

（二）组织与人事管理

审计业务组织与人事管理主要是指根据计划确定的审计项目组织实施方面的管理。例如,根据不同的审计项目及审计委托者不同的要求,组织审计组,选派合适的人员,按照审计项目的重要程度、难易程度,决定审计的方式、方法、时间、进度等。此外,也包括与审计业务组织相关的人事选拔、使用、考核、培训等方面管理。

(三)执行与质量管理

审计业务执行管理主要是对审查、评价、处理等方面的管理。只有加强审计执行管理,才能有效地保证审计质量,减少审计风险。审计质量管理当然还包括质量标准制定、质量状况记录、质量考核与评价等项工作。通过质量目标管理和审计过程监控,以制约影响质量的种种消极因素,力求提高质量,避免或减少审计风险。

(四)审计信息管理

审计信息管理主要是指对审计信息的收集、整理、反馈、存储及利用等,尤为重要的是审计机关的公文处理、统计管理和档案管理。审计信息管理的目的在于保证审计信息资源能得到有效地开发和使用,以利于沟通审计情况,更好地发挥审计在宏观管理方面的作用。

我国政府审计机关涉及审计管理的内容繁多,在一般性管理方面有审计人员职业道德管理、审计业务考核管理、审计复核管理、审计行政复议管理、审计执法检查管理、审计行政应诉与赔偿的管理、审计申诉管理、审计机关根据党委和政府授权或者有关部门委托办理有关事项的管理;在专门的审计管理方面有审计管辖范围划分的管理、审计人员专业技术资格的管理、审计机关派出机构管理、审计统计管理、审计文件档案管理、指导与监督内部审计和社会审计的管理等。

三、审计管理方法

(一)制度管理

审计机构要做到高效、廉洁、低风险,必须建立以岗位责任制为中心的各项内部控制制度,实行严格的制度管理,依法行事,避免人治。要实行制度管理:一是确定目标,建立和健全各项规章制度;二是完整地记录和客观地考核各项制度的执行情况;三是衡量绩效,借以发现偏离目标的现象;四是提出措施纠正偏差,使单位任何工作始终按计划目标进行,即使出现了偏差也要及时纠正。

(二)目标管理

所谓目标管理,即依据外部环境和内部条件的综合平衡,确定在一定时期内预期达到的成果,制定出目标,并为实现该目标而进行组织、激励、控制和检查工作的管理方法。审计工作目标管理一般是按审计目标的制定和分解、审计目标的实施与控制、审计目标的考核和奖励这三个环节进行,使"责、权、利"相结合,形成全员参加、全过程管理、全面负责、全面落实的管理体系。

(三)系统管理

系统管理方法是根据审计活动具有的系统性从审计活动整体系统出发,着眼于整体与部分、整体与层次、整体与结构、整体与环境的相互联系和相互作用,求得优化的整体目标效应的综合方法。这种方法在审计管理中的应用归纳起来有如下三点:(1)审计管理是个系统工程;(2)审计管理的整体性与协调性,对审计活动的管理必须有全局观点,有一个系统的统筹规划与系统控制;(3)审计管理系统分析,根据数据和经验相结合进行分析。

第二节 审计计划管理

一、审计计划的含义和种类

(一)审计计划的含义

审计计划是用一定的质量指标和数量指标反映并用于指导、组织和控制全部审计活动的纲领和指南。审计计划促使审计组织和审计人员明确在一定时期内审的任务、目标和实施形式,知道需要做些什么和怎样做。审计计划管理是审计组织制定审计计划、组织计划实施并对计划执行情况进行检查、考核的一系列活动。

(1)审计计划管理不仅是一个用书面形式规定的指标、纲领和指南,而且是一种审计管理活动。

(2)审计计划管理是一个完整的循环过程,制定审计计划仅仅是审计管理的一个最基本环节,它还包括组织计划的实施以及检查考核计划的执行情况,并据以作为制定下次计划的依据。

(3)为了保证审计计划的实施,通常要建立一个审计计划组织体系,即实行分级管理,来促成总计划的完成。因此,审计计划管理又表现为一种分级或分层的管理活动体系。

(4)审计计划管理的根本作用就是保证和促进审计任务的完成,促使审计活动的各环节、各方面都按审计计划的要求予以实施。

(二)审计计划的种类

审计计划可以按不同标志进行分类,按审计计划涉及面的大小可分为宏观审计计划和微观审计计划;按审计计划编制的主体可分为政府审计计划、内部审计计划和社会审计计划;按审计计划执行期间分为长期审计计划、中期审计计划和短期审计计划;按审计计划内容层次可分为审计策略计划、期间审计项目计划和项目审计计划。在审计业务活动中,主要编制期间审计项目计划和项目审计计划。以下只对审计计划按内容层次所作分类的各项进行说明。

(1)审计策略性计划。这是确定一定时期、一定范围内审计工作总目标、总任务以及为实现总目标、总任务而采取的审计政策和重大措施的审计计划。它由各审计组织的最高决策机构制定。策略性计划的根本特征是:它只是从一定时期、一定范围的审计工作的策略角度出发,规定审计工作的指导思想、大政方针和战略任务而不对审计项目及其实施计划作出具体安排。策略性计划依计划期的长短分为短期(一般为一年)策略性计划、中期策略性计划和长期策略性计划。

(2) 期间审计项目计划。这是安排一定时期内需要依次进行审计的所有审计项目的计划。该计划规定了一定时期审计组织的基本和具体工作任务,不仅是指导审计业务活动的依据,也是检查、评价审计工作任务完成情况的依据。审计期间计划最主要的是年度审计计划,它是一年审计工作的全面安排,是组织全年审计活动的纲领性文件。审计机关所指的审计项目计划管理就是指年度期间审计项目计划管理。

(3) 项目审计计划。这是依据期间审计项目计划并按每一个审计项目分别制定的审计计划,它的作用是对期间审计项目计划作出具体的说明,并使之更加具体化。再就是决定每一个审计项目的实施办法、程序和实施条件。项目审计计划可进一步分为项目计划大纲、项目实施计划和项目作业计划。

二、审计项目计划的编制、协调和调整

(一) 审计项目的含义

审计项目是指按照被审计单位或被审计的具体对象进行划分的审计活动的种类。

审计项目有定期性审计项目、经常性审计项目、专项性审计项目之分;当然也可以分为必审项目、选审项目和自定项目。按照审计机关审计项目计划管理的规定,审计项目计划一般包含上级审计机关统一组织项目、授权项目、政府交办项目和自行安排项目等。

(1) 自行安排项目。自行安排项目是各级审计机关根据自己的力量情况,在本机关审计管辖和分工范围内自行安排开展审计的项目。

(2) 上级审计机关统一组织项目。统一组织项目是上级审计机关为更好地发挥审计在宏观调控方面的作用,在制定审计项目计划时所确定的、在所辖区域内由下属各级审计机关统一开展的审计项目。

(3) 授权审计项目。授权审计项目是上级审计机关授权下级审计机关审计的、属于上级审计机关审计管辖范围内的项目。在编制年度审计项目计划时,除统一组织审计项目外,上级审计机关还可根据审计机关力量情况、自己管辖范围内的被审计单位社会经济、地理分布特征及接受审计情况,从有利于充分发挥审计体系的整体功能作用、维护经济秩序、加强审计监督、扩大审计影响出发,根据需要授权下级审计机关进行审计。

(4) 政府交办项目。政府交办项目是各级政府按照一定程序,要求审计机关进行审计的项目。我国的审计机关是本级政府的一个组成部门,在业务上接受上级审计机关领导的同时,还要接受本级政府领导。因此,对政府交办属于审计机关法定职责范围内的审计事项,各级审计机关也要按照有关规定,及时列入项目计划。

(二) 审计项目计划的编制与协调

审计项目计划管理实行统一领导、分级负责制。审计署负责管理审计署统一组织的审计项目计划和审计署本级审计项目计划并指导全国审计项目计划管理工作。县级以上地方各级审计机关负责本地区的审计项目计划管理工作。审计项目计划管理工作统一由各级审计机关的综合部门具体负责。审计项目计划管理要贯彻执行国家社会、经济发展和审计工作的方针、政策。编制审计项目计划应当坚持充分利用审计资源、突出重点、安排任务均衡和避免重复、交叉的原则。

编制期间审计项目计划主要依据党和国家的方针政策和各个时期的中心任务、上级机关的要求、上年审计工作的情况以及所审范围单位的经济活动状况和群众揭发的事项。审计期间计划编制程序为：(1) 确定被审计单位的数量、单位以及审计的种类和方法、审计的范围；(2) 根据审计任务繁简程度和被审计单位的具体情况确定各项审计的人数和审计工作时间；(3) 根据审计人员的素质情况，确定各项审计的负责人。

审计项目安排一定要按照上级审计机关统一组织项目、授权项目、政府交办项目和自行安排项目的顺序。审计项目计划的内容一般包括审计项目安排的指导思想、主要项目、审计目的、审计内容的范围和重点、分工安排和组织实施、完成时间要求以及其他保障措施等。审计项目计划由文字和表格两部分组成。文字部分主要说明上年度审计项目计划完成情况、本年度业务工作安排的指导思想和审计项目计划编制依据以及所确定的主要任务和完成计划的主要措施等。表格部分主要列明审计项目的名称、类别、级别和数量以及完成计划项目的时间要求和责任单位、被审计单位名称及其主(监)管部门和所在地区等(见表 14-1 和表 14-2)。

表 14-1 期间审计项目总计划表

20××年××月至 20××年××月

项　目		定期审计项目	经常审计项目	周期审计项目	专项审计项目	
					上级下达	自己确定
统一组织项目	内容	会计决算审计			固定资产投资及消费基金审计	
	被审单位数	20			20	
	每个单位审计次数				1	
授权项目	内容		经济责任审计	财务和效益审计		
	被审单位数		4	6(各 3 个)		
	每个单位审计次数		1	1		
政府交办项目	内容		合同审计			产品质量审计
	被审单位数		2			4
	每个单位审计次数		1			1
自行安排项目						

表 14-2 期间审计项目具体计划表

20××年××月至 20××年××月

被审单位名称	审计项目的内容	审计项目性质	审计起讫时间	审计方式	备　注
A 企业	会计决算审计	必审	20××年1月1日～1月5日	详细审计	该单位决算长期不实

续表

被审单位名称	审计项目的内容	审计项目性质	审计起讫时间	审计方式	备注
B企业	消费基金审计	必审	20××年1月1日~1月31日	专项详细审计	该单位滥发钱物较多
C研究所	固定资产投资审计	必审	20××年1月15日~2月1日	专项详细审计	该单位新建固定资产较多
D企业	经济责任审计	选审	20××年2月1日~2月15日	详细审计	该企业厂长1月1日任期终了
⋮	⋮	⋮	⋮	⋮	⋮

审计署统一组织的审计项目计划由审计署各专业审计司于每年10月底前提出安排意见,综合机构汇总提出计划草案,11月份征求有关地方审计机关和审计署派出机构的意见,经审计长办公会议审定后下达。

审计署有关专业审计司、署派出机构和地方审计机关应当积极落实审计署组织的审计项目计划任务。审计署有关专业审计司负责制定审计署统一组织审计项目的具体实施方案,按规定会签,并报经署领导批准后组织实施。审计署有关专业审计司、署派出机构根据审计署统一组织的审计项目计划和实际情况编制本单位的审计项目计划,于2月底前报审计署综合机构汇总协调,并报署领导审批下达。省级审计机关根据审计署统一组织的审计项目计划和实际情况编制本地区审计项目计划,于3月底前报审计署备案。

审计机关编制审计项目计划、确定审计项目和专项审计调查事项,除上级审计机关统一组织的审计项目和审计调查事项外,应当在规定的审计管辖范围内安排。上级审计机关直接审计下级审计机关审计管辖范围内的重大审计事项,要列入本级审计项目计划,并及时通知有关地方审计机关。

(三)审计项目计划的调整

审计项目计划一经下达,审计机关应当努力完成。如确有必要调整,应当按照下列规定报批:

(1)审计署统一组织审计项目计划的调整,由审计署有关专业审计司提出调整意见;审计署本级审计项目计划的调整,由审计署有关专业审计司、署派出机构提出调整意见,于每年8月底前报送审计署综合机构协调,并报署领导审批后于9月底前下达执行。

(2)地方审计项目计划调整,由下达计划的审计机关审批。

(3)政府交办项目及时报批、调整。

三、审计项目计划执行的报告、检查和考核

审计计划的贯彻执行实际上就是如何采取各种组织和控制措施使各项审计业务活动按照计划要求进行。为了保证审计计划的贯彻实施,一般应采取如下措施:建立计划实施责任制度,既明确审计组织各个层次、各部门总的审计目标和任务,又明确自身的具体目标和任务;通过目标管理,确定审计组织各部门、各层次以至每个审计人员的审计任务指标,从而

构成一个计划指标体系;编制项目进度表,及时了解各审计项目的实施情况,并提出相应的措施指标,从而构成一个计划指标体系;编制项目进度表,及时了解各审计项目的实施情况,并提出相应的措施、办法。

审计机关实行审计项目计划执行情况报告制度。审计署统一组织审计项目计划的执行情况,由审计署有关专业审计司、署派出机构和省级审计机关向审计署提出书面报告。报告的主要内容包括计划执行进度、计划执行及审计中发现的问题以及措施、速度等。审计署有关专业审计司、署派出机构和省级审计机关应当分别于每年10月和次年4月向审计署提出项目计划执行情况的综合报告。

审计计划执行完毕后,为了更好地吸取经验教训,进一步改进审计计划管理的方法,及时表扬先进和鞭策后进,应运用抽样检查和重点检查的方法对审计计划的实施执行情况进行全面的总结、检查和考评。审计计划执行结果的检查考核,首先是由各审计小组或审计项目进行自我检查考核,并作出实施情况报告;然后由审计组织内各职能部门根据报告选择若干审计项目进行验证性检查,并写出本部门总结报告;最后审计组织根据各职能部门的报告进行归纳总结,对其中涉及的有关重大问题和事项进行重点检查。

第三节 审计质量管理

一、审计质量管理的要求

(一)审计质量的含义与特征

审计质量是指审计工作过程及其结果的优劣程度。审计质量包含了两个方面的内容:一是审计结果的质量,二是审计行为的质量。简言之,就是审计工作及其结果的质量。审计工作质量是基础,审计结果质量又是审计工作质量的集中表现和最终反映。从社会大众反映来看,看重的是审计结果的质量;而审计机关和审计人员应该把握的是审计工作过程的质量。

审计质量应具有客观性、可靠性、准确性、全面性、充分性、重要性、一致性和及时性等方面的特征。客观性既是指审计人员要实事求是地检查与评价;又是指审计的结论能反映客观实际情况。可靠性既是要求审计人员在审计过程中要办理完备的手续,要认真地收集审计证据,审计证据要有可靠的来源渠道;又是要求审计结果和事实相符,不是伪造,没有歪曲。准确性既是指审计人员在审查过程中一丝不苟、严肃认真、反复核对,定量定性准确,判断评价有根有据;又是指审计结果有客观、可靠、充分的审计证据支撑,审计结论恰如其分,没有水分。全面性既是指审计人员在任务范围内尽可能地全面审查和评价;又是指审计结论能全面地反映被审计单位的实际情况。充分性既是指审计人员在审计过程中尽可能地收集充分的审计证据;又是指审计的结论能充分地反映被审计单位的客观实际。重要性主要是指审计人员在审计过程中以及在审计的结论中均遵循重要性原则。一致性主要是指审计人员的审查工作和审计结论均反映了审计委托人或审计目标的需要。及时性主要是指审计人员的审查工作和审计结果均能满足审计委托人或授权者在时间上的要求。

（二）审计质量管理的要求

审计质量管理实质上就是对审计工作及其结果优劣程度的控制,重点是对审计过程的控制。加强审计质量管理,有利于减少审计工作风险,提高审计工作的效率和提高审计的质量。审计质量管理应达到全面、连续、及时的要求。

要达到上述要求,必须对审计工作进行全要素管理、全方位管理和全过程管理。

1. 全要素管理

审计全面质量管理要对影响审计质量的各个要素执行全面控制。构成一项审计行为的要素主要是审计主体、审计客体、审计方式、方法和审计环境四个方面。通过审计方法使审计的主体和审计的客体连接起来,而审计环境则是审计主体对审计客体发生作用的客观背景,这四个有机联系的方面共同作用,制约着审计质量,影响审计结论的正确、可靠。因此,要保证和提高审计质量,必须对这些要素实施全面的质量控制。

2. 全方位管理

审计工作主要包括审计预测和计划、审计组织、审计人事、审计业务、审计信息和审计科研等审计业务工作,除此而外,还包括审计后勤工作等审计行政性工作以及审计财务等经济性工作。为了保证和提高审计质量,必须对所有这些工作实施质量管理,如果每项工作的质量有了切实保证,审计结论的质量也就有了可靠保证。因此,需要建立各项工作的质量管理责任制,注意各个方面的质量管理。

3. 全过程管理

审计业务活动过程包括准备阶段、实施阶段和报告阶段三个环节。审计全面质量管理需要对这三个环节分别进行质量控制,把好每个环节的质量关,保证和提高整个审计质量,保证最终审计结论的质量。

二、审计质量控制的方式

审计质量控制是指审计工作进行时保持审计质量规定性的一种方式。影响审计质量的因素是多方面的,有外部因素也有内部因素。外部因素一般是指被审计单位的内控制度和经营管理水平、职工的素质和国家的经济法规建设等,这些外部因素是不可控因素。影响审计质量的内部因素一般包括审计人员的素质、审计准则、审计法规、审计程序、审计科研工作开展以及审计机关的行政管理制度建设等,这些因素是可控的。审计质量控制就是对这些可控因素的控制。

按照控制论的原理,审计质量控制是对审计工作质量全面的、系统的和连续的控制。按照发生控制的时间可分为事前控制、事中控制和事后控制三部分。

（一）审计质量的事前控制

审计质量的事前控制是对审计的总体规划及审计工作进行前的控制。它包括对审计人员的培训、制定和不断完善审计法规、制定和完善审计准则、设计审计程序、编制审计计划、完善审计机构和组织等所进行的控制。

（1）建立和完善审计工作必要的标准制度，作为评价和衡量审计工作优劣的尺度，如审计准则、审计规范等，不得轻易更改。

（2）根据具体的审计项目和审计目标，依照审计工作准则的规范要求，依照国家有关政策、法规和制度并结合所收集的被审单位的信息、资料，研究制定出相应的审计计划、审计程序等。

（3）根据审计项目及审计目标的需要，选拔合适的审计人员，成立审计组，并进行必要的培训。

（二）审计质量的事中控制

审计质量的事中控制主要是指对审计过程的控制。一是审计人员要认真地进行现场作业，收集充分的审计证据，客观地进行评价，保证实事求是、公正不偏；二是审计人员要以事实为依据编写反映审计过程与结果的审计报告，并提出合适的意见与建议；三是审计机关要建立合适的审计质量把关组织，认真复核审计报告，提出恰当的审计意见书和审计决定。

（三）审计质量的事后控制

审计质量的事后控制即审计质量的反馈控制，主要包括审计行政复议、后续审计控制和审计档案管理等。

要建立审计回访制度，进行后续审计以检查审计建议的采纳情况以及审计决定的执行情况，进而采取相应的措施。建立审计档案管理，以保证审计档案的安全完整性。

审计质量的事前控制、事中控制和事后控制相互联系、相互制约，共同构成一个完整的审计质量控制体系。这个控制体系中的重点是对审计人员行为的控制，如强化质量意识、加强审计业务的培训和技术考核等。审计质量控制体系的基本模式如图14-1所示。

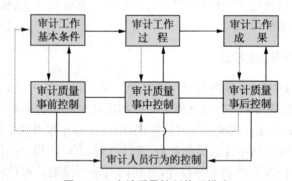

图14-1　审计质量控制体系模式

三、审计质量控制措施与方法

审计质量控制措施是指为实现审计目标、规范审计行为而建立的一系列规章制度和相应的技术方法等，它是对审计实施过程的一种行为控制。根据有关资料介绍，国外审计机构制定质量控制措施和程序时主要考虑以下九个方面内容。

（1）独立性。应保证审计人员在审计时保持超然独立的地位和态度。

(2) 委派审计人员。应保证审计工作由经过专门训练、具有专业技术的人员担任；若有助理人员参加应加以指导和监督。

(3) 咨询。应保证审计人员在遇到技术问题时能够得到专家的帮助和指导。

(4) 监督。应保证各项审计工作符合既定的质量标准。

(5) 雇佣。应保证审计人员能胜任自己的工作,具备完成审计任务的业务素质和水平。

(6) 提高业务水平。应保证审计人员定期接受培训以掌握履行其职责应具备的知识和能力。

(7) 晋升。应保证被提升的人员都能胜任其新职务。

(8) 接受新客户及继续为老客户服务。应保证对新客户和老客户管理的正直性有充分的了解,以避免与不正当客户打交道,减少审计风险。

(9) 检查。应保证对质量控制其他方面的检查程序行之有效。

借鉴西方国家有关审计质量控制的措施,结合我国实际,在审计质量控制方面应有以下一些措施。

(一) 对人员素质的控制

(1) 审计组织应建立保证审计人员独立性的有效机制,对审计人员的独立性随时予以监督。

(2) 审计组织应建立严格的专业培训和继续教育制度,不断提高审计人员的政治素质、业务水平和职业道德。

(3) 建立严格的聘用制度,保证聘用的审计人员都能胜任自己的工作。

(4) 建立严格的晋升制度,保证被提升的审计人员都能胜任其新职务。

(5) 审计组织应建立专门的咨询部门,及时为审计人员提供有关信息,并在审计人员需要帮助时给予帮助。

(二) 对审计作业过程的控制

(1) 委派审计人员时,应考虑到审计任务的繁简及难易程度、审计人员的数量、审计人员的特长以及被审计单位的具体情况。

(2) 在实施审计前,应对被审计单位进行充分的调查研究,制定周密细致的审计计划。

(3) 在实施具体审计活动时,应收集充分有效的审计证据,正确编制审计工作底稿,并建立审计工作底稿层层复核制度。

(4) 在实施审计后,应认真整理、归纳、分析、提炼审计工作底稿,形成正确的审计结论和审计意见,在此基础上认真撰写审计报告。

(三) 对审计质量控制政策和程序的检查和监督

审计组织应对审计质量控制状况进行再监督,以保证审计质量的不断提高。

我国目前采取最多的是交叉审计、自查互查、复核控制、分层控制、分环节控制以及关键点控制等方法。

四、审计项目质量控制

我国审计机关实施审计项目时,对编制审计方案、收集审计证据、编写审计日记和审计工作底稿、出具审计报告、归集审计档案等全过程实行质量控制。审计机关在制定年度审计项目计划时，应当考虑审计项目的时间、经费和人员要求，为审计项目质量控制提供保障。

审计机关实行审计项目质量责任评估和追究制度，依据有关审计法规、国家审计准则和有关办法评估审计项目质量，追究有关人员对审计项目质量的责任。

五、审计风险管理

(一) 审计风险种类

美国《审计标准文告》第312节指出："审计风险是审计人员对有重大错误的财务报表未能恰当修改其审计意见的风险。"蒙氏审计学认为审计风险包括两个方面：一是审计人员认为是公允的财务报表，但实际上是错误的；二是审计人员认为是错误的财务报表，但实际上是公允的。还有人认为审计风险是指审计人员不知不觉地未能修改对存在严重谎报的财务报表发表的意见。显然，上述定义均是就财务审计而界定审计风险，但也揭示了审计风险的本质——审计结论与"事实真相"发生背离的可能性。因此，可以认为审计风险是审计人员能直接感觉到的非希望事件已经发生或可能会发生，最终表现为审计结论与事实真相的背离。造成审计风险成为事实的根本原因是判断错误，具体原因包括审计对象的复杂性和审计的广泛性、抽样审计方法的局限性、审计资源的有限性以及审计人员素质与职业道德的限定性。

按照不同的分类标准，审计风险有多种类型，如：可控风险与不可控风险；证据风险、标准风险与对照风险；个别风险与总体风险；抽样风险与非抽样风险等。按照风险构成要素分类是最主要的一种分类方法，该类审计风险有如下三种。

1. 固有风险

固有风险是指在没有内部控制的条件下，被审计项目存在差错的风险。它主要与审计环境和受审项目自身性质相关，如复杂的会计估量账户、贵重资产账户等均具有较高的固有风险。

2. 控制风险

控制风险是指内部控制制度未能预防或纠正差错的风险。它与内部控制存在的弱点及未能真正遵循相关。

3. 检查风险

检查风险是指审计人员通过检查尚未发现重大差错的风险。它与审计人员未采取适当的审计程序、未办理必要的审计手续以及未引起足够的注意相关。

(二) 审计风险管理方法

审计风险管理是指审计组织或审计人员利用系统的、规范的方法对审计风险进行识别、估价和处理的一系列活动的总称。从管理职能角度讲，审计风险管理是整个审计管理的具体化和进一步深化。审计风险管理的最终目的是减小审计风险,降低审计人员所应承担的法律责任。

审计风险管理的主要步骤是风险识别、风险估价、风险处理。风险管理的主要方法有以下六个方面。

1. 风险自留

所谓风险自留,是指经过审计组织或审计人员的最大努力,但最终仍应承担一部分风险责任的可能性。国外审计公司在风险自留中指出,他们可容忍最大审计风险为5%,这说明所有审计结论有5%的错误风险。在我国目前审计对象广泛、审计人员较少的情况下,一部分财经违纪事实未被查出,也不是什么了不起的大事,况且我国的经常性审计可以弥补一次审查不出的缺陷,而有可能在下一次审计时予以查处,可见,风险自留是客观存在的。

2. 风险转移

风险转移的实质就是风险责任的转移。一旦审计风险产生的原因涉及审计组织(人员)以外的其他部门时,审计组织或人员可以让这些部门对审计风险形成原因的有关审计事项作出或参与某种决策。例如,审计评估标准在征得有关部门的同意后予以采用,但由于审计评估标准的缺陷而造成风险责任就由该审计评估标准的批准部门来承担。

3. 风险组织

风险组织的实质是将不同种类的风险集中起来考虑,审计组织针对风险的集中情况采取相应的对策。这种方法有助于保护审计人员。由于审计风险集中表现在审计结论,而有些风险不可避免地产生,如审计抽样的技术性风险。这种风险的产生必然会影响审计结论的正确性,因此审计组织对审计结论的表达应十分谨慎。例如,国外对审计报告强调两方面的要求:一是强调审计报告要详细、清楚地说明实际审计范围,这实质上说明审计人员只对审查的内容承担责任;二是强调审计结论避免使用太绝对的表达,而是留有余地。风险组织是审计风险处理中的一个重要方法。

4. 风险回避

风险回避是指审计组织或审计人员有意识地回避一些风险程度特别大而自身又无法有效控制的审计项目。例如,对一个内部控制制度十分薄弱且没有完整的会计建账的审计项目,就可以提出避审,只有在建账完整后,才考虑审计的必要。风险回避的前提是该项目缺乏可审计划。

5. 风险承受

风险承受是审计组织或审计人员履行审计职责、顺利完成审计任务的前提和保证。正确地对待来自审计工作中各方面的压力和干扰,关键在于使审计人员树立风险意识,培养审计人员的风险责任感。有了风险意识,审计人员就会有超前思考和应变能力,就会根据实际情况灵活地、有效地控制风险诱发的种种原因,同时也对自己的职责、所处的环境以及承担的风险责任有一个清醒的认识,这样心理承受力也会提高,风险责任感也会增强。

6. 风险控制

针对不同性质的风险所采取的风险控制方法也不同。对固有风险、控制风险等不可控风险,因风险的形成原因并非审计组织所能直接控制,所以审计组织人员在审计活动中应通过与有关部门的联系,提出合理的建议性意见,针对审计过程中可能遇到的与其有关的审计风险,要求有关部门给予风险控制的协助。另外,增加审计独立性和提高审计权威性能更有效地抗拒来自外部的风险压力。对可控风险,因风险的原因是审计组织本身能够直接控制的,因此可以根据风险产生的原因,采取不同的防范措施和控制对策。

第四节 审计信息、统计及档案管理

一、审计信息管理

审计信息管理是指通过对各种审计信息进行收集、加工、反馈等来加强指导和控制审计工作的一种活动。其主要目的就是要组织协调好审计信息的收集、加工和利用工作,使各类审计信息更好地为开展审计工作服务。在现代社会中,信息既是管理活动的重要内容,又是管理活动的终极目的,管理者的最终目的就是为了获取各种各样有价值的社会、政治、经济、科技、文化方面的信息。

(一)审计信息的收集

审计信息收集是指审计组织根据审计监督业务和审计管理需要,从各个信息源(或信息来源)取得各类审计信息的过程。广义的审计信息收集还包括审计信息反馈和输入的信息。通常,可以把审计信息收集理解为审计信息进入审计信息管理系统的过程,审计信息收集处于审计信息管理循环的起点,是审计信息管理过程的开始。

收集审计信息必须具有适用性、真实性、系统性和同质性。为此,必须选择合理的审计信息收集的程序和方法:(1)确定收集信息的目标;(2)制定信息收集的计划;(3)运用实地调查法、指令收集法、制度收集法、问卷收集法、定点收集法等方法收集审计信息;(4)汇总传递审计信息。收集信息要及时、准确、全面,还要突出重点,如围绕党和国家经济工作的中心进行收集;收集与审计机关工作重点、任务有关的全局性信息;围绕经济体制改革中心的难点、热点问题进行收集。

(二)审计信息加工整理

审计信息的加工是审计信息工作的核心内容和重要环节。审计信息加工是一个去粗取精、去伪存真的过程。通过对初始信息进行分析、比较、研究和计算,实际上就是对这类信息进行全面校验,剔除不真实、不准确信息,从而大大提高了信息的真实性、可信性,同时压缩信息的多余程度,使信息浓缩起来,变模糊为清晰。此外,通过审计信息的加工,还可以产生出新的更有价值的信息,特别是对一些信息进行思维加工,往往从中会产生许多很有价值的结论，比获得初始状态的信息重要得多。

(三) 审计信息输出管理

审计信息输出管理是指审计组织将已取得的或经过加工整理后的审计信息传输给审计信息使用者的过程。审计信息输出是实现审计信息目的的桥梁，它通过把有用的信息输给使用者加以运用，就能真正发挥审计信息的作用。同时，审计信息的输出也是审计信息收集加工的必然结果。因为收集加工的信息如不及时输出就可能成为毫无用处的东西。此外，审计信息输出也是完成审计信息循环的一个重要环节，它既成为审计信息收集加工的结果，也成为审计信息反馈的前提。为了组织好审计信息的输出，审计组织应遵循以下原则：全面满足各种审计信息使用者的需要；保证审计信息输出的有效性；按照规定的信息输出渠道输出信息，防止审计信息输出过程中的失密行为。

审计信息输出的主要内容包括审计决策和计划信息、审计结果的信息、审计政策和审计案件的信息。为了有效确保审计关系人的利益，输出审计信息应采用一定的程序和方法，主要是：(1) 选择最佳的审计信息传递方式和工具；(2) 充分做好审计信息输出前的准备工作；(3) 有效组织审计信息输出，减少不必要的输出环节；(4) 及时了解输出结果，确保输出信息的真实性和有用性。

地方各级审计机关应当及时向本级政府和上级审计机关报送信息；审计机关各部门、各派出机构应当及时向本级审计机关报送信息；下级审计机关对上级审计机关要求报送的信息，应当严格按照要求报送；下级审计机关向本级政府和上级审计机关报送的信息，必须经过本级审计机关主要或分管领导审核、签发。

(四) 审计信息反馈的管理

审计信息反馈的管理是指将输出的审计信息与作用对象或实际情况相比较后的结果再输送回来，并对审计信息的再输出发生影响的过程。

审计信息反馈时，应遵循审计反馈信息准确、可靠、及时和简单的原则。根据审计信息输出和审计活动的实际情况，审计信息反馈的内容主要包括审计业务活动进展的信息和审计社会效果的信息两个方面。

根据审计信息反馈作用的结果，审计信息反馈方式一般分为正反馈和负反馈两类。凡是把信息输出以后，其作用的结果返回来，使下一输出的影响扩大，导致系统运动加剧发散的反馈，叫正反馈；凡是把信息输出来以后再把其作用的结果返送回来，使下一个输出的影响逐渐减少，缩小同既定目标的差距，趋向稳定状态的反馈，叫负反馈。

根据审计信息工作的规定要求，上级审计机关负责信息工作的机构应当定期向下级审计机关通报信息采用情况，并根据工作实际适时提出信息报送参考要点。上级审计机关采用下级审计机关报送的揭露问题的信息应当征求下级审计机关的意见。

此外，各级审计机关应当加快审计信息工作现代化手段的建设，实现信息迅速、准确、安全地处理、传递和存储。

二、审计统计管理

审计统计是审计工作的一项重要的基础性工作，它通过运用科学的方法，收集与整理审计活动中的各种数据资料,以便于及时、准确地反映审计工作成果和发展变化情况。审计统计所反映的各类数据资料为认识审计工作规律、帮助审计决策、编制审计工作计划、加强审计管理工作提供了重要的依据。

审计统计的对象是审计活动过程及其结果。其主要任务:利用调查研究方式,通过资料收集、整理与分析,准确、及时、全面而系统地反映审计工作在一定时间、条件下的发展规模、水平、速度和主要成果,为考核审计工作计划的执行和加强审计工作管理服务;并通过揭示和研究审计发现的问题,为宏观决策服务。审计机关审计信息工作的基本任务:对审计工作发展情况和工作成果进行统计调查,开展统计分析,提供统计资料,实行统计监督,为加强审计工作管理和促进宏观调控服务。

审计统计管理是指对审计统计业务工作的管理。其目的是为了协调审计统计的运作,保证审计统计工作做到准确、及时、全面而又系统地提供内外所需的各种资料。其主要方法是通过制定各种措施和方法,确保各项审计统计任务的完成。

为了保障审计统计资料的准确性、及时性和完整性,必须从以下七个方面采取措施,以加强审计统计管理:

(1) 审计统计工作应实行统一领导、分级负责、归口管理;
(2) 审计统计管理必须由指定部门具体分管,并且要配备专、兼职人员;
(3) 审计统计管理应加强制度管理;
(4) 审计统计管理应规范统计调查工作;
(5) 审计统计管理应健全统计基础工作;
(6) 审计统计管理应实行分析报告制度和保密制度;
(7) 审计统计管理应建立奖惩制度。

三、审计档案管理

(一) 审计档案与审计档案工作

审计档案是指审计机关在进行审计监督或审计调查活动中直接形成的具有保存价值的各种文字、图表、声像等不同形式的历史记录。它是国家档案的重要组成部分。构成审计档案的审计文件材料主要是指审计机关在审计过程中收集、制作与使用的各种文字、图表、声像、电子和实物等形态的记录材料。

审计档案工作是指审计机关对审计档案进行的收集、整理、保管、利用、编制、统计、鉴定和移交以及对下级审计机关审计档案管理工作的指导和监督。我国审计档案工作实行统一领导、分级管理的原则。审计署主管部门的审计档案工作,同时接受国家档案行政管理部门的指导和监督;地方各级审计机关的审计档案工作接受上级审计机关和同级档案行政管理部门的指导和监督。省级以上审计机关应设档案管理机构,市(地)级审计机关设专职档案管理人员,县级审计机关设专职或兼职档案管理人员。审计档案管理机构和档案人员的职责:(1) 认真贯彻执行国家关于审计档案管理工作的法规,依法建立本机关的审计档案管理工作规章、制度;(2) 组织、指导和监督本机关各部门审计文件材料的立卷和归档工作;(3) 按照国家有关规定,做好审计档案的收集、整理、保管、利用、调研、统计工作,为审计工作服务;定期对本机关库存的审计档案进行鉴定,如期移交应由同级档案馆保管的审计档案;(4)对下级审计机关的审计档案管理工作进行指导和监督,有计划地开展检查、总结、培训、研究等活动。

(二)审计档案管理

审计档案管理应遵循我国档案工作的基本原则,即集中统一管理原则、完整与安全的原则和方便利用的原则。同时,还应建立实行谁审计谁立卷、审结卷成、定期归档的现任制度,采取按职能分类、按项目立卷、按单位排列的立卷方法。按照立卷归档现任制要求,审计文件材料的收集、整理、立卷由审计组负责;审计案卷的质量检查由相关审计业务部门负责;审计案卷的接收由机关档案管理部门负责。

思考与练习

1. 什么是审计管理?审计管理有何意义?
2. 审计管理应包括哪些内容?应使用哪些方法?
3. 什么是审计计划管理?审计计划管理有何作用?
4. 如何对审计计划进行分类?各类审计计划包括哪些内容?各有什么作用?
5. 如何编制、协调和调整审计项目计划?
6. 审计计划执行管理应注意哪些方面问题?
7. 审计计划考核检查管理应注意哪些方面问题?
8. 什么是审计质量?审计质量有何特征?
9. 审计质量管理有哪些方面要求?审计质量控制有哪些方式?
10. 对审计质量控制应采取哪些措施和方法?
11. 怎样进行审计项目管理?
12. 什么是审计风险和审计风险管理?审计风险有哪几种?
13. 如何进行审计风险管理?
14. 什么是审计信息管理?怎样进行管理?
15. 什么是审计统计和审计统计管理?审计统计有何作用?
16. 审计统计管理应采取哪些措施?
17. 什么是审计档案、审计档案工作和审计档案管理?

参考文献

1. 《中华人民共和国审计法》,2006年修订。
2. 《中华人民共和国审计法实施条例》,2010年修订。
3. 《审计署关于内部审计工作的规定》(中华人民共和国审计署令第11号)。
4. 《关于完善审计制度若干重大问题的框架意见》(2015年12月)。
5. 《关于实行审计全覆盖的实施意见》(2015年12月)。
6. 《国务院关于加强审计工作的意见》(国发〔2014〕48号)。
7. 《党政主要领导干部和国有企业领导人员经济责任审计规定实施细则》(审经责发〔2014〕102号)。
8. 《党政主要领导干部和国有企业领导人员经济责任审计规定》(中办发〔2010〕32号)。
9. 《审计机关审计行政应诉管理的规定》(审法发〔1996〕357号)。
10. 《审计机关审计档案管理规定》(中华人民共和国审计署、国家档案局令第10号)。
11. 《审计机关封存资料资产规定》(审计署令第9号)。
12. 《中华人民共和国国家审计准则》(审计署令第8号)。
13. 《审计署关于废止部分审计规章的决定》(审计署令第7号)。
14. 《审计机关审计项目质量控制办法(试行)》(审计署令第6号)。
15. 《国务院办公厅关于利用计算机信息系统开展审计工作有关问题的通知》(国办发〔2001〕88号)。
16. 《中国内部审计准则基本准则、具体准则及实务指南》。
17. 《中国注册会计师审计准则、中国注册会计师审计准则应用指南、中国注册会计师审计准则问题解答》。
18. 《中国注册会计师职业道德守则》(2009年10月)。
19. 《中国注册会计师职业道德守则问题解答》(2014年11月)。
20. 《国际内部审计准则》(2013年)。
21. 《内部控制——整合框架》(COSO委员会,2013年)。
22. 《企业风险管理整合框架》(COSO委员会,2017年)。
23. 李凤鸣:《会计制度设计》(第五版),复旦大学出版社,2019年。
24. 李凤鸣、王会金:《审计技术方法》,北京大学出版社,2015年。
25. 李凤鸣:《内部控制设计与评价》,北京大学出版社,2015年。

26. 李凤鸣:《内部控制学》,北京大学出版社,2012年。
27. 李凤鸣、时现:《经济责任审计》,北京大学出版社,2001年。
28. 李若山、刘大贤:《审计学——案例与教学》,经济科学出版社,2003年。
29. 董大胜:《中国政府审计》,中国时代经济出版社,2007年。
30. R.E.布朗、T.加勒、C.威廉斯:《政府绩效审计》,中国财政经济出版社,1992年。
31. 贝尔乌德·利德斯等:《十国审计准则介绍与比较》,奥林匹克出版社,1996年。

图书在版编目(CIP)数据

审计学原理/李凤鸣主编.—7版.—上海:复旦大学出版社,2019.12
创优·经管核心课程系列
ISBN 978-7-309-14678-3

Ⅰ.①审… Ⅱ.①李… Ⅲ.①审计学-高等学校-教材 Ⅳ.①F239.0

中国版本图书馆 CIP 数据核字(2019)第 245226 号

审计学原理(第七版)
李凤鸣　主编
责任编辑/鲍雯妍

复旦大学出版社有限公司出版发行
上海市国权路 579 号　邮编:200433
网址:fupnet@fudanpress.com　http://www.fudanpress.com
门市零售:86-21-65642857　团体订购:86-21-65118853
外埠邮购:86-21-65109143
杭州日报报业集团盛元印务有限公司

开本 787×1092　1/16　印张 24.5　字数 566 千
2019 年 12 月第 7 版第 1 次印刷
印数 1—4 100

ISBN 978-7-309-14678-3/F·2641
定价:49.00 元

如有印装质量问题,请向复旦大学出版社有限公司发行部调换。
版权所有　侵权必究